MONSIEUR NASTASE

La collection « Légendes du sport »
dirigée par Jean-Paul Brouchon

Poulidor, par Raymond Poulidor, 2004.
Hinault, par Bernard Hinault, 2005.
Kopa, par Raymond Kopa, 2006.
Thévenet, par Bernard Thévenet, 2006.
Le Feu sur la glace, par Brian Joubert, 2006.
Carrère, par Christian Carrère, 2006.
Kiki, par Christine Caron, 2006.
Je suis un enfant de la balle, Jacques Secrétin, 2007.
Le Temps des bleus, par Michel Hidalgo, 2007
Poulidor intime, par Raymond Poulidor, 2007.
Renaître, par Maurice Herzog, 2007
Poirée, par Raphaël Poirée, 2007
Fouroux entre amis, par Alain Gex, 2007
La Vérité sur Mademoiselle Pérec, par Alain Gex, 2008

Monsieur Nastase

L'AUTOBIOGRAPHIE

Avec la collaboration de Deborah Beckerman

Ouvrage traduit de l'anglais
par Deborah Beckerman et Christophe Castel

Préface de Yannick Noah

ÉDITIONS JACOB-DUVERNET

TABLE DES MATIÈRES

Pour Jean-Luc
Tu seras toujours dans mon cœur

« ILIE A TOUJOURS ÉTÉ MON IDOLE… »

Préface de Yannick Noah

Ilie a toujours été mon idole. Je crois bien que le premier livre qui a marqué mes jeunes années fut sa biographie. Elle me fut offerte alors que j'avais à peine douze ans. À l'époque, j'étais certes admiratif du jeu de Smith ou celui d'Ashe ; mais mon modèle, c'était Ilie.

Tout gamin, je me précipitais devant le poste de télévision familial avec des copains pour le voir jouer. Nous étions passionnés par son jeu, par sa tactique, autant que par la mise en scène qu'il développait sur le court. J'aimais ce Nastase-là. Un Nastase qui inspirait la liberté.

On ne savait jamais, avant l'une de ses prestations, s'il allait jouer avec son adversaire, l'arbitre, les juges de ligne, les ramasseurs de balles ou même avec les spectateurs. Ilie me fascinait à un tel point que, pendant deux ans chez les juniors, j'ai joué avec sa raquette, la raquette Adidas-Nastase. J'ai même poussé le mimétisme jusqu'à adopter ses chaussures – des Spring Court de toile blanche avec une ligne bleue. Je trouvais ça très chic !

Notre première rencontre a eu lieu à Rome, lors d'un tournoi qui précède Roland-Garros. Ilie jouait le tournoi senior, moi le tournoi junior. Après un entraînement, je regagne les vestiaires, lorsqu'une voix m'apostrophe : « Hé, petit noir ! Viens me saluer. » C'est Ilie. Je me suis avancé, lui ai serré la main. Nous avons discuté. Depuis, nous sommes devenus plus que des amis.

Il est le joueur qui a le plus fait pour la scénarisation du jeu. Il a su mettre le public de son côté, attiré son attention sur le fait qu'une rencontre de tennis peut être une partie de plaisir. Il parlait très bien le français. À ses côtés, on se sentait autant de sa famille, que lui de la nôtre. Sur le circuit, il mettait l'ambiance, toujours prêt à rire, à être l'élément moteur de fêtes endiablées. Sur le court et en dehors du court, il aimait plus que personne rire et s'amuser.

Ilie a fait découvrir au tennis la liberté. Liberté de s'émanciper des carcans des règlements. Liberté de prendre du recul avec un jeu trop poli pour lui donner des contours inattendus. Liberté de laisser aux vestiaires la réglementaire chemisette blanche pour des tenues plus colorées.

Ilie a ouvert la voie à des joueurs comme McEnroe et à tous ceux de cette génération, celle de l'âge d'or du tennis, celle où l'on prenait du plaisir à jouer et à faire partager ce plaisir aux spectateurs, et plus tard, aux téléspectateurs.

J'ai joué quelquefois dans le Tournoi des Vétérans en double avec Ilie. Je peux en témoigner : c'est un gagneur. Il a une sainte horreur de perdre, mais jamais il n'a triché ou ne trichera pour gagner. C'est un parfait honnête homme.

Je l'ai toujours admiré, je l'admire toujours. Je suis fier qu'il ait porté son choix sur moi pour être le préfacier de cet ouvrage, dans lequel on découvrira un homme attachant, et surtout digne du respect que le monde du tennis lui porte.

Yannick NOAH

Vainqueur de Roland-Garros en 1983
Capitaine-entraîneur de l'équipe de France
victorieuse de la Coupe Davis en 1991 et 1996

PROLOGUE

« Donnez-moi toutes ces fleurs, s'il vous plaît », demandai-je au fleuriste.

Elle emballa soigneusement le mélange bariolé de roses rouges, jaunes et blanches, tout en imaginant sans doute le plaisir qu'elles allaient procurer à l'heureuse femme qui les recevrait. Je lui tendis rapidement l'argent et retournai en courant vers la salle à manger de l'hôtel où, à pas de loup, je m'approchai nerveusement de l'homme à qui elles étaient destinées. Lorsque j'atteignis sa table, l'homme se retourna, vit les fleurs, me vit, puis sourit, avant de se mettre à rire. J'étais pardonné.

La veille, l'homme en question, Arthur Ashe, rendu fou de rage par mon comportement au Masters de 1975, avait quitté le court en plein milieu du match, vociférant de fureur. Cela lui avait valu d'être immédiatement disqualifié. J'avais conscience d'être allé trop loin et souhaitais vivement me réconcilier avec Arthur, ce que j'avais vainement essayé de faire la veille.

Le scandale était d'autant plus énorme qu'Arthur était le joueur le plus courtois et le plus calme du circuit. C'était un vrai gentleman. Jamais en colère, il avait été, peu de temps auparavant, l'un des artisans du nouveau « code de conduite des joueurs », dans lequel étaient expliquées les infractions, les amendes et les motifs de disqualifications. Il apparaissait donc paradoxal qu'il fût la première victime d'un règlement qui visait plutôt des joueurs comme moi.

Cependant, Arthur Ashe était l'un des joueurs avec lequel je m'entendais le mieux, bien qu'il soit très différent de moi. Des années plus tôt, j'avais commencé à l'appeler Negroni, tout en lui expliquant qu'en roumain, ça ne voulait pas dire « nègre » (comme le pensaient souvent les gens), mais désignait plutôt un petit garçon de couleur, bien habillé. Il m'avait alors répondu qu'il aimait bien ce nom mais que j'avais seul le droit de l'appeler ainsi. Très différent des autres joueurs : il s'intéressait beaucoup à la politique, et s'était engagé dans la lutte contre l'apartheid. C'était un homme intelligent, le seul qui lisait un livre avant un match. Je l'aimais bien car ses propos étaient toujours sensés. Curieux de nature, il me posait plein de questions sur la vie en Roumanie, sur la politique là-bas. Avec lui, on pouvait avoir une vraie discussion et parler d'autre chose que de tennis.

La veille du match, j'avais aperçu Arthur dînant à quelques tables de la mienne avec sa petite amie blonde, une Canadienne, et les avais gentiment taquinés : « Vous êtes tout mignons, tous les deux, vous êtes comme le poivre et le sel. » Au bar, un peu plus tard, j'avais recommencé, histoire de le préparer pour la rencontre. « Demain, je te ferai des choses qui te rendront blanc. Alors tu seras un *negroni* blanc. » Arthur avait rigolé, parce qu'il me connaissait bien. Je n'essayais pas de le provoquer, comme font les boxeurs avant une rencontre. J'avais beau savoir que tout ce que je pourrais faire pendant le match le contrarierait, l'incident tant redouté est arrivé de façon stupide.

J'avais gagné la première manche 6-1, en jouant calmement et avec facilité. Puis Arthur était revenu à l'attaque et avait gagné la deuxième manche 7-5. Dans la troisième, alors que je me comportais de façon impeccable il avait fait le break et menait 4-1. J'étais au service, à 15-40. Si je perdais ce jeu, il lui suffisait de gagner son service pour boucler le match.

Un type dans le public n'arrêtait pas de me harceler, et chaque fois que j'essayais de servir, se mettait à hurler. N'arrivant pas à en faire abstraction, je l'invectivai à mon tour. Lorsque je servis enfin, Arthur stoppa la balle de la main. Il avait été gêné par une autre balle qui roulait derrière moi L'arbitre avait alors remis deux balles malgré mes protestations.

C'est à ce moment-là que le public se mit à siffler, tandis que le chahuteur derrière moi continuait son petit manège. Je décidai aussitôt de ralentir la partie. « Vous êtes prêt, monsieur Ashe ? » lui demandai-je, narquois, tout en faisant semblant de vouloir servir. Je fis rebondir la balle encore plusieurs fois, puis je m'adressai de nouveau à Arthur : « Vous êtes prêt, monsieur Ashe ? » Je ne sais combien de temps encore dura cette comédie. Trop sans doute, puisque, tout à coup, il se mit à agiter les bras au ciel et se dirigea vers sa chaise. Il hurlait : « Ça suffit, ça suffit, j'en ai assez ! » tout en rassemblant ses raquettes avant de quitter le court. Je restai planté là, complètement stupéfait de voir Arthur Ashe dans cet état. C'était le chaos le plus total sur le court, et le public était littéralement déchaîné.

On aurait normalement dû m'accorder le match, puisqu'Arthur avait quitté le court, mais j'avais mauvaise conscience d'avoir gagné de cette manière. De retour aux vestiaires, j'évitai Ashe mais je pouvais l'entendre qui protestait avec virulence auprès des organisateurs. J'ai su par la suite que l'arbitre du tournoi, Horst Klosterkemper, était justement sur le point de me disqualifier lorsque Ashe avait décidé de partir. Le comité du tournoi se trouvait donc dans une situation loufoque, avec maintenant deux joueurs disqualifiés.

Le tournoi des Masters réunit généralement les huit meilleurs joueurs de l'année, partagés en deux poules de qualification *round robin,* les deux meilleurs de chaque poule accédant aux demi-finales. Même en étant disqualifiés tous les deux, nous avions encore la possibilité d'arriver en demi-finale à condition de gagner nos deux derniers matchs du groupe. Ça semblait donc être une bonne solution. Mais, lorsque Ashe apprit la décision du comité, il devint fou furieux. Le comité dut donc se réunir à nouveau et, après des discussions plutôt animées, décida, d'accorder le match à Ashe eu égard à sa réputation et au fait qu'il fût président du syndicat des joueurs, l'Association du tennis professionnel (ATP).

La décision finale prise à 23 heures ne me surprit ni ne me mécontenta. Je l'acceptai en me disant tout simplement qu'il ne me restait plus qu'à gagner les deux matchs suivants. Ce que je fis !

Arthur était un de mes bons amis, et je tenais à ce qu'il le reste. Aussi avais-je envie de me réconcilier avec lui. Fort heureusement pour moi, il avait bien trop de classe pour laisser ce simple match ternir notre amitié. Il savait, contrairement à ce que certains pensaient, que je n'avais pas fait tout cela pour qu'il enrage. Mes « coups » étaient d'ailleurs rarement prémédités. Si on m'appelait souvent « monsieur Nasty » (« monsieur Méchant »), je savais être aussi monsieur Gentil.

CHAPITRE 1
1946-1959

J'aurais pu être russe

Mon histoire commence non pas à Bucarest, en Roumanie, mais au-delà des montagnes de Transylvanie, dans ce qui est aujourd'hui la république indépendante de Moldavie, pays coincé entre l'Ukraine et la Roumanie et qui faisait autrefois partie de l'Union soviétique.

C'est là que ma mère, Elena, née en 1907, et sa sœur se sont retrouvées orphelines à la suite de la Première Guerre mondiale. C'est tout ce que je sais de leur enfance, car on ne parlait jamais de cette période-là. Et encore ne l'ai-je appris de ma tante qu'il y a deux ans, peu de temps avant sa mort.

Mon père, Gheorghe, était né en 1906 à Râmnicu-Sarat, ce qui veut dire « la Rivière salée ». C'est une ville qui se trouve à environ 240 kilomètres de Bucarest, dans la région montagneuse de Munténie. Il rencontra ma mère en 1925 lorsqu'il partit travailler en Moldavie en tant que policier pour la banque nationale, la Banca nationala a Romanieie (BNR) où il travaillera toute sa vie. Un an plus tard, ils étaient mariés et mon frère aîné, Volodia, venait au monde. En 1933, ils avaient deux enfants de plus, Ana, née en 1930, et Constantin, né trois ans après. Toutefois, à cette époque-là, la médecine n'était pas aussi évoluée qu'aujourd'hui et, lorsque Volodia tomba malade, à l'âge de

8 ans, on ne put rien faire pour lui. Je ne sais de quoi il est mort, mais je crois bien que cette maladie se guérirait aujourd'hui avec de simples antibiotiques.

Je suis certain que la mort d'un enfant est la pire chose qui puisse arriver dans la vie, et je ne doute pas que la perte de leur aîné a dû beaucoup frapper mes parents. Peut-être cela explique-t-il en partie l'écart de neuf ans entre la naissance de Constantin et celle de leurs deux enfants suivants, Cornelia, en 1942, et Georgeta en 1944. Ce n'est que quelques semaines à peine après la venue au monde de cette dernière que les Russes commencèrent à se rapprocher de la Moldavie. Mon père décida alors de ramener toute sa famille dans sa ville natale, Râmnicu-Sarat. Il y avait trouvé du travail dans la succursale de la banque BNR et estimait que nous y serions plus en sécurité qu'en Moldavie. Effectivement, moins de deux semaines plus tard, les Russes l'envahissaient et l'annexaient à l'Union soviétique.

Mes parents ne restèrent pas longtemps à Râmnicu-Sarat puisque, dans le courant de 1945, mon père réussit une fois de plus à se faire muter, cette fois à Bucarest. Je me rends compte maintenant qu'à deux semaines près, ma famille aurait été obligée de rester en Moldavie, où je serais né russe. Nul doute que l'histoire du tennis en aurait été bien différente !

Avant la fin de la Deuxième Guerre mondiale, le gouvernement roumain pronazi fut renversé par Staline, qui instaura à Bucarest un gouvernement communiste. Peu après, le roi fut à son tour destitué, et mon pays devint la République populaire de Roumanie. Le communisme était arrivé. C'est dans ce contexte-là que ma mère me mit au monde, le 19 juillet 1946. J'étais un bébé énorme de cinq kilos. Mon père m'avoua bien des années plus tard que ma mère ne voulait pourtant pas d'autres enfants, ayant déjà suffisamment de bouches à nourrir. Mais il avait tellement insisté qu'elle avait fini par céder, sous réserve toutefois que je sois le dernier. Considérant mon poids à la naissance, il y avait peu de chance que ma mère change d'avis. Peut-être est-ce à cause de cela, et parce qu'elle avait déjà perdu un fils, que ma mère fut heureuse d'avoir un autre garçon et me gâta un peu plus que mon frère et mes sœurs. Je n'en dirai pas plus, car j'entends déjà ces psychologues à deux sous qui s'exclament, tout excités, que cela explique tout: on ne m'a simplement pas assez discipliné pendant mon enfance. Tout ce que je peux dire pour ma propre défense, c'est que mes parents ne pouvaient pas me gâter matériellement avec des jouets, de la nourriture ou de l'argent. Nous n'étions pas pauvres, mais nous n'étions pas aisés non plus. Je crois que, quand on a tant d'enfants, on devient plus « relax » en matière de discipline ou de l'attention qu'on accorde au petit dernier. À condition qu'il ne soit pas en danger et qu'il soit en bonne santé, on s'inquiète moins de savoir s'il a fait ses devoirs parfaitement ou s'il s'est couché de bonne heure tous les soirs. Je crois surtout avoir été plus protégé que gâté.

On habitait dans un cadre de rêve pour un enfant. Grâce à son travail, mon père bénéficiait d'un logement dans l'enceinte du Progresul tennis-club, propriété de la banque (et qui autrefois avait été le club du roi) et pour lequel il faisait aussi du gardiennage. C'était également le stade national où se déroulaient les principaux tournois et les rencontres de coupe Davis. Dans ce parc ravissant qui fait environ la superficie du Roland-Garros d'il y a trente ans, les courts de tennis sont situés entre des allées bordées d'énormes platanes et d'immenses pelouses.

Notre maison, un pavillon de couleur crème, se trouvait à l'extrémité, à côté du club de foot qui appartenait également à la banque BNR. Je partageais une chambre avec Cornelia et Georgeta, que tout le monde appelait Gigi. Nous passions le plus clair de notre temps dehors. Ma famille ne possédait que très peu de chose à part les vêtements et les meubles essentiels, mais, pour la Roumanie de l'époque, cela n'avait rien de surprenant.

Il faut savoir que la télévision n'est arrivée dans notre pays que dans le courant des années 50 et que notre famille n'en posséda une que dix ans plus tard, lorsque je pus acheter un poste. Au début n'étaient diffusées que des émissions russes et roumaines et, de temps en temps, un très mauvais film américain. C'est-à-dire rien qui ne donnât envie de la regarder. Avant d'avoir une télé, nous écoutions notre énorme poste de radio russe que mon père était obligé de frapper régulièrement car il s'arrêtait souvent de fonctionner. Nous n'avions pas non plus d'appareil photo, ce qui explique pourquoi je ne possède pas une seule photo de moi enfant, à mon grand regret et à celui de mes enfants, qui auraient aimé me voir petit. En fait, ma famille n'avait pas les biens matériels que la plupart des gens possèdent aujourd'hui. Mais tout le monde vous dira qu'on ne regrette pas ce qu'on n'a jamais eu.

Ce que j'ai eu, en revanche, c'est beaucoup de liberté. Nous habitions dans un espace clos – tout était surveillé par la police à cause du lien entre le club et la banque nationale –, ce qui me permettait de gambader partout à longueur de journée et en toute sécurité. Je grimpais dans tous les arbres fruitiers du parc, d'où je tombais régulièrement; je courais sans arrêt après mes sœurs et inventais pleins de jeux stupides. Je me rappelle, lorsque j'avais 5 ou 6 ans, être tombé pendant une de nos courses, et avoir eu le genou transpercé d'avant en arrière par un morceau de bois. Hurlant de douleur, on me porta jusqu'à la maison, où un ami de ma mère réussit à extraire le morceau d'un mouvement sec. J'en porte encore la cicatrice. Avec ma sœur Gigi, on s'entraînait à sauter du toit d'un bâtiment qui se trouvait à trois ou quatre mètres du sol. Un jour, alors que j'avais le dos tourné, ma sœur me poussa du toit, juste pour voir ce qui se passerait. Au lieu d'atterrir à quatre pattes, comme un chat, je tombai en plein sur la figure et m'écrasai complètement le nez. Ce qui lui valut une bonne paire de claques.

Mon premier souvenir remonte à mes 3 ans. Les gradins autour du court central consistaient en de simples bancs en bois qui montaient jusqu'en haut du stade. Je me rappelle que j'aimais gambader tout nu – c'était l'été et il faisait très chaud – et j'avais l'habitude de grimper jusque dans le coin supérieur des gradins pour regarder le tennis, nu comme un ver. Ce jour-là, la Roumanie affrontait la France en coupe Davis, et le stade était plein à craquer. Les gens étaient excités de voir jouer de grands champions tels que Benny Berthet. Moi, tout content dans mon coin là-haut, je regardais ce qui se passait sur le court, lorsque me prit une soudaine envie de faire pipi. Incapable de me retenir, je me soulageai. Les spectateurs en dessous pensèrent d'abord qu'il s'était mis à pleuvoir, jusqu'au moment où ils réalisèrent ce qui se passait. Un type déboula en criant et se mit à me taper pendant que ma mère, accourue elle aussi, me flanquait une sacrée raclée. Ce fut mon premier incident sur un court. Et déjà la punition fut sans effet.

Lorsque j'eus 4 ans, mon frère m'embaucha comme assistant pour l'aider à vendre des loukoums aux supporters de foot du stade tout près de chez nous. Constantin, qui a toujours été du genre à saisir la moindre occasion de gagner un petit peu d'argent, achetait donc ces loukoums et les revendait ensuite au public, tout en s'octroyant une petite marge de bénéfice. Il fallait que je traverse les rails sur lesquels des tramways passaient sans arrêt et qui séparaient le club Progresul du stade de foot. Je le faisais tout en portant non seulement les loukoums, mais aussi de grandes carafes d'eau froide dont on offrait un verre à ceux qui achetaient les loukoums afin d'en atténuer le goût très sucré. Je ne crois pas qu'on en avait vraiment le droit, tant ce genre d'entreprise commerciale rimait bien peu avec l'idéologie communiste.

Au début des années 50, la Roumanie manquait tellement de vivres que, quoiqu'Ana et Constantin travaillassent aussi, nous avions tout juste de quoi manger. Je me souviens que mon père faisait la queue pour des aliments aussi essentiels que le pain. Et, même si notre famille n'eut jamais à souffrir de faim, ce ne fut pas le cas de tous. La chose qui nous sauva fut certainement que les autorités nous laissèrent garder une vache et une chèvre dans l'enceinte du club, nous permettant ainsi d'avoir toujours du lait frais. Ma mère m'envoyait alors régulièrement donner des bols de lait aux enfants affamés qui se trouvaient de l'autre côté de la clôture, dans la rue, et dont les images me sont restées à jamais dans la mémoire.

C'est justement à cause de ces sacrés animaux que se mit à circuler, à mes débuts sur le circuit, cette légende absurde selon laquelle j'aurais été berger ! En tout cas, je ne compte plus le nombre de fois où des articles affirmaient que ce détail sur ma vie était vrai. L'intention en était, j'imagine, de montrer que je sortais tout juste de ma caverne et que j'avais fait preuve d'une ascension sociale spectaculaire.

Lorsque j'avais 5 ou 6 ans, j'allais tout seul à la maternelle située près de chez nous. Pour y arriver, je devais traverser des espaces verts où l'herbe était si haute qu'elle me dépassait entièrement. Je passais beaucoup de temps à regarder les gens jouer au tennis alors que je n'avais pas encore fait mes débuts. Mon frère, de treize ans mon aîné, était un bon joueur qui disputa des tournois à l'étranger et représenta la Roumanie en coupe Davis. J'admirais ses raquettes, bien trop lourdes pour moi, même s'il n'était pas encore question que je débute le tennis. Je crois d'ailleurs que, si j'avais commencé à 3 ou 4 ans, comme le font aujourd'hui tant d'enfants, le tennis aurait très vite fini par m'ennuyer au point certainement de m'en détourner. J'avais l'habitude de traverser en trottinant la grande pelouse ondulée qui séparait notre pavillon des courts de tennis et d'aller observer les joueurs des heures durant, mémorisant leurs gestes sans m'en rendre compte, pour le seul plaisir. À aucun moment me serait venu à l'idée de considérer cela comme un apprentissage.

Bien que pesant cinq kilos à ma naissance, j'étais un enfant rachitique. Il faut dire que j'étais incapable de rester tranquille plus de quelques instants.

À 6 ans, une bronchopneumonie fit craindre à mon père de me voir finir de la même façon que Volodia. Me soulevant dans ses bras, il m'emmena immédiatement voir le directeur de la banque, me déposa sur son bureau et le supplia de me procurer des médicaments. L'homme signa sur-le-champ un papier me permettant d'obtenir une ordonnance d'antibiotiques. Je restai malgré tout très maigre pendant toute mon enfance et mon adolescence. À 24 ans, je ne pesais que 70 kilos, ce qui, pour 1,85 m, n'est pas énorme.

C'est peu de temps après cette maladie que je commençai à jouer un petit peu, non pas avec une vraie raquette mais avec une sorte de batte en bois. Je tapais sans arrêt contre un mur qui se trouvait directement sous les fenêtres d'une usine de chocolats d'où, de temps à autre, les ouvrières me jetaient quelques confiseries, ce qui motivait grandement mon assiduité. Il m'arrivait encore de regarder jouer les membres du club tout en pensant déjà que j'aurais sans doute pu battre la plupart d'entre eux si on m'en avait donné l'occasion.

Comme le club de foot se trouvait à côté, j'allais souvent faire un tour sur le terrain. Je m'amusais à jongler avec un ballon aux pieds et, à la main, la batte et une balle de tennis. Le ballon était parfois fait de vieux morceaux de tissus enroulés puis fourrés dans une chaussette avec lequel je jouais jusqu'à ce qu'il tombe en lambeaux. Quoi qu'il en soit, j'adorais courir en faisant les deux choses en même temps. C'était comme un jeu.

Malheureusement, à l'âge de 8 ans, on me priva de mon terrain de jeu, qui n'était qu'à moi et à l'abri de tout danger. En effet, mon frère et ma sœur aînés n'habitant plus chez nous, nous fûmes obligés de quitter notre maison pour laisser la place à d'autres. Notre nouveau logement, un appartement avec seulement deux chambres, était au rez-de-chaussée d'un triste petit immeuble gris situé plus près du centre-ville. Je partageais à nouveau ma chambre avec Gigi et Cornelia. Mais cet appartement, dont les fenêtres étaient quasiment au ras du sol, était sans jardin et si déprimant qu'au début, je ne le supportais pas.

C'est ainsi que la rue devint mon aire de jeu, et le foot avec mes copains, mon principal passe-temps. On aimait aussi courir jusqu'à la résidence de l'ambassadeur des États-Unis, qui n'était pas très loin, fouiller dans ses poubelles et mettre de côté tout ce qui avait l'air américain ou qui sentait bon. Mais ce que l'on cherchait plus particulièrement, c'était les capsules des bouteilles de Coca-Cola qu'on plaçait sur les rails des tramways. Après que ces derniers les avaient bien aplaties, on les récupérait et on jouait à pile ou face, c'est-à-dire qu'on lançait les capsules en l'air, comme des pièces de monnaie. Celui dont la capsule atterrissait du côté du logo Coca-Cola gagnait les deux capsules. Avec beaucoup de chance et un peu d'habileté, on pouvait ainsi accumuler un grand nombre de ces symboles prisés de la décadence occidentale.

Ma femme, Amalia, me dit que, trente ans plus tard, sous Ceausescu, pendant que le pays souffrait d'énormes dettes et d'un manque permanent de vivres, ses amies et elle jouaient à un jeu quasiment identique. Elles collectionnaient des capsules de bouteilles Pepsi (pour une raison ou pour une autre, le Pepsi avait supplanté le Coca), et celle qui en avait le plus grand nombre était sacrée reine. Rien n'avait donc changé. Cela montrait en tout cas que priver les enfants ne faisait qu'attiser davantage encore leur convoitise.

L'unique avantage de notre appartement était qu'il se trouvait littéralement en face de l'école que je fréquentai de 8 à 17 ans. J'avais donc l'habitude de sauter par-dessus la clôture de l'école, à midi, d'aller chercher chez moi un morceau de pain avec du sucre en guise de déjeuner, car c'était parfois tout ce que nous avions à manger, puis de retourner, toujours en courant, à l'école pour jouer au foot avec mes copains de l'école mixte d'environ 1 000 élèves. L'uniforme n'y était obligatoire qu'à partir de 11 ans, ce qui me permettait donc de porter le même survêtement bleu tous les jours. Ma mère le lavait tous les trois jours dans notre énorme baignoire, (nous n'avions évidemment pas de lave-linge), et l'étendait ensuite dans l'espoir qu'il serait sec le lendemain, ce qui n'était pas toujours le cas. Porter ce survêtement, c'était comme porter un jean et un sweat de nos jours, ce que font tous les enfants. De même, la seule paire de chaussures que j'avais quand j'étais jeune était des tennis. Qu'aurais-je bien pu faire d'une autre paire ?

L'école était quelque chose que je supportais, mais sans plus. En primaire, je me faisais punir sans arrêt, parfois pour des bêtises que je n'avais même pas commises. Mais parce que j'étais très timide et que je n'osais jamais regarder la maîtresse dans les yeux, j'avais toujours l'air coupable. Elle me tirait ensuite l'oreille, ce qui me rendait fou, ou me frappait carrément sur la tête, ce qui me faisait enrager encore plus. Une de ses punitions préférées était de m'obliger à m'agenouiller dans le coin de la classe sur des coquilles de noix retournées, et de rester ainsi pendant des heures. Cela était bizarre et douloureux, croyez-moi ! À la fin, ma mère était convoquée presque tous les jours par cette vieille femme sadique. Elle essayait bien de me dire d'être sage, mais les menaces et les punitions n'avaient pas le moindre effet. Était-ce un signe avant-coureur ?

Au lycée, mon manque d'enthousiasme pour les études se confirma. Je me débrouillais, ni plus ni moins. On apprenait le Français, ce que je détestais à l'époque car on avait un prof qui crachait tout le temps quand il parlait et n'était jamais satisfait si on ne prononçait pas le mot exactement comme il le fallait. Il était pourtant roumain ! En tout cas, il réussit à me dégoûter de cette langue. C'est d'autant plus dommage que, si j'avais su alors que j'épouserais un jour une Française, je me serais peut-être appliqué un peu plus !

On était également forcé d'étudier le russe, ce qui en faisait, à l'unanimité, la matière la plus haïe. En fait, on détestait tout ce qui touchait à la Russie et toutes les influences qu'elle pouvait exercer sur notre pays. Une des seules mesures positives prises par Ceausescu aura été d'ordonner que le russe cesse d'être une matière obligatoire à l'école. La Roumanie était aussi le seul pays de l'Est à ne jamais avoir eu de soldats russes sur son territoire. Ces petits détails nous permettaient de garder un minimum d'indépendance. Mais l'homme qui dirigeait notre pays à l'époque, Gheorghiu-Dej, était à la tête d'un régime stalinien et était plus proche des Soviétiques que Ceausescu ne le fut jamais. On nous obligeait à chanter un slogan à l'école dont je me souviens encore : « Staline et le peuple russe nous amènent la liberté. » Cela rime en roumain (*Staline fli poporul rus, Libertate ne-a adus*), et l'idée était que c'était une petite comptine sympathique à chanter pour les enfants. Mais personne n'était dupe. Mes parents, mon frère et ma sœur aînée se souvenaient de la vie avant le communisme, et ils savaient que ce régime actuel ne rimait pas du tout avec « liberté ». Ce n'était pas comme ça qu'il fallait vivre. Je savais déjà cet âge-là que cette comptine était mensongère.

Je me rappelle très bien le jour de la mort de Staline : on entendit les sirènes partout dans la ville ; les tramways, les trains, les bus, tout s'arrêta, et tout le monde observa une minute de silence en feignant d'avoir beaucoup de peine.

Je m'attirais encore des ennuis à l'école, à cause de bêtises comme tirer les cheveux des filles, par exemple. Mais un jour, il se passa quelque chose. Je devais avoir 11 ou 12 ans, et la maîtresse était sur le point de me punir pour ce que j'étais censé avoir fait, lorsque le vrai coupable passa aux aveux. Il allait être sanctionné quand j'intervins pour réclamer ce que je considérais désormais comme étant mon dû. Elle refusa, puisque je n'étais pas l'auteur du délit. J'avais tellement l'habitude d'être le bouc émissaire que les punitions n'avaient plus aucune signification pour moi. Je les prenais à la rigolade. Si les dirigeants des tournois et autres bureaucrates du tennis avaient compris cela, peut-être ne se seraient-ils pas donné tant de mal à m'infliger toutes ces amendes et ces suspensions. Ils auraient assurément évité bien des problèmes à bien des gens !

Maintenant que nous n'habitions plus au Progresul club, j'étais obligé de jouer au tennis et au foot au Steaua club, à une vingtaine de minutes à pied de notre appartement. Le club Steaua (qui veut dire « Étoile ») est le club de l'armée en Roumanie que mon frère représentait au tennis. J'étais obsédé par le tennis et le foot, et j'allais donc au club tous les jours après l'école, pour m'entraîner pendant des heures, saisissant toutes les occasions pour jouer, faisant le ramasseur de balles pour n'importe qui et restant disponible autant que possible. Parfois même, je me levais à 6 heures du matin pour aller ramasser les balles d'un membre du club. Seuls ces deux sports, que je pratiquai de façon ininterrompue de 10 à 13 ans, comptaient pour moi.

Après le foot, cependant, je rentrais chez moi les bras et les jambes meurtris (je jouais en position d'intérieur droit, le maillot n° 8), et ma mère s'inquiétait de plus en plus de l'état de mes jambes, qui affichaient souvent un beau mélange de rouge et de bleu. Le tennis avait au moins l'avantage que je ne risquais pas de me casser quelque chose à chaque match. D'un autre côté, le foot était très bénéfique pour mon tennis parce qu'il aidait la coordination, la rapidité, le jeu de jambes et l'équilibre.

Cela eut pour conséquence, tout au moins pendant la première partie de mon adolescence, d'entretenir mon indécision quant au choix de mon avenir, qui oscillait entre footballeur ou tennisman. Il n'était pourtant question ni de carrière ni d'argent car, à cette époque-là, il n'y avait pas d'argent dans le tennis. Mon frère, alors qu'il était joueur de coupe Davis et qu'il nous racontait plein d'histoires passionnantes de ses voyages à l'étranger, desquels il nous ramenait quelques paquets de chewing-gum, était encore obligé de travailler en tant qu'électricien pour subvenir à ses besoins.

À l'âge de 11 ans, j'eus un entraîneur, le colonel Constantin Chivaru, qui était ancien joueur du circuit et ancien membre de l'équipe de coupe Davis avec mon frère. C'est lui qui réussit à me convaincre de me consacrer uniquement au tennis. Cependant, il ne toucha jamais à ma technique, parce qu'il avait compris qu'elle était naturelle et instinctive, et que la changer me serait plus néfaste que bénéfique. Comme il ne voulait pas que j'aille jouer au foot, il me faisait du chantage avec des chocolats (lui aussi !) pour m'encourager à continuer mon entraînement. Ce qui engendra nombre de conflits entre l'entraîneur de l'équipe de foot du Steaua et lui, tous les deux s'acharnant à vouloir obtenir ma fidélité et mon engagement.

Mes parents, quant à eux, ne me poussèrent jamais dans une direction ou une autre. Ils n'avaient jamais pratiqué le moindre sport de leur vie et ne montrèrent jamais la moindre curiosité à l'égard de ma carrière sportive. Ils étaient donc les moins bien placés pour me conseiller. Tout ce qui les inquiétait, une fois posé comme acquis que je ne ferais jamais grand-chose à l'école, était de savoir ce que serait mon avenir. À vrai dire, ils ne savaient même pas ce que je faisais au tennis. Mon père avait l'habitude de me taquiner. Il me lançait souvent : « Tu vas où, là, avec ta guitare ? Tu ne vas quand même pas faire comme ton frère ? » Ce n'était pas pour me décourager. Sans doute d'ailleurs, s'il m'avait activement encouragé à jouer, aurais-je fait tout le contraire, tant il me dérangeait – et me dérange encore parfois – que l'on m'ordonnât d'aller faire quelque chose. Je peux donc dire de façon catégorique que mes parents étaient le contraire des parents ambitieux qu'on voit dans le milieu du tennis. Ils étaient toujours loin des courts. Pour moi, au contraire, il était clair que je voulais faire du sport, sans que m'intéresse jusqu'où cela pourrait me mener. Je ne pouvais tout simplement pas m'imaginer faire autre chose. Seul persistait le dilemme : le tennis ou le foot.

Comme tout le monde le sait aujourd'hui, c'est le tennis qui finit par l'emporter en ce qu'il me plaisait plus et qu'au fond de moi, je m'y savais meilleur. Et quand on est bon en quelque chose, on s'y attache avec d'autant plus de passion. Or, pour être honnête, je crois que j'avais cessé d'être attaché passionnément au foot.

Le tennis, en outre, pouvait me faire remarquer davantage: De même qu'une défaite n'était pas imputable à dix autres joueurs, de même ne tenait-il qu'à moi de gagner. Je pouvais jouer le match à ma façon, sans devoir, comme au foot, tenir compte d'une équipe entière. Je confesse humblement aujourd'hui que ma tendance à faire ce que je voulais sur le terrain de foot, comme garder la balle, en exaspérait plus d'un, au point que certains s'exclamaient: « Hé ! c'est ta mère qui t'a donné la balle ? C'est pour ça que tu ne la quittes pas des yeux ? »

Mon premier tournoi de tennis – j'avais alors 11 ou 12 ans – ne fut pas un succès. Je jouais contre un gosse qui remporta rapidement la première manche 6-0. C'en était trop pour moi. Je posai ma raquette à terre et commençai à lui courir après, tout autour du terrain, jusqu'à ce que je l'attrape. Il était médusé. Je fondis immédiatement en larmes et me mis à hurler que personne ne pouvait me battre 6-0 tout en commençant à lui donner des coups sur la tête. Il remporta quand même la deuxième manche 6-2 Je venais de piquer ma première colère sur un court. Ce ne serait pas la dernière fois non plus que je pleurerais après un match.

Mon frère et mon entraîneur savaient que j'avais beaucoup de talent mais redoutaient que cela ne suffise pas tant j'étais maigre. À cet âge-là, je courais comme un lapin, rattrapais toutes les balles, qu'elles soient dehors ou dedans, et renvoyais absolument tout à l'aide de balles très hautes. Je rendais mes adversaires complètement fous. Mais, n'ayant pas la télévision, je n'avais vu de tennis de haut niveau que des rencontres de coupe Davis, de temps en temps. Je ne savais donc pas comment jouer autrement, surtout quand j'avais 12, 13 ans. L'idée qu'il y eût une façon de jouer sur terre battue et une autre sur gazon, un style « service volée » et un style « fond du court » ne m'avait même jamais effleuré l'esprit. Je n'avais qu'une précieuse photo de Roy Emerson découpée dans un des magazines rapportés de ses voyages par mon frère, et sur laquelle il était en train d'exécuter une volée haute de revers, que je m'efforçais d'imiter à partir de ce moment-là. À vrai dire, je n'avais aucune idée de la théorie : je jouais instinctivement, parce qu'on ne m'avait jamais enseigné la technique.

Quand les gens font le bilan de leur vie, ils se rendent compte que certains événements cruciaux l'ont fait bifurquer vers une direction ou vers une autre. Certains sont des coups de hasard – et je pense fermement que nous avons tous besoin d'un peu de chance pour réussir dans la vie –, d'autres sont le résultat de décisions prises consciemment. Dans mon cas, le premier événement d'importance qui influença ma vie fut, à l'âge de 13 ans, ma victoire aux championnats nationaux de ma catégorie. Le tournoi se déroulait dans une ville nommée Cluj. Si cette victoire fut importante pour moi, plus importante encore fut la première raquette neuve – une ravissante Slazenger qu'elle me permit de gagner. J'étais incroyablement excité. Je me rendais compte que le tennis pouvait m'apporter des choses positives. Dès lors, je me mis à travailler dur, fermement décidé à progresser.

L'autre chose qui m'arriva cette semaine-là fut la rencontre avec l'homme qui allait avoir la plus grande influence sur ma vie pour les dix années à venir, Ion Tiriac. Âgé de 20 ans, il avait sept ans de plus que moi et il venait de réussir une énorme performance en battant Gheorghe Viziru, le numéro 1 roumain de longue date. Ion était ainsi devenu champion national, un titre qu'il s'octroya jusqu'à ce que je lui ravisse huit ans plus tard, en 1967. J'avais tellement envie de rester après ma victoire ce jour-là et de m'imprégner de l'ambiance du tournoi que j'avais demandé à être ramasseur de balles pour la finale senior. Bien sûr, Ion ne se souvient pas du tout de moi qui courais dans tous les sens. Franchement, je le comprends, car je n'étais qu'un haricot de ramasseur. Mais c'était énorme pour moi de pouvoir regarder jouer le champion national. Cela me montrait, une fois de plus, jusqu'où je pouvais viser.

C'est alors que je réalisai que le tennis allait être ma vie.

CHAPITRE 2
1959-1966

J'ai appris bien des choses à Paris

Malgré ma victoire à Cluj, ma vie ne changea guère les années suivantes. Aujourd'hui, un gosse qui remporte un titre national se met à jouer autant de tournois internationaux que possible. Il est classé dès l'âge de 8 ou 9 ans et est sollicité par des agents qui lui tournent autour avant qu'on ait le temps de dire « balle de match. » Ce ne fut pas mon cas, et c'est donc tout naturellement que je suis retourné au Steaua club, où je me suis beaucoup entraîné et, parfois, ai disputé quelques tournois par-ci par-là.

Je regrette aujourd'hui de n'avoir pu disputer les tournois juniors à l'étranger. Je suis certain que cette occasion m'aurait appris à mieux gérer la pression des matchs. Mes résultats n'en auraient été que meilleurs. Ça me faisait vraiment mal au cœur de lire dans les journaux que des joueurs comme le Tchèque Jan Kodes ou le Soviétique Alexandre Metreveli, contre qui j'avais joué adolescent, partaient régulièrement en tournée à l'étranger, augmentant ainsi leur expérience du circuit. Dès l'âge de 16 ans, les Australiens eux aussi partaient en tournée des semaines entières durant lesquelles ils apprenaient à se battre et à gagner.

Quant à moi, je suis resté coincé chez moi, car la Fédération roumaine de tennis n'avait pas les fonds pour m'envoyer à l'étranger. Cela peut paraître surprenant, mais, même à l'âge de

15 ou 16 ans, je n'avais jamais projeté de faire du tennis une carrière. J'adorais ce sport. Il me passionnait. Je savais que je voulais continuer à le pratiquer, mais je ne voyais pas plus loin que ça. Il faut dire que l'organisation n'a jamais été mon point fort, et je n'avais personne dans mon entourage qui puisse m'aider. En tout cas, il ne m'était pas venu à l'idée que je pouvais gagner ma vie grâce à ce sport. À l'époque, le tennis était strictement un sport amateur, en tout cas pour ceux qui venaient de pays communistes. La seule idée de pouvoir éventuellement en vivre relevait de pure chimère.

À l'entraînement, j'aimais bien m'amuser, mais j'étais également capable de me mettre en colère tant la perspective de la défaite m'insupportait. Cette mauvaise humeur viendrait, dit-on, du tempérament roumain puisque, contrairement à ce que pensent la plupart des gens, nous ne sommes pas slaves mais latins. Notre langue ressemble du reste beaucoup à l'italien et est celle qui a le plus de similitudes avec le latin. D'ailleurs, le ton monte très facilement quand nous discutons. Une chose est importante à préciser cependant : même si j'étais en colère, même si je criais et hurlais régulièrement pendant les matchs d'entraînement, je ne trichais jamais. Ceux qui croient que j'ai grandi dans un environnement où cela était monnaie courante se trompent. D'autant qu'il ne servait à rien de tricher, les parents ou les entraîneurs finissant toujours par le découvrir, et les adversaires, par vous tabasser.

J'aimais bien me compliquer les choses en tentant des amortis et des lobs ou en concluant les points à ma manière. J'étais en permanence à la recherche du point parfait. S'il m'arrivait de rater un amorti une fois, deux fois, je persévérais jusqu'à le réussir. Cela exaspérait mon coach, le colonel Chivaru, tout comme, quelques années plus tard, cela rendit Ion Tiriac fou lors de vrais matchs. Il essayait bien de parler tactique avec moi la veille d'un match, en me recommandant d'éviter les amortis face à un joueur rapide. Mais c'était peine perdue, voire dangereux de me dire ça, moi qui n'aimais jouer que comme bon me semblait. Je commençais alors le match en faisant le contraire, multipliant les amortis pour le seul plaisir de voir combien de fois je pourrais gagner le point. Après, j'allais voir Ion :

— Tu vois comment je l'ai fait courir ? Il ressemblait à un yo-yo !

— Mais t'as perdu trois manches à zéro, grommelait-il, en s'arrachant les cheveux.

— Oui, mais, mon Dieu, qu'est-ce je l'ai fait courir pour sa victoire ! rayonnais-je.

C'est finalement à 17 ans que je quittai l'école et entrai dans l'armée, seule issue pour quelqu'un dans ma situation. Mon service militaire devait durer seize mois, mais mon statut de représentant du club de l'armée, le Steaua, me fit bénéficier d'une réduction : deux nuits en caserne et une cérémonie où je dus prêter serment au colonel du régiment en lisant mécaniquement les paroles d'un texte abscons. C'était le prix à payer pour être libre d'aller jouer au tennis à longueur de journée. Je suis fier d'affirmer que, si aucun fusil n'est jamais passé entre mes mains, cela ne m'empêcha pas d'être immédiatement promu au grade de lieutenant (évidemment pas à cause de mes talents de soldat). Je reçus aussi un bel uniforme et, encore mieux, une augmentation de salaire.

J'utilisai cet argent supplémentaire pour m'acheter mon premier vélo. J'étais ravi, parce que je pouvais à présent circuler en ville beaucoup plus vite. J'allais à vélo au club, je m'entraînais, puis je repartais pour aller manger au restaurant qui était la cantine des sportifs. Le ministère des Sports nous procurait des tickets-restaurant. Tous les jours, on y retrouvait un rassemblement de sportifs de différentes disciplines – des cyclistes, des footballeurs, des gymnastes. La plupart du temps, Tiriac et moi y déjeunions, lui y prenant aussi son petit-déjeuner, au cours duquel il engloutissait machinalement une bonne douzaine d'œufs. Il mangeait comme un ogre, tout comme le ferait plus tard son protégé, Guillermo Vilas. Pourtant, aucun des deux ne prit jamais de poids, tant ils s'entraînaient. Mon tout nouveau vélo, qui m'avait coûté une fortune, presque un mois de salaire, me fut volé dès les premiers jours, au restaurant où je l'avais laissé contre le grillage.

Le seul désavantage de mon statut de soldat était l'obligation d'avoir les cheveux très courts. C'est donc le crâne quasiment rasé que je partis disputer mon premier tournoi à l'étranger, à Sofia, en Bulgarie. J'étais incroyablement excité, au point de ne même pas être inquiété par le vieil avion Ilyushin qui nous rendit le trajet très agité. Aujourd'hui les turbulences en vol me font bien plus paniquer que les décollages et les atterrissages, réputés pourtant dangereux. Mais à l'époque, je ne me rendais pas compte de ce qui se passait tellement je planais littéralement au-dessus des nuages.

Tiriac, qui m'accompagnait pendant ce voyage, était chargé par la Fédération de me surveiller. Il possédait une aura incroyable et, les premiers jours, c'est à peine s'il me jeta un seul coup d'œil. Il venait regarder mes matchs, mais je voyais bien que tout ce que je faisais le reste du temps lui importait peu. Après tout, j'étais un gamin de 17 ans, incroyablement timide et naïf, alors que lui, à 24 ans, était un joueur de renommée internationale. Ça devait être très gênant pour lui de m'avoir sans cesse à ses trousses.

Après le tournoi de Sofia, j'eus l'occasion de disputer quelques autres tournois dans des pays communistes telles la Hongrie, la Tchécoslovaquie et l'Estonie. Mais, la plupart du temps, je continuais à m'entraîner beaucoup. Quand il faisait trop froid ou qu'il y avait trop de neige (Bucarest est sous la neige pendant au moins deux mois par an), on nous envoyait, Tiriac et moi, dans des camps d'entraînement, dans les montagnes de Transylvanie afin d'améliorer notre condition physique et, dans mon cas, prendre du poids. Je détestais ça. Au contraire de Tiriac, l'entraînement physique et les séances de gym m'ont toujours beaucoup ennuyé, et je n'arrivais donc pas à prendre ça au sérieux. Ces camps étaient comme des camps militaires. Des athlètes de tous les sports s'y côtoyaient : certains étaient des colosses, comme les boxeurs ou les haltérophiles, ce qui soulignait d'autant le contraste avec mon corps rachitique. Je détestais les séjours dans ces camps, où je ne prenais d'ailleurs jamais de poids et rentrais chez moi aussi maigre qu'avant. Tiriac disait toujours que j'avais l'air de marcher sur les mains, tant mes jambes étaient aussi fluettes que mes bras. Il me donnait un coup dans les côtes, s'étonnant que je puisse avoir des muscles, ce qui n'était pas fait pour me donner confiance en moi.

En 1965, à presque 19 ans, j'eus enfin la permission de voyager à l'ouest, la Fédération s'étant rendu compte que cela valait la peine de m'envoyer à l'étranger. De ce moment-là, j'eus la liberté totale d'aller là où je voulais (ou tout au moins là où j'arrivais à me faire inviter). Ce fut vraiment une aubaine. J'ai toujours été très conscient de cet inestimable privilège dont ne bénéficiaient pas les autres sportifs roumains – ni ceux des autres pays communistes –, limités dans leurs déplacements. Je savais cependant que cette liberté pouvait m'être ravie à tout moment. Elle me procura une meilleure vie, une vie dont mes compatriotes ne pouvaient que rêver.

Le fait cependant d'être un tennisman prometteur ne changeait pas beaucoup ma vie de tous les jours, puisque j'habitais encore chez mes parents. On ne manquait certes plus de vivres comme dans les années 50, sans pour autant jouir de la même diversité qu'à l'Ouest. Je recevais bien un peu de nourriture supplémentaire et des quantités régulières de chocolat, mais l'avantage principal pour moi en cette période de guerre froide fut bien cette liberté d'aller et venir à ma guise de l'autre côté du rideau de fer.

Mes premiers voyages me conduisirent en Égypte et en Inde, qui n'étaient pas vraiment des symboles du luxe occidental. Mais seul m'intéressait le tennis. De plus, je n'avais ni le temps ni l'argent pour aller voir au-delà des clubs où on jouait. En Égypte, Tiriac et moi jouions pendant plusieurs semaines d'affilée, de tournoi en tournoi. J'adorais ce pays où les gens étaient si gentils avec nous. Le club du Caire – le Gezira club – était un superbe club, très *british* et traditionnel, dont l'histoire remontait à une centaine d'années. Le tournoi qui s'y déroulait marquait le début du circuit européen. Tous les bons joueurs y participaient.

La première année, j'affrontai l'Australien Ken Fletcher, un excellent joueur de double qui allait gagner par la suite le double messieurs ainsi que le double mixte à Wimbledon. Mes chaussures étaient si mauvaises qu'elles n'accrochaient pas du tout. Je glissais partout, comme sur une patinoire. Je résolus donc de les enlever et remportai facilement le match sous les yeux incrédules de Fletcher. Il avait perdu contre un Roumain tout maigre et totalement inconnu, et de surcroît en chaussettes ! Nul doute qu'il noya son chagrin avec quelques bières ce soir-là.

On recevait deux livres (environ 30 cents) par jour comme argent de poche, ce qui suffisait à acheter deux paires de chaussures, égyptiennes certes, mais chaussures tout de même. On avait droit à un repas gratuit par jour au club. Le reste du temps, on se nourrissait de fruits exotiques, telles des oranges (qui pour nous étaient exotiques), très bon marché là-bas. En général, on descendait dans des petits hôtels pas chers ou on logeait chez des familles anglaises qui s'occupaient bien de nous. Une fois, parce que nous étions fauchés, Ion décida que nous dormirions sur la plage, à la belle étoile. Nous n'aurions qu'à nous laver au club, acheter de quoi dîner sur la plage avant de dormir sous les étoiles. Ce fut une catastrophe, à cause du sable qui s'infiltrait partout.

Mon jeu à cette époque n'était pas très orthodoxe et dépendait beaucoup de ma rapidité et de mon sens de l'anticipation. Mes coups droits partaient très haut, mon service était nul et mes autres coups n'avaient aucune puissance. Mais je rattrapais tout. Ça énervait mes adversaires, mais je ne pouvais rien y faire. J'adorais également essayer des coups insensés auxquels ne s'attendaient pas mes adversaires.

Comme on ne m'avait jamais montré comment tenir une raquette, mes prises n'étaient pas parfaites, surtout la prise de revers. Je n'avais donc pas le revers d'un Laver ou d'un Emerson. Je tenais ma raquette (et le fais encore) avec le bout du manche dans la paume de la main, contrairement aux autres joueurs. Cela me permettait d'utiliser beaucoup plus mon poignet et de renvoyer des balles que les autres n'arrivaient pas à renvoyer avec les lourdes raquettes en bois de l'époque. J'y gagnais un poignet très fort et un beau toucher de balle.

J'avais également un sixième sens, surtout au filet, qui me permettait d'anticiper la trajectoire de la balle. Dos au filet, huit fois sur dix je me tournais dans le bon sens pour frapper la balle. Martina Hingis était pareille, et c'est en partie pour cette raison qu'elle fut une si grande championne. De nos jours, les joueurs s'aventurent si peu au filet qu'ils ne peuvent pas avoir ce niveau d'anticipation. Ils restent au milieu et attendent que la balle soit frappée pour bouger.

Petit à petit, j'acquis de l'expérience et je commençai à gagner quelques matchs et à avoir de bons résultats en double avec Tiriac. Au début, il me disait qu'il aurait préféré faire équipe avec d'autres joueurs – même avec mon frère, dont il était plus proche en âge –, parce que je ne servais guère ses intérêts. Puis, peu à peu, nous nous améliorâmes sur le court et nous rapprochâmes en dehors. Son influence sur moi s'accrut. J'avalais tout ce qu'il disait et imitais tout qu'il faisait. Il gardait notre argent de poche et me donnait tout juste ce qu'il me fallait pour que je puisse manger – une autre bonne façon de rester maigre. Lorsque j'avais vraiment envie de m'acheter un t-shirt ou quelque chose, et qu'il nous restait un peu d'argent à la fin de la semaine, il m'en donnait la permission. Il veillait à ce que je ne dépense pas tout mon argent d'un coup, m'obligeant à économiser autant que possible, même s'il ne restait pas grand-chose en général. Il disait qu'il était préférable de mettre l'argent sur un compte, où il pourrait croître petit à petit, plutôt que de l'investir dans quelque chose d'aléatoire. Je dois reconnaître que je tiens encore compte de ses conseils avisés aujourd'hui.

Quant au tennis, Ion était le premier à reconnaître qu'il devait son succès non pas à son talent mais à son acharnement à travailler dur. Il voulait tellement gagner que tout le monde sur le circuit savait qu'il utilisait tous les stratagèmes pour prendre l'ascendant sur un adversaire. Par exemple en le fixant longtemps et durement du regard lorsqu'il gagnait un échange important, ou bien, pour casser le rythme de l'autre, en prenant ou non son temps entre les points. Ion connaissait bien toutes ces ficelles, et beaucoup pensaient qu'il me les avait délibérément apprises. Ce fut peut-être vrai dans certains cas, même si, la plupart du temps, il me suffisait de l'observer pour me les approprier, généralement de manière inconsciente.

J'éprouvais du plaisir à travailler dur et à m'entraîner pendant des heures. Je ne considérais pas cela comme du « travail ». C'était tout simplement un régal. Parfois, Tiriac quittait le court rapidement pour aller passer un coup de fil par exemple, et était sûr, un quart d'heure plus tard, de me trouver encore là, à m'envoyer des lobs que j'allais chercher de l'autre côté du court en sautant par-dessus le filet. Je comptais les coups car j'essayais de faire durer l'échange le plus longtemps possible sans que la balle rebondisse deux fois. Tout cela n'était qu'un jeu pour moi.

J'étais complètement à l'aise sur un court de tennis, mais j'étais encore affreusement timide et peu bavard dans la vie. Je pensais que personne ne s'intéressait au peu que j'avais à dire. Si gagner donne confiance en soi, moi, qui ne gagnais rien, manquais totalement d'assurance. Quant aux femmes, j'étais physiquement incapable d'en regarder une dans les yeux, encore moins de poser même le petit doigt dessus. Dieu sait qu'elles m'intéressaient et que j'aimais les regarder, mais je n'étais pas encore capable d'aller plus loin. En Roumanie, j'avais vaguement réussi à en approcher une ou deux sans plus, d'abord parce que j'étais souvent absent mais surtout parce que je me trouvais très moche. J'étais maigre comme un clou, sans muscles visibles. Quelle femme aurait voulu de moi ? J'évitais donc de prêter le flanc à un refus humiliant, et fuyais toute situation intime.

C'est lors de mes deux passages à Roland-Garros, au printemps 1966, que les choses ont vraiment évolué pour moi, non seulement sur le plan professionnel mais aussi sur le plan personnel. J'avais grandi sur la terre battue, et Roland-Garros représentait La Mecque pour moi. C'est le tournoi le plus important pour les Européens, et celui que je rêvais de jouer, parfois même de gagner. Lorsque j'y mis les pieds pour la première fois, rien que de voir ce stade en béton gris si bien connu, de savoir que les Mousquetaires y avaient gagné tant de fois, qu'ils avaient procuré au public tant de sensations fortes pendant des années, me remplit d'une émotion indescriptible. À l'inverse de beaucoup de joueurs actuels, j'ai toujours été fasciné par l'histoire du tennis, par les grands champions d'autrefois et par la façon dont ils arrivaient à jouer. Même quand j'ai commencé à voyager – et peut-être parce que, enfant, j'avais été privé de toute information sur le tennis – j'avais du respect et de l'admiration pour tout ce que ces grands champions avaient accompli, malgré leur style et leur équipement complètement différents. Quand on pense que des joueurs comme René Lacoste jouaient non seulement en pantalon, mais qu'il n'y avait même pas de cuir sur le manche en bois de leur raquette, c'est incroyable. Je ne sais pas comment ils arrivaient à la tenir ! Tous les fans de tennis devraient visiter le musée de Roland-Garros, qui a ouvert ses portes en 2003, afin d'apprécier les qualités exceptionnelles de ces champions.

Ma sélection en coupe Davis contre la France à Paris me rendit impatient. Représenter notre patrie est l'ultime honneur pour tout sportif de pays communiste – on nous le répétait très souvent. Aussi, nos résultats en compétition individuelle importaient bien moins que ceux en équipe, en l'occurrence en coupe Davis.

Mes souvenirs de la rencontre sont plutôt flous, mais la meilleure partie des trois jours fut lorsque René Lacoste me fit très gentiment cadeau de deux ensembles Lacoste assortis. Jamais de ma vie je n'avais eu des vêtements de tennis assortis. D'habitude, je portais ce qui me tombait sous la main, même si c'était parfois trop grand. La plupart du temps, je portais donc un mélange de shorts et de chemises Fred Perry et Lacoste. Mais cette fois-ci, j'étais en Lacoste blanc et flambant neuf, ce dont je n'étais pas peu fier ! On m'avait aussi donné quatre raquettes Slazenger toutes neuves, ce qui pour moi était exceptionnel. J'avais enfin l'impression d'être parmi les grands. Du coup, j'avais tellement peur qu'on me vole mes affaires dans les vestiaires que je les emmenais sur le court dans un énorme sac, ce que personne ne faisait à l'époque, où l'on se contentait de venir avec ses raquettes. Et Ion se moquait de moi : « On dirait que tu pars en vacances avec tout ça. »

Le public était venu nombreux – tout au moins est-ce l'impression que j'en eus alors, peu habitué que j'étais à jouer devant tant de monde –, et le stade me semblait immense aussi. Le seul panneau publicitaire autour du court vantait la marque Coca-Cola, un contraste avec l'année de ma victoire aux Internationaux de France, en 1973, où le nouveau sponsor, la BNP, était affiché partout. En 1966, je me rappelle avoir eu très peur au moment de pénétrer sur le court central pour la première partie. Quoique défait deux fois (on s'est incliné 4-1), je réussis quand même à gagner deux manches dans un de mes simples et à accrocher un cinquième set en double avec Tiriac. Je devais m'être assez bien défendu pour que René Lacoste mais aussi « Toto » Brugnon, un des autres Mousquetaires, se disent impressionnés par mon jeu. Au point de m'encourager et de parler de moi à la Fédération pour les Internationaux qui avaient lieu le mois suivant. Et leur promesse fut effectivement tenue, puisque je reçus l'invitation peu de temps après. Je leur suis éternellement reconnaissant de m'avoir donné cette occasion. À l'époque, un jeune joueur comptait beaucoup sur ces actes de bonté pour pouvoir participer aux tournois.

Un mois plus tard, j'étais donc de retour à Roland-Garros, cette fois pour participer à mon premier tournoi de Grand Chelem. C'est toujours une étape importante pour un jeune joueur. Ça l'était d'autant plus pour moi que je n'avais encore jamais joué de tournoi junior du Grand Chelem. J'étais un novice en la matière alors qu'un mois plus tard, j'allais fêter mes 20 ans. Plus incroyable encore sera que je devrais attendre 1969 pour jouer mon premier Open des États-Unis, à 23 ans ! Si on compare avec les joueurs actuels qui, à cet âge, sont en général à l'apogée de leur carrière, on se rend compte à quel point j'ai démarré tard ma vraie carrière.

À l'époque, la Fédération roumaine de tennis s'occupait de tous nos déplacements et de notre logement. Pendant la quinzaine des Internationaux, Tiriac et moi logions dans un petit hôtel qui s'appelait le Petit Murat, au bout du boulevard Murat, près de la porte d'Auteuil, où se trouve le stade Roland-Garros. Je trouvais l'hôtel merveilleux, malgré le fait que je devais partager un grand lit avec Ion et que la salle de bains se trouvait tout au fond du couloir. En face de l'hôtel était le restaurant Chez André, où nous dînions tous les soirs. Le propriétaire était typiquement français, une Gauloise sans filtre pendue en permanence au bout des lèvres. Son menu du jour ne changeait jamais : on avait le choix entre une tête de veau pressée ou un œuf mayonnaise en entrée, suivi d'un steak-frites ou d'un poulet-frites en plat principal. Le tout pour une poignée de francs. Près de l'hôtel se trouvait aussi un cinéma où l'on allait – à deux séances – les jours où l'on ne jouait pas. Il faut dire qu'Ion et moi adorions le cinéma, surtout les films d'action, où il était moins important de comprendre les dialogues. On en a fréquenté des cinémas partout dans le monde, de Bombay à Philadelphie ! C'est en grande partie comme cela qu'on a appris l'anglais. Ce qui fit dire à certains, eu égard à mon anglais, que je ne devais pas trop écouter les dialogues.

Je parvins à passer deux tours aux Internationaux avant de m'incliner face à Cliff Drysdale, un Sud-Africain naturalisé Américain. J'étais tellement heureux de participer au tournoi que ma déception ne fut pas trop grande. Je voyais pour la première fois les grands du tennis, comme l'Espagnol Manuel Santana et l'Italien Nicola Pietrangeli. Je partageais les vestiaires avec eux, je m'entraînais sur le court d'à côté, je mangeais pratiquement à la même table. Certains, comme mon héros Roy Emerson, me disaient même bonjour sans que je sois parfois en mesure de leur répondre dans mon anglais approximatif.

En double, Tiriac et moi alignâmes une série de victoires qui, malgré tous les pronostics et surtout les nôtres, nous amena jusqu'en finale. Pour un premier tournoi de Grand Chelem, j'avais du mal à croire ce qui m'arrivait. Je réussis à joindre mes parents au téléphone pour leur annoncer l'heureuse nouvelle. À leur habitude, ils ne manifestèrent guère d'enthousiasme. Même à mon apogée, mon père disait nonchalamment : « Quelqu'un m'a dit que tu as gagné un tournoi. » Sans pour autant se montrer plus curieux. Ils ne sont d'ailleurs jamais venus me voir jouer, même pour la finale de la coupe Davis à Bucarest en 1972. De temps en temps, ils me voyaient à la télé, mais plutôt par hasard qu'autre chose. Cela peut paraître bizarre, mais ça ne les intéressait tout simplement pas. Ils étaient contents pour moi et contents de ce que je faisais. Un point c'est tout. Jamais ne leur serait venue l'idée de venir me soutenir en personne. Cela aurait peut-être augmenté la pression sur moi si j'avais eu à m'inquiéter d'eux pendant les tournois. J'acceptais donc qu'il en soit ainsi.

Comme Tiriac et moi n'étions pas tête de série, on nous mettait sur les courts les plus éloignés de Roland-Garros. On se positionnait devant la porte arrière des vestiaires qui donnaient sur ces courts, d'où l'on pouvait calculer, lorsque les matchs tiraient à leur fin, quand arriverait notre tour. On se présentait alors pour jouer devant une poignée de personnes.

Or, voilà que d'un seul coup on se retrouvait en finale, sur le court central. On allait voir la différence. Dieu merci, j'avais disputé les rencontres de coupe Davis le mois précédent. Je crois, sinon, que je serais sûrement mort de trac. Nos adversaires pour la finale étaient l'équipe de coupe Davis américaine, Clark Graebner et Denis Ralston. Ce jour-là, ils furent bien trop forts pour nous, nous écrasant facilement 6-3, 6-3, 6-0. Mais j'étais si heureux d'avoir fait ce grand pas en avant que le score m'importa peu.

Notre parcours jusqu'en finale du double messieurs méritait d'être fêté. On était hélas tellement fauchés que l'argent de poche qu'on recevait n'aurait aucunement suffi à ce que nous fîmes par la suite. On avait un copain roumain, Gheorghe, qui habitait Paris et qui nous avait apporté son soutien pendant toute la quinzaine en nous payant le dîner, par exemple. Ce soir-là, Tiriac et lui décidèrent de m'emmener aux Halles.

— Viens, il y a un bar sympa, on va rencontrer des jolies filles, il y a un hôtel agréable au-dessus. « Ça me va, me dis-je, à condition que je ne paie pas les consommations. »

On se mit donc en route. Le bar était effectivement bien et les filles, belles.

— Laquelle te plaît ? me demanda Ion.

— Eh bien… toutes, répondis-je innocemment.

— Non, imbécile, laquelle tu veux baiser ? Qu'est-ce que tu croyais qu'elles foutaient là, à monter et descendre l'escalier sans arrêt ?

Gheorghe était mort de rire, et moi, complètement sous le choc.

— Qui va payer ? m'inquiétai-je.

— C'est bon, Gheorghe s'occupe de tout, répondit Ion, agacé que je puisse penser à ça dans un moment pareil.

Alors je finis par choisir une jolie fille, aux longs cheveux foncés, au maquillage typique des années 60, avec beaucoup de Rimmel autour des yeux. Nous montâmes. J'étais tellement nerveux que j'avais du mal à avaler ma salive. Elle me demanda si ça allait (« Qu'est-ce que vous croyez ! » eus-je envie de lui répondre) mais, comme je parlais à peine français, je n'arrivais pas trop à m'exprimer. Je commençai à me déshabiller… en essayant de ne pas trop penser à ce que j'aurais fait de l'argent si Gheorghe me l'avait tout simplement donné. En tout cas, ici, le prix de la passe équivalait à environ une semaine en chambre double au Petit Murat.

Sur cette première expérience sexuelle avec une femme, je n'en dirai pas plus – sauf que je redescendis avant Ion. Lorsqu'il réapparut enfin, il me fixa du regard, ses sourcils en accent circonflexe, et arborant un grand sourire béat. Je lui fis signe avec mon pouce que tout allait très bien.

C'est ainsi que je fus dépucelé. Ce n'est pas très original, j'en conviens, mais c'était plutôt la norme à cette époque-là quand les filles sages n'allaient pas toujours aussi loin qu'on aurait voulu. Et puis, ce n'est pas la pire façon de perdre sa virginité. En plus, comme je l'ai déjà dit, j'étais tellement timide que j'avais du mal à me rapprocher suffisamment d'une fille même pour la regarder dans les yeux, préférant fixer un point quelque part derrière son épaule gauche. À vrai dire, quand on n'a pas un rond, quand on n'est pas canon, trop maigre et qu'on ne parle pas un mot de la langue du pays, il faut se rendre à l'évidence : on n'est pas un beau parti. J'avais pu le constater. Et Ion n'en pouvait plus de me regarder zieuter les filles sans jamais oser les draguer. Je crois donc qu'il nous a rendu à tous les deux un grand service en éliminant cet obstacle d'une façon pas trop pénible. Ensuite, je me suis vite mis à rattraper le temps perdu.

C'est donc vrai que j'appris bien des choses à Paris ce printemps-là. J'avais fait deux grands pas en avant, l'un professionnel, l'autre personnel, et les deux avaient été fantastiques. Ce n'est pas étonnant qu'à partir de ce moment-là, Paris devint ma ville préférée au monde et celle, après Bucarest, où je me sentais le mieux.

CHAPITRE 3
1966-1969

« Vous l'avez déjà vu jouer, ce putain de mec ? »
demanda le capitaine de l'équipe espagnole de coupe Davis.

Ma prochaine étape après Paris fut sur l'île mystérieuse de l'Angleterre. Au fil des années, j'avais tellement entendu parler de Wimbledon et de son célèbre gazon que je n'avais aucune idée de ce que j'allais trouver. On m'avait aussi dit qu'on mangeait très mal, que le tournoi baignait dans la tradition, et qu'il fallait s'incliner devant tous les membres de la famille royale. On faisait vraiment toute une affaire de ce dernier détail, à tel point que j'avais une peur bleue de me trouver un jour face à la reine d'Angleterre, de ne pas la reconnaître et d'oublier de m'incliner devant elle.

Pour la plupart des tournois, Tiriac et moi écrivions au directeur dans l'espoir qu'il nous accorde une invitation. Il n'y avait pas de classement officiel – à la différence d'aujourd'hui, où la qualification des joueurs à un tournoi est clairement définie. À mon humble niveau, je devais envoyer ce qui était plus ou moins mon CV, en arguant des raisons pour lesquelles on devrait m'inviter. C'était comme si je postulais pour un emploi. Au lieu de m'accorder un entretien, les dirigeants considéraient mes résultats récents ou ceux obtenus dans leur tournoi l'année précédente. Bien évidemment, si on connaissait personnellement l'arbitre principal du tournoi, ou si on avait envoyé un petit mot à la femme du directeur, la remerciant pour tout ce qu'elle avait fait pour vous pendant la semaine (en espérant toujours qu'elle se souvienne de vous), notre demande avait alors une chance d'être retenue. De même qu'il était essentiel, si on était logé chez un des bénévoles du tournoi, ce qui arrivait souvent dans des pays comme l'Inde, de les remercier pour leur hospitalité. Nous nous habituâmes très vite à envoyer ces petits mots, écrits en mauvais anglais, dans l'espoir que cela aboutirait à quelque chose l'année suivante. Au demeurant, les jeunes joueurs comme moi se faisaient inviter à la suite de recommandations personnelles.

Heureusement, dès 1966, la renommée de Tiriac dans le monde du tennis était telle qu'il commençait à être invité à disputer certains tournois sans même qu'il ait à en formuler la demande. Considéré un moment comme l'un des meilleurs joueurs européens, il arrivait même qu'il reçoive une prime minimale garantie d'environ 200 dollars (bien que ce soit contraire au règlement) pour qu'il vienne jouer. C'est dans ces occasions qu'il acceptait de venir, sous réserve que l'on me versât 100 dollars. Il n'y allait jamais par quatre chemins, Ion. Et parce que les organisateurs des tournois commençaient à remarquer qu'on attirait souvent davantage le public que d'autres joueurs, ils payaient sans rechigner. Ce qui fit que, de fil en aiguille, on nous invita de plus en plus souvent.

À Wimbledon cependant, c'était une tout autre histoire. Là, le juge-arbitre était le capitaine Mike Gibson. Et Wimbledon était son fief. C'était l'Anglais typique : réservé, avec une petite moustache et une lèvre supérieure bien rigide, en plus d'un sens des règles qui ne permettait aucun écart. Son expérience militaire avait sûrement été très différente de la mienne. On le savait, en outre, grand amateur de whisky. Du reste, quand les joueurs me demandaient, pendant les mois qui précédaient le tournoi, si j'avais l'intention d'y participer, je répondais : « Oui, j'espère », et à l'unanimité ils ajoutaient : « N'oublie pas alors d'acheter une bouteille de whisky pour le capitaine Gibson. » Il devait ainsi recevoir chaque année des douzaines de bouteilles qui étaient vidées avec autant d'appréciation que de rapidité.

L'Angleterre m'avait laissé perplexe, bien que je ne sois pas resté longtemps la première fois, mon Wimbledon, aussi bien en simple qu'en double, ayant été bouclé en quelques jours. Tiriac et moi partagions une petite chambre dans un hôtel *bed and breakfast.* Celle-ci coûtait environ une livre par nuit (1,40) et donnait en plein sur une des artères les plus bruyantes à l'ouest de la capitale, le Cromwell Road, un boulevard à trois voies dans chaque sens, avec des bus et des gros camions qui passaient sous notre fenêtre nuit et jour de façon assourdissante. L'année suivante, en 1967, nous étions passés au plus haut de gamme, et on s'était offert le luxe de chambres séparées, toujours dans un *bed and breakfast* sur le Cromwell Road, mais un peu plus proche du centre-ville, où les camions roulaient moins vite. Ce n'est qu'en 1969 que je parviendrai enfin à me payer une vraie chambre d'hôtel à Londres.

Je me rappelle que j'étais terrorisé par le fait qu'on conduise à gauche et devais faire très attention en traversant la rue. Quant au tournoi de Wimbledon, la première fois que je vis le gazon, je ne sus quoi penser. Ça ressemblait à de la moquette. J'avais du mal à croire qu'on puisse jouer dessus. Je n'arrivais pas à décider si le vrai tennis se jouait sur terre battue ou sur gazon. Mon adversaire au premier tour fut le Brésilien Thomas Koch, un joueur compétent, qui se distingua cette fois-là contre moi, mais perdit ensuite huit fois d'affilée.

On m'avait mis sur un court en rase campagne, le court n° 9, un de ceux où il n'y a qu'un ou deux bancs pour le public et où les spectateurs se promènent sans discontinuer. Malheureusement, l'arbitre était un type qui avait été juge de ligne dans ma finale de double messieurs à Roland-Garros quelques semaines auparavant et dans la direction de qui j'avais dû lancer une balle ou quelque chose de ce genre. Quoi qu'il en soit, il ne me dit rien sur le moment, mais se défoula lors du match en me collant un total de 42 fautes de pied. Je perdis chacun de mes jeux au service et, bien évidemment, le match 6-2, 6-0, 6-0. J'étais en colère ce jour-là mais, comme c'était ma première participation à ce tournoi, je m'étais tu. Devenu un bon joueur, je n'ai plus jamais accepté qu'on me traite de la sorte. Quoi qu'il en soit, je voulus disparaître rapidement après ma piètre prestation et quittai le tournoi sans avoir salué la moindre personne royale.

C'est à la suite de ça que la Fédération roumaine de tennis décida qu'il serait bon que j'apprenne un peu plus à jouer sur gazon. Elle m'envoya donc avec Tiriac en Inde pour quelques mois, début 1967. Le problème était que la surface officielle là-bas n'était pas l'herbe, mais la bouse de vache qu'ils récoltaient, puis étalaient sur le court avant d'attendre qu'elle sèche. Ça ressemblait plus à de la terre séchée qu'à du gazon londonien. Mais nous, on s'en fichait. On jouait partout, sur n'importe quelle surface. Au cours des trois années suivantes, on traversa ainsi l'Inde de haut en bas et de droite à gauche, d'Amritsar avec son ravissant temple d'or, à Mumbai, et de Calcutta à New Delhi. Il faisait tellement chaud qu'on était obligés de disputer les matchs très tôt le matin. Malgré cela, mais aussi parce que le tennis était un sport très populaire en Inde à l'époque, les spectateurs venaient par milliers pour soutenir et encourager leurs tennismen favoris, Premjit Lall et Jaidip Mukerjea, deux bons joueurs. L'ambiance de ces tournois était toujours très bonne.

On était souvent logé chez des familles, fans de tennis. C'étaient principalement des familles indiennes ou des Anglais expatriés qui nous hébergeaient. Une fois, nous avons même été logés dans un commissariat de police. Nos chambres étaient au-dessus, mais l'on n'entendait heureusement pas ce qui se passait en dessous. Chaque fois qu'on rentrait ou qu'on sortait, nous étions obligés de traverser l'entrée du commissariat et de passer devant toutes sortes de gens très bizarres. Les familles anglaises, quant à elles, menaient une existence typiquement coloniale : le thé à 17 heures servi par un serviteur indien, suivi d'un dîner très anglais avec rôti de viande cuite « semelle de botte ». On aimait bien aussi loger chez les familles indiennes, bien que l'on évitât de manger leur curry. Cela compliquait parfois les choses au dîner. Au cours d'un de nos voyages, nous nous étions nourris que de Coca-Cola et d'œufs sur le plat pendant une quinzaine de jours tellement on craignait d'attraper une gastroentérite.

Un soir, à Calcutta, nous étions allés à une fête où les gens circulaient avec des assiettes remplies de nourriture et mangeaient avec les doigts, ce à quoi je n'étais pas du tout habitué. Je compris que c'était la tradition dans cette région et, pour ne pas vexer mes hôtes, me mis à les imiter. J'avais appris depuis longtemps que la politesse m'imposait de faire comme mes hôtes.

Cela me rappelle une anecdote que m'avait racontée Dominique de Villepin, que je connais bien. Jacques Chirac, alors qu'il était président de la République, en voyage officiel dans un pays africain, se trouvait un soir au banquet traditionnel. Des rince-doigts étaient placés à côté de chaque invité, car les mets ce soir-là étaient difficiles à manger proprement. Tout le monde trempait délicatement le bout des doigts dans les bols. Ce n'est qu'à la fin du repas, lorsque l'hôte africain du président Chirac but le contenu entier de son rince-doigts que ce dernier se rendit compte avec effroi qu'il allait être obligé d'en faire autant. Car, entre-temps, toute la délégation africaine avait imité son chef. Le président dut donc s'exécuter et avala le liquide sale et huileux comme un médicament amer, en imaginant qu'il dégustait un de ses bordeaux préférés.

Au fil des années, j'ai développé un estomac de fer que la plupart des microbes n'arrivent pas à attaquer. J'évite malgré tout de manger des salades et de boire l'eau, à moins d'être absolument certain qu'elles ne présentent aucun danger.

À la fin de la journée, une fois le tennis fini, on avait souvent l'habitude de dénicher le cinéma de quartier et d'aller voir n'importe quel film en anglais. Un soir, on était assis au balcon, en train de regarder tranquillement l'écran, lorsque je sentis quelque chose me passer rapidement sur les pieds. Je bondis hors de mon siège, juste à temps pour voir une longue queue disparaître sous un des fauteuils proches des nôtres.

— Un rat, un rat ! hurlai-je à Ion.

— Qu'est-ce que tu racontes, un rat ? me répondit-il, agacé.

— Là, là ! Regarde !

Terrorisé, j'indiquai du doigt un gros rat poilu qui nous dévisageait tranquillement tout en rongeant quelque chose à ses pieds.

— T'as raison. Allez, merde, on se barre.

Et on s'enfuit du cinéma aussi vite que possible.

En Inde, Tiriac et moi disputions les simples, les doubles, les doubles mixtes, tout en fait, parce qu'on nous payait un plus chaque fois qu'on jouait une épreuve supplémentaire. Un jour, j'eus comme partenaire de double un jeune Indien de 18 ans, portant un splendide turban, et qui s'appelait Jasjit Singh. À la fin du match, il me demanda si je pouvais aussi faire équipe avec sa mère pour le double mixte. Je fis rapidement le calcul mental et me dis qu'elle devait avoir environ 36, 37 ans.

— Elle a quel niveau ta mère ?

— Elle est numéro 2 en Inde, répondit-il.

— OK, c'est bon.

J'aperçus alors la dame en question, avançant à petits pas, tout emberlificotée d'un ravissant sari rose bonbon.

— Attendez, vous arrivez à courir comme ça ? Ça va aller avec votre sari ? demandai-je, inquiet.

— Oh, oui, pas de problème, pas de problème, pas de problème, m'assura-t-elle, tout en souriant calmement.

Mais ce fut un problème, un gros problème, car moi seul courus ce jour-là. Je ne sais pas de quoi elle était numéro 2, mais ça ne pouvait pas être de l'Inde. Je jure qu'elle ne s'est pas déplacée vers la balle une seule fois en courant, ce qui fait qu'effectivement, son sari est resté bien en place.

Au cours d'un autre match de double mixte, cette fois-ci une finale, Tiriac était de l'autre côté du filet. Comme on était à la fin de la semaine, j'avais cassé le cordage de toutes mes raquettes et, à l'époque, il n'y avait pas moyen de les faire recorder sur place aux tournois. Il n'y avait pas d'autre solution que de demander d'en emprunter une à quelqu'un. Ion me prêta gentiment sa dernière raquette. Malheureusement, une corde lâcha sur la raquette qu'il utilisait. Il me demanda donc de lui rendre la sienne. Nous échangeâmes ainsi nos raquettes, ce qui ne m'empêcha pas de le battre, ce qu'il ne trouva pas drôle. Les choses allèrent de mal en pis ce jour-là car, en finale du simple messieurs, un peu plus tard, j'empruntai une raquette indienne absolument horrible aux cordes de forme très bizarre et je le battis de nouveau.

L'Inde reste, avec l'Égypte et l'Italie, un des pays pour lequel j'éprouve le plus d'affection. Non seulement l'accueil et l'hospitalité des gens nous faisaient chaud au cœur mais, en plus, on arrivait à découvrir toute la richesse de ces pays. D'ordinaire, quand je disputais un tournoi, j'étais tellement occupé à jouer les simples, les doubles, les doubles mixtes que je n'avais ni le temps ni l'énergie de jouer les touristes. Mais j'ai passé tellement de semaines à mes débuts dans ces trois pays que j'ai l'impression d'avoir eu le temps de les connaître un peu.

Notre rencontre avec la France lors de la coupe Davis en 1966 fut une véritable aubaine pour ma carrière, car l'arbitre était un certain Signore Martini, très haut placé dans la Fédération italienne de tennis. Tout comme avec les Mousquetaires René Lacoste et Toto Brugnon, je m'étais suffisamment fait remarquer pour qu'il me recommande à sa Fédération. Ce qui me valut une invitation pour venir jouer, l'année suivante, une série de tournois en Italie du Sud mais aussi aux Internationaux d'Italie à Rome qui se déroulaient au mois de mai au stade du Foro Italico. C'était merveilleux pour moi et, pendant les quelques années qui suivirent, je passai les mois d'avril et mai à jouer dans des endroits comme Catania et Palerme, en Sicile, Reggio di Calabria et Naples, avant de monter à Rome. Les Siciliens et les Italiens méridionaux nous avaient vraiment adoptés, Tiriac et moi, parce que très vite nous étions arrivés à nous débrouiller dans leur langue. On s'était lié d'amitié avec un type en Sicile qui avait une plantation d'oranges. Il nous invitait à dîner tous les soirs et nous apportait d'énormes paniers remplis d'oranges.

Le reste du temps, avec Ion, on achetait souvent de la pizza et on s'installait sur un banc, dans la rue, pour la manger avant de regagner l'hôtel miteux dans lequel on logeait. Comme tout visiteur en Italie le sait bien, le pays est plein de ce genre de pizzerias où l'on achète la pizza au poids. Il n'y en a que quatre sortes, qui coûtent trois fois rien mais qui sont délicieuses, surtout si on est affamé et fauché.

À Rome, on était hébergé chez un gars devenu un ami proche : Francesco d'Alessio. Son père était très riche et possédait des chevaux de course. Il finit même par donner nos noms à deux de ses chevaux. Je ne crois cependant pas que le mien ait su courir, car jamais il ne gagna la moindre course de sa vie. Francesco nous emmenait à Trastevere, le vieux quartier bohémien de Rome, pas loin du Vatican, où l'on dînait à l'italienne : de grandes tablées bruyantes d'une vingtaine de personnes – des tennismen, des copains à lui, ou même d'autres personnes qu'il rencontrait en route. La plupart du temps, je n'avais aucune idée de qui ils étaient ni d'où ils sortaient, mais on s'amusait comme des fous à chaque fois. À la fin de la soirée, on demandait simplement *il conto* et on partageait ça entre nous avant de se séparer jusqu'au lendemain soir.

D'autres fois, Ion et moi prenions le bus jusqu'à la *via* Veneto, l'avenue la plus glamour de Rome à l'époque. On allait d'abord au cinéma, puis au café Doney's, le meilleur pour se montrer et pour regarder passer les jolies filles. On ne les draguait pas parce qu'on n'avait toujours pas une lire. Inconnus, fauchés, et à éviter, devaient penser les filles. On ne les intéressait vraiment pas.

Au printemps 1967, Ion et moi sommes rentrés à Bucarest pour affronter l'Espagne en coupe Davis. Nous étions à Lugano, en Suisse, la semaine précédente, où nous avions dû dépenser au-delà de nos moyens parce qu'on n'avait plus assez d'argent pour payer nos billets d'avion. Nous prîmes donc le train. Mais ce ne fut pas un trajet ordinaire. Nous mîmes environ vingt-huit heures à prendre Dieu sait combien de correspondances dans Dieu sait combien de pays, le tout assis la plupart de temps sur des bancs en bois qui nous engourdissaient les fesses. Nous parvînmes cependant à empêcher d'autres voyageurs de s'installer dans notre compartiment, ce qui nous permit de dormir trois heures d'affilée, chacun notre tour, dans le filet à bagages au-dessus de nos têtes.

Arrivé à Bucarest, tout chancelant, je n'étais pas en état d'affronter Manuel Santana, le joueur qui, avec Roy Emerson, était une de mes idoles. À l'époque, il était le numéro 1 sur terre battue, l'ancien vainqueur de Roland-Garros et de l'US Open, le champion en titre de Wimbledon et celui qui avait pour ainsi dire inventé le lob lifté, coup que j'allais m'approprier quelques années plus tard. Manuel pouvait lober des deux côtés. Je le regardai s'entraîner à faire ce coup et réussis même à échanger quelques balles avec lui (c'était rare d'être invité à s'échauffer par un adversaire). Ensuite, j'allai m'entraîner pendant des heures et des heures, à ne faire que ce coup-là. Parce que, quel que soit son niveau, on n'apprend pas à jouer ces coups-là si on ne s'est pas durement entraîné. Comme j'étais persuadé de me faire écrabouiller sur le court, je me dis que je m'en fichais et que j'allais simplement m'efforcer de copier exactement tout ce qu'il ferait. Le match débuta. Je fis le break d'entrée. « Purée, ça commence bien », me dis-je. En peu de temps, je menais sans effort 6-0, 3-0. Le public se déchaîna, car le meilleur joueur de terre battue au monde était complètement dépassé. Alors le capitaine espagnol, Jaime Bartroli se tourna vers ses joueurs : « Vous l'avez déjà vu jouer, ce putain de mec ? » Ils secouèrent tous la tête en signe de dénégation. Ce jour-là, Manuel jouait avec des raquettes Tretorn, qu'il testait parce qu'il pensait signer un contrat avec eux, mais dans son sac, il avait encore ses anciennes Slazenger, qu'il a reprises plutôt vite pour m'écraser sans trop de mal en quatre manches.

Avec Tiriac, on a fini par perdre la rencontre 3-2 (Tiriac et moi avons gagné le double et j'ai battu Gisbert dans un des simples). Au traditionnel dîner de fin de rencontre, je suis allé voir Santana et lui ai dit : « Vous savez où j'ai appris ce coup ? En vous regardant. Et en m'entraînant. » Il s'est mis à rire et très gentiment m'a dédicacé sa photo *« para un futuro campion del tennis »*.

Je l'ai encore aujourd'hui. Cela me touchait profondément qu'un joueur de sa réputation soit si gentil avec moi. Par la suite, aux tournois, quand il me croisait, il me disait toujours bonjour avec un grand sourire, et s'arrêtait bavarder un peu. C'est une façon d'être que j'ai toujours essayé d'adopter envers les jeunes joueurs lorsque j'ai commencé moi-même à avoir du succès, et j'espère que j'y suis parvenu.

Bien que nous soyons tous en principe tennismen amateurs, il y avait quand même une grande différence entre les sommes d'argent que je gagnais et celles que gagnaient les meilleurs joueurs amateurs tels que Santana et Newcombe. Il était entendu qu'ils reçoivent de l'argent pour participer aux tournois. Cela pouvait aller jusqu'à 500-1 000 dollars par semaine. De grosses sommes pour l'époque. Les restaurants des joueurs aux tournois de Grand Chelem comme Wimbledon étaient les meilleurs endroits de rendez-vous « non-officiels » entre les joueurs et les directeurs de tournois. C'est là ensuite que ces derniers s'assuraient, à l'aide de dessous-de-table, de la participation des joueurs. La fédération internationale du tennis (International Lawn Tennis Federation) faisait mine de ne rien voir, et tout le monde se contentait d'une situation qui était sans aucun doute d'une hypocrisie totale.

Je n'ai jamais été parmi ceux à qui on payait de grosses primes de participation aux tournois, mais Ion, vers 1967, avait quand même réussi à convaincre certains organisateurs de tournois de nous garantir des sommes minimales. Sinon, ma seule rémunération venait de ma Fédération, qui me versait une allocation toutes les semaines censée couvrir mes frais quotidiens et mes chambres d'hôtel. On me remboursait également mes billets d'avion et on me payait pour les rencontres de coupe Davis, à condition qu'Ion et moi nous entraînions la semaine qui précédait celle de la rencontre. Chaque tour de coupe Davis prenait donc deux semaines sur notre calendrier. En tout, entre dix et quatorze semaines par an pouvaient être ainsi occupées, puisqu'on parvenait généralement jusqu'aux derniers stades de la compétition. Nous trouvions, Ion et moi, que cela valait amplement la liberté totale que nous avions le reste du temps.

Quelques années plus tard, lorsque nous sommes devenus tous les deux professionnels, la seule contrepartie financière que nous demandait notre Fédération était que nous disputions la coupe Davis gratis. Nous pouvions garder tous nos autres cachets, ce qui était une énorme faveur de la part d'un pays communiste à deux de ses sportifs.

L'année suivante, 1968, bouleversa non seulement certaines parties de l'Europe mais aussi le monde du tennis. La Tchécoslovaquie tenta de prendre ses distances d'avec l'Union soviétique ce printemps-là, et ceux d'entre nous qui venaient de pays communistes suivirent les développements de près. Nicolae Ceausescu, qui était devenu président du Conseil d'État roumain l'année précédente, était déterminé à poursuivre une politique antisoviétique dès le début. Il résista donc à la pression soviétique, ce qui, bien entendu, le rendit très populaire à l'Ouest.

Le tennis, cependant, était composé de plus en plus de deux mondes parallèles : le monde amateur et le monde professionnel. Des champions comme Laver, Rosewall et Emerson s'étaient fait une réputation sur le circuit amateur et avaient ensuite rempli leur compte en banque en rejoignant le circuit professionnel. Enfin, en 1968, ceux qui dirigeaient le sport, y compris des personnages comme Herman David, le président du All England Club à Wimbledon, décidèrent que cette situation loufoque avait suffisamment duré. Ils annoncèrent que dorénavant, certains tournois amateurs seraient ouverts à tous. Cela permit à tous les joueurs de s'affronter, tout au moins dans un petit nombre d'épreuves, et de déterminer vraiment qui étaient les meilleurs du monde. Il fallut attendre encore deux ans, cependant, avant que la distinction entre amateur et professionnel soit plus ou moins éliminée.

Le premier Grand Chelem ouvert à tous fut les Internationaux de France en mai 1968. En même temps, le chaos régnait sur les rues de Paris, et tout le pays s'arrêta, victime d'une grève générale et des manifestations d'étudiants et de travailleurs. Les transports publics ne fonctionnaient plus, les aéroports étaient fermés et, à Paris même, les trottoirs croulaient sous le poids des sacs d'ordures parce que les éboueurs faisaient également grève. Les organisateurs du tournoi avaient décidé qu'il aurait quand même lieu, mais ils furent obligés d'envoyer une armée de cars pour aller nous chercher en Belgique, car la plupart des joueurs n'arrivaient pas à rejoindre Paris. Grâce aux grèves, le public était venu en très grand nombre cette année-là, et l'impression que nous avions tous d'être assiégés donnait paradoxalement une ambiance plutôt bon enfant, bien que cela puisse paraître étrange. Elle était d'autant meilleure que nous, les joueurs amateurs, retrouvions pour la première fois d'autres qui étaient devenus professionnels quelques années auparavant. Pour beaucoup, cela donna lieu à des réunions avec des amis perdus de vue depuis longtemps. J'adorais la façon dont ils jouaient tous – les Laver, Rosewall, Gonzales – mais mon préféré restait Emerson. Il faisait un service volée sur tous les points, s'amusait et arrivait quand même à gagner. Je me rappelle avoir pensé : « Pourquoi je ne gagne pas moi aussi, puisque je rigole ? »

Un soir, Tiriac et moi étions allés dans un bar près de notre hôtel, non loin du bois de Boulogne, très renommé pour ses filles de joie. La plupart des filles étaient effectivement des prostituées (j'avais alors compris pourquoi elles montaient et descendaient les escaliers sans arrêt). On s'était mis à parler à une de ces filles, qui nous raconta toute sa vie. J'avais tellement mauvaise conscience de ne pas avoir payé pour ses services professionnels que je vidai mes poches et lui donnai tout ce que j'avais sur moi ainsi que la veste de survêtement que j'avais sur le dos. Ion pensait que j'étais complètement fou, mais elle était jeune et élevait seule un gamin. Comme les affaires ne marchaient pas trop pendant cette période d'instabilité, je m'étais dit que ça lui permettrait peut-être d'acheter à manger à son gosse. Je suis sans doute naïf et, si ça se trouve, elle est allée dépenser l'argent pour elle-même, mais on ne se refait pas. Je fais confiance aux autres et je suis plutôt bonne poire, ce qui, parfois, m'a valu des problèmes.

Cette année-là, Tiriac et moi sommes parvenus jusqu'en demi-finale du double messieurs à Roland-Garros, que nous perdîmes en quatre manches contre l'équipe légendaire de Laver et Emerson. Nous étions plutôt satisfaits de notre premier tournoi avec les pros, malgré ma perte au deuxième tour du simple contre l'Australien Dick Crealy.

On s'apprêtait à partir pour Lugano, en Suisse, pleins d'espoir pour les mois à venir quand, cette nuit-là, je fus pris d'une douleur lancinante au bas du dos. Au matin, je me tortillais en gémissant tellement j'avais mal. Comme je partageais encore le même lit qu'Ion, il finit par en avoir assez et, à moitié endormi, se mit à me donner des coups de pied dans les reins pour que je me taise et qu'il puisse continuer à dormir. Il croyait en fait que je faisais un cauchemar. Ce n'est que lorsque je le réveillai pour de bon avec mes cris de douleur qu'il se rendit compte qu'il se passait quelque chose de sérieux. Il appela immédiatement un médecin, qui diagnostiqua un calcul rénal et m'avertit que je souffrirais jusqu'à ce qu'il passe. Il me donna des analgésiques, ce qui me soulagea un peu, puis repartit. Le calcul s'étant déplacé dans la journée dans une autre partie du rein, je pus souffler un peu. Encore choqué par ce que j'avais vécu, et inquiet par ce que le médecin avait prédit – c'est-à-dire que mon problème reviendrait et finirait par nécessiter une opération –, je partis avec Ion pour la Suisse.

Les premiers jours, tout avait l'air d'aller. Mais, la nuit avant mon quart de finale contre l'Indien Mukerjea, la douleur recommença. J'avais l'impression d'être poignardé dans le dos. Il est bien connu que les calculs rénaux provoquent des douleurs insoutenables qui sont souvent pires, paraît-il, que les douleurs d'accouchement. Toujours est-il que j'étais à peine conscient, tellement j'avais affreusement mal. Si Ion n'avait pas été avec moi, je ne sais vraiment pas, en toute honnêteté, ce que j'aurais fait. C'était évident qu'il fallait me rapatrier d'urgence en Roumanie. Ion dut rester à Lugano car il était encore en lice dans le tournoi (qu'il allait gagner, du reste). Il fit donc venir un médecin tout de suite, et organisa mon retour chez moi. La seule façon – et même aujourd'hui, je n'ai aucune idée comment j'ai pu y arriver – était de prendre le train jusqu'à Zurich, puis l'avion pour Budapest, en Hongrie, y faire escale pendant six heures, avant de reprendre un autre avion pour arriver, six heures plus tard, à Bucarest vers minuit. J'ai vraiment cru ce jour-là que j'allais mourir. Je me rappelle, cependant, qu'avant de quitter Lugano, le médecin m'avait quand même administré une énorme piqûre pour calmer la douleur et que j'avalais les analgésiques pendant le voyage comme on avale des bonbons.

Dès mon retour, je fus hospitalisé à l'hôpital militaire et opéré d'urgence. J'étais soulagé de ne plus être en proie à ces douleurs atroces, mais j'ai vite commencé à déprimer à l'idée que je n'allais pas pouvoir jouer pendant des semaines, peut-être même des mois. J'eus un mois de convalescence à l'hôpital à la suite de l'opération qui, à l'époque, présentait quand même de sérieuses complications. Je perdis tellement de poids au cours de ces trois mois d'inactivité que, à 65 kilos, j'étais vraiment squelettique lorsque je rejoignis le circuit à la fin de l'automne. Entre-temps, j'avais manqué tous les tournois de l'été, aussi bien Wimbledon que l'US Open, que je n'avais toujours pas disputé. J'avais peur d'avoir du mal à regagner le niveau que j'avais atteint avant ma maladie.

Pour me consoler pendant ma convalescence, alors que je me remettais tout doucement à m'entraîner, je commençai à faire des tours dans Bucarest avec ma nouvelle voiture, une Fiat 125 verte que j'avais achetée l'année précédente en Allemagne (ça coûtait moins cher que de l'acheter en Italie). J'en étais tellement fier que j'adorais rouler, même si, la première année, je n'avais pas encore le permis. Mais la meilleure façon d'apprendre n'était-elle pas de s'exercer? Jusqu'au jour où la police m'arrêta et m'envoya passer mon permis.

L'année suivante fut une année-clé pour moi. Après ma traditionnelle visite en Inde, où je remportai trois tournois, je m'envolai vers les États-Unis pour mon premier séjour outre-Atlantique. Ma première escale fut à Philadelphie, où Ed et Marilyn Fernberger organisaient un tournoi au Spectrum Stadium depuis des années. Ils avaient une maison immense, avec une dizaine de chambres dans lesquelles ils hébergeaient une multitude de joueurs comme Newcombe, Roche et tous les autres Australiens – plus moi. Marilyn m'avait dit de prendre un taxi de l'aéroport pour aller chez elle. En soi, ça n'aurait pas posé de problème si, sa maison se trouvant à des kilomètres de l'aéroport, le taxi ne m'avait pas coûté très cher – environ sept dollars. D'autant que nous nous étions retrouvés, le chauffeur et moi, en train d'errer dans les rues désertes en plein milieu de la nuit, la voiture roulant au pas à chercher cette sacrée maison.

Le chauffeur avait, accrochée à son rétroviseur extérieur, une énorme torche, perpendiculaire à la voiture, comme un projecteur, qui lui permettait de vérifier facilement le numéro des maisons. Je me souviens avoir été impressionné par ce que j'avais pris pour une invention américaine sophistiquée permettant de chercher un numéro de rue dans le noir malgré les phares de la voiture qui ne balaient que droit devant. On finit par trouver la maison des Fernberger, vers 2 heures du matin, ce qui réveilla tout le monde. J'étais gêné d'avoir à expliquer, dans mon anglais exécrable, que je n'avais pas d'argent pour payer le taxi. « Tenez, donnez-lui dix dollars », me dit Marilyn généreusement. J'avais très envie de garder la monnaie de trois dollars, mais ce n'était pas la meilleure façon de commencer mon séjour.

Après Philadelphie, j'avais signé un contrat avec Bill Riordan, qui dirigeait un des premiers circuits professionnels des USA et qui était en concurrence directe avec Jack Kramer, lequel dirigeait l'autre circuit. Bill s'était bien occupé de moi pendant ces premières années ; il était une sorte d'agent pour moi, mais aussi un ami. Il m'hébergea chez lui à Salisbury, dans le Maryland, et me prêta même une vieille voiture la première semaine, ce qui était bien pratique pour mes déplacements, jusqu'au jour où le moteur prit feu juste devant le stade. Les pompiers furent obligés d'accourir pour éteindre les flammes, pendant que je restais planté là, penaud, à m'inquiéter de savoir qui allait payer tout ça. Il faut dire que, malgré la proximité de Washington DC, il était clair que les habitants de Salisbury me considéraient bizarrement, fascinés par cet extraterrestre communiste qui avait atterri parmi eux. Ils me posaient toutes sortes de questions sur la vie à Budapest (comme beaucoup de gens, ils étaient convaincus que la capitale hongroise se trouvait en réalité en Roumanie) : avait-on l'électricité, des voitures, etc. ? En d'autres termes, étions-nous encore au Moyen Âge ? Je répondais à chaque fois très poliment et je leur montrais même que je savais me servir de mes couverts. Cela dit, tout le monde était gentil avec moi, le tournoi était bien organisé, je ne pouvais donc pas me plaindre.

Techniquement, en qui concerne la Fédération roumaine de tennis, j'étais encore amateur à l'époque, et je n'avais donc pas officiellement le droit de gagner de l'argent. Pour résoudre ce problème, Bill me payait une somme fixe chaque semaine, environ 50 dollars, si je me rappelle bien, et remboursait en plus mes frais. Plus tard, je reçus jusqu'à 250 dollars par semaine lorsque Bill fit le calcul que, non seulement j'amusais le public, mais qu'en plus je signerais un contrat avec un autre circuit professionnel, celui de Lamar Hunt, du WCT (World Championship Tennis) s'il ne s'occupait pas bien de moi.

Ce n'était pas une période très nette pour le sport, puisque, si la plupart des tournois étaient à présent ouverts à tous, la coupe Davis restait réservée aux amateurs. Et, comme cette compétition était celle qui importait le plus à ma Fédération, je n'eus la permission de devenir professionnel que lorsque la coupe devint *open* à son tour.

Les tournois de Bill me firent découvrir d'autres petites villes d'Amérique : Macon, en Géorgie, en plein dans le sud du pays, ou Omaha, dans le Nebraska, là où Tiriac et moi avons dormi dans un mobile home à un dollar la nuit, parce qu'Ion avait eu la folle idée d'économiser un peu d'argent. J'avais noté que les portions de nourriture étaient plutôt énormes et que les voitures et les gens l'étaient bien plus encore. À part cela, je n'avais pas trop le temps de faire des comparaisons entre le style de vie américain et européen. Je ne vivais que pour le tennis, à l'exclusion de presque toute autre chose.

Même pour les filles, j'arrivais maintenant à les draguer et à coucher avec elles sans trop de difficulté, mais à vrai dire, j'étais plutôt sage jusqu'à ce que je perde en simple, et parfois même en double. Une fois éliminé du tournoi, si je ne le remportais pas, ce qui était encore souvent le cas, j'allais à la chasse aux filles. Le tennis est un sport où il y a toujours plein de filles prêtes à coucher avec les joueurs juste pour le plaisir. Ce sont des groupies. Je crois, en toute sincérité, que les filles n'avaient d'autre intention que de raconter à leurs copines ce qu'elles avaient fait. L'idée d'aller raconter leurs exploits à la presse people n'existait pas encore, ni celle, Dieu merci, d'utiliser les médias pour extraire de l'argent d'un homme qui les aurait mises enceintes. En général, elles ne voulaient qu'être votre compagne le temps du tournoi, et parfois voyager quelque temps avec vous, ce que je ne permettais jamais. Comme j'avais l'habitude de dire, quand on visite une plage différente toutes les semaines, pourquoi emmener le sable de la semaine d'avant ? C'était la fin des années 60, la liberté sexuelle était bel et bien arrivée. Pour ceux qui pouvaient se le permettre, les histoires d'une nuit étaient plutôt fréquentes. Pour les tennismen, disons que c'était monnaie courante.

Je m'étais enfin débarrassé de mes inhibitions depuis deux ou trois ans. Je gagnais maintenant un peu mieux ma vie et j'avais davantage confiance en moi. En général, j'arrivais donc à me trouver une fille avant la fin de la semaine. Si je logeais chez l'habitant, par exemple chez un des bénévoles du tournoi, ça posait parfois quelques problèmes pour faire entrer et sortir la fille en cachette. Mais quelquefois, la famille avait elle-même une jeune fille mignonne qui ne disait pas non, et dans ces cas-là, je n'avais pas à chercher loin.

La dernière épreuve de cette tournée hivernale de l'Amérique m'emmena en Colombie, dans la ville côtière de Baranquilla. La Colombie n'était pas la capitale mondiale de la drogue à cette époque-là, et le tournoi attirait de bons joueurs. Ma semaine fut une de celles où je connus le plus de succès, car j'y remportai le tournoi, bien que ce soit l'endroit le plus balayé par le vent que j'aie jamais connu. Je gagnai contre deux joueurs très réputés, le Britannique Mark Cox, et mon ancien adversaire Jan Kodes en finale en cinq sets. Cela me donna confiance, parce que je me rendis compte que je pouvais désormais rivaliser avec les meilleurs. Je rentrai en Europe en sachant que mon niveau de tennis avait gravi un échelon supplémentaire.

La plupart des matchs, aussi bien en simple qu'en double, se disputaient en cinq sets, à l'inverse de maintenant où, hormis dans les tournois de Grand Chelem, ils se jouent en trois. Les tournois, par ailleurs, avaient des tableaux masculins et féminins, les femmes n'ayant pas encore leur propre circuit (qui ne s'est mis en place qu'au début des années 70). Chaque semaine, je disputais le simple et le double sur cinq sets, en plus du double mixte sur trois. C'est pour ça que, quand on me demande si je m'entraînais beaucoup pendant les tournois, j'ai l'habitude de répondre « le strict minimum » – souvent une demi-heure par jour –, puisque le reste du temps je jouais tous mes matchs. Les tournois étaient bien mes séances d'entraînement. Heureusement, Ion comprit cela et, la plupart du temps, me laissa faire. En revanche, Guillermo Vilas, dont Ion a été l'entraîneur et le manager dans les années 70, avait une prodigieuse capacité à l'effort physique. Il travaillait comme un forcené. Mon jeu à moi aurait été neutralisé si j'avais été soumis à ce même genre de régime. Il fallait que je reste frais mentalement pour pouvoir jouer mon jeu, basé sur la fantaisie, l'instinct et la rapidité. Rester sur un court d'entraînement pendant des heures avant un match n'aurait pas été la meilleure façon pour moi de bien jouer.

Cela dit, je me rappelle qu'une fois, au Queen's Club, à Londres – où se déroule tous les ans un tournoi juste avant Wimbledon –, Roy Emerson m'avait lancé un défi, car lui aimait se maintenir en parfaite condition physique.

— Allez, Ilie, je vais sauter par-dessus le filet, 25 ou 30 fois, les deux pieds ensemble. Tu peux faire ça ?

— Oui, bien sûr, mais ce n'est pas rigolo, c'est ennuyeux, ai-je répondu avec dédain.

— Non, allez, essaie.

Je me mis à sauter, et, très rapidement, dépassai ses 25 ou 30 sauts, puis continuai : 50, 60, 70 sans problème. Emerson me regardait, incrédule. Après en avoir fait une centaine, je lui demandai :

— Je m'ennuie maintenant, je peux m'arrêter ?

Il avait compris. J'avais tout simplement la chance d'être doué d'une bonne condition physique et de ne pas être obligé de m'entraîner une fois que j'étais arrivé à un certain niveau.

J'étais aussi très sage quand il s'agissait de fumer et de boire. Je n'ai jamais fumé de ma vie et, la première fois que j'ai touché à de l'alcool, j'avais la vingtaine bien tassée. Je buvais plutôt du Coca, de l'Orangina ou du Fanta. Même aujourd'hui. Ma première boisson alcoolisée fut la bière qui, malheureusement, me plut énormément dès le début. J'aime bien boire aujourd'hui, de temps en temps, un peu de vin rouge. Mais je m'arrête là. Je fais très attention à la quantité d'alcool que je consomme.

Ça posait parfois un problème quand Ion et moi sortions avec les Australiens, en particulier John Newcombe et Tony Roche, avec qui on s'entendait très bien. À Paris, en 1969, la traditionnelle soirée pour les joueurs avait lieu à Montmartre, et le seul domaine où je n'étais vraiment pas à la hauteur de John et de Tony était celui de l'alcool. Qu'est-ce qu'ils aimaient la bière ! Mais ils n'étaient jamais ivres. Ce soir-là, je dus rester jusqu'à 4 heures du matin à attendre qu'ils aient terminé. Maintenant que j'y repense, je ne sais vraiment pas pourquoi je n'étais pas tout simplement parti. Peut-être étais-je encore trop timide ou avais-je besoin de partager leur taxi pour rentrer à l'hôtel ?

Tiriac et moi restions extrêmement proches. D'habitude, j'allais partout où lui allait. La seule différence par rapport à avant était qu'à présent, j'avais de bons résultats aussi bien en simple qu'en double, alors que lui était principalement bon en double. Mais son influence sur moi restait encore très forte. Ça me rappelle le film *The Odd Couple,* où Jack Lemmon et Walter Matthau forment un couple étrange. Ion et moi étions très différents non seulement sur le plan physique mais aussi dans nos personnalités. Ion, par exemple, restait toujours calme et ne montrait pas ses émotions. Il ne se mettait pas en colère aussi vite que moi. Je l'ai vu contrarié sur un court mais pas réagir comme je le fais. Il ne perdait jamais son self-control. Bien sûr, on se disputait sur et en dehors des courts et, au début, il avait raison car il savait beaucoup plus de choses que moi. J'aimais m'amuser et n'avais jamais eu à me forcer à travailler mon jeu, alors que lui avait travaillé vraiment dur pour en arriver là. Il avait un sens de l'humour extrêmement sec et, quand il racontait une blague, il était très pince-sans-rire. Pas comme moi qui raconte une histoire drôle et à la fin éclate de rire à mon tour.

Ion a toujours eu un bon sens des affaires parce que très futé et dégourdi, bien que totalement honnête et généreux. Il parlait aux gens pour qu'ils m'offrent de bons contrats à une époque où je n'avais aucun sponsor. C'est lui qui a dégoté mon contrat avec Dunlop pour mes raquettes et qui, à nos débuts, négociait nos garanties financières pour qu'on aille jouer un tournoi. Il était en avance sur son époque. Il fut un des premiers à comprendre que le tennis était sur le point de devenir un business, que ce serait plus qu'un sport. Il commença donc à représenter certains joueurs et, par la suite, devint promoteur de tournoi. Malgré ses talents limités, Ion est devenu un des personnages principaux du tennis grâce à son intelligence et à sa capacité d'anticiper l'évolution du sport.

Il m'a influencé aussi dans d'autres domaines. Dès que nous avons eu un peu d'argent, il m'a appris à descendre dans les meilleurs hôtels et à manger dans les meilleurs restaurants. Je me rappelle très clairement la première fois que je suis descendu dans ce que j'appelle un bon hôtel. C'était le Cavendish Hotel, en plein centre de Londres, en face de la célèbre boîte de nuit Tramp's, à l'occasion de la demi-finale de la coupe Davis entre la Roumanie et la Grande-Bretagne à l'été 1969. « Ça, c'est la vie de château, me suis-je dit. J'aimerais bien en profiter un peu plus souvent. » On ne jetait pas l'argent par les fenêtres, on voulait juste vivre une vie normale, comme le faisaient les autres joueurs de bon niveau. Ion était tout pour moi, c'était mon meilleur ami, mon grand frère, mon confident, mon deuxième père. En fait, mon rapport avec lui était comme un rapport de couple, sauf qu'il n'y avait évidemment pas l'élément sexuel. Je lui dois beaucoup.

Mes résultats s'amélioraient nettement et régulièrement, en partie parce que je ne jouais plus uniquement sur terre battue mais aussi sur les courts en dur un peu partout dans le monde. Cette surface me convenait bien car j'étais rapide. Je commençais aussi à frapper avec plus de force dans la balle, à jouer service volée quand il le fallait tout en continuant mes amortis et mes lobs. J'ai passé les deux premiers tours à Wimbledon en battant en route Tom Gorman, un des jeunes espoirs américains, ce qui était pour moi une bonne performance. Je grimpais donc doucement les échelons du classement non officiel des meilleurs joueurs (le classement officiel à l'époque n'existant pas encore).

Le plus gros avantage de ces victoires à Wimbledon, c'était de m'avoir permis de mieux comprendre la technique du jeu sur gazon. Cela m'a été très utile lorsque, à la mi-août, l'équipe roumaine a affronté la Grande-Bretagne sur le court n° 1 de Wimbledon en demi-finale de Coupe Davis. Le court n° 1 est toujours utilisé pour les rencontres de coupe Davis, car le mythique court central n'est utilisé que quinze jours par an, pendant le tournoi même de Wimbledon. Les Britanniques partaient grands favoris, tout simplement parce qu'ils avaient, en Mark Cox et Graham Stilwell, deux joueurs de grande expérience sur gazon. Mais le résultat de la rencontre dépendait beaucoup de la performance de Cox qui, heureusement pour nous, craqua.

Très nerveux et crispé, il s'effondra contre Tiriac dans le premier match, qu'il perdit en trois petits sets. Après, certains ont pensé que l'habitude qu'avait Ion de varier le nombre de rebonds avant de servir avait nui à sa concentration, car il ne pouvait pas anticiper le service. Toujours est-il que les rebondissements n'avaient pas dû déranger tant que ça, puisque Stilwell avait battu Tiriac en trois sets deux jours plus tard. Je ne réussis pas mon coup non plus dans mon match contre Stilwell que je perdis en quatre sets. Les deux équipes se trouvèrent à égalité 1-1 après le premier jour. Tout restait à faire.

Le double du lendemain était d'une importance primordiale. Ion et moi étions vraiment en grande forme : pendant qu'il créait des ouvertures, j'étais au filet en train de sauter comme une bique. J'envoyais les volées sur les lignes et dans les coins, et on lobait tous les deux les Britanniques sans arrêt. Mis en confiance, on faisait un bon travail d'équipe, alors que nos adversaires, gauchers tous les deux, préféraient chacun le court de gauche, ce qui obligeait Stilwell à jouer à droite. Ils n'arrivaient pas à s'entendre et perdirent assez facilement en quatre sets.

Le dernier jour fut très tendu. Le public était venu très nombreux remplir les gradins du court n° 1, et le résultat se fit attendre jusqu'à la fin, parce que Graham Stilwell, très inspiré ce jour-là, écrasa Ion en trois sets. Tout dépendait donc de mon match avec Cox. J'avais disputé tellement de matchs en coupe

Davis et avais si souvent été obligé de marquer chacun des trois points nécessaires pour la victoire que j'étais habitué à ce genre de situation. Cela ne veut pas dire que je ne suis pas nerveux à chaque fois, bien au contraire. Mais je crois que, ce jour-là, Mark devait l'être encore plus que moi. Il fit un bon début, remportant le premier set 6-3. Par la suite, alors que je me calmais, lui se mit à jouer petit bras, me permettant d'empocher trois sets 6-1, 6-4, 6-4. On avait gagné !

Notre capitaine, Gheorghe Cobzuc, accourut et, devant tout le monde, me planta un énorme baiser sur les lèvres pour me féliciter (je m'en serais bien passé). On était le premier pays des Balkans, le premier pays communiste de tous les temps à parvenir en finale de la coupe Davis. C'était énorme pour nous. On savait que, désormais, on serait fêtés comme des héros dans notre patrie et que les journaux seraient pleins de nos exploits.

J'avais désormais deux grands événements à l'horizon : l'US Open, que j'allais disputer pour la première fois de ma vie – et j'étais très excité par cette perspective –, et la finale de la coupe Davis (qui s'appelait encore le Challenge Round) à Cleveland, Ohio. Nos adversaires seraient les tenants du titre, les États-Unis, que l'on affronterait au mois de septembre, c'est-à-dire cinq semaines plus tard. J'avais le sentiment que je continuais à progresser et à m'améliorer. Je prouvais que je pouvais obtenir de bons résultats, et le monde commençait à me remarquer. J'avais encore beaucoup à apprendre, mais j'adorais vivre de cette manière.

CHAPITRE 4

1969-1971

Ce soir-là, j'ai rencontré une fille qui m'a avoué qu'elle avait un chien, et qu'il fallait que le chien l'accompagne. « OK, le chien peut venir aussi », ai-je répondu, l'air incertain.

J'avais vu tellement de films américains que je m'étais fait une image de New York qui ne correspondait en rien à la réalité de ce que j'ai découvert lorsque, traversant le pont de Brooklyn, je suis arrivé pour la première fois à Manhattan. Les gratte-ciel époustouflants, le mélange incroyable de races, l'énergie que dégageait cette ville… J'ai été séduit dès le début et, par la suite, m'y suis toujours senti très à l'aise. Je n'ai pas été impressionné par le West Side Tennis Club, à Forest Hills, la première fois que j'y ai mis les pieds en 1969 pour l'US Open. En fait, une ambiance traditionnelle et feutrée se répandait à travers le club, tout à l'opposé du Flushing Meadow d'aujourd'hui, qui est, à mon avis, le plus fou et le plus bruyant de tous les tournois.

L'US Open se disputait sur gazon à l'époque (tout comme les Internationaux d'Australie), mais les courts étaient très différents de ceux de Wimbledon, qui ressemblaient à une moquette. Ils avaient beaucoup de mauvais rebonds, étaient beaucoup plus mous, ce qui faisait qu'un amorti ne rebondissait pas du tout. Cela favorisait mon jeu. Sans doute est-ce une des raisons pour lesquelles, en huitièmes de finale, j'avais battu Stan Smith, un joueur qui s'était déjà forgé une solide réputation, avant que Ken Rosewall ne me barre le chemin en quart. Le tournoi, cette année-là, était remarquable qui vit « Rod » Laver compléter son deuxième Grand Chelem. Don Budge, avant la guerre, était le seul autre joueur à y être arrivé. L'exploit de Laver était incroyable et, je pense, ne sera jamais égalé.

Peu de temps après l'US open, nous sommes arrivés à Cleveland Ohio pour la finale de la coupe Davis, autrement dit le Challenge Round. Pourquoi Cleveland? Parce que, paraît-il, la plus grande communauté de Roumains des États-Unis s'y trouvait. Effectivement, nous fûmes invités dans de nombreuses soirées avec nos chers compatriotes expatriés. D'autres se déplacèrent exprès pour nous voir jouer, et l'ambassadeur roumain en personne vint de Washington pour assister aux rencontres. Quant au stade, il se trouvait à côté d'une école, et je me souviens que j'avais du mal à m'entraîner tellement les centaines d'enfants qui venaient nous regarder étaient bruyants.

Pire encore était le court. Il devait, théoriquement, être en ciment, comme la majorité des courts en Amérique, mais avait été revêtu d'une sorte de peinture si brillante qu'on voyait à peine la balle. Quand il pleuvait, ce qui arrivait assez souvent et nous empêchait de nous entraîner, il devenait carrément glissant. Encore plus rapide qu'un court de gazon, il favorisait indubitablement l'équipe américaine.

La finale fut perturbée par les cris de manifestants de gauche contre la guerre du Vietnam, qui essayaient régulièrement d'interrompre les matchs malgré les tentatives désespérées des organisateurs d'empêcher qu'ils ne passent à travers les mailles du filet de sécurité. Du haut des gradins, ils criaient et s'agitaient tout en dépliant des banderoles sur lesquelles on pouvait lire : « Le tennis pour les riches, les taudis pour les pauvres » et « Vive Hô Chi Minh, vive les Viêt-congs. »

La rencontre fut plus serrée que le score ne l'indique. Le premier jour, je perdis contre Arthur Ashe en trois sets, 6-2, 15-13, 7-5 (les jeux décisifs n'avaient pas encore été inventés). Ma défaite fut en partie due au fait que l'entraîneur des États-Unis, Denis Ralston, m'avait vu battre Stan Smith à Forest Hills et avait ensuite livré une analyse détaillée de mon jeu à Ashe. Dans le match suivant, Ion fit son possible pour obtenir un avantage contre Smith. Il réussit même à mener deux sets à un avant de s'incliner en cinq manches. À l'issue de la première journée, nous étions menés deux à zéro.

Le double du lendemain allait donc être capital. Ion et moi n'avions jamais perdu un match de double en coupe Davis, tout comme la paire américaine Smith-Lutz. L'enjeu était énorme. Nos adversaires, malheureusement trop forts pour nous ce jour-là, nous défirent en trois sets, 8-6, 6-1, 11-9. À 3-0, ils conservaient la coupe Davis. Il ne nous restait plus qu'à sauver l'honneur.

Je voulais à tout prix marquer un point pour mon pays. J'engageai toutes mes forces dans la bataille, allant jusqu'à mener deux sets à zéro face à un Smith déterminé à laver l'affront de sa défaite à Forest Hills qui égalisa à deux sets partout. La dernière manche fut longue et dure. Quatre fois j'eus la balle de match, quatre fois Smith la sauva. Quand, à son tour, l'occasion se présenta, il ne laissa pas passer sa chance et, en quelques secondes, remporta le set par 11 jeux à 9.

Ma rencontre avec Smith avait duré tellement longtemps que celle de Tiriac et Ashe, la dernière, et sans importance pour le résultat final, débuta en fin d'après-midi. Alors qu'Ashe était sur le point de gagner dans le quatrième set, le match fut interrompu car, ayant tous été invités à rencontrer le président Nixon à la Maison-Blanche le lendemain matin, il nous fallait absolument prendre l'avion ce soir-là. Il était hors de question de remettre le rendez-vous, Ceausescu ayant commencé à établir des relations plus proches avec l'Amérique. Je crois même que Nixon s'était rendu en Roumanie le mois précédent. Il était donc politiquement essentiel que nous nous déplacions à notre tour.

Nous étions alignés sur la pelouse, devant la Maison-Blanche, aux côtés de l'équipe américaine, lorsque le président Nixon avança le long de la rangée, en serrant la main de tout le monde. Je me rappelle qu'il avait gardé une main dans sa poche, ce qui paraissait bizarre, comme s'il cachait quelque chose.

Tous les Américains le saluaient de façon très formelle : du genre « Bonjour, monsieur le Président ». Seul Arthur lui dit simplement : « Salut, comment allez-vous ? » Il n'allait pas se laisser impressionner. Je pense aussi que cela avait un rapport avec le fait que Nixon était républicain et Arthur, démocrate.

Quant à moi, j'étais bien sûr excité de rencontre Nixon et d'être invité à la Maison-Blanche, mais pas intimidé pour autant. Je me souviens aussi que Nixon avait donné à chacun comme souvenir une balle de golf avec son visage dessus. Un drôle de cadeau à donner à des tennismen, même si je savais que Nixon était fou de golf.

À la fin de 1969, je suis rentré me reposer à Bucarest. J'avais disputé 31 tournois, un record pour moi, en avais remporté huit en simple et six en double. J'avais également joué six tours de coupe Davis, chaque tour prenant deux semaines en comptant l'entraînement. C'était un changement important par rapport aux deux saisons précédentes durant lesquelles je n'avais disputé que 20 tournois, moins de rencontres de coupe Davis, et remporté trois titres chaque année. En 1969, j'avais donc joué quarante semaines de tennis en tout. J'avais alors besoin de me ressourcer dans ma famille et de renouer avec mes amis. J'habitais désormais dans un petit appartement qui appartenait à l'armée et qui se trouvait dans un immeuble où il n'y avait que des militaires. Cela me convenait parfaitement. Je pouvais aller et venir à n'importe quelle heure du jour et de la nuit sans être obligé de passer sur la pointe des pieds devant la chambre de mes parents.

Après mes bons résultats de fin d'année, j'ai quitté Bucarest au début de la nouvelle décennie avec un regain de confiance en moi. En février 1970, j'ai remporté les US Indoor Championship, les championnats des États-Unis sur court couvert, qui se déroulaient à Salisbury, dans le Maryland. Ensuite, j'ai regagné l'Europe pour ma tournée traditionnelle en Italie méridionale, où j'ai remporté encore quelques titres. C'est donc avec beaucoup de confiance que je suis arrivé à Rome pour les Internationaux d'Italie fin avril. Le Foro Italico fut construit par Mussolini. Il est orné de statues en marbre de style douteux et typique de l'époque fasciste. C'est un des stades les plus mémorables de tout le circuit. Il y a une ambiance incroyable parce que les Italiens sont des *tifosi* bruyants – c'est un peuple bruyant de toute façon, comme les Roumains. À condition de ne pas être face à l'un des leurs, ou en plein dans une de mes scènes, je dois reconnaître que j'ai toujours bénéficié du soutien du public italien.

Je n'ai jamais été du genre à me vanter de pouvoir prédire une victoire contre un adversaire. Mais je n'ai pas été surpris d'arriver facilement en demi-finale, où j'ai vaincu le difficile Yougoslave Nikki Pilic en cinq sets, m'ouvrant ainsi les portes de la finale face à un autre joueur de l'Est, Jan Kodes. Je m'imposai en quatre sets : 6-3, 1-6, 6-3, 8-6. Cela n'allait pas l'empêcher de remporter Roland-Garros quelques semaines plus tard. J'étais crevé mais tellement heureux. Les Internationaux d'Italie sont le tournoi le plus important après les quatre épreuves du Grand Chelem. L'avoir remporté confirmait que je faisais à présent partie des meilleurs.

Après la finale, je dus revenir sur le court avec Tiriac pour disputer notre finale de double messieurs. Il assistait toujours à mes matchs de simple, parce qu'il voulait voir de quelle humeur j'étais pour le double qui, en général, se déroulait en fin de journée. Quand j'étais fatigué, il devait me convaincre de jouer en m'amadouant : « Allez, fais-le pour moi, c'est important de gagner le double. » Il faut dire que c'était son gagne-pain principal. Une fois que je commençais à jouer, cependant, je reprenais en général du poil de la bête. Mais après la finale du simple cette année-là, j'étais tellement exténué et heureux qu'on perdit le premier set 6-0 contre les Australiens Bowrey et Davidson, avant même que j'aie eu le temps de me réveiller et de me ressaisir. Cela nous prit cinq longs sets avant qu'on s'impose enfin. À la fin de la journée, j'avais disputé un total de neuf sets de tennis. L'essentiel, cependant, était que j'avais remporté deux titres importants.

Il fallait fêter ça. Ion et moi sommes donc partis pour la *via* Veneto, où l'on a rencontré le champion italien Nicola Pietrangeli et quelques-uns de ses amis. On a dîné dans un de ses restaurants préférés, la Taverna Flavia, tenu par un certain Mimmo, qui venait toujours nous voir jouer et avait l'habitude de nous encourager en criant des choses comme : « Allez, je vous donne des bonnes choses à manger, maintenant il faut gagner ! »

Nous sommes ensuite allés au Jackie O, la boîte de nuit la plus huppée de la *dolce vita* romaine de l'époque, grâce à Nicola, qui en était membre. Le club existe encore, niché juste derrière l'imposant hôtel Excelsior de la *via* Veneto. Nicola, déjà champion de Roland-Garros pendant deux années consécutives – 1959 et 1960 –, était un des géants du tennis. À 35 ans, il venait de disputer ses derniers Internationaux d'Italie. Il avait un charisme fou qui faisait de lui une superstar dans son pays – ce qu'il est toujours. Il connaissait tout le monde et m'a présenté beaucoup de ses amis célèbres un peu partout. Comme sa grande amie, Claudia Cardinale, que je devais rencontrer plusieurs fois par la suite, il est né (le même jour et la même année que mon frère !) à Tunis de père italien. Sa mère, en revanche, était russe.

À la fin de ce qui fut une nuit très longue, je m'étais trouvé une ravissante jeune fille pour me raccompagner à l'hôtel. Je l'avais rencontrée dans la boîte de nuit et elle m'avait dit qu'elle était actrice. Ce n'est que quelques jours plus tard, alors que j'étais déjà reparti disputer un tournoi, que j'appris qu'elle avait aussi un titre quelconque, celui de comtesse si je ne me trompe. Je ne savais pas encore qu'en Italie, il y a des milliers de personnes qui arborent ces titres de noblesse sans valeur. Je la rappelai, par curiosité, pour que, le lendemain soir, elle me rejoigne à Naples.

Imaginez la scène : la romantique baie de Naples, des dîners aux chandelles, beaucoup d'exercice pendant la journée, suivi de la même chose le soir. Tel était le cas ! Je commençais pourtant à m'inquiéter car, même si elle était très belle et que je l'aimais bien, les choses prenaient une tournure que je n'étais pas tout à fait prêt à suivre. Quand elle parla de passer un peu de temps ensemble pendant l'été au domaine de ses parents en Toscane, je fus tenté d'accepter avant d'apprendre que ses parents y seraient aussi. Je dus alors prétexter que j'avais d'autres tournois prévus pour décliner son invitation.

Je suis resté vaguement en contact avec elle pendant environ un an, mais nous n'avons jamais vraiment été ensemble. Je n'avais aucune intention d'avoir une vraie relation amoureuse. Je n'en éprouvais pas le besoin. Toute mon attention était tournée vers le tennis. Les femmes n'étaient là que pour m'amuser, rien de plus. Je n'ai jamais brisé de cœurs puisque je n'ai jamais rien promis. Je ne gardais jamais une petite amie suffisamment longtemps pour qu'elle puisse se mettre dans la tête qu'il se passait quelque chose de plus sérieux entre nous. C'est là le secret, je crois. J'aimais pouvoir choisir et l'inviter à dîner. Le reste était facile, mais il m'arrivait parfois de faire tout cet effort pour rien. Je n'avais pas de technique particulière de drague. J'avais cependant remarqué que ça marchait plutôt bien si je leur disais : « Mon problème commence si tu me dis oui. Là, je ne sais plus quoi te faire. Je deviens nerveux. » Mais je ne le disais pas à chaque fois, seulement quand la situation était propice, quand ça les faisait rire et maintenait leur intérêt.

À Roland-Garros, en 1970, je me suis trouvé tête de série n° 1, en simple et en double. J'en étais vraiment fier car c'était la récompense d'un printemps couronné de succès. J'allai jusqu'en quarts de finale en simple, battu par le coriace Américain Cliff Richey, qui souffrait pourtant de crampes à la main.

En double, Ion et moi remportâmes notre premier titre de Grand Chelem – et le seul pour lui – en battant les Américains Ashe et Pasarell. C'était merveilleux pour nous deux et pour moi, qui gravissais encore un autre échelon. Les gens croient parfois que remporter ce genre de titre n'apporte que du bonheur et que tous les sportifs devraient pouvoir exprimer la profondeur de leurs émotions lors de moments pareils. En réalité, à ce moment précis, je me disais plutôt que c'était bien mais qu'il fallait que j'aille de l'avant. J'étais évidemment heureux, mais c'est un sentiment assez difficile à décrire. Et, comme je commençais à m'habituer aux victoires, le titre de double à Roland-Garros me donnait plutôt l'impression que c'était un pas dans la bonne direction.

Je rattrapais enfin tout le temps perdu à ne pas disputer les épreuves juniors et à ne pas avoir rejoint le circuit principal avant l'âge de 20 ans. Je n'avais pas pour but de devenir un jour le numéro 1 mondial, ni de remporter un tournoi du Grand Chelem, même si je m'en pensais capable, surtout Roland-Garros, le seul à ne pas être sur gazon. Mais je n'avais aucune certitude que tout cela m'arriverait. Combien de joueurs ont cette ambition sans jamais gagner un tournoi du Grand Chelem ? J'ai eu beaucoup de chance d'avoir pu réaliser ce rêve.

Jouer au tennis suffisait à me rendre heureux. C'est pour moi comme du théâtre, comme un spectacle, mais ce n'est pas du cinéma. Je veux évidemment gagner mais, même perdant, je suis heureux si j'ai l'impression d'avoir offert un spectacle. La victoire n'a jamais été la priorité absolue. Il y a des choses plus importantes dans la vie, comme être soi-même. J'aurais sans doute pu remporter davantage de titres s'il n'avait pas été essentiel pour moi de jouer comme bon me semblait et comme je le sentais.

Je m'aperçois qu'il est temps ici de parler de mes colères. À vrai dire, j'étais déjà coléreux dans mon enfance. À ce stade de ma carrière, pourtant, ce n'était pas encore un problème. Il faut dire que mes performances étant en constante progression, je n'avais pas encore le poids de la pression sur moi. Qui plus est, je n'étais pas une tête d'affiche confirmée. J'avais bien gagné quelques tournois mais, jusqu'à ma victoire aux Internationaux d'Italie, aucun titre majeur. Personne ne faisait donc attention à moi. Si je perdais au premier ou au deuxième tour, sans être tête de série, on évoquait peut-être le type sur le court 9 qui râlait, mais guère plus. Le jour où je devins tête de série n° 1, jouant un quart de finale sur le court central à Roland-Garros, tout changea. Il faut également se souvenir qu'il n'y avait pas de règlement pour les joueurs et pour les amendes qu'on pouvait infliger à ceux qui se comportaient mal sur un court. Chaque tournoi décidait de ce qu'il convenait de faire. Le code qui a été établi pour fixer les pénalités n'est entré en vigueur qu'à la fin de 1975. J'avais encore quelques années de liberté devant moi ! C'est pour toutes ces raisons que mes crises de colère ne faisaient pas encore la une des journaux.

J'ai fait un bon Wimbledon en 1970. Tête de série n° 8, j'ai aligné des victoires contre Pasarell et Richey (vengeant ainsi ma défaite à Roland-Garros). Il fallut l'Américain Clark Graebner – que j'avais l'habitude d'appeler Superman à cause de son prénom et de ses lunettes à la Clark Kent – pour me renvoyer aux vestiaires en huitièmes de finale. Pendant ce temps, Ion et moi, sans être têtes de série, étions arrivés jusqu'en demi-finale du double, sortis par les Australiens Rosewall et Stolle en cinq sets.

C'est en double mixte que j'obtins, cette année-là, mon deuxième titre de Grand Chelem. J'avais fait équipe avec plusieurs partenaires différentes au cours des années précédentes, pour choisir finalement la toute petite mais puissante Américaine Rosie Casals. D'origine latino-américaine, elle était la nièce du célèbre violoncelliste Pablo Casals et utilisait, elle aussi, ses cordes avec beaucoup d'effet. Je m'entendis tout de suite bien avec elle et nous nous amusâmes beaucoup la première année à Wimbledon, en gravissant le tableau jusqu'à dominer les têtes de série n° 2, Billie Jean King et Bob Hewitt.

Je me souviens de la finale du double mixte parce que, comme souvent à Wimbledon, la pluie avait retardé le programme des doubles et du double mixte. Nous avions dû disputer deux matchs d'affilée, la demi-finale et la finale. La finale messieurs avait été pleine d'émotion, Ken Rosewall échouant pour la troisième fois dans sa quête du sacre. Il avait perdu au cours d'un match en cinq sets face au tenant du titre, John Newcombe. Le plus incroyable était bien que ses deux précédentes tentatives avaient eu lieu, en 1954 contre Drobny et en 1956 contre Hoad – seize et quatorze ans auparavant !

Après notre victoire sur les têtes de série n° 3, Judy Dalton et Frew McMillan en demi-finale, Rosie et moi avions été obligés de rester sur le court central et d'attendre que nos adversaires pour la finale, les Soviétiques Alexandre Metreveli et Olga Morozova, nous rejoignent. Je les connaissais très bien tous les deux : Alex depuis que j'avais été opposé à lui dans un tournoi junior en Estonie, et Olga parce que je la taquinais sans arrêt sur son sens de l'humour : « Dis, Olga, c'est bon, j'ai parlé à ton gouvernement, ils t'autorisent à faire des sourires. » Mais ce jour-là, ils ne furent pas à la fête ! Rosie et moi triomphâmes en trois sets, 6-3, 4-6, 9-7.

Quand vint tour de gravir les marches jusque dans la loge royale pour que le duc et la duchesse de Kent nous remettent les trophées, je ne savais guère qui ils étaient. Comme ils faisaient partie de la famille royale, je m'inclinai devant eux, heureux surtout d'avoir ajouté un titre important à mon palmarès. Le double mixte n'a peut-être pas beaucoup d'importance pour le public mais, pour nous qui y participions – c'est-à-dire à l'époque la plupart des joueurs –, c'était quelque chose que nous prenions très au sérieux. Nous étions donc contents, Rosie et moi, d'avoir remporté ce titre.

Cette victoire de double mixte à Wimbledon me rapporta 250 livres. Ajoutés aux 200 livres de la demi-finale en double messieurs et aux 220 livres pour mon huitième de finale, cela faisait un total de 670 livres, soit 1 000 dollars. Cela me permit d'acheter ma deuxième voiture – une ravissante Ford Capri noir et argent. Mon permis de conduire ne m'autorisant pas à conduire à l'étranger, il me fallut convaincre Tiriac de la ramener à Bucarest, ce qui ne l'enchantait guère. Bien que ravissante, ce n'était pas une bonne voiture car elle tombait sans arrêt en panne.

Je me souviens qu'une fois, vers 2 heures du matin, alors que je rentrais chez moi après une fête, j'étais en train de faire le tour de l'arc de Triomphe de Bucarest (quasiment identique à celui de Paris) sur les chapeaux de roue lorsque j'aperçus tout à coup un petit groupe de personnes qui me faisaient signe de m'arrêter. Ce que je fis. À leur look, j'avais tout de suite vu que c'était des Occidentaux qui avaient l'air d'avoir besoin d'aide. Ils sortaient d'une fête mais étaient perdus et n'arrivaient pas à rentrer chez eux. Ils s'installèrent dans la voiture, en écartant chaussures et raquettes de la banquette arrière.

— Tennisman ? me demanda l'un d'entre eux.

— Oui, et vous ?

— Acteurs.

Je venais d'embarquer Jean-Paul Belmondo, Pierre Brasseur et la jeune Marlène Jobert, qui tournaient un film en Roumanie.

Eux, en revanche, n'avaient aucune idée de qui j'étais.

— Où voulez-vous que je vous dépose ?

— Un autre bar ? m'a répondu Belmondo plein d'espoir.

J'ai éclaté de rire.

— Non, non. Ils sont tous fermés à cette heure-ci.

— Alors à l'Athénée Palace (aujourd'hui le Hilton).

À l'époque, Belmondo sortait avec Ursula Andress, qui venait le voir chaque semaine. Quelques jours plus tard, un de mes amis m'invita à une soirée où seraient présents mes trois acteurs. Ils me reconnurent tout de suite. « Ah ! le type qui nous a embarqués dans sa voiture ! » s'exclama Belmondo, qui, par la suite, devint un bon copain. C'est un vrai passionné de tennis qui, pendant des années, était présent tous les jours à Roland-Garros, dans sa loge louée pour la quinzaine. Une année, lors d'un match de double, j'avais couru si vite pour rattraper une balle que j'atterris dans sa loge. Il amenait toujours son petit chien avec lui. Aussitôt, j'ai attrapé l'animal, l'ai attaché à la chaise d'arbitre et ai joué deux ou trois points. Le chien sautait dans tous les sens et jappait sans arrêt. Tout le monde était mort de rire !

C'est cet été-là que j'ai découvert que les Allemandes comptaient parmi les femmes les plus libérées sexuellement. Je disputais un tournoi à Munich lorsque, un soir, je me mis à bavarder avec une jolie blonde. Je compris assez vite qu'elle voulait qu'une de ses amies nous accompagne. Il me fallut réfléchir rapidement : allais-je me laisser tenter par l'idée d'être trois au lit ou laisserais-je tout ça dans mon imagination ? M'étais-je libéré de mes inhibitions ? Après avoir pesé le pour et le contre, je refusai. Après cet épisode, je fis plus attention avec les Allemandes.

À bien y réfléchir, je suis très traditionnel en matière de sexe, et je ne m'intéresse à rien qui puisse dévier d'un rapport normal entre un homme et une femme. C'est comme les rapports sexuels dans les voitures. On a tous vu ça au cinéma et ça paraît être une bonne idée sur le moment mais, croyez-moi, après un long match, le sexe dans un espace réduit, ce n'est pas une bonne idée. Je me rappelle l'avoir fait une fois – et pas dans une toute petite Twingo : dans une grosse voiture américaine – et j'ai eu des crampes dans une jambe. Cela n'a pas été très impressionnant pour la fille, mais, j'étais là, le soi-disant grand athlète, qui, au moment capital se bloquait, en proie à des crampes terribles. « Eh bien, quelle performance ! dut-elle se dire. Il était plutôt bon sur le court, que lui arrive-t-il maintenant ? Il est mort. » Je réussis tout de même à terminer, mais me jurai bien qu'on ne m'y reprendrait plus après un long match.

De même, l'Espagnole qui a décidé de faire l'amour sur le balcon de l'hôtel – fermé sur trois côtés quand même – pour voir si les gens dans la rue pouvaient l'entendre, m'a poussé jusqu'aux limites de ce que j'accepte de faire en public avec une fille. Moi qui ai horreur d'entendre les autres faire l'amour (les cloisons dans les hôtels sont parfois bien minces), je ne supporte pas l'idée qu'on puisse m'entendre.

À vrai dire, les meilleurs rapports sexuels sont quand on peut vraiment s'étendre et se détendre sans être vu ni entendu. La plupart du temps, j'étais un garçon sage et j'attendais au moins d'être éliminé du simple avant d'aller à la recherche d'une fille. Il arrivait cependant que Tiriac se mette en colère quand je n'avais pas tenu compte de ses conseils et étais sorti alors qu'on avait un match de double le lendemain. Il ne m'a jamais enfermé à clé la nuit – malgré les rumeurs qui prétendaient le contraire –, parce qu'il savait que ça ne m'aurait pas empêché de faire le mur Je sais toutefois qu'il me trouvait plutôt difficile à contrôler à cette époque-là. Il faut dire que, si je couchais avec une femme pendant un tournoi – et je ne parle pas de ma propre femme, où la situation était évidemment complètement différente –, j'étais toujours conscient que je ne pouvais pas me donner à elle à cent pour cent. Ça fait peur à dire maintenant, c'est sûr, mais je ne pouvais pas foncer tête baissée parce que j'avais peur que mon niveau de jeu s'en ressente le lendemain. Alors je me retenais toujours un peu, ne faisais pas ça toute la nuit ou aussi longtemps que j'aurais voulu, pour que je ne sois pas complètement à bout de forces. Je les appelais « mon amour » et « darling », car la plupart des femmes comprennent ces mots et, de plus, il n'y avait de problème si j'oubliais leur nom. Mais je leur disais aussi : « Demain, j'ai un match [même si ce n'était pas vrai], alors ce serait bien que tu partes. » Je ne les mettais jamais à la porte mais j'essayais de trouver des excuses qui ne les blessent pas trop. Cela ne valait que pour celles avec qui je ne voulais pas passer la nuit entière. Il y en avait de très belles qui partaient avant que je ne l'eusse voulu. Je dois admettre que je comparais alors les rapports sexuels à une douche : on en prend une, c'est agréable, puis on l'oublie et on passe à autre chose, jusqu'au lendemain où l'on recommence.

À la fin des années 60, la Roumanie était l'un des pays de l'Est les plus développés. On mangeait tous à notre faim, grâce à notre agriculture, et tout le monde avait un travail et un logement. C'est vers cette époque-là que Ceausescu s'est lancé dans son énorme projet d'industrialisation pour le pays. Bucarest, qui a toujours eu la réputation d'être une belle ville ; Bucarest, qu'on appelait souvent le Paris de l'Est pour ses grands boulevards bordés de platanes comme ceux de la capitale française ; Bucarest, dont bon nombre d'immeubles étaient construits dans le style parisien, avec cette même pierre pâle et ces toits d'ardoise ; Bucarest encore, dont l'un des principaux théâtres était une copie de l'opéra Garnier, avec un majestueux double escalier et un plafond agrémenté de fresques ; Bucarest, la Bucarest de mon enfance, a commencé alors à ressembler à un gigantesque chantier. Mais Ceausescu n'avait que faire de tout ça. Il voulait absolument construire des usines, des raffineries de pétrole, des industries chimiques, tout ce qui nous éloignerait de l'agriculture dont vivait le pays. Il se mit alors à expulser les gens de leurs terres afin d'y construire d'immenses barres dans lesquelles il logea ceux qui allaient construire de nouveaux immeubles, et ainsi de suite. Pour terminer, il installa dans ces appartements ceux qui travailleraient dans les usines. Cela dura jusque dans les années 80, alors qu'il ne restait plus personne dans les champs et qu'on souffrait à nouveau de disette. C'est bien dans ces années 70 qu'on a commencé à raser des quartiers entiers composés autrefois de petites maisons pour y édifier d'affreux immeubles gris.

J'avais beau passer très peu de temps chez moi, je savais pertinemment que j'étais privilégié par rapport à la plupart de mes amis. Même ceux d'entre eux qui, comme les footballeurs, menaient une vie relativement aisée. Pourtant, j'habitais encore dans mon petit appartement. Je n'avais pas trois voitures de luxe garées devant chez moi (j'avais donné ma Fiat verte à un ami), et je ne faisais pas la fête tous les soirs. Si on sortait, je considérais comme normal de payer pour tout le monde. Mais quand mes amis insistaient pour payer leur part, ou quand ils m'invitaient chez eux, j'acceptais volontiers. Je ne voulais pas que ma nouvelle vie m'isole. Je faisais un gros effort – et je continue à le faire – pour atténuer les effets que ma fortune avait sur ceux qui m'entourent.

Mes parents étaient des gens très simples, ce qui m'a aidé à garder les pieds sur terre. Ils ne me demandaient jamais de leur ramener quoi que ce soit de mes voyages, si ce n'est quelques bricoles comme du whisky et de la mousse à raser pour mon père ou du bon café et du chocolat Toblerone pour ma mère. En 1970, la situation n'était pas encore très grave en Roumanie, et je ne gagnais pas encore les sommes que j'allais gagner par la suite. J'arrivais donc encore à minimiser le gouffre financier qui me séparait de mes amis et de ma famille.

Les brèches qui étaient apparues avec Tiriac étaient, en revanche, plus difficiles à colmater. À mesure que je progressais au tennis, ma confiance augmentait. Je m'affranchissais donc progressivement des conseils et de l'aide qu'il me prodiguait. J'arrivais à me gérer seul. J'avais mes propres amis, ma propre vie. Il nous arrivait encore de passer du temps ensemble parce qu'on faisait partie du même groupe de joueurs qui s'affrontaient le jour sur les courts puis sortaient dîner ensemble le soir et, parfois, en boîte ou dans un bar.

Il y avait deux groupes sur le circuit : les Roumains, les Italiens, les Français et les Espagnols dans l'un – les Latins en quelque sorte – et les Anglo-Saxons et Américains dans l'autre. Curieusement, les Australiens étaient avec nous. Peut-être parce qu'ils aimaient bien s'amuser eux aussi. Quelques années plus tard, Borg nous a rejoints, ainsi que Vilas et ceux d'Amérique latine. On s'affrontait le jour, un des deux s'imposait, et le soir, on se retrouvait tous autour d'une table. Ce genre de choses n'arrive plus aujourd'hui. Chaque joueur est comme une île, entouré de son « équipe », son coach, son masseur, son psy, son cordeur, sa petite amie. Ils sont tous là pour le protéger. Surtout d'un contact éventuel avec un autre joueur.

Tiriac et moi étions toujours ensemble nuit et jour (même si on ne partageait plus notre chambre), mais je m'étais éloigné de lui. Il cherchait bien parfois à mettre un frein à mon indépendance en me suggérant de jouer de telle ou telle façon ou de faire une chose en particulier. Je prenais chaque fois le contre-pied, pour l'énerver, Comme je l'ai déjà dit, et comme bon nombre d'arbitres ont pu s'en rendre compte, je n'ai jamais aimé qu'on me dise ce qu'il fallait faire. Ion a fini par comprendre mon petit jeu. Il me disait alors de faire le contraire de ce qu'il pensait, pour obtenir le résultat escompté. C'était une façon si compliquée de contrôler quelqu'un que je ne pouvais pas le soupçonner. Je le découvris par la suite lorsqu'il s'en vanta à d'autres.

Une des dernières occasions où il exerça une grande influence sur moi fut au printemps 1971. Je devais défendre mon titre à Rome, mais Ion téléphona au directeur du tournoi et lui annonça que nous ne jouerions pas si je n'obtenais pas une garantie financière, en plus du montant que je gagnerais dans le tournoi même. Le type répondit que ce n'était pas possible. Nous allâmes donc disputer un tournoi à Madrid, où l'on me donna beaucoup d'argent.

À la fin de la semaine, nous nous retrouvâmes en finale qui, par hasard, devait se dérouler le jour de son anniversaire, le 9 mai. Il me proposa, pour l'occasion, d'aller dîner la veille dans un restaurant.

— Allez, Ilie, commença-t-il, t'es bien meilleur que moi. Demain, donne-moi juste un ou deux jeux, comme ça, tu sais, ça ira. L'argent, je l'ai de toute façon, alors je suis heureux. Je te demande tout simplement de ne pas m'écrabouiller.

— D'accord, répondis-je, je ne te tuerai pas.

Le lendemain, c'est lui qui remporta le premier set, 6-2. Je me dis que j'étais peut-être trop gentil. Alors je m'accrochai davantage, mais il finit par s'imposer en trois sets. Bonjour le cadeau d'anniversaire ! Le soir, nous sortîmes à nouveau dîner et je lui dis :

— Hé, dis donc, que s'est-il passé ? Je sais bien que c'est ton anniversaire, mais je ne peux pas être si gentil que ça !

Il me regarda droit dans les yeux et me répondit :

— Nastase, ça montre tout simplement à quel point tu es un imbécile.

J'étais choqué.

— T'as raison, je suis bête parce que je t'ai laissé gagner.

— Que ça te serve de leçon, ajouta-t-il. Ne sois gentil avec personne, pas même avec tes amis, ton frère, ta sœur, tes parents.

— D'accord, mais pourquoi me dis-tu tout ça maintenant, après la défaite ? Pourquoi ne m'as-tu pas dit tout ça avant le match ? J'aurai pu apprendre la leçon et gagner en même temps...

— Oui, mais en te le disant maintenant, tu retiendras mieux la leçon, rétorqua-t-il.

Et il avait tout à fait raison. J'avais payé très cher la semaine. J'avais beau avoir reçu une garantie de peut-être 10 000 dollars pour avoir joué, ce qui était plus que le chèque pour le vainqueur, je n'avais pas remporté le titre. Ni joué à Rome, où j'aurais vraiment pu défendre mon titre. Ce fut la dernière fois que je le laissai m'influencer de la sorte.

Heureusement, cet incident n'eut aucun effet sur ma forme, et, un mois plus tard, j'alignai les victoires qui allaient me conduire à ma première finale en simple d'un tournoi du Grand Chelem, aux Internationaux de France de 1971. Comme j'avais remporté au mois d'avril les tournois de Monte-Carlo et de Nice, j'étais tête de série n° 3 derrière Ashe, deuxième, et Kodes, le tenant du titre, premier.

Le tournoi commença bien. Je m'imposai facilement sur mes adversaires et trouvai le temps de m'amuser. Avec mon ami, le tennisman français Pierre Barthes, d'abord puisque nous étions membres du jury pour le concours de Miss Roland-Garros, mais également lors de la soirée organisée pour les joueurs qui, cette année-là, se déroulait au Lido de Paris.

En quarts de finale, je retrouvai Stan Smith, tête de série n° 6. Stan ne faisait peut-être pas partie des meilleurs joueurs sur terre battue, mais c'était un adversaire si acharné qu'il fallait bien jouer pour réussir à s'imposer. La rencontre débuta à 19 h 40, à la tombée du jour. À 20 h 30, les projecteurs étaient déjà allumés. Néanmoins, quinze minutes plus tard, la partie fut interrompue et l'on regagna les vestiaires. Smith devait être soulagé, lui qui, après à peine une heure de jeu, était déjà mené 6-1, 6-3.

Le lendemain matin, sous un ciel bleu, il remporta le troisième set 6-3 et fit le break dans le quatrième. Comme je n'avais aucunement envie de disputer une cinquième manche, je réussis à aligner trois coups gagnants, dont un lob lifté de revers qui atterrit pile sur la ligne de fond, et refis mon retard. À quatre partout et au service, Smith eut une balle de 5-4. Un passing croisé me permit de refaire le break et, un jeu plus tard, de remporter le set 6-4, donc le match.

Cette victoire me donna beaucoup de confiance en demi-finale contre un américain, Frank Froehling, qui avait un coup droit très lifté grâce à sa prise peu orthodoxe à l'époque mais courante de nos jours. Son style de jeu en était rendu inhabituel pour un Américain. Il avait tout de même réussi à s'imposer face à deux de ses compatriotes, Arthur Ashe et Marty Riessen. Notre demi-finale fut un match étrange au cours duquel je remportai les huit premiers jeux pour mener 6-0, 2-0, puis ce fut à son tour de remporter sept jeux d'affilée et de revenir à un set partout. Je n'avais pas l'impression de jouer moins bien pendant cette deuxième manche, mais Froehling, dont la forme allait en dents de scie, réussissait tout ce qu'il entreprenait. Ça arrive parfois sans qu'il y ait grand-chose d'autre à faire que d'espérer que ça change avant qu'il ne soit trop tard. C'est ce qui m'arriva cette fois-là pour moi. Je dus jouer de mon mieux, courir après tous ses amortis et réussir plein de passings avant de m'imposer en quatre sets. J'allais maintenant jouer la plus importante rencontre de ma carrière pour remporter peut-être mon premier tournoi du Grand Chelem.

La veille de la finale, je commandai en *room service* en compagnie d'Ion. Nous nous efforçâmes de ne pas trop parler du match. Après tout, j'avais joué contre mon adversaire, Jan Kodes, tant de fois que ça ne servait strictement à rien de se mettre à parler tactique. Puis je me couchai, en essayant de ne pas trop penser à ce qui m'attendait le lendemain et à l'importance du match. Mes habitudes sont toujours restées inchangées avant les grandes rencontres. La seule chose que j'avais coutume de faire était de laver moi-même les chaussettes que j'avais portées en demi-finale pour pouvoir les porter à nouveau en finale. Ce n'était pas tellement par superstition, mais bien plus parce qu'elles étaient confortables, ce qui a toujours été psychologiquement important. Alors que je n'ai jamais porté deux fois la même chemise ni le même short, je portais les mêmes chaussettes et – encore plus bizarrement – le même bandeau au poignet. Ne me demandez pas pourquoi !

Le jour de la finale était pluvieux. En plus, je m'étais réveillé les yeux gonflés. C'était la première fois que je développais une réaction allergique au pollen. Je me sentais en forme, cependant, et arrivai au club environ une heure avant le début de la rencontre. Je réussis à m'entraîner pendant une dizaine de minutes, le temps de m'échauffer, puis je regagnai les vestiaires pour me faire masser et éviter que mes muscles ne refroidissent.

La finale fut serrée et le résultat, incertain jusqu'à la fin, deux heures quarante minutes plus tard. On jouait bien tous les deux, ce qui donne toujours un bon match. Je fis le break au premier set après avoir pris Kodes à contre-pied, ce qui lui valut de s'étaler de tout son long. Je l'aidai à se nettoyer à l'aide d'une serviette sous les rires des spectateurs. Cela ne l'affecta guère car il ne baissa pas les bras – c'est une de ses qualités – et fit à son tour le break, en sauvant deux balles de set à 4-5. Puis, à 6-7, alors que je servais pour sauver le set, une décision d'arbitrage contestable me fit perdre ma concentration et… la première manche.

Il est évidemment facile de dire que j'aurais dû arrêter de marmonner à propos de la décision d'arbitrage. J'avais cependant l'intime conviction qu'une erreur avait été commise à mon encontre. Ne voulant pas déconcentrer Kodes, je repris assez vite la partie, mais mon rythme était cassé et je perdis la deuxième manche 6-2 en une demi-heure.

Le score et la durée de la troisième manche furent identiques à ceux de la deuxième, en ma faveur toutefois. À l'époque, les joueurs avaient droit à une pause de quinze minutes entre le troisième et le quatrième set. Il y avait toujours un avantage psychologique pour celui qui rentrait aux vestiaires en menant deux manches à une. La pause pouvait aussi interrompre l'élan du joueur qui était en forme au troisième set. Elle contribuait donc en plein à la bataille mentale qui se joue toujours sur un court de tennis.

Dès mon retour sur le central, je fis immédiatement le break pour mener 2-0, puis 3-1. Nous jouions un vrai tennis classique de terre battue, avec beaucoup d'amortis, de passings, de volées croisées et, surtout, de courses. Je me rappelle qu'on jouait avec des balles Tretorn, très molles, qui, à cause de l'humidité ce jour-là, étaient très lourdes et difficiles à contrôler. Le public était enthousiasmé par notre jeu. Je n'étais pas indifférent au fait qu'après certains points, il nous ovationnait debout. Kodes s'accrochait à la tâche et fit le break à son tour pour égaliser à 3 partout, puis 6-5. Il me fallait absolument gagner mon service pour rester dans le match. Arrivé à 40-15 sans trop de difficulté, je vis le jeu me filer entre les doigts quand Kodes aligna plusieurs coups gagnants. Le match était terminé, et le coach de Kodes, Pavel Korda, bondit sur le court central et lui planta un gros baiser en plein sur la bouche, tout comme l'avait fait avec moi Gheorghe Cobzuc deux ans plus tôt en coupe Davis.

J'étais bien sûr très déçu. Je m'étais senti amplement capable de le battre après mes bons résultats du printemps. Mais je savais aussi que j'avais bien joué, que j'avais donné beaucoup de plaisir au public. Je me consolais en me disant que, pour une première finale de Grand Chelem, ça s'était plutôt bien passé et que j'aurais d'autres occasions à l'avenir. On ne peut jamais en être certain, mais j'avais suffisamment confiance en moi, à ce stade de ma carrière, pour ne pas me considérer comme un de ces joueurs qui n'arrivent qu'une fois dans une finale de ce genre et dont on n'entend plus jamais parler par la suite.

J'ai donc été surpris de ne pas faire un meilleur parcours à Wimbledon, où j'ai perdu au deuxième tour contre le Français

Georges Goven, un joueur qui ne se distinguait pas trop par son talent. Cette nuit-là, afin de noyer un peu mon chagrin, j'ai rencontré une fille. J'étais en train de mentionner qu'on pourrait peut-être regagner ma chambre d'hôtel quand elle m'a avoué qu'elle avait un chien qui devait l'accompagner. « OK, le chien peut venir aussi » ai-je répondu, l'air incertain. Je pensais qu'il resterait tranquillement dans la salle de bains. S'il était bien dans la salle de bains pendant tout le temps qu'on était occupé à côté, il n'arrêta pas d'aboyer parce que la porte était restée fermée. Je ne tenais pas à ce qu'il vienne nous rejoindre sur le lit. Il finit par s'endormir, condamnant du même coup l'accès à la salle de bains. Ce ne fut que lorsqu'il décida de faire ses besoins à 3 heures du matin que les choses virèrent vraiment au cauchemar. Je me retrouvai en train de nettoyer les dégâts puants à l'aide d'une serviette de bain en plein milieu de la nuit, à moitié nu. Je me suis alors demandé si je n'avais pas payé un peu cher pour un unique rapport sexuel. La fille n'a pas traîné le lendemain matin !

Au début d'octobre 1971, la Roumanie atteignit à nouveau le Challenge Round de la coupe Davis, deux ans à peine après notre finale perdue. Ce fut la dernière fois que les tenants du titre bénéficièrent du système du Challenge Round, qui les qualifiait d'office pour la finale de l'année suivante. Ils seraient désormais obligés de disputer chaque tour comme tous les autres pays.

Pour accéder à la finale, nous avions battu l'Inde à New Delhi, en pleine mousson. Je n'avais jamais vu de pareils déluges. La rencontre dura six jours, au lieu des trois habituels. Il faut dire que, pour couvrir les courts, les Indiens ne disposaient que de vieux chiffons, inutiles au regard des trombes d'eau qui tombaient. Il leur fallait ensuite passer des heures pour tout éponger.

Une nouvelle fois, la finale nous opposait aux USA, mais cette fois à Charlotte en Caroline du Nord. À la surprise générale, nos adversaires avaient décidé de construire un court en terre battue, version américaine, de coloris gris-vert, plus rapide que son équivalent européen. Mais c'était tout de même de la terre battue. Certains pensaient que c'était de la folie parce que cela augmentait nos chances de victoire. Aussi surprenante était la sélection de Frank Froehling qui, peu de mois avant, avait été exclu de l'équipe. Il avait su se montrer bagarreur et accumuler les bons résultats durant l'été. Stan Smith, le fiable, était l'autre joueur sélectionné en simple, avec, pour partenaire de double, le jeune et prometteur Erik Van Dillen.

On pressentait que nos chances étaient meilleures qu'en 1969, mais les Américains jouissaient encore du grand avantage de jouer chez eux, même si la coupe Davis enregistre des résultats qui n'ont souvent rien à voir avec ceux des tournois. Malgré deux victoires (Ion et moi avions remporté le double, et je m'étais imposé face à Froehling dans la cinquième rencontre) nous nous inclinâmes 3-2. Smith nous battit, Ion et moi, et Froehling, quant lui, justifia sa sélection en ayant raison de Tiriac, après avoir rattrapé un déficit de deux sets et triomphé en cinq longs sets serrés sur deux jours.

À ce stade de nos carrières, les journaux roumains nous consacraient une grande place et donnaient l'impression que mes résultats étaient les meilleurs du monde. Les médias communistes n'aimaient alors pas critiquer leurs héros sportifs, à la différence d'aujourd'hui, où ils ont autant tendance que les médias occidentaux à créer une idole pour mieux la démolir à la première occasion. Ainsi de mes bêtises sur un court que les journaux évoquaient en étouffant la réalité des faits. On relatait ma disqualification sans en livrer les motifs. On cachait la vérité aux gens, quand moi j'assumais ma mauvaise conduite et ne niais jamais les faits.

Sportul, notre équipe à nous, appartenait en fait au ministère de l'Éducation et des Sports, c'est-à-dire à l'État. J'étais tout le temps en première page, surtout quand il s'agissait de la primordiale et sacrée coupe Davis. Nous étions par conséquent très conscients de l'impact qu'aurait cette défaite chez nous. Nous étions davantage déçus d'avoir perdu qu'en 1969, quand personne n'attendait rien de nous. Heureusement, la finale s'était jouée en Amérique, ce qui nous empêcha de ressentir la terrible pression qui s'abattait sur nous chaque fois que nous jouions à domicile – une pression dont nous ferions pleinement connaissance douze mois plus tard pour notre troisième finale de coupe Davis face aux États-Unis, mais cette fois à Bucarest.

Je ne sais pas si c'était l'incident avec le chien quelques mois auparavant ou simplement le fait que j'étais maintenant habitué à trouver une fille à chaque fois que j'en avais envie, mais, inconsciemment, j'éprouvais de moins en moins de satisfaction à leur courir après. J'avais à présent 25 ans et, en réalité, je n'avais jamais eu une seule relation sérieuse avec une femme. Ce n'est peut-être pas étonnant alors, quand j'y repense, que la situation changeât brusquement. Et vite.

CHAPITRE 5
1971-1972

On se croisait nerveusement lors de nos fréquents allers et retours aux toilettes. Enfin, on nous a demandé d'aller nous asseoir dans la petite antichambre avant de pénétrer sur le court central.

Mon US Open de 1971 démarra mal. J'avais été battu au troisième tour du simple par l'Australien Bob Carmichael, surnommé « Nailbags » (« sac à clous ») – il avait été menuisier avant de rejoindre le circuit. En double, en revanche, j'avais eu plus de succès puisqu'à la fin de la première semaine, Tiriac et moi étions déjà qualifiés pour les quarts de finale, où nous attendaient Bob Hewitt et Frew McMillan, une des meilleures équipes de tous les temps. Le match était programmé sur le Grandstand Court, près du stade principal.

La rencontre débuta devant des gradins à moitié vides. Tout près du court, cependant, se trouvaient trois spectatrices qui nous encourageaient et nous applaudissaient avec tellement d'enthousiasme que je les pris pour des Roumaines. L'une était une adolescente, l'autre, j'imaginais, sa mère. Quant à la troisième, c'était une ravissante créature, avec de longs cheveux châtain foncé et de grands yeux marron. J'essayai très fort de me concentrer sur le match mais, malgré mes efforts, nous perdîmes assez facilement. Et, en un clin d'œil, elle avait disparu.

Un peu plus tard, j'étais de retour sur le même court, cette fois avec Rosie Casals pour un double mixte. J'aperçus tout de suite l'adolescente avec sa mère, à nouveau tout en bas des gradins, près du court. Il y avait beaucoup de monde, les places étaient presque toutes prises, et je mis plus longtemps pendant l'échauffement – tout en gardant un œil sur la balle quand même – à repérer la jeune femme, qui s'était réfugiée tout en haut des gradins. Décidé à ne pas la perdre de vue cette fois, je demandai à un ami de lui faire parvenir un mot la priant d'attendre, une fois la partie terminée, car monsieur Nastase souhaitait faire sa connaissance.

Dès la fin du match (que nous avions gagné), je filai lui parler, au cas où elle aurait décidé de se sauver. Elle parlait français, ce que je savais à peine faire, et encore plus mal anglais que moi. Nous réussîmes quand même, je ne sais comment, à parler suffisamment longtemps pour qu'elle me dise qu'elle s'appelait Dominique Grazia, qu'elle avait 21 ans, qu'elle habitait Bruxelles avec son père français et sa mère belge et passait une semaine de vacances à New York. Sa mère rappliqua peu de temps après, avec sa petite sœur, Nathalie. J'en profitai pour demander à madame Grazia l'autorisation d'emmener Dominique dîner ce soir-là. « Non, non, répondit-elle dans un anglais parfait, avec beaucoup de charme et de tact. C'est nous qui vous invitons à dîner ce soir, si vous le voulez bien. » J'étais quand même assez bien élevé pour savoir qu'il ne fallait surtout pas insister. C'est ainsi qu'un peu plus tard, je les retrouvai au restaurant français, l'Escargot, près de leur hôtel, sur Madison Avenue.

Je me souviens que c'était la mère de Dominique qui parlait le plus souvent, pendant que je faisais de mon mieux pour répondre au torrent de questions qu'elle déversait. Dominique, comme moi, était assez timide, et se contentait plutôt d'écouter sans dire grand-chose. Quant à Nathalie, qui avait 14 ans, elle était bouche bée de bonheur. J'appris par la suite qu'elle était une de mes grandes admiratrices et qu'elle gardait chez elle un album de toutes les coupures de presse sur lesquelles elle arrivait à mettre la main. Elles se trouvaient toutes les trois à New York parce qu'on lui avait promis ce voyage pour aller me voir jouer si elle obtenait de bons résultats scolaires. Dominique les avait accompagnées dans la seule intention de faire un peu de shopping et de tourisme. Elle m'avoua en toute honnêteté que le tennis ne l'intéressait nullement, et moi, encore moins. Au moins, j'étais prévenu.

À la fin de la soirée, je sollicitai la permission de pouvoir sortir seul avec Dominique le lendemain soir. J'avais dû me comporter de façon acceptable au cours du dîner puisqu'elle me fut accordée volontiers. Le soir suivant, nous dînâmes en tête à tête puis gagnâmes une discothèque, l'Hippopotamus, une des meilleures de Manhattan à l'époque. Je me rappelle qu'il y avait là plusieurs joueurs, dont Arthur Ashe. Quoique je n'aime pas danser – j'ai toujours l'impression que tout le monde me regarde sur la piste de danse – je me fis violence pour pouvoir me rapprocher physiquement de Dominique.

Elle me raconta qu'elle avait été élevée de façon très stricte et protégée et qu'elle n'avait pas eu le droit de sortir avec les garçons avant l'âge de 18 ans. Elle s'était ensuite fiancée avec le premier garçon avec lequel elle était sortie – qui était à peine plus âgé qu'elle – et était restée deux ans avec lui avant de rompre les fiançailles l'année précédente. Je pensai, en mon for intérieur, que cela lui faisait un parcours amoureux très différent du mien. On s'est embrassés, mais rien de plus cette nuit-là. Ni le restant de la semaine, tellement j'étais sûr que sa mère n'aurait pas autorisé que je l'emmène dans ma chambre d'hôtel. Nous dînions soit tous les deux, soit à quatre ou bien on se voyait au club de tennis les jours où je jouais.

Lorsque le moment arriva pour elles de quitter New York, j'étais qualifié pour les demi-finales du double mixte. J'essayais désespérément de trouver un moyen de voir Dominique après la fin du tournoi, car je me savais déjà amoureux d'elle. Je compris qu'il n'y avait qu'une seule chose à faire : j'ai donc informé Rosie Casals que je serais obligé de déclarer forfait pour notre match et que j'allais rentrer avec Dominique à Bruxelles. Rosie est devenue folle de rage, ce qui peut se comprendre. Elle s'est mise à hurler toutes sortes d'insultes et de reproches, que c'était typique de ma part, que je ne pensais qu'à ça : courir après les femmes. Ça n'eut aucun effet: je changeai mon billet d'avion et rentrai à côté des trois femmes. Madame Grazia avait dû prévenir son mari qu'il y avait eu un changement de programme et que leur fille Dominique rentrait accompagnée d'un certain Ilie Nastase, car il n'eut pas l'air surpris de me voir à l'aéroport.

Comme il était hors de question qu'ils m'invitent à passer quelques jours chez eux, je logeais au Hilton voisin et passais mes journées dans leur maison, une énorme demeure des années 20, entourée d'un gigantesque parc dans lequel se trouvait un court de tennis. Nathalie prit des dizaines de photos de moi durant ces quelques jours. Elle était aux anges, pendant que moi, je continuais à découvrir sa grande sœur, Dominique. Cependant, à cause de ma réputation qui me précédait et dont sa sœur cadette l'avait informée, je m'abstins de la ramener à mon hôtel et décidai de procéder avec lenteur. Aucune femme n'avait jamais eu un tel effet sur moi. Je me souviens qu'à cette époque (les années 70 !), je portais fièrement un costume de couleur aubergine pâle jusqu'au jour où Dominique, me faisant gentiment comprendre qu'il ne lui plaisait guère, m'expliqua ce qu'elle aimait. J'étais tellement subjugué par cette fille que je m'exécutai sur-le-champ.

Je n'avais alors aucune idée du genre de famille de laquelle elle était issue. J'appris très rapidement que son grand-père maternel était devenu richissime après avoir réussi dans les affaires. Il avait notamment réalisé la construction du métro du Caire, qui lui avait valu d'être nommé premier baron Empain par le roi des Belges. La mère de Dominique était donc la baronne Empain, la demi-sœur du célèbre baron qui, à la tête du groupe Schneider, avait été kidnappé en 1975 et amputé du bout du petit doigt pour faire payer une rançon. Le père de Dominique, dont la famille était originaire d'Italie, était industriel lui aussi. Quant à Dominique, elle avait trois frères aînés, Daniel, Bernard et Jean, et une sœur, Nathalie, de sept ans sa cadette.

Trois jours plus tard, il me fallut que reprendre l'avion vers les États-Unis, pour le tournoi du Pacific Southwest, à Los Angeles. Pour la première fois de ma vie, je voulais qu'une femme m'accompagne. Hélas, elle ne pouvait ni ne voulait. En partie parce que ses parents n'auraient jamais permis que la réputation de leur fille soit compromise de cette façon par un étrange Roumain qu'ils connaissaient à peine, et en partie aussi parce que Dominique elle-même était plutôt inquiète à l'idée de venir avec moi. Elle résistait à chaque fois que je lui demandais si elle voulait me rejoindre à tel ou tel tournoi. J'ai donc disputé la finale de la coupe Davis à Charlotte, ainsi que l'Embassy British Indoors à Londres, où j'ai battu Newcombe puis Laver en finale. Pendant ce temps, nous continuions notre relation en nous parlant beaucoup au téléphone. Et, dès que j'avais un petit moment de libre dans mon programme surchargé, ce qui n'arrivait pas souvent, je sautais dans un avion à destination de Bruxelles. C'était, pour le moins, extrêmement frustrant.

Enfin, un jour, alors que je l'avais invitée au tournoi de Stockholm en novembre, elle me répondit que ses parents acceptaient à condition qu'ils puissent l'accompagner. Quel choix ! Je m'entendis répondre, de manière enthousiaste, que cela ne posait aucun problème. Me chargeant de leur réservation, je m'assurai toutefois que la chambre de ses parents était bien loin de la mienne. J'étais si heureux et détendu cette semaine-là que je remportai le tournoi. Nous fîmes aussi l'amour pour la toute première fois, après bien des semaines d'attente. Je réalisais à quel point j'étais épris d'elle et combien c'était sérieux entre nous. Je voulais qu'elle commence à m'accompagner dans mes déplacements dès que possible. J'étais étonné de ce qui m'était arrivé en l'espace de quelques semaines. Ce n'était pas ma fougue habituelle qui me faisait agir ainsi. J'avais tout simplement acquis assez d'expérience pour savoir que cette situation était exceptionnelle et que j'étais tombé fou amoureux.

Malheureusement, lorsque nous nous séparâmes à nouveau à la fin de la semaine, Dominique avait d'autres idées en tête. Les choses étaient allées trop vite pour elle et, contrairement à moi, elle aspirait à en freiner le déroulement. Elle voulait découvrir un peu la vie avant de replonger dans une relation importante. J'avais vraiment espéré qu'elle viendrait me rejoindre à Paris, où je devais disputer les Masters de fin d'année. J'avais tout organisé dans ma tête : Paris, ville romantique, juste avant Noël, le bonheur d'être avec celle qu'on aime. À la place de cela, elle m'annonça, au cours d'une de nos interminables conversations téléphoniques, qu'il serait peut-être mieux que l'on se sépare quelque temps. Elle aussi avait déjà tout organisé de son côté : elle irait rejoindre son frère Jean à Cambridge pour y perfectionner son anglais pendant une période indéterminée. Stupéfait par cette décision, j'eus quand même la présence d'esprit de lui faire remarquer qu'elle pourrait tout aussi bien améliorer son anglais sur le circuit. Mais il apparaissait bien clair, de toute façon, que ce n'était pas la raison principale. Elle voulait calmer les choses avant que cela ne devienne trop sérieux entre nous. Malheureusement, avec la vie que je menais, c'était tout ou rien. Je ne pouvais pas sortir avec une femme, comme le font les autres, et la voir une ou deux fois par semaine. C'était plutôt : « Soit tu voyages avec moi, soit tu me vois tous les trois mois. » À prendre ou à laisser. Cela n'arrangeait évidemment pas les choses au début d'une relation.

Je n'eus cependant pas le choix et fus obligé d'accéder à sa demande. Je partis donc seul à Paris où, pour lui montrer ce qu'elle manquait, je remportai l'épreuve. Cette victoire revêtait une importance capitale pour moi, puisque les Masters réunissaient en fin d'année les huit meilleurs joueurs des quatorze tournois du Grand Prix. Je jouai si bien cette semaine-là que je gagnai tous mes matchs, m'imposant face à des adversaires comme Stan Smith et Jan Kodes (qui avaient respectivement triomphé à l'US Open et à Roland-Garros). Je raflai le premier prix, équivalent à 10 000 euros, et, comme j'étais deuxième au classement final du Grand Prix, une part du montant de la prime de 150 000 dollars, soit 17 000 dollars. La fin de saison avait donc été fructueuse pour moi. J'avais gagné beaucoup d'argent et connu beaucoup de succès. C'était côté cœur que la situation allait mal.

Je passai un Noël plutôt triste en famille à Bucarest, et repartis pour les USA au nouvel an, remportant les tournois de Baltimore et d'Omaha. Je n'avais pas parlé à Dominique depuis des semaines, puisque la séparation avait été son idée. Je ne voulais pas l'énerver en la harcelant sans cesse au téléphone. Je me disais qu'elle tomberait amoureuse d'un Anglais, ou se réveillerait et se rendrait compte de l'homme merveilleux que j'étais.

Je passai un printemps très bénéfique en conservant mes titres sur terre battue aussi bien à Nice qu'à Monte-Carlo et en gagnant à Madrid. J'étais donc très confiant en arrivant à Roland-Garros au mois de mai. Malheureusement, le tournoi se passa mal pour moi : je fus sorti par un jeune Romain, Adriano Panatta, au premier tour du simple messieurs. Adriano était certes déjà un bon joueur, mais j'avais été finaliste l'année passée. C'était un match que je devais logiquement gagner. J'étais furieux de m'être fait éliminer de cette façon. En double, Tiriac et moi perdîmes dès le deuxième tour face aux Belges Mignot et Hombergen, pas exactement une équipe à craindre en temps normal. En rentrant à mon hôtel ce soir-là, déprimé par mes résultats, j'avais plutôt triste mine. On me tendit immédiatement un télégramme urgent. « Bravo pour ta brillante défaite », annonçait-il, taquin. Il venait de Dominique, que j'étais persuadé de ne jamais revoir. Je l'appelai immédiatement à Bruxelles, où elle se trouvait à nouveau, et l'invitai à me rejoindre à Paris, sans trop y croire. Je fus très surpris qu'elle accepte sans hésiter. Vingt-quatre heures plus tard, j'attendais avec impatience à la gare du Nord que son train arrive. Cette fois-ci, ses parents ne l'accompagnaient pas. Nous étions enfin seuls.

À la fin d'une semaine qui fut fantastique, je décidai que je voulais passer le restant de ma vie avec elle. Alors, un soir que nous dînions dans un restaurant très agréable au quartier latin, je commençai à lui dire combien elle m'avait manqué et lui demandai si elle comptait rester cette fois-ci. « Oui, je pense », fut sa réponse. Je ne me mis quand même pas à genoux – heureusement, vu la suite – mais la demandai enfin en mariage. Elle me répondit simplement : « Non. » Très gentiment, mais très fermement. Elle n'était pas encore prête. J'ai alors pensé qu'il n'y avait pas de problème, qu'il fallait simplement persévérer. Et, au cours des deux ou trois semaines qui suivirent, je la demandai en mariage au moins deux autres fois. Étant quelqu'un de très tactile, de très romantique, j'arrangeai chaque fois les choses pour que l'ambiance soit parfaite, la conversation aussi, convaincu qu'elle ne saurait me refuser. Pourtant, à chaque fois, malgré tous mes efforts, sa réponse resta négative. Elle n'était pas prête. Je décidai donc d'attendre. Peut-être qu'après Wimbledon…

À peine était-elle revenue, cependant, qu'elle repartait déjà, cette fois à Sorrente, en Italie, pour des vacances en famille prévues de longue date. Elle serait donc absente les deux semaines entières que dure le tournoi de Wimbledon. J'eus beau tenter de la persuader d'annuler son séjour pour m'accompagner en Angleterre, rien n'y fit. Sa famille, très traditionnelle sur les principes, ne concevait pas qu'elle déroge à la règle et rate ces vacances. Je me retrouvai une fois encore en train de lui dire au revoir contre mon gré, et pris l'avion pour Londres.

À Wimbledon, j'étais tête de série n° 2 derrière Stan Smith. Un journaliste supputa que j'étais surclassé, ce qui m'était égal. Sans doute avait-il raison, puisque je n'avais jamais dépassé les huitièmes de finale. Toujours est-il que, par rapport à Stan, que j'appelais « Godzilla », son mètre quatre-vingt-dix lui permettant de tout atteindre, j'eus un chemin plus ardu pour accéder en finale. Je dus effectivement me débarrasser en route de quelques bons joueurs de gazon. C'est certainement mieux d'avoir un tableau plus difficile et d'être obligé de battre de bons adversaires. On y gagne en confiance et on se dit mériter vraiment le titre. En tout cas, j'aime mieux ça que le contraire.

Ma première épreuve fut au deuxième tour face à Clark Graebner, avec lequel je m'étais disputé par le passé (comme moi, il se mettait facilement en colère). Il m'avait déjà battu deux fois à Wimbledon, en 1969 et 1970. Cette fois-ci, c'est moi qui m'imposai facilement en quatre manches, sans un mot échangé. C'était une belle victoire pour moi, surtout si tôt dans le tournoi. Je devais tellement planer de bonheur que j'en oubliai de cacher dans mon casier les 45 livres (65 euros) que je gardais dans mon étui à raquette et qui me furent volés alors que j'étais sous la douche. Ajoutés aux 300 dollars qu'on m'avait dérobés le mois d'avant à Roland-Garros de façon quasiment identique, cela commençait à faire cher du vestiaire.

Je me débarrassai ensuite de l'Allemand Jürgen Fassbender en trois manches avant de me retrouver face à l'américain Tom Gorman en huitièmes de finale. Tom résistait mal à mon jeu : des 23 matchs qu'on avait disputés, j'en avais gagné 18. Alors j'étais très confiant. Le match était programmé sur le court central, et je savais qu'une victoire me qualifierait pour la deuxième semaine des championnats, chose que je n'avais jamais réussi à faire à Wimbledon. J'avais déjà remarqué que le public britannique se rangeait dans deux camps très opposés quand il s'agissait de moi. Un groupe avait l'air de beaucoup m'apprécier, surtout les adolescentes et les femmes, mais l'autre me détestait de façon flagrante. Mon comportement représentait tout ce qui n'était pas *british* : je n'avais pas la lèvre supérieure rigide, je n'avais pas fréquenté leurs célèbres pensionnats huppés et, surtout, j'osais questionner l'autorité. Dans mon match contre Gorman, par exemple, je me souviens d'un monsieur aux lunettes foncées et à l'apparence militaire (du reste, il ressemblait un peu à un membre du KGB) qui faisait clairement partie de ce deuxième groupe pour avoir applaudi très longuement une de mes doubles fautes. Mal lui en prit puisque je gagnai en quatre manches.

Après cette victoire, je pressentais que le tableau me serait plutôt favorable. Je jouais contre Jimmy Connors au tour suivant, puis, en demi-finale, contre l'Espagnol Manuel Orantes ou de l'Australien Colin Dibley. À l'époque, je sortais vainqueur de la plupart de mes matchs contre ces trois joueurs. Je calculai alors que si je battais ces gars, j'irais en finale, que je pouvais tout à fait gagner. Mieux encore pour moi : je n'avais toujours pas attiré l'attention des médias.

En quart de finale, je fus donc opposé à un Connors de 19 ans, sur le court central. Lui aussi était un des chouchous du public, mais Jimmy, qui deviendrait plus tard un de mes meilleurs amis sur le circuit, participait à son premier Wimbledon. Il débordait tellement d'adrénaline pour cette rencontre qu'il arrosait le court de ses coups, et frappait de plus en plus fort dans la balle. Tandis que moi, je jouais mon jeu habituel au toucher de balle délicat qui ne convenait pas du tout à Jimmy, lequel détestait qu'on ne lui envoyât pas une balle rapide et forte. Exactement ce que comprendra Arthur Ashe lorsqu'il triomphera de Connors dans leur célèbre finale de Wimbledon en 1975. En tout cas, tout ce que j'entrepris ce jour-là me réussit, et je remportai le match facilement 6-4, 6-4, 6-1.

Ce n'est qu'une fois en demi-finale que les médias se réveillèrent et commencèrent à évaluer mes chances, d'autant que, des autres demi-finalistes, seul Stan Smith avait un palmarès sur gazon. Les deux autres, Jan Kodes et Manuel Orantes, manquaient comme moi d'expérience. J'étais opposé à Manuel, tête de série n° 3, qui m'avait battu lors de notre dernière rencontre sur court couvert à Washington. Mais je jouais à présent beaucoup mieux que lui sur surface rapide, ciment ou gazon.

Cette fois-ci, malgré mon trac du début, je jouai si bien que je menai rapidement trois à zéro avant qu'il se réveille et réalise où il était. J'essayais simplement de rester comme je suis d'habitude sur le terrain, c'est-à-dire que je parlais, me promenais beaucoup derrière la ligne de fond, gesticulais et jouais mon tennis à haut risque. Je remportai les deux premiers sets 6-3, 6-4 et, menant 5-4 au troisième, servis un ace qui m'offrait alors une balle de match. Je me rappelle avoir fait de gros efforts de concentration pour rester dans le point. C'était à lui de prendre des risques. Je m'efforçais de ne pas penser à l'enjeu. Je ratai ma première balle mais réussis la seconde. Manuel s'avança alors jusqu'au filet. J'envoyai un coup droit haut et lifté, et sa volée de coup droit retomba dans le filet. J'avais gagné. J'étais en finale ! Je catapultai ma raquette dans les airs, car je savais que j'étais le premier Roumain de tous les temps à figurer dans une finale de simple messieurs à Wimbledon Jamais je n'avais pensé que ce serait possible. Le public m'acclama avec enthousiasme, pendant que je m'inclinais respectueusement en direction de la loge royale. Je quittais le court en homme comblé.

Les journaux et la télévision m'assiégèrent immédiatement. Tout le monde voulait m'interviewer : les journalistes de la presse féminine voulaient me parler de ma vie privée, les journalistes de la presse sportive me demandaient d'évaluer mes chances contre Smith en finale. Les médias firent tout un tabac sur le fait que j'étais lieutenant dans l'armée roumaine quand Smith n'était que caporal. Lorsque je réussis enfin à regagner ma chambre d'hôtel, j'appelai Dominique au téléphone. En Italie, la télé ne retransmettait pas le tennis, ce qui fait qu'elle n'avait aucune idée de mes progrès dans le tournoi. Je ne tenais cependant pas qu'elle vienne pour la finale, car je me connaissais suffisamment pour savoir que cela me gênerait dans ma préparation, dérangerait et chamboulerait ma concentration, si fragile même dans le meilleur des cas. Nous décidâmes donc de rester en contact téléphonique. Je parvins également à joindre mes parents à Bucarest, qui me souhaitèrent bonne chance. Il était bien sûr hors de question qu'ils me rejoignent à Londres. Je savais toutefois qu'en Roumanie, la télévision diffuserait le match en direct.

Je n'étais heureusement pas complètement seul. Ion était rentré en Roumanie après s'être fait éliminer en simple, car nous ne jouions pas le double ensemble cette année-là, mais j'avais encore un ami italien avec moi, Michele Brunetti. C'était un avocat d'Ancona qui avait arbitré la rencontre Roumanie-Inde de coupe Davis l'année précédente. Il logeait au même hôtel que moi, l'Adelphi, dans le quartier chic de Kensington.

À l'époque, la finale se déroulait le samedi et, la veille, je me rappelle que je m'étais couché tard et que j'avais longtemps regardé la télé, car je n'arrivais pas à dormir. Puis je m'étais réveillé au petit matin et j'avais joué le match dans ma tête, décidant de ce que j'allais faire. Dans ma version, bien entendu, je finissais par triompher.

En me levant, je vis qu'il pleuvait à torrents. C'était une de ces journées où on a la très nette impression que la pluie ne va jamais cesser. Quelqu'un m'a dit par la suite que Stan, qui est presbytérien très pratiquant, était allé à l'église. Moi, en revanche, j'allai courir avec Michele dans Hyde Park, à côté de l'hôtel. Nous traversâmes le parc, environ deux ou trois kilomètres, jusqu'à Speakers' Corner, où les gens ont le droit de faire des discours sur le sujet qui leur tient à cœur. Si cela attire toujours la foule, les jours de beau temps, je fus surpris de constater que, même par ce temps pluvieux, il y avait un petit groupe de personnes qui écoutaient tempêter un type sur je ne sais quel thème. Avec Michele, nous nous assîmes un moment sur un banc pour écouter ce qui se disait, jusqu'à ce que, les gens commençant à me reconnaître, nous décidâmes de rentrer au pas de course à l'hôtel. Il faut avouer que je n'avais pas trop envie de leur parler. Je m'enquis ensuite auprès de Wimbledon des prévisions, qui n'étaient guère meilleures pour l'après-midi. Je commandai du thé et des toasts, que j'avalai machinalement, car je n'avais vraiment pas faim. J'eus Dominique au téléphone plusieurs fois pour la tenir au courant. Il me fallait pourtant rester prêt à partir à tout moment en cas d'amélioration des conditions météo. Je ne pouvais donc rien faire, à part regarder la télé et tourner en rond dans l'hôtel. Enfin, vers 17 heures, comme il était évident que le temps n'allait pas changer si vite que ça, le club m'appela pour m'informer que la finale était reportée au lendemain. Ce serait la première fois de toute l'histoire du tournoi qu'elle serait disputée un dimanche.

Je me souviens que les journalistes commencèrent à m'appeler pour me demander si j'irais au traditionnel bal de clôture de Wimbledon, au cours duquel les vainqueurs du simple messieurs et du simple dames se devaient d'ouvrir la danse. Billie Jean King avait remporté le titre chez les femmes mais, compte tenu de la situation, elle était partie pour avoir deux cavaliers, Stan et moi, ou aucun. Je répondis simplement que je n'avais pas l'intention d'y aller, sauf si on me l'ordonnait, auquel cas, bon soldat que j'étais, j'obéirais. Ce fut bien Stan qui y alla – il devait davantage aimer danser que moi – pendant que moi, je m'enfermais dans un cinéma pour voir un film d'épouvante. Je pensais que ça me changerait les idées.

En fait, je passai une autre nuit blanche. Le lendemain matin, vers 8 heures, il faisait sec. Je me rappelle avoir pris du café et des toasts pour le petit-déjeuner et, tout comme la veille, les avoir mangés sans faim, aussi vite que possible. C'est un peu comme quand on passe un examen : on a beau être le mieux préparé du monde, on ne sait jamais exactement comment ça va se passer et l'on est toujours nerveux. J'avais l'estomac complètement noué parce que je ne pouvais pas me persuader que c'était un match sans importance. Même si j'étais heureux d'être allé si loin, je savais que j'étais capable de battre Smith et de gagner mon premier titre du Grand Chelem.

Il était environ 11 heures du matin quand j'arrivai au All England Club, berceau du tennis où se disputait le plus ancien des quatre « majors ». J'organisai immédiatement un court d'entraînement. L'ancien champion anglais Fred Perry était là (j'étais sponsorisé à l'époque par sa marque de vêtements) et il m'avait apporté son soutien pendant toute la quinzaine. Fred était un de ces anciens grands champions que j'aimais beaucoup et pour qui j'avais énormément d'admiration. Son soutien m'était très cher. J'avalai un sandwich et une banane avant de poireauter en compagnie du fidèle Michele dans le restaurant des joueurs, bavardant avec le peu de gens qui étaient encore là pour tuer le temps. Le programme du double mixte était en retard à cause de la pluie.

Puis, vers 13h15, je sortis sur le court 4, le plus proche de l'entrée royale du court central, par où entre tout membre de la famille royale, ainsi que les VIP et les joueurs. À l'époque, les vestiaires principaux se trouvaient dans l'enceinte du court central. Je m'échauffai avec Björn Borg, qui n'avait que 16 ans en 1972, mais était déjà en finale du simple junior, qu'il remporta du reste face au Britannique Buster Mottram. Fred aimait le jeu de Björn. Il m'avait donc proposé que je m'échauffe avec le petit jeune. Je crois bien que c'était la première fois que je voyais jouer ce gamin. Nous nous entraînâmes une vingtaine de minutes, le temps de s'échauffer sans transpirer.

Je retournai tout de suite aux vestiaires, pendant que Björn, lui, retournait à celui réservé aux juniors sous les gradins du court n° 2. À Wimbledon, tradition oblige, tout le monde n'avait pas accès aux vestiaires principaux. Il fallait les mériter ! Je changeai de chemise et attendis encore cinq longues minutes. Il était maintenant 13 h 50. La finale commence toujours à 14 heures pile, pas une minute avant, pas une minute après.

Mais, à ce stade de la compétition, les vestiaires sont vides, car seuls les joueurs ont le droit d'y être. Nous n'étions plus que deux, Stan et moi. Cela manquait plutôt d'ambiance. Nous nous croisions nerveusement lors de nos fréquents allers et retours jusqu'aux toilettes. Enfin, on nous demanda d'aller nous asseoir dans la petite antichambre où tous les joueurs passent quelques moments avant de faire leur entrée sur le fameux centre court. C'est dans cette toute petite pièce qu'on attend – protocole oblige – que tout le monde soit installé dans la loge royale. Alors le signal est donné et les joueurs font rapidement leur apparition sur le court, car il serait impensable de faire attendre la famille royale. Je me rappelle qu'au moment d'entrer dans l'antichambre, on m'informa que le Premier ministre britannique Harold Wilson, grand amateur de tennis, était dans la loge royale ce jour-là. L'antichambre est une pièce minuscule. Elle mesure peut-être quatre mètres carrés maximum, et, à l'époque, ne contenait que deux chaises en bois. Quand je m'assis, mes genoux frôlèrent quasiment ceux de Stan, que je pouvais sentir, tellement on était près l'un de l'autre. Psychologiquement, c'était assez étouffant comme situation. Pourtant, à mesure que je remportai des matchs sur ce court, je me mis à aimer cette petite pièce. Elle contribuait aux sensations fortes qu'on éprouvait chaque fois avant d'aller jouer un match sur le plus célèbre court de tennis au monde. Il est évident, cela dit, qu'il y avait beaucoup de pression ce jour-là. J'étais nerveux lorsque, à 14 heures pile, nous pûmes enfin sortir sur le central et suivre Leo, le minuscule gardien des vestiaires qui, depuis des années, portait les sacs et les raquettes des finalistes, uniquement pour qu'ils arrivent sur le terrain les mains libres. Nul doute que cela permettait de saluer plus facilement la famille royale. C'est une tradition unique à Wimbledon, qui perdure, même si, depuis longtemps, ce n'est plus Leo qui porte toutes les affaires des joueurs, lesquels joueurs n'ont plus besoin de s'incliner devant la famille royale.

Comment oublier la première fois qu'on pénètre sur le court central ? On ouvre la porte qui mène sur le court, et on peut entendre une sorte de bourdonnement d'anticipation de la foule.

Mais, comme la porte est cachée derrière la grande bâche au fond du court, on ne peut pas voir le public. Certains spectateurs, qui ont déjà aperçu les joueurs, se mettent à applaudir. Ça fait l'effet d'une vague : le bruit des applaudissements continue à augmenter au fur et à mesure que le public nous voit arriver. Puis, lorsqu'on est en pleine vue, ils se mettent tous à applaudir et à acclamer très fort les joueurs. Le bruit nous frappe alors en pleine figure, comme une gifle. À cet instant-là, le cerveau se vide et on ne pense plus à rien.

La période d'échauffement est certainement la pire parce qu'on est encore sous le choc et nerveux de surcroît. On essaie désespérément de se concentrer sur ce qu'on fait, sur les gestes de base, mais le corps ne cesse de trembler et le cerveau saute dans tous les sens. Tout cela ne se calme que lorsque le match commence, sans qu'on sache combien de temps il nous faudra pour nous calmer complètement.

Enfin, après une attente de trois jours, Stan et moi entendîmes l'arbitre dire : « *Play !* » Nous étions prêts. Malgré la nervosité, nous jouâmes tous les deux bien, d'entrée. Mes passings de revers le long de la ligne marchaient à merveille. J'étais l'égal de Stan en ce qui concerne la puissance, et je renvoyais tout. Quant à lui, il faisait preuve d'un toucher de balle et d'une finesse de coups que je ne lui connaissais pas. Ses retours de service et ses volées étaient tranchants. Il n'y eut pas de break avant le neuvième jeu du premier set, lorsque, après six tentatives, je réussis enfin à prendre son service et remportai la manche 6-4.

Dans le deuxième et troisième set, je fis le break en premier mais à chaque fois perdis mon service juste après. C'est là que je commençai à m'énerver à propos de mes raquettes dont le cordage était trop tendu, ce qui eut pour effet immédiat de nuire à mon jeu et à ma concentration. Il faut préciser que j'ai toujours été très maniaque en ce qui concerne la tension de mes raquettes. La semaine précédente, j'avais emprunté à Panatta une raquette que j'avais adorée et qu'il m'avait prêtée en quittant le tournoi. Malheureusement, lors de ma demi-finale du jeudi contre Orantes, j'en avais cassé une corde. Comme à cette époque-là, il n'y avait pas de cordeur sur place aux tournois, même à Wimbledon, je l'avais fait recorder dans un magasin de sport du quartier qui ne m'avait pas donné entière satisfaction. Avant le match déjà, je m'en étais ouvert à Michele, lui demandant de marcher sur le cordage afin de l'assouplir un peu. Ce n'est qu'une fois la finale engagée que je réalisai que cette raquette ne me correspondait décidément pas.

Le temps que je perde non seulement l'avantage des breaks dans ces deux manches mais les manches elles-mêmes, j'avais utilisé chacune de mes raquettes. Je râlai alors tellement après Michele qu'il fut forcé, à la fin du troisième set, de quitter son siège dans la loge des joueurs pour m'aider à me calmer et à me reconcentrer. Aux changements de côté – rappelons qu'il n'y avait pas de quoi s'asseoir à l'époque –, Stan et moi nous retrouvâmes quasiment côte à côte près de la chaise d'arbitre en train de nous désaltérer. Comme d'habitude, il se montra très réservé. Ses raquettes et sa serviette restaient soigneusement rangées par terre, alors que les miennes étaient éparpillées un peu partout. Entre les échanges, son seul signe de tension était d'aplatir sans arrêt sa chevelure blonde avec sa main, comme s'il voulait calmer les mèches rebelles en même temps que ses propres nerfs.

La disparition de Michele eut l'effet désiré, toutefois, car je fis le break une fois de plus à 4-4 dans la quatrième manche. Il ne me restait plus qu'à gagner mon service pour égaliser à deux sets partout. Stan parvint tout de même à sauver deux balles de set dans ce jeu, mais s'inclina 6-4. Nous attaquâmes alors le set décisif. Il n'était plus temps de se préoccuper de raquettes. Mieux valait se mettre à la tâche. Je me croyais encore capable de gagner. Mon niveau de jeu était aussi élevé que le sien. La plupart des points étaient remportés par des coups gagnants, plutôt que par des erreurs.

Il n'y eut pas de break pendant les quatre premiers jeux. Mais, à deux partout, Stan, qui était au service, dut, à trois reprises, sauver une balle de break. Sur un de ces points, alors qu'il y avait déjà eu sept fois égalité dans le jeu, il exécuta un amorti de revers surprenant. À quatre partout, Stan se retrouva à 0-30 sur son service. Il était au filet, aussi ajustai-je un passing de coup droit le long de la ligne. Il fit un bond désespéré et, du bout de la raquette, réussit à faire une volée amortie avec le bois. Du bol ! Comment dire autrement ? S'il avait perdu le point, il se serait retrouvé à 0-40. Il m'aurait alors suffi de faire le break et, dans la foulée, de remporter mon service pour empocher le titre. Mais, dans cette finale – comme dans tout match serré –, la victoire se joua sur un ou deux points.

Après ce coup fabuleux, il remporta le jeu. Et, ironie du sort, c'est moi qui me retrouvai à devoir sauver deux balles de match au jeu suivant. C'était la première finale de Wimbledon depuis la Seconde Guerre mondiale à atteindre 5 partout au cinquième set. Il reprit son service pour mener 5-6. C'était à moi maintenant de servir. Tout le monde vous dira qu'il est toujours infiniment plus difficile de servir pour sauver la manche. J'atteins pourtant assez facilement 40-0. C'est alors que Stan effectua quelques retours de service gagnants et que je fis une double faute qui lui offrait une autre balle de match. Je remportai le point avec une volée haute gagnante. C'était compter sans Stan qui, une fois encore, revint à l'attaque pour une quatrième balle de match. Je n'avais qu'une simple volée haute de revers à exécuter, coup que je réussis d'habitude sans problème. Sauf ce jour-là où, la jouant légèrement petit bras, elle toucha la bande du filet et retomba de mon côté. Après deux heures et quarante-cinq minutes de jeu, je perdais le match – et quel match ! – par la plus minuscule des marges. Stan lança sa raquette très haut et sauta par-dessus le filet pour me consoler. Je me rappelle qu'il m'ébouriffa tendrement les cheveux, me serra dans ses bras en me disant : « Pas de chance. » C'était un geste de compassion, et c'était gentil de sa part. Même si, pendant le match, je l'avais détesté, ou plutôt j'avais détesté son jeu, car il rattrapait tout, je ne pouvais plus le haïr. Je ne peux pas détester quelqu'un juste parce qu'il m'a battu. Et puis, je le respectais. C'était un bon joueur, qui avait été finaliste l'année précédente, et avait remporté l'US Open. Il méritait de gagner !

La cérémonie de remise fut tout de même très pénible. Il me fallut regarder Stan recevoir le ravissant trophée et le montrer triomphalement au public. J'étais resté affalé derrière la chaise d'arbitre, et attendais mon tour de recevoir ma médaille de finaliste. À l'époque, le finaliste ne recevait qu'une petite médaille après la remise du trophée au gagnant. Je me rappelle cependant qu'en allant chercher ma récompense des mains du duc de Kent, les acclamations qui m'étaient destinées étaient nettement plus fortes que pour Stan. Maigre consolation qui m'a toutefois fait plaisir mais que j'aurais évidemment bien échangée contre le trophée et un silence total des spectateurs. Le duc m'a dit quelque chose comme : « Pas de chance, c'était un match dur pour vous. Peut-être reviendrez-vous l'année prochaine et serez-vous victorieux. » C'est quelqu'un de sympathique qui, à force de regarder le tennis depuis des années, comprend bien ce sport et l'apprécie. Sa femme également a toujours été charmante avec moi.

Stan quitta le court pendant que j'allai changer de chemise au vestiaire. Je devais, en effet, disputer une demi-finale de double mixte avec Rosie Casals, qui se montra très douce et réconfortante. Notre match contre Clark Graebner et Billie Jean King, les têtes de série n° 3, fut très serré, au point qu'elle me proposa plusieurs fois d'abandonner : « Si tu veux, tu peux laisser tomber. Ce n'est pas un problème », me répétait-elle. Je crois, au contraire, que cela me faisait du bien, parce que je me sentais responsable. C'eût été injuste pour elle, même si j'avais beaucoup de peine d'avoir perdu ma finale. Bien nous en prit, car nous remportâmes le match 9-8, 7-5 (les jeux décisifs se jouaient alors à 8-8). On m'accorda une pause de un quart d'heure avant la finale, ma deuxième de la journée.

Nous étions opposés aux têtes de série n° 1, les Australiens Kim Warwick et Evonne Goolagong. Je fis un gros effort et nous nous imposâmes 6-4, 6-4. J'étais soulagé d'avoir terminé ma journée sur une victoire et, surtout, un titre qui me consolait de ma défaite en simple.

Il était environ 20 h 30, je venais de passer plus de six heures sur le court central, avais disputé trois matchs et neuf sets. J'étais tellement exténué que j'en avais presque oublié ma défaite en simple. Aux vestiaires, quasiment déserts, l'ambiance était très étrange. Stan était sur le point de partir. Son ami Donald Dell (un joueur américain qui connaîtrait plus tard un grand succès en tant qu'avocat et agent) l'accompagnait, une bouteille de champagne à la main. Était également là Kim Warwick. Je pris une douche rapide et rejoignis mon copain Michele, qui m'attendait pour m'emmener dîner dans un restaurant italien de Knightsbridge très prisé des joueurs, le Ponte Vecchio.

Il était bien 22 heures quand nous arrivâmes. Le restaurant était bondé. Chacun venait me glisser un petit mot, gentil certes, mais qui me rappelait constamment que j'avais perdu quand je ne désirais qu'oublier. Le lendemain, ce fut encore plus douloureux car, une fois de plus, tous les gens que je croisais se désolaient de ma défaite. Michele était déjà rentré en Italie, Dominique était toujours en vacances, et moi je devais partir pour Bastad, en Suède. Je me souviens que, ce jour-là, je me sentis très seul.

Une semaine plus tard, je commençais à me remettre lentement de mon échec. Je me répétais que jamais je ne me serais cru capable d'arriver en finale d'un si grand tournoi sur gazon, que j'avais bien joué et que, de toute façon, le match ne s'était joué que sur deux ou trois coups chanceux. Aussi, malgré ma grande déception, n'étais-je plus autant effondré. J'étais fier et heureux de ce que j'avais réussi. Je ne savais bien entendu pas encore que je ne remporterais jamais Wimbledon.

La semaine suivante, Dominique vint me retrouver à Düsseldorf, où je jouais, ce qui m'aida beaucoup. Un jour, alors que nous nous faisions conduire à un studio de télévision où je devais être interviewé – à propos de Wimbledon, bien entendu –, elle se tourna tout à coup vers moi, m'interrompit en pleine phrase et, avec un large sourire aux lèvres, me demanda : « Écoute, Ilie, qu'est-ce que tu dirais si on se mariait ? » J'étais tellement sidéré que j'éclatai de rire. J'avais dû lui poser la même question trois ou quatre fois, au moins, et essuyer autant de refus. Et c'est elle, à présent, qui me demandait ce qu'il me revenait de faire. J'acceptai évidemment dans l'instant, des fois qu'elle eût changé d'avis. Elle m'avoua quelque temps plus tard qu'elle y pensait depuis plusieurs jours tant elle craignait que mon silence ne signifie que j'aie renoncé à l'épouser. Ah ! les femmes !

Nous appelâmes nos parents dès que possible, histoire de vérifier qu'ils étaient bien d'accord. Après tout, je n'étais pas exactement le beau-fils idéal pour les parents de Dominique, compte tenu de leur milieu et du mien. Jeannine, sa mère, m'ayant toujours adoré, j'eus cependant la faiblesse de penser que j'avais toutes mes chances. Bien m'en prit, car ils nous donnèrent leur bénédiction. Quelques semaines plus tard, c'est avec ma future belle-mère que j'allai choisir en cachette de Dominique la bague de fiançailles. Je savais que Jeannine choisirait quelque chose qui plairait à sa fille. Nous arrêtâmes notre choix sur un énorme saphir rectangulaire serti de deux diamants de chaque côté. Je l'offris fièrement à Dominique, qui la trouva très belle. Les mois d'été passèrent. Dominique faisait la navette entre la ville dans laquelle je jouais et Bruxelles, où les préparatifs du mariage, prévu au mois de décembre, avaient tout de suite débuté.

Ma finale de Wimbledon avait changé les opinions que les autres joueurs avaient de moi. Avant, ils me considéraient comme un spécialiste de terre battue. À présent, même des gars comme Newcombe et Laver voulaient s'entraîner ou jouer le double avec moi. Il était évident qu'ils me respectaient plus qu'avant, et ça me faisait chaud au cœur.

Quant au public, il avait commencé à me reconnaître beaucoup plus. De toute façon, j'étais différent des autres joueurs. Les gens venaient me regarder jouer parce que je venais d'un pays étrange, étais plus fou que les autres gars du circuit, jouais différemment et parlais à tout le monde. Même en dehors des courts, à la ville, les gens me reconnaissaient quand je me baladais dans la rue. Partout où j'allais, dans les aéroports, dans les restaurants, dans les avions, ils me demandaient des autographes que je signais bien volontiers. Je suis encore comme ça : c'est dans ma nature. Après tout, même si j'ai la bouche pleine parce que je mange, il me reste encore une main libre pour écrire, ce qui, de surcroît, ne prend qu'une seconde.

À l'inverse de beaucoup de joueurs, j'aime bien cet aspect du succès. J'aime qu'on me reconnaisse, j'aime parler aux gens. Je sais l'importance que les gens attachent à un autographe, surtout les gamins, à qui je ne le refuse jamais et avec lesquels je suis toujours très patient. Je me rappelle avoir été un de ces gosses, en admiration devant les joueurs de foot. J'ai moi-même conservé ma photo dédicacée de Manuel Santana ! Il me semble donc normal de répondre à mon tour aux sollicitations. Même si, aujourd'hui, je sais pertinemment bien que les gamins qui me demandent un autographe sont généralement dépêchés par leurs parents, trop timides pour me le demander ! Ils me croient sans doute fidèle à ma réputation de *nasty* (« méchant »).

C'est en pleine confiance, après ma victoire à l'Open du Canada, que j'arrivai à Forest Hills en cette année 1972. J'étais tête de série n° 4, derrière Smith, le champion en titre, puis Rosewall et Laver. Pas mal comme trio ! Le tournoi était le premier major où tous les joueurs étaient réunis, sans être en rivalité avec une des organisations dirigeantes du tennis, ou un des circuits. L'ILTF (International Lawn Tennis Federation) dirigeait le sport et organisait le circuit des tournois du Grand Prix, concurrencé par le circuit WCT (World Championship Tennis), également très puissant sous la houlette de son dirigeant, Lamar Hunt, au grand dam de l'ILTF. C'est pourquoi certains des majors avaient souffert, dans le passé, de ne pas avoir la participation des joueurs du circuit WCT (dont je ne faisais pas partie). L'US Open mit heureusement fin à tout ça, les deux groupes rivaux réussissant à établir une sorte de paix. La conséquence immédiate en fut que le tableau n'avait pas été aussi relevé depuis des années.

Je me souviens que j'avais été pressé de battre mon adversaire du premier tour, le Vénézuélien Velasco, 6-0, 6-2, 6-0, pour aller chercher Dominique, en provenance de Bruxelles cet après-midi-là. Mon deuxième tour contre le gaucher britannique Roger Taylor fut beaucoup plus difficile et se décida au jeu décisif du cinquième set. C'était la troisième année que les tie-breaks avaient été instaurés. À Forest Hills, ils se jouaient en neuf points avec, si nécessaire, à quatre partout, un système de *sudden death* (« mort subite »), où le point suivant était décisif. Ce qui voulait dire que, en plus des mauvais rebonds qui étaient la norme, le match entier pouvait devenir une loterie. Je gagnai ce jeu décisif 5-1, mais l'avais échappé belle quand Taylor, que j'avais mené par deux manches à zéro, avait égalisé à deux manches partout.

Après cette frayeur, mon parcours jusqu'à la finale de l'US Open fut beaucoup plus facile. Je battis successivement le gaucher français Patrice Dominguez, le Sud-Africain et spécialiste de double Bob Hewitt, puis Fred Stolle qui, auparavant, avait éliminé Newcombe de ma moitié du tableau. Enfin, je m'étais imposé à nouveau face à Tom Gorman, contre qui je gagnais d'habitude. Je me sentais en bonne forme et, grâce à la présence de Dominique, j'étais heureux et détendu.

En finale, j'étais opposé au vainqueur de 1968, Arthur Ashe, joueur puissant et fin. Comme d'habitude, la veille d'une grande finale, je commandai en *room service,* regardai un peu la télé puis me couchai. J'évitai surtout de parler du match. Maintenant que je pouvais me faire plaisir et porter un ensemble neuf à chaque match, je me contentai de laver mes chaussettes, tradition oblige ! Comme l'obligation de ne porter que du blanc venait d'être abolie à Forest Hills, je choisis une chemise bleu pâle Fred Perry assortie à un short blanc. J'adorais avoir ce luxe : plus de lavage quotidien de chemise ! Jusqu'à la fin de ma carrière, je portai les ensembles neufs pour mes matchs de simple, et les autres pour les doubles ou l'entraînement Plus tard, lorsque je signai avec Adidas en 1975, j'eus, dans ma maison en France, d'énormes boîtes en carton pleines de vêtements : une boîte pour les chemises, une pour les shorts, une pour les chaussures, et ainsi de suite. Je crois bien à avoir été le premier à procéder ainsi. Les sponsors n'y trouvaient rien à redire, puisqu'ils me savaient toujours bien habillé et moi, ça me changeait des ensembles dépareillés de mes débuts.

Le matin de la finale, j'étais nerveux mais essayai de ne pas le montrer à Dominique, qui tentait elle-même de me dissimuler à quel point elle était tendue. Je doute qu'on ait mangé grand-chose au petit-déjeuner. Je n'étais pas certain de gagner, mais je savais que j'en étais capable. Les courts favorisaient mon jeu, cependant, car ils étaient mous et mes amortis rebondissaient à peine. C'était comme s'ils atterrissaient dans de l'eau, dira Ashe après le match. Je me disais que ça ne suffisait pas d'arriver en finale. Je savais parfaitement que le match allait être difficile parce qu'il se déroulait sur gazon, une surface qui réussissait bien à Ashe. Sur terre battue, cela aurait été du gâteau ! Mais j'étais rapide et je me rappelle avoir rattrapé des balles incroyables.

Je me souviens d'un point en particulier. À Forest Hills, le court central faisait partie de trois courts alignés les uns à côté des autres. Celui sur lequel se disputait la finale était celui du milieu où l'on pouvait courir très loin de chaque côté. Arthur, au filet, joua une volée croisée sur mon revers, mais si loin que je dus courir jusque sur le court voisin pour la renvoyer. Je me précipitai jusqu'aux lignes de double de ce court-là, la balle fit le tour du poteau du filet (ce qui est permis) et atterrit enfin dans le coin. Si j'y parvins, c'est que, d'instinct, j'avais deviné qu'Ashe allait me l'envoyer là, et avais démarré avant presque qu'il ne frappe la balle. Ce point fantastique m'est resté en mémoire pour le plaisir qu'il procura, et au public et à moi.

J'étais très nerveux au début de la finale et perdis la première manche 6-3. Je réussis toutefois à m'emparer du deuxième set, sur le même score, avant de concéder le troisième au tie-break. À plusieurs reprises au cours de ces trois premières manches, je m'étais considéré victime de mauvaises décisions d'arbitrage. Sans parler des faux rebonds ! J'étais donc énervé et râlais auprès des juges de ligne. Je crois même que je fis cingler ma serviette et que je lançai une balle en direction de l'arbitre, histoire de faciliter les choses. Les spectateurs étaient contre moi, sauf ma fiancée et quelques membres racistes du public qui, ne voulant pas voir une victoire du Noir Arthur Ashe, n'arrêtaient pas de huer et de crier. Je n'avais pas fière allure. La situation se dégrada quand Ashe réussit à faire le break dans le quatrième set et mener 4-2. Deux sets à un, avec le break, sur gazon où c'est beaucoup plus difficile à faire : le match lui appartenait presque. Puis, et c'est pour ça que le tennis est un incroyable jeu mental – je dis toujours que c'est comme la boxe sans les coups de poing –, Ashe eut tout à coup l'air vulnérable. Il commit coup sur coup quelques erreurs, et servit moins bien.

J'eus l'impression qu'il se crispait tandis que mon jeu s'améliorait et que je me concentrais davantage. Encouragé par Dominique, qui était assise un bout du court, et piqué d'avoir 15 000 personnes contre moi (parce que, paradoxalement, et de façon perverse, cette situation pouvait parfois marcher en ma faveur), je fis le break à mon tour en jouant plus librement et en alignant plusieurs passings liftés qui filèrent sans qu'il puisse faire quoi que ce soit. Deux jeux plus tard, j'égalisais à deux manches partout.

Mais le match était loin d'être terminé. Ashe fit le break d'entrée au cinquième set. Au lieu de capituler, je pris à mon tour son service. Je me sentais fort, mentalement et physiquement, et continuai à jouer de la même façon risquée. Mais tout me réussissait. Je menai bientôt 4-2 et, conservant mon sang-froid, conclus le set 6-3. Je venais de remporter l'US Open simple messieurs ! Je me rappelle avoir alors bondi comme un fou pendant cinq bonnes minutes tellement j'étais heureux d'avoir gagné. Jamais je n'avais pensé pouvoir triompher dans un si grand tournoi sur gazon où je ne me sentais pas toujours à l'aise. Vaincre contre quelqu'un d'aussi fort qu'Arthur, après une rencontre si serrée, était fantastique. Après ce qui m'était arrivé à Wimbledon, ça me paraissait pourtant juste que je gagne. C'était plutôt ça que je ressentais : cette victoire était une revanche.

Je n'eus malheureusement guère le temps de la célébrer. Il me fallut reprendre la route, d'abord pour Seattle, où je remportai le tournoi, puis vers Los Angeles, pour le Pacific Southwest Tournament, où je fus éliminé au troisième tour. À vrai dire, j'étais soulagé parce que j'avais remporté mes quatre derniers tournois, y compris un tournoi du Grand Chelem ; j'avais joué tous les jours depuis quatre semaines et demie, en simple, en double, parfois même en double mixte. J'étais au-delà de l'épuisement : j'étais vidé. Je rentrai donc à Bruxelles pour quelques jours de repos avant l'événement : la finale de la Coupe Davis contre les USA, cette fois-ci à Bucarest.

En Belgique, je ne touchai pas une seule raquette pendant une semaine, dormant, essayant de me détendre et de ne pas penser à ce qui m'attendait quelques jours plus tard. Mais j'étais encore tendu lorsque j'arrivai à Bucarest le lundi précédant la première rencontre, prévue le vendredi. Immédiatement, Tiriac dit qu'il allait me tuer parce que, d'après lui, j'aurais dû arriver une semaine plus tôt pour m'entraîner. Il me reprocha de ne pas prendre cela au sérieux. Il savait pourtant très bien que je me serais volontiers coupé le bras droit si ça nous avait permis de gagner. À dire le vrai, mes rapports avec Ion s'étaient encore dégradés au cours de l'été. Nous ne jouions plus les doubles ensemble et nous parlions à peine. Alors je me mis à m'entraîner très dur, plusieurs heures par jour et, comme je n'ai pas la peau des mains très épaisse, attrapai une énorme ampoule tout ouverte sur la paume entière. S'il est classique que j'aie des ampoules quand je reprends après quelques jours de repos, celle-là était vraiment grave. Tiriac devint fou de rage, mais, au lieu de m'engueuler de vive voix, le fit par l'intermédiaire des journaux. S'il me l'avait dit en face, j'aurais compris, mais dans ces conditions, cela me fit beaucoup de peine et n'arrangea pas mon état mental.

Pour compléter cette préparation catastrophique, un imbécile de communiste dans notre Fédération avait décidé de tous nous loger à l'hôtel. Il disait que ça favoriserait l'esprit d'équipe et nous protégerait (de quoi ?). Il est vrai que les Américains avaient demandé la protection de la police car la finale ne se déroulait qu'une quinzaine de jours après le massacre des athlètes israéliens aux jeux Olympiques de Munich. Et Harold Solomon, de l'équipe des USA, était juif. Si leur requête était logique, je ne voyais pas en quoi cela nous concernait. En tout cas, notre Fédération en avait fait toute une histoire et nous avait emprisonnés dans un hôtel au nom malheureux, l'hôtel Triomphe. Nous eûmes droit à la protection de la police vingt-quatre heures sur vingt-quatre d'une part, mais également à un garde en permanence à notre étage. Et, pour couronner le tout, ils avaient séquestré ma voiture et m'empêchaient de quitter l'hôtel, sauf pour les entraînements. C'était la première fois qu'on me contrôlait autant et, comme je venais de remporter l'US Open, ça me rendait fou. Ce qui m'énerva le plus fut qu'Ion ne nous avait pas prévenus, craignant sans doute d'être obligé de renoncer à son plan si l'on avait refusé de coopérer. Pour une raison ou pour une autre, il pensait que c'était une bonne idée. Dominique, qui m'avait accompagné à Bucarest avec sa mère et sa sœur, fut forcée de loger à l'hôtel Intercontinental, non loin de moi, là où logeaient justement les Américains ! On ne pouvait communiquer que par téléphone ou se voir le soir brièvement au club. J'avais cependant réussi à la faire entrer clandestinement dans ma chambre d'hôtel, au risque d'une exécution immédiate, pour faire l'amour, tant la frustration et le stress m'avaient rendu dingue.

J'aurais certainement été plus détendu si elle avait pu rester toute la semaine. Ils pensaient sans doute qu'en me gardant tout seul, je serais comme un lion en cage. Ce qui était absurde ! Je sais ce qui me fait du bien et ce que je dois faire pour être au mieux. C'est un peu comme l'idée qui circule chez les boxeurs et autres sportifs qu'il faut rester séparé de sa femme avant un grand combat ou une grande compétition. Ça aussi, c'est ridicule. Personnellement, je n'ai jamais eu de règle en ce qui concerne les rapports sexuels avant un match. J'en avais parfois envie et, quand je remportais le match, je me disais : « C'est merveilleux, il faut que je recommence au prochain. » Mais la fois suivante, je perdais ! Mieux valait qu'on en ait tous les deux envie. De toute façon, ça ne changerait pas grand-chose au résultat.

Le fait d'avoir été emprisonné pendant une semaine ne m'aida certainement pas dans mon premier match contre Smith. Récent vainqueur de l'US Open, j'étais donné gagnant dans mes deux simples ainsi que dans le double. Sans effort, les doigts dans le nez ! Et la coupe Davis, qui avait plus d'importance en Roumanie que n'importe quel tournoi du Grand Chelem, serait à nous. La pression sur moi était donc terrible, au point que je pouvais à peine jouer. J'avais la nausée. Ma performance fut minable au regard de ce qu'elle aurait dû être. Après une première manche serrée, remportée par Smith alors que j'avais servi pour le set à 9-8, je m'effondrai dans les deux suivantes et m'inclinai 11-9, 6-2, 6-3.

Tiriac se surpassa ensuite dans tous les domaines du jeu, y compris celui du stratagème psychologique – ce que les Anglo-

Saxons appellent le *gamesmanship* – et réussit à s'imposer face à Gorman en cinq sets, après avoir été mené deux sets à zéro. Le public était déchaîné, l'ambiance était folle. Nous conservions une chance de gagner, à condition de remporter le double le lendemain. Je continuais à me dire que tout reposait sur mes épaules et me sentais encore plus sous pression après ma défaite de la veille, si tant est qu'il fut possible d'être encore plus tendu que je ne l'étais déjà. Le duo américain Smith et Van Dillen joua avec une confiance insoupçonnée et, le score final de 6-2, 6-0, 6-3 peut l'attester, nous fit vivre un cauchemar, sous les yeux effarés du public, silencieux car en état de choc. S'il est une fois où j'ai voulu disparaître sous terre, je crois bien que c'est ce jour-là !

Le lendemain, ce fut à Ion d'entamer la dernière journée face à Smith. Il aurait fallu un miracle pour nous sauver, mais je savais qu'il ferait tout son possible et utiliserait toutes ses astuces pour gagner. Ne disait-il pas lui-même qu'il était encore « le meilleur joueur au monde à ne pas savoir jouer au tennis ». ? Il fit effectivement ce qu'il put, ralentissant la partie, se plaignant régulièrement auprès des juges de ligne, faisant tout en somme pour casser le rythme de Smith, en vain. Il s'accrocha pendant cinq sets mais fut obligé de rendre les armes. Non seulement les Américains remportaient une fois encore la coupe Davis, mais surtout la Roumanie perdait sa meilleure et dernière occasion de le faire.

Il me restait le dernier match, à jouer contre Gorman. En entrant sur le terrain, je me rappelle avoir été blessé et humilié par le public, qui scandait le nom de Tiriac au lieu du mien. Même si (ou peut-être parce que) le match n'avait aucune incidence sur le résultat final, j'eus à cœur de bien jour et m'imposai face à Tom en quatre sets. Cela ne me consola guère tant j'étais effondré. J'avais l'impression d'avoir trahi le pays entier, et mes compatriotes pensaient comme moi. Pendant les trois jours, les spectateurs avaient été comme ceux d'un match de foot, n'arrivant pas à comprendre pourquoi je ne gagnais pas et comment je pouvais aussi mal jouer. Ils étaient venus me soutenir, ce qui, selon eux, devait suffire à me faire gagner. Il fallait se rendre à l'évidence : mes meilleurs matchs étaient ceux que je disputais en dehors de Roumanie. La pression qui reposait sur mes épaules à domicile était un fardeau trop lourd à porter pour moi.

Après la cérémonie de présentation, nous eûmes droit aux discours, dont la plupart n'avaient aucune signification pour moi. Je me rappelle simplement que le fils de Dwight Davis, le fondateur de la coupe Davis, remercia les bonnes gens de Budapest (!) pour leur hospitalité. Bel exemple de la culture générale des Américains ! Ion prit alors le micro et dit quelque chose de très beau, expliquant que si la Roumanie en était arrivée là aujourd'hui, c'était grâce à moi, non à lui. J'avais marqué tous les points dans tellement de rencontres que les gens devaient s'en rendre compte et me remercier. J'appréciai d'autant plus ces mots que je n'aurais évidemment pas pu les prononcer moi-même.

Cela n'empêcha pas certaines personnes de me crucifier après la finale, m'accusant de ne pas avoir suffisamment fait d'efforts et de ne pas m'être assez engagé. J'en fus très affecté et quittai Bucarest pour l'Open d'Espagne dans un grand état de fatigue, de déprime et de vulnérabilité. Dominique, pendant tout ce temps, ne cessait de me répéter de ne pas me tracasser, de ne pas faire attention à tous ces gens qui m'attaquaient. Ceux qui me connaissaient, ajoutait-elle, avaient bien compris le degré de pression dans lequel je me trouvais. Ils savaient que je m'étais engagé à cent pour cent. Elle avait été choquée de la réaction des Roumains. Il n'y a cependant aucun doute pour moi : perdre cette finale reste et restera l'expérience la plus douloureuse et la plus traumatisante de toute ma carrière, bien au-delà de mes deux défaites en finale de Wimbledon. Remporter la coupe Davis pour mon pays était tellement important pour moi que j'aurais échangé mon titre de l'US Open sans hésitation.

CHAPITRE 6
1972-1973

Henri Cochet, un des Mousquetaires, me tendit le trophée ; à ce moment précis, j'étais vraiment profondément heureux. J'avais rêvé de remporter ce tournoi depuis que j'étais petit.

Après le traumatisme de la coupe Davis, cela me fit du bien de disputer des tournois normaux. Je perdis en demi-finale du tournoi de Barcelone puis m'alignai à Stockholm, Paris et Londres, où je remportai le Dewar Cup en cet automne de 1972. Dewar est une marque écossaise de whisky. J'en profitai donc un soir pour me mettre en kilt et annoncer à l'Écossais John Dewar : « À présent, vous m'appellerez lord Nastase. »

Je retournai ensuite à Barcelone pour les Masters de fin d'année, où je défendis le titre remporté l'année précédente à Paris. Barcelone n'est pas une ville pour les couche-tôt. Rien ne commence avant 22 heures, y compris le tennis, auquel on jouait régulièrement jusqu'au petit matin.

Cette fois, les huit joueurs les mieux classés des vingt-deux tournois du Grand Prix de l'année furent divisés en deux poules de qualification de quatre joueurs, les deux meilleurs de chaque poule étant ensuite qualifiés pour les demi-finales. Après mes bons résultats des semaines précédentes et une semaine de récupération à Bruxelles chez mes futurs beaux-parents, j'avais retrouvé de l'assurance et de l'énergie, ce qui me permit de remporter facilement mes trois matchs de poules contre Tom Gorman, Manuel Orantes et Bob Hewitt, à chaque fois en trois sets. Mon adversaire en demi-finale, Jimmy Connors, ne s'en tira pas mieux, et je me retrouvai en finale contre Gorman (qui s'était qualifié pour l'autre demi-finale après avoir terminé deuxième de notre poule) ou Godzilla lui-même, Stan Smith. Encore ! J'avais évidemment une préférence pour Gorman. Leur match s'étant prolongé tard dans la nuit, je me couchai sans en connaître le résultat, me disant qu'après tout, cela ne ferait aucune différence. Je connaissais si bien leur jeu à tous les deux que j'adapterais le mien en fonction du vainqueur. Sur un plan purement comptable, j'avais cependant remporté neuf de mes dix confrontations de l'année à Gorman alors que j'étais sorti perdant de mes quatre matchs contre Stan.

Je m'endormis rapidement cette nuit-là, ce qui était plutôt surprenant. J'aurais certainement mieux dormi si je n'avais été réveillé au petit matin par Tom en personne, accompagné de Jimmy Connors, qui tambourinait à ma porte. Il y avait avec eux mon copain journaliste Richard Evans, le correspondant de tennis de l'hebdomadaire britannique le *Sunday Times* de longues années durant, qui avait également dirigé les bureaux de l'ATP à Monaco. Tom pensait que j'aimerais savoir qu'il serait mon adversaire pour la finale. Surpris par la nouvelle de sa victoire, et énervé d'avoir été réveillé, je n'avais pas du tout remarqué qu'au moment où je leur claquais la porte au nez, ils se retenaient pour ne pas pouffer de rire. Ce ne fut que tard le lendemain matin que je vis le programme du tournoi affiché dans l'hôtel. Je mis quelques moments à réaliser: Ce n'était pas Tom mon adversaire, mais Godzilla. Ces « salauds » m'avaient joué un sacré tour la nuit d'avant, en l'occurrence Tom, le principal responsable, coutumier de ce genre de blagues, un peu à ma manière. Tom, en fait, avait eu une balle de match contre Smith, mais, blessé au dos, avait très sportivement déclaré forfait. De nos jours, les joueurs ne feraient plus ça. Ils feraient venir l'entraîneur sur le court une quinzaine de fois pour essayer de tenir jusqu'à la fin du match et se qualifier pour la finale, même blessés. Je pense, moi, qu'en cas de blessure, on se doit de déclarer forfait. Gorman avait donc eu raison de renoncer – même si je n'avais pas spécialement apprécié sa mauvaise plaisanterie.

La finale débuta et je menai rapidement par deux sets à zéro, 6-3, 6-2. Mais Smith n'avait aucunement l'intention de perdre si vite, et il s'empara des deux sets suivants sur le même score. Mon futur beau-père s'enfonçait dans son siège et devenait de plus en plus blême au fur et à mesure que le match avançait. Ce fut d'ailleurs la dernière fois qu'il eut le courage de me regarder jouer. Dominique, elle, commençait à s'acclimater au supplice.

J'avais cette habitude de toujours presser la balle dans ma main avant de servir. Ce jour-là, je les trouvais bien molles, même les nouvelles. Ce n'est qu'après quatre sets qu'on découvrit que les ramasseurs de balles s'amusaient à les percer avec des punaises. Il fallut donc attendre la cinquième manche pour avoir des balles correctes que nous envoyâmes voler dans tous les sens tant elles étaient différentes des premières. J'étais bien décidé à ne pas laisser Stan triompher une fois de plus, et je réussis à remporter le dernier set 6-3.

Pour la deuxième année consécutive, j'étais le *master,* le maître. Les bienfaits psychologiques d'avoir remporté ce tournoi – et de l'avoir fait contre Smith en particulier, après tous les revers qu'il m'avait infligés cette année – étaient indiscutables. Même la somme d'environ 10 000 euros qui me revenait n'avait aucune importance. De plus, je me qualifiais en tête du classement Grand Prix pour 1972, grâce aux points accumulés. C'était un doublé inédit qui me valut une prime d'environ 30 000 euros. Je dépassais ainsi le seuil des 150 000 euros de cachets pour l'année. C'était énorme pour moi, compte tenu de ce que je gagnais cinq ans auparavant. J'étais le joueur qui avait gagné le plus d'argent cette année-là. J'avais vécu une saison extraordinaire, pleine d'incroyables hauts et de terribles bas. J'avais disputé 32 tournois, 6 tours de coupe Davis, remporté 12 titres de simple, y compris un titre de grand chelem, et 9 titres de double. Une fois de plus, j'étais complètement épuisé, aussi bien nerveusement que physiquement.

Les classements officiels n'existaient pas encore, mais beaucoup de gens me considéraient comme le numéro 1 mondial. Quant à ceux qui n'étaient pas de cet avis, ils reconnaissaient qu'on pouvait difficilement m'ignorer, pour le meilleur ou pour le pire, et s'accordaient à dire que j'avais contribué à la popularité grandissante du tennis à travers le monde. Ce n'était plus le passe-temps aristocratique de gentlemen. C'était à présent un sport mondial, qui devait pour partie au Roumain cinglé que j'étais son évolution spectaculaire.

J'avais beau gagner beaucoup d'argent, surtout pour un joueur de tennis, je n'étais pas pour autant un chasseur de dollars. D'ailleurs, je pensais depuis longtemps que l'argent récompensait toujours celui qui se distinguait dans son domaine. C'est ainsi qu'après avoir remporté les Internationaux d'Italie en 1970, j'avais vu apparaître les contrats ; pas faramineux certes, mais plus élevés que tout ce que j'avais eu jusqu'alors. L'un des premiers que je signai fut avec les chaussures Nike en 1969 pour la somme de 5 000 dollars tout compris. Je portais également des vêtements Fred Perry à l'époque et jouais avec mes bien chères raquettes Dunlop Maxply. Avant la fin de 1972, cependant, Sergio Tacchini était devenu mon sponsor de vêtements pour la somme de 5 000 dollars par an, ce qui ne représentait toujours pas grand-chose compte tenu du profil qui était le mien.

L'argent, même si j'avais encore tout à fait conscience de sa valeur, signifiait néanmoins que, depuis 1972, je ne regardais plus automatiquement le prix de tout ce que j'achetais. Dès que je rentrais à Bucarest, j'étais gêné de montrer que j'en avais plus que ceux que je côtoyais. Je me sentais comme un gosse qui a plein de jouets mais qui n'ose les montrer de peur que les autres ne les veuillent, alors qu'ils n'en ont pas les moyens. Cette situation me rendait mal à l'aise. Mes parents le comprenaient. Mon père et mes sœurs travaillaient encore (ils étaient tous employés de la banque BNR). Ils ne voulaient pas vivre à mes dépens, même si cela ne me dérangeait évidemment pas de les aider financièrement dès que j'en avais l'occasion. Ma mère, cependant, insistait pour s'occuper toute seule de la maison que je venais d'acheter, refusant toutes mes demandes pressantes de se faire aider. C'était la preuve que mes rapports avec eux n'avaient pas changé. J'étais resté une personne normale dans ma personnalité et dans mon comportement envers ceux qui n'avaient pas d'argent. Je continuais et continue à traiter tout le monde de la même façon.

La maison était l'un des deux grands luxes que je m'étais offerts cette année-là. Le premier était une fantastique petite voiture de sport, une Lancia Delta (pour remplacer la minable Ford Capri), que j'étais allé chercher moi-même à Maranello, en Italie, là où est installé Ferrari. Elle était jaune vif avec un capot bleu nuit et mon nom inscrit sur les deux côtés. J'adorais cette voiture. Elle décollait comme une fusée quand j'appuyais sur l'accélérateur et, puisqu'il n'y avait pas beaucoup de voitures à Bucarest à cette époque-là, ni de limitations de vitesse, je m'amusais beaucoup à la conduire en ville.

L'achat d'une maison n'était vraiment pas du luxe. C'était plutôt une nécessité. Jusqu'à l'été précédent, j'habitais encore mon petit appartement prêté par l'armée. Quand je me fiançai, il fallut pourtant bien que je trouve un endroit plus adapté à une vie de couple. Je dus, au préalable, obtenir une dispense spéciale du gouvernement roumain afin de pouvoir acheter une propriété car, sous le régime communiste, il était interdit d'être propriétaire. Comme j'avais demandé à un de mes amis d'effectuer des recherches initiales en mon nom, il m'emmena voir une maison qu'il avait déjà repérée.

— Tu la trouves bien ?

— Bien sûr que je la trouve bien !

Par rapport à mon appartement, elle avait l'air fantastique.

— C'est bon, ajouta-t-il, parce qu'on va visiter celle d'en face. Elle est encore mieux.

Je croyais qu'il me faisait une blague parce qu'elle était encore plus grande que la première. Ça me semblait trop beau pour être vrai.

— Tu la veux ? me demanda-t-il

— Oui, mais t'es sûr que je peux ?

— Évidemment que je suis sûr.

— OK, dans ce cas-là, je signe tout de suite.

Et c'est comme ça, avec ma façon typiquement impétueuse de faire les choses, que j'ai acheté la maison dans laquelle j'habite encore, plus de trente ans plus tard. Ce que je ne savais pas à l'époque, c'est que Ion l'avait également visitée mais avait commis l'erreur de ne pas se décider immédiatement. Il ne fut donc pas content de découvrir que j'étais venu en coup de vent et la lui avais piquée en plein sous les moustaches.

Il habite aujourd'hui dans une énorme maison qu'il loue au gouvernement et qui appartenait autrefois au Premier ministre. Elle est tellement immense que chaque fois que j'y vais, je ne peux m'empêcher de remarquer : « Mmm, quels beaux bureaux ! » Et lui répond toujours que c'est bien la dernière fois qu'il m'invite. Il prévient toujours ses hommes de la sécurité : « Surtout ne lui donnez rien à boire, c'est compris ? Il s'assoit là et c'est tout. »

Ma maison était parfaite. Mes parents avaient même un petit appartement en rez-de-jardin, tandis que moi, j'occupais les étages. Je n'avais rien à changer. Ce qui fait qu'à mon arrivée en décembre avec Dominique, tout de suite après notre mariage, j'ai pu accueillir ma nouvelle épouse comme elle le méritait.

Dès les Masters de Barcelone terminés, nous avions regagné Bruxelles afin de nous préparer pour la première des cérémonies de mariage, qui devait avoir lieu cinq jours plus tard. Tout comme pour l'achat de ma propriété, mon gouvernement avait dû me donner une dispense spéciale afin que je puisse me marier avec une personne occidentale, ce qui était interdit aux Roumains. À peine l'eûmes-nous reçue que Dominique et surtout sa mère passèrent à la vitesse supérieure durant l'automne. Je dois dire que je n'avais aucune idée de ce qui avait été organisé. Elles m'avaient très sagement exclu de toute décision. Je savais seulement qu'il y aurait deux cérémonies. La première, la civile, aurait lieu devant M. le maire, à Bruxelles, le 7 décembre. La deuxième, une semaine plus tard, serait la cérémonie religieuse et se déroulerait là où la famille avait sa résidence secondaire au sud de Paris.

Dominique avait prévu que je me fasse faire un costume sur mesure à Bruxelles pour le mariage civil, et j'avais acheté un costume en velours noir de chez Louis Féraud. Quant à Dominique, qui avait choisi pour le mariage civil un très bel ensemble de couleur vert émeraude, elle était rayonnante de bonheur et de beauté. Après le mariage à la mairie, tous les convives se retrouvèrent chez les Grazia, où eut lieu un déjeuner pour environ 150 personnes. Je me rappelle que la salle à manger familiale était si grande que nous avions réussi à asseoir tous les invités autour de l'immense table en forme de U. Deux de mes sœurs, Ana et Gigi, assistèrent aux deux mariages mais, pour diverses raisons, y compris les problèmes cardiaques dont souffrait de plus en plus mon père, mes parents, mon frère et mon autre sœur ne purent être présents. Ion avait été invité mais ne vint pas et, comme nos rapports n'étaient pas des meilleurs, je ne voulus pas en demander la raison. Alors mon témoin fut le joueur français Pierre Barthes, qui était un ami proche et dont la femme canadienne, Caroline, s'entendait très bien avec Dominique.

Après le mariage civil, tout le monde plia bagage en direction de la France pour le mariage religieux, qui devait aussi être une affaire importante. Ce que je n'avais pas réalisé avant de me fiancer avec Dominique, c'était à quel point sa famille était riche. En plus de leur grande maison de Bruxelles, ils possédaient entre Fontainebleau et Sens, à une centaine de kilomètres de Paris, un somptueux château datant de l'époque de Louis XIV, et situé dans un immense parc. On y accédait par une longue avenue de platanes qui débouchait sur des douves que l'on traversait par un pont-levis. La famille était également propriétaire de la moitié des terres du village avoisinant, Bazoches-sur-le-Betz. C'était beaucoup de terrain, surtout si près de Paris. Pourtant, ce que j'appréciais chez les Grazia, c'est qu'ils en parlaient très peu. D'ailleurs, Dominique n'avait jamais rien mentionné. D'où ma surprise, c'est le moins qu'on puisse dire, la première fois que je vis le château à l'automne. L'église du village où nous nous sommes mariés était minuscule (elle ne pouvait contenir qu'une centaine de personnes) et ravissante. Comme elle était tout à côté de la propriété, le jour du mariage, nous nous y rendîmes à pied.

La semaine fut consacrée à répéter la cérémonie. J'ai horreur de ce genre de choses, mais j'étais très nerveux à l'idée d'oublier ce qu'il fallait dire ou de me tromper sur quelque chose. Il fallut également composer le très compliqué plan de table pour la centaine d'invités, dont la plupart n'avaient pas assisté au mariage civil. J'avais convié quelques amis roumains et quelques joueurs de tennis, mais la vaste majorité des invités venaient du côté Grazia.

La veille du mariage, Mme Grazia insista pour que Dominique et moi fassions chambre à part. Elle m'installa donc dans l'aile opposée du château. J'aurais dû traverser la cour principale si la tentation m'était venue de rejoindre ma future femme pendant la nuit. Je trouvai ça plutôt ridicule, étant donné qu'on vivait déjà comme mari et femme depuis six mois. Certaines personnes superstitieuses affirment que cela porte malheur aux futurs époux de partager le même lit la veille d'un mariage. À dire vrai, cela ne nous a pas servi à grand-chose, n'est-ce pas ?

Le jour même du mariage était ensoleillé, mais il faisait un froid glacial. Nous arrivâmes tous les deux à l'église nerveux et grelottant de froid. La presse écrite et les caméras de télévision étaient au rendez-vous, ainsi qu'une foule de gens qui nous attendait sur le parvis de l'église. Nous figurâmes dans les pages de *Paris Match,* entre autres, ainsi qu'au journal télévisé de la BBC. Dominique portait une robe incroyable qu'elle avait fait faire à Bruxelles, recouverte d'une petite veste en hermine qui avait appartenu à sa mère. Elle était ravissante. Le déjeuner, très différent de celui de Bruxelles, eut bien évidemment lieu au château. Les tables étaient disposées dans les différentes salles, y compris la grande entrée seigneuriale, le salon, la salle de billard et la salle de chasse ornée de trophées sur ses murs. Contrairement à moi, les Grazia aimaient beaucoup la chasse. Parmi les cinq plats du déjeuner nous furent servis des fruits de mer, des fromages de la région et, bien sûr, des bons vins de Bourgogne. En début de soirée, Dominique et moi pûmes enfin partir pour notre nuit de noces dans un hôtel rue des Beaux-Arts, au Quartier latin. C'était un hôtel très romantique et chargé d'histoire puisqu'Oscar Wilde y avait passé ses derniers jours.

Le lendemain fut malheureusement beaucoup moins romantique. L'avion pour Bucarest fut détourné vers Sofia en Bulgarie, pour cause de brouillard. Il nous fallut alors traverser les deux pays en train. À la mi-décembre, en Europe de l'Est, attendre un train sur le quai d'une gare n'a jamais été une bonne idée ! Nous étions littéralement frigorifiés. Il devait faire moins dix degrés, au minimum, et le train mit des heures à arriver à Bucarest. Quand nous pénétrâmes enfin dans la gare, nous avions faim et froid et étions exténués. Un gigantesque groupe d'amis et de membres de ma famille venus nous attendre à la gare nous réchauffa heureusement vite le cœur et le corps.

J'emmenai alors Dominique à ma nouvelle maison, où elle rencontra ma famille, certains pour la première fois. Elle avait certes fait la connaissance de mes parents pendant la terrible finale de la coupe Davis en octobre, mais très brièvement. Elle avait, pour l'occasion, fait un gros effort pour apprendre le roumain afin de pouvoir communiquer avec eux, car ils ne parlaient aucune autre langue à part un peu de russe. Nous passâmes ainsi les fêtes de Noël chez moi, mais également quelques jours dans un petit chalet dans les montagnes de Transylvanie, tous les deux seuls. Elle adora découvrir le pays, faire des promenades dans la neige, voir la tombe de Dracula (le prétendu Dracula) et s'arrêter pour manger dans des petits restaurants où, dès que nous arrivions, on nous jouait la sérénade avec de la musique folklorique. Tout était fabuleux.

Après une quinzaine de jours, nous partîmes pour notre vrai voyage de noces à Acapulco, au Mexique. Nous passâmes deux semaines dans un hôtel fantastique où l'on fit le plein de soleil et de chaleur, passant la plupart du temps à bronzer autour de la piscine. Il y avait quelques courts de tennis à l'hôtel, mais je touchai à peine une raquette, sauf pour échanger quelques balles avec un vieil Américain.

Au début de la saison de 1973, j'étais détendu, calme et prêt à jouer. Mon premier tournoi avait lieu à Omaha, dans le Nebraska, où, mi-janvier oblige, il faisait moins 25, et neigeait. Tous les joueurs arrivaient blancs comme des cachets d'aspirine tandis que j'étais plein d'énergie et d'enthousiasme, avec ma couleur chocolat, et les taquinais : « Il va falloir bronzer, les mecs, si vous voulez que je joue avec vous. » Je remportai le simple, sans m'être entraîné et sans avoir joué depuis quasiment six semaines. Deux semaines plus tard, je remis ça, cette fois à

Calgary. Peut-être que je devrais me marier tous les ans, ai-je pensé. Cela dit, je me sentais plus tranquille, j'avais quelqu'un avec qui dîner tous les soirs, quelqu'un qui me tenait compagnie, surtout après une défaite ou la veille d'un match important. Je n'avais connu cela qu'avec Ion.

Après l'hiver aux USA, le circuit revint en Europe pour les tournois sur terre battue du printemps. C'est une période que j'ai toujours adorée. L'amour dut me galvaniser, car je réussis un fabuleux parcours de victoires en remportant, du 2 avril jusqu'au 23 juin 1973, sept des huit tournois disputés, dont un autre tournoi du Grand Chelem, les Internationaux de France. Je ne ratai, en finale, que le British Hard Court Championships à Bournemouth, sur la côte Sud de l'Angleterre Pour la troisième année consécutive, je gagnai Monte-Carlo face à un Björn Borg de 16 ans. Je commençais à bien connaître la princesse Grace, qui remettait toujours les trophées. Je triomphai également à Barcelone, Madrid et Florence.

J'étais donc, logiquement, le grand favori des Internationaux de France, fin mai, à Paris. Newcombe avait l'habitude de dire à propos de Roland-Garros : « Ce qu'il y a de mieux avec le *French,* c'est que ce putain de tournoi soit si dur à gagner. » Il est vrai qu'avec ses deux semaines de longs matchs sur terre battue, il fait le tri entre ceux qui sont en bonne condition physique et ceux qui ne le sont pas. Et, cette année-là, j'étais vraiment en forme ! Je balayai facilement tous mes adversaires en trois sets. Le seul qui faillit m'en prendre un fut Roger Taylor, qui eut une balle de set contre moi, en quarts de finale, avant que je le renvoie aux vestiaires 6-0, 6-2, 7-6. En demi-finale, je fus opposé à mon vieux copain Tom Gorman, que j'expédiai, le pauvre, 6-3, 6-4, 6-1. J'étais tellement confiant que tous mes coups réussissaient, mêmes les plus risqués. Il était rare que cela arrive à ce point et si longtemps. Je n'allais pas m'en plaindre puisque je venais de me qualifier pour ma deuxième finale de Roland-Garros. Cette fois, après 1971, je sentais que je ne pouvais pas repartir sans gagner, d'autant que, récent vainqueur de l'US Open, j'étais très confiant. Et, quand j'étais dans cet état, j'avais l'impression que je pouvais faire n'importe quoi. Je ne sentais même pas la pression d'être tête de série n° 1. Au contraire, ça ajoutait au sentiment que j'étais l'homme du moment. J'étais imbattable, la chance était avec moi et tout était possible.

Je progressai, en parallèle, dans le tableau des doubles messieurs avec Jimmy Connors, qui n'avait à l'époque que 21 ans. Mon manager, Bill Riordan, avait suggéré que je fasse équipe avec Jimmy pendant les tournois du circuit Riordan que j'avais disputés au cours de l'hiver. Aussi, même si je jouais encore un peu avec Tiriac ainsi que d'autres encore, j'estimais que je devais bien à Bill d'accepter. Bien m'en prit : Jimmy et moi allâmes jusqu'en finale face aux têtes de série n° 1, Newcombe et Okker.

Le tournoi fut sévèrement perturbé par la pluie cette année-là. Notre finale de double, initialement prévue la veille de la finale du simple messieurs, s'en trouva déplacée après la finale dames entre Margaret Court et une petite nouvelle de 18 ans, Chris Evert, qui disputait son tout premier Roland-Garros. Nous attendions donc qu'elles terminent leur long match de trois sets, lorsque les dirigeants du tournoi nous annoncèrent qu'on jouerait sur le court 5. Ce fut alors la bousculade. Le court était si petit que nous ne pouvions guère lober. Il y avait même des gens accrochés dans les arbres ! Après presque trois heures, Margaret Court remporta son match sur le central. On voulut alors nous y rapatrier, mais c'était trop tard car nous étions en plein milieu de notre match, que nous finîmes d'ailleurs par perdre de justesse après cinq sets très serrés. On me traita de fou de faire tant d'efforts en double alors que je devais disputer la finale du simple le lendemain. Je suis comme ça ! Une fois que je suis sur le court, je joue à fond et je veux gagner. Peu importe que ce soit le simple, le double ou le double mixte.

Le jour où aurait dû avoir lieu la finale déjà reportée du simple messieurs, il pleuvait. Tout comme à Wimbledon l'année précédente. Si j'avais été tout seul, j'aurais été dévoré par le stress, mais cette fois-ci, j'avais Dominique pour me changer les idées, plus sa sœur et sa mère, venues toutes les deux de Bruxelles pour m'apporter leur soutien.

J'avais de la chance aussi parce que mon ami Pierre Barthes avait accès à Paris à un court couvert en terre battue où nous allions tous les jours nous entraîner une heure ou deux. Si l'on ajoute à cela ma finale du double, je bénéficiais donc d'une bonne préparation qui me permit d'être mentalement prêt pour le match.

Mon adversaire, Nikki Pilic, qui n'était pas tête de série, m'avait plutôt bien réussi jusque-là. Il était cependant en forme et, puisque c'était la finale, capable de tout. Je n'ai jamais été comme ces joueurs tel un Connors qui disaient : « Je vais remporter la finale demain. Celui-là, je vais le tuer. » J'étais plus mesuré dans mes propos. « Je vais faire de mon mieux et je verrai », préférais-je répéter. Tout le monde pensant que j'allais gagner, compte tenu de mes excellents résultats du moment, et cela ajoutait à la pression. Il y avait bien quelques petites choses dans le jeu de Pilic qui me convenaient : un grand coup droit, un grand service et un revers fragile. De plus, j'avais joué contre lui tellement souvent au fil des années, aussi bien en simple qu'en double, que je connaissais plus ou moins par cœur ce qu'il fallait faire, sans avoir besoin de recourir aux analyses vidéo dont raffolent aujourd'hui certains joueurs.

La finale ne put se dérouler que le mardi, pour la seule et unique fois de l'histoire du tournoi. Je commençais du reste à prendre l'habitude des finales historiquement retardées. Le matin, je me forçai à manger un peu de fruits, avec du thé et un croissant que je ne terminai même pas, avant de partir de bonne heure pour Roland-Garros. Nous étions au Sofitel Saint-Jacques, à Montparnasse, qui était l'hôtel attitré des joueurs quoique assez loin du stade. Comme j'étais nerveux, je voulais arriver au plus tôt. Je me souviens que j'étais assis à l'arrière de la voiture officielle et ne comprenais pas pourquoi tout le monde roulait si lentement. Ce n'était bien sûr pas le cas. On était à Paris, après tout, où tout le monde conduit comme des fous. J'avais, en fait, tellement hâte d'arriver que je ne supportais aucun retard. Je tournai en rond dans le restaurant des joueurs, en sirotant des Orangina et en croquant des comprimés de Dextrose pour conserver mon énergie. J'en avalais beaucoup au cours de ce genre de journée où je n'arrivais pas à manger. Puis, environ une demi-heure avant le début du match, j'allai m'échauffer sur un des courts annexes avant de regagner les vestiaires pour changer ma chemise et attendre.

À l'époque, les vestiaires à Roland-Garros se trouvaient immédiatement à droite de l'entrée principale, dans l'enceinte du court central. Les vestiaires hommes étaient d'un côté du long couloir, les vestiaires femmes, de l'autre. Ils sont maintenant au sous-sol et d'un luxe inouï, un mélange de parquets et de casiers en bois foncé reluisant qui forme un beau contraste avec les fauteuils en cuir vert clair de la partie détente. Jusqu'aux lumières qui s'allument automatiquement dès que l'on approche. C'est un mélange typiquement français d'ancien et de contemporain, très classe. À côté de la vaste partie principale où se trouvent les casiers, il y a une vingtaine de douches, puis une salle de massage avec une demi-douzaine de tables où les joueurs peuvent se faire manipuler par une armée de masseurs qui les suivent toute l'année sur le circuit. Dans cette pièce se tient également un énorme congélateur rempli de tous ces sachets de glace utilisés par les joueurs sur diverses parties de leur anatomie.

En 1973, les vestiaires ne contenaient encore que quelques bancs à côté des casiers et quelques tables dans une salle de massage où deux gars s'affairaient à soigner tout le monde. Et il n'y avait surtout pas de congélateur. On faisait sans arrêt la queue pour un massage, pour les toilettes et pour une des demi-douzaines de douches à notre disposition. C'était particulièrement le cas au début du tournoi quand les vestiaires grouillaient de monde. Aujourd'hui, malgré leur taille, ils pullulent encore, mais c'est à cause de l'entourage des joueurs. Nous, on se trouvait un banc ou on se perchait sur une table de massage, s'il y en avait une de libre, en attendant d'entrer sur le court. On n'arrivait souvent qu'une heure avant le match, on allait s'échauffer une dizaine de minutes, on se faisait masser rapidement, et puis c'était l'heure d'y aller.

En plus, à cette époque, on jouait le simple, le double et le double mixte, ce qui fait qu'on passait plus de temps sur un court qu'à attendre. Paris était réputé pour être le tournoi du Grand Chelem où l'on mangeait le mieux, juste devant Rome. Ce qui contribuait à rendre plaisante l'attente.

À l'heure pour Pilic et moi d'entrer sur le court, je me rappelle que j'étais très nerveux en descendant les marches qui menaient du vestiaire au court central, J'ai un souvenir très précis de ces marches, car le bois bien ciré et reluisant crissait sous nos semelles de caoutchouc. Être nerveux pour jouer est le signe qu'on n'a pas envie que le match s'éternise. Le soleil était enfin au rendez-vous, après dix jours pluvieux, mais le vent tourbillonnait autour du court. Je débutai mal, jouant petit bras, et perdis les trois premiers jeux. Dans les gradins pleins à craquer, le public commençait à anticiper une finale passionnante. Est-ce que le grand favori serait battu par l'inattendu finaliste ? Malheureusement pour les spectateurs, ils n'eurent pas ce qu'ils espéraient car, après ma nervosité initiale, je réussis quelques passings gagnants, montai au filet et commençai à jouer de manière plus agressive. J'égalisai à 3-3, faisant même cadeau d'un point à Nikki après une erreur d'un juge de ligne, histoire de prouver que mes disputes avec les arbitres n'avaient pas pour objet de voler des points à mes adversaires mais bien de contester la justesse d'un jugement. Je remportai facilement la première manche 6-3 en trente-trois minutes.

Au début du deuxième set, Pilic fit le break d'entrée. Peut-être était-il en train de réagir ? Malheureusement pour lui, je refis le break et, en peu de temps, menai 5-1 avant qu'il ne parvienne à reprendre deux jeux. Je bouclai tout de même la manche 6-3 en trente-cinq minutes à l'aide d'un jeu de services blancs. Le troisième set fut encore pire pour Pilic. Je distillai un mélange d'amortis, de lobs, de passings croisés ou décroisés – mon revers et mes jambes marchant particulièrement bien ce jour-là. Pilic, en fait, n'eut aucune balle de jeu dans tout le set. Vingt minutes plus tard, je gagnai l'édition 1973 de Roland-Garros sans perdre un set, un exploit qui, je l'appris plus tard, n'avait jamais été accompli. J'étais incroyablement fier mais, contrairement à ma victoire à Forest Hills l'année précédente, je ne sautai pas de joie. Je serrai simplement la main de Nikki et lui donnai une petite tape dans le dos. J'étais satisfait de ma victoire mais presque gêné par le score de 6-3, 6-3, 6-0. Je crois que ça avait été une des finales les plus inégales de tous les temps – certainement depuis bien des années. Il n'y avait pratiquement pas eu de match. Cela avait été trop facile. Les tournois du Grand Chelem, et Roland-Garros en particulier, doivent se gagnent avec de la sueur, si ce n'est du sang et des larmes, ce qui ne fut en rien le cas.

Après le match, ce fut Henri Cochet, un des Mousquetaires, qui me tendit le trophée. J'étais, à ce moment précis, profondément heureux. C'est le tournoi que j'avais toujours voulu remporter. Quand on grandit sur terre battue, le tournoi dont on entend le plus parler, ce n'est pas Wimbledon, c'est Roland-Garros et, à un moindre degré, l'Open d'Italie. Ne jamais le gagner aurait été un énorme regret pour moi et le sentiment d'avoir échoué dans ma carrière.

Aujourd'hui, à peine la cérémonie de la remise des trophées terminée, le vainqueur serait obligé d'aller donner des conférences de presse et des interviews pour les télévisions. De mon temps, les journalistes nous suivaient simplement jusque dans les vestiaires et nous parlaient pendant que nous nous douchions et nous changions. C'était beaucoup plus relax.

Dieu merci, il n'y avait pas non plus les discours sur le court que les joueurs sont maintenant obligés de faire et que je trouve en général affreusement gênants à écouter. Une des rares exceptions cependant fut celui de Justine Henin qui, lors de sa victoire à Roland-Garros en 2003, fit un discours très émouvant où elle évoquait sa mère décédée qui la regardait du haut de sa place au ciel. À part celui-là, ils sont en général atroces. Les joueurs doivent d'abord remercier les sponsors. On sait qui sont les sponsors, ils sont affichés tout autour du court ! À un moment, à l'US Open, les hommes devaient remercier Heineken, ce qui est stupide quand on sait que la plupart des joueurs n'en boivent évidemment pas. Les femmes, quant à elles, devaient remercier Tampax. Non, je ne rigole pas, c'est vrai !

Le vainqueur doit ensuite sortir quelque chose d'idiot, du genre : « Il faut que je félicite mon adversaire qui a très bien joué. » Comme si l'adversaire pouvait le croire, lui qui devrait déjà être aux vestiaires ! Quand on perd, on ne veut pas s'embêter à attendre son tour pour faire un discours qui sonne faux. Qu'a-t-on à dire ? « Putain, vous voyez que j'ai perdu, je ne suis pas content. Au revoir et merci. » C'est devenu complètement ridicule. On devrait simplement offrir du champagne au vainqueur, comme en Formule 1, laisser partir le perdant et oublier tous ces discours absurdes.

Après m'être rhabillé, je rejoignis Dominique et sa famille qui m'attendaient au restaurant des joueurs, où j'arrosai ma victoire avec une bière bien méritée, ma première depuis bien longtemps, et – je m'en souviens même aujourd'hui – un énorme sandwich jambon/fromage. J'avais une faim de loup pour n'avoir quasiment rien mangé de la journée. Je dus ensuite rendre le trophée, car ils ne donnent qu'un double en miniature. Tout le monde venait me féliciter, y compris un jeune Roumain nommé Günther Bosch qui entraînait des juniors à l'époque mais qui un jour découvrirait le jeune Boris Becker. Peu de temps après, les Grazia rentrèrent à Bruxelles tandis que Dominique et moi revînment à l'hôtel pour faire nos bagages et dîner tranquillement avant de nous coucher de bonne heure. Le lendemain matin, nous partions pour Rome à 7 heures. Exceptionnellement, cette année-là, l'Open d'Italie se disputait après Roland-Garros et non pas, comme d'habitude, la semaine qui précédait. Comme la finale à Paris avait été reportée, le tournoi à Rome avait déjà débuté depuis deux jours. Les célébrations pouvaient attendre.

À Rome, je jouai mon premier match peu de temps après mon arrivée. Encore dans un état d'euphorie, et je balayai très rapidement les adversaires de mes quatre premiers matchs, ne cédant que onze jeux au total, quart de finale contre Kodes compris. Je fus ensuite opposé à l'Italien Paolo Bertolucci en demi-finale. S'il avait un merveilleux toucher de balle, sa passion pour les pâtes, alliée à sa morphologie naturellement trapue, l'empêchait de tirer le meilleur de son jeu. Néanmoins, il jouait devant son public qui voulait le voir battre le grand favori. L'ambiance était d'autant plus surexcitée qu'il y avait un match de foot contre le

Brésil au Stadio Olimpico, à côté, d'où des milliers de *tifosi* déchaînés avaient convergé, parvenant même à entrer sans billet. La police était partout. Le public était fou de rage contre moi parce que je disputais certaines décisions d'arbitrage que j'estimais nettement en faveur de Bertolucci. C'est pourquoi, lorsque la nuit nous contraignit à regagner les vestiaires, à deux sets partout, j'eus droit à une pluie de pièces de monnaie et de cannettes de Coca, jusqu'à une bouteille. J'empochai calmement cette dernière pour montrer à l'ILTF ce qui s'était passé. La situation était totalement hors de contrôle, au point que la police dut intervenir sur le court. Je n'avais eu, quant à moi, aucun problème avec Bertolucci, bien sûr. Au moment où nous regagnions les vestiaires, un gars, qui se disait le père d'un des ramasseurs de balles, m'attaqua – je ne sais pas pourquoi –, et l'on dut physiquement l'arracher de moi. Le lendemain matin, les choses s'étaient fort heureusement calmées, et j'écrasai le pauvre Bertolucci 6-0 devant un maximum de trois spectateurs.

Une heure plus tard, j'étais de retour sur le central, cette fois-ci pour la finale contre Orantes. Elle fut incroyable, bouclée en soixante-cinq minutes pile. Je lui laissai un jeu dans chaque set ! Ce fut la finale la plus facile de tous les tournois importants que j'ai joués dans ma carrière. J'étais vraiment gêné pour lui parce que Manuel était un bon joueur sur terre battue. Je crois qu'il était trop nerveux, alors que moi, je m'étais échauffé le matin même contre Bertolucci. Sans doute est-ce pour ça que je n'en fis qu'une bouchée. Je pense aussi qu'après Roland-Garros, je me sentais invincible, en tout cas sur terre battue.

Ma victoire méritait qu'on la fête : remporter le doublé des Internationaux d'Italie et de France en deux semaines consécutives, ça n'était pas courant. C'est un vrai exploit d'endurance physique que peu de joueurs ont réussi, en ne concédant surtout que deux sets. Nous sortîmes avec Nicola Pietrangeli chez Mimmo, dans le restaurant que j'affectionnais tant. Il faisait tellement chaud et nous étions tellement nombreux dans notre groupe que Mimmo installa une énorme table le long du trottoir, où nous passâmes la soirée entière à manger, à faire beaucoup de bruit et à nous éclater.

Nous filâmes ensuite en Angleterre disputer le tournoi qui précède Wimbledon, au Queen's Club à l'ouest de Londres. Ce n'est qu'une fois là-bas que je me rendis compte de l'étendue de la dispute commencée à Rome et à présent sur le point d'exploser. Elle concernait Nikki Pilic et sa querelle avec sa Fédération. Il leur avait dit ne pas être disponible pour une rencontre de coupe Davis au début de l'année, au lieu de quoi il était allé disputer un tournoi, empochant des milliers de dollars par la même occasion. Les Yougoslaves voulaient le suspendre pour avoir désobéi. Je pensais qu'il avait eu tort car, pour nous qui étions des pays de l'Est, il était important de jouer la coupe Davis en échange de la liberté que nous avions de voyager où nous voulions et de gagner autant d'argent. La seule chose que l'on attendait de nous, et que je faisais volontiers, était de répondre présent à toutes les rencontres de coupe Davis et de les jouer gratuitement. Mon désaccord avec Pilic avait fait que je n'avais guère prêté attention à la dispute, dont l'origine montait en fait à Paris.

Le problème était que, l'automne d'avant, les joueurs de tennis avaient formé un syndicat, l'ATP (Association du tennis professionnel), qui était censé défendre leurs intérêts, principalement contre l'organisation dirigeante du sport, l'ILTF, qui depuis des années commandait les joueurs selon ses propres besoins. Pilic avait été suspendu pour un mois par l'ILTF peu avant Roland-Garros, mais il avait fait appel et cela lui avait permis de disputer ce tournoi ainsi que celui de Rome. C'était une affaire-clé, surtout parce que l'ATP trouvait que les joueurs européens, et en particulier ceux de derrière le rideau de fer, avaient trop longtemps été à la merci de leurs fédérations nationales.

Comme par une ironie du sort, je venais tout juste d'adhérer à l'ATP et de payer les 500 dollars de cotisation. Lorsqu'au Queen's Club, les représentants du syndicat demandèrent à leurs membres de faire la grève et de boycotter Wimbledon la semaine suivante, ils s'attendaient donc à ce que je les suive. Le directeur exécutif de l'ATP, Jack Kramer, qui était un ancien champion américain et surtout un ancien vainqueur de Wimbledon, fut immédiatement condamné par la presse britannique, qui le trouvait en grande partie responsable de la situation, et dut démissionner de son poste de commentateur à la BBC. La majorité des joueurs, cependant, soutint l'appel à la grève de l'ATP. Ils commencèrent alors à me harceler et à faire pression sur moi pour que je les imite.

Cela n'aidait pas que je sois devenu d'un seul coup le grand favori de l'épreuve. Si j'avais été un joueur quelconque, je crois vraiment que personne ne se serait soucié de savoir si j'allais jouer. Mais là, ça les tracassait vraiment. Certains faisaient semblant de ne pas me voir quand ils passaient à côté de moi au club. On me suggéra même de simuler une blessure de dernière minute, ou de perdre exprès au premier tour. J'eus droit à des menaces nuit et jour pendant toute la semaine du Queen's Club. J'avais beaucoup de mal à dormir. J'étais donc dans l'expectative, d'autant qu'entre-temps, ma Fédération m'avait appelé pour m'ordonner de jouer.

Une chose cependant était claire pour moi, c'est que je voulais remporter Wimbledon. En revanche, quand je pris la décision de jouer, ce n'était pas pour gagner, tellement j'étais épuisé. Cela faisait neuf semaines que je jouais sans arrêt, et j'avais vraiment besoin de faire une pause. Mais il était hors de question pour ma Fédération que je ne joue pas. À la différence des joueurs de l'Occident qui n'ont pas ce problème, je savais que si je désobéissais à leurs ordres, les sanctions seraient féroces. Je n'avais pas envie de vivre ça. D'abord parce que mes parents et ma famille étaient encore en Roumanie, et puis parce que je voulais pouvoir garder mon passeport, aller et venir librement, et disputer la coupe Davis. J'avais trop de choses à perdre en participant au boycottage, ce que les autres joueurs n'avaient pas l'air de comprendre.

Ce fut une période de stress énorme. Les journaux étaient obsédés de savoir ce que Roger Taylor (l'autre joueur à haut profil de l'ATP, qui finit d'ailleurs par jouer) et moi allions faire. Avec Dominique, nous faisions la une des journaux. C'était du reste comique que mon adversaire en finale au Queen's Club fût Taylor. Je devais être très tendu car, pendant la finale, je me bloquai complètement le dos en tombant. Je crois que les spectateurs pensèrent alors que, allongé comme je l'étais et incapable de bouger, je jouais la comédie pour les faire rigoler. Un monsieur plutôt âgé finit toutefois par descendre des gradins et me massa le bas du dos pour le débloquer. Je souffrais d'un spasme musculaire qui, tout au long de la semaine suivante – jusqu'à ma défaite contre Sandy Mayer en plein milieu de Wimbledon – continua à me causer des problèmes.

Tout de suite après la finale de Queen's, et deux jours avant le début de Wimbledon, je fus convoqué devant le comité disciplinaire de l'ATP, présidé par Stan Smith en personne ! Ils voulaient que je justifie ma décision de disputer les Championships, comme les Britanniques appellent leur tournoi. C'était comme une audience de tribunal. On me fit connaître mes droits, c'est-à-dire le droit à un avocat, le soutien de témoins, et la possibilité de faire appel de leur décision. Ils firent tout pour m'humilier. J'eus beau leur expliquer que, la veille, on m'avait fait passer un message, cette fois du président Ceausescu lui-même (qui ne m'avait jamais téléphoné personnellement jusqu'alors et ne le refit jamais), dans lequel il m'ordonnait de jouer et que je n'avais par conséquent pas le choix, rien n'y fit. Ils m'infligèrent une amende de 5 000 dollars et me qualifièrent de traître. Des semaines durant, je fus ignoré par certains joueurs convaincus que j'aurais dû faire face à mon gouvernement. Je n'ai pas changé d'avis depuis. Si ces gens avaient le luxe et la liberté de choisir si oui ou non ils prenaient position contre une cause, moi, je ne l'avais pas.

Celui qui me blessa le plus fut Ion. Il tournait autour des vestiaires, même le premier jour du tournoi de Wimbledon, en essayant de joindre notre Fédération par téléphone pour que je leur dise que j'avais décidé de ne pas jouer. Il me mit une pression incroyable, affirmant que lui ne jouant pas, je pouvais donc en faire autant. Sa situation était cependant très différente de la mienne : d'abord parce qu'il n'avait pas mon profil en Roumanie, était en fin de carrière, avait très peu de famille et, surtout, n'avait pas de femme à l'Ouest. Il pouvait ainsi se permettre de prendre un risque qui m'était interdit. Mon refus de l'écouter s'avéra fatal à notre amitié. À partir de ce moment, nous ne nous adressâmes plus un seul mot pendant au moins un an et demi. Il confesse encore aujourd'hui qu'il avait voulu me tuer à cause de ce que j'avais fait à Wimbledon.

Le premier lundi des Championships arriva enfin et, comme j'étais le finaliste de l'année précédente, il me revint de débuter le tournoi à 14 heures pile. C'est une des nombreuses traditions de ce tournoi (la championne en titre faisant de même le mardi, jour où débute officiellement le tournoi féminin). C'est un grand honneur que d'entrer sur le court le premier jour, de se tourner pour saluer la famille royale et, en quelque sorte, de déclarer les jeux ouverts. Stan Smith faisant grève, cet honneur m'incomba. C'était évidemment une situation douce-amère pour moi, surtout après avoir été si près de la victoire l'année précédente. Aussi étais-je très nerveux avant d'entrer sur le central.

Le public, cependant, fut fantastique, et me fit une *standing ovation* qui me toucha beaucoup et qui explique que j'adore revenir à Wimbledon. Je m'y sens très aimé, même si j'ai fait des choses pas très bien dans le passé. Je crois qu'ils ont toujours eu un petit faible pour moi, non seulement parce que je les faisais rire et faisais des choses insensées, mais aussi parce que je jouais du bon tennis. J'y ai quand même remporté le double messieurs et le double mixte. Cette année-là, 1973, fut aussi celle où les lycéennes anglaises et les jeunes femmes commencèrent à me suivre en grand nombre, hurlant mon nom, descendant sur le court pour essayer de m'embrasser et me poursuivant partout pour obtenir un autographe. Cela me permit de réaliser que j'étais populaire. Sans compter que cela ne me déplaisait pas d'être assiégé par les filles et d'entendre crier mon nom à tue-tête. Quel homme pourrait affirmer le contraire, soyons francs (il n'y a qu'à écouter les paroles de Daniel Balavoine dans *Le Chanteur*) ? Après avoir passé des années sans un regard ou presque, cela me faisait très plaisir d'être désiré par tant de femmes, même si la plupart étaient trop jeunes pour moi.

J'étais très déçu, en revanche, que l'All England Club ne m'ait pas remercié une seule fois d'avoir sauvé leur tournoi, alors qu'ils voulaient désespérément que je joue. Cela reste un des pires souvenirs de ma carrière. Sans compter que Wimbledon ne se proposa nullement de payer l'amende de l'ATP, d'un montant pourtant supérieur à mes gains dans le tournoi. Ce n'était évidemment pas une question d'argent : j'avais de quoi payer, même si 5 000 dollars de l'époque représentaient beaucoup d'argent. J'aurais apprécié un geste de leur part.

Lorsque j'entrai sur le court n° 2 pour affronter en huitièmes de finale le champion interuniversitaire américain Sandy Mayer, j'étais en mauvais état aussi bien physique que mental. Ce court, que les médias britanniques surnomment « le cimetière des champions », ne plaît pas aux joueurs car il est bruyant et a connu beaucoup de mémorables contre-performances au fil des années. La mienne en fut une de plus. J'étais sans énergie ce jour-là, je n'arrivais pas à me réveiller. Je n'étais ni nerveux ni capable de m'énerver, ce qui est une catastrophe pour moi. Tout fut bouclé en quatre sets. Je me souviens que certaines de ces filles qui m'avaient poursuivi toute la semaine en criant – j'étais leur idole n° 1, avec Borg – avaient éclaté en sanglots et étaient accourues sur le court pour me serrer dans leur bras. Je leur donnai une petite tape sur la tête pour les consoler mais, à vrai dire, j'étais résigné et même pas en colère. J'étais complètement vidé. Mon parcours de 52 victoires d'affilée avait pris fin de la façon la plus traumatisante et la plus publique possible. Toutefois, bizarrement, j'étais soulagé d'être éliminé.

Quatre heures plus tard, Jimmy Connors et moi étions de retour sur le même court pour disputer un double. Nous parvînmes même à remporter le titre cette année-là. Une sorte de consolation, je suppose. À ce stade de la quinzaine, le programme du tournoi était à nouveau en retard – comme souvent à Wimbledon –, et je fus obligé de déclarer forfait dans le double mixte où Rosie Casals et moi étions qualifiés pour les quarts de finale. Mais j'avais un engagement de longue date à honorer : aller à l'ouverture du nouveau club de tennis de mon ami Pierre Barthes, au Cap-d'Agde. Non seulement il avait été témoin à mon mariage six mois auparavant, mais il était aussi resté à Roland-Garros exprès pour m'entraîner avant ma finale. J'estimais alors devoir tenir ma promesse. Je proposai donc à

Wimbledon d'essayer de faire un aller-retour rapide en France et de revenir disputer mon double mixte, mais il n'y avait pas assez de temps.

L'édition 1973 de Wimbledon fut le tournoi le plus fort en émotions auquel j'aie jamais participé. Elle s'est mal terminée pour moi, mais je suis convaincu que c'était la bonne décision de jouer, non seulement pour des raisons personnelles mais aussi pour le public qui m'a tant soutenu pendant toute cette période. J'espérais que l'All England Club apprécierait ce que j'avais fait, même s'il ne l'a jamais montré. Peut-être me le fera-t-il savoir un jour.

Quelque temps plus tard, au mois d'août, fut publié le premier classement officiel de l'ATP dans lequel, ironie suprême, j'étais le premier numéro 1. Sur le coup, je ne me félicitai pas, ni ne pensai : « Eh bien ! j'ai tellement ramé pour l'obtenir, je le mérite vraiment. » Certains me complimentèrent mais je n'en fis pas toute une histoire. Je réussis pourtant l'exploit de maintenir ma place de n° 1 pendant quarante semaines consécutives ! C'est une longue période par rapport à aujourd'hui, où, avant la domination de Federer, le classement changeait parfois d'une semaine à l'autre. Cela met la pression, surtout quand on a comme but de devenir numéro 1. C'était d'autant moins mon cas que les classements officiels n'existaient pas quand j'étais plus jeune. Il fallut que j'atteigne le sommet pour que tout le monde veuille me battre. Garder la première place renforçait cette pression. Ainsi, chaque défaite me faisait craindre de redescendre à la 2e, 3e ou 100e place. Comme je restai numéro 1 pendant quarante semaines d'affilée, je ne commençai à m'en inquiéter qu'en 1974 ou 1975.

S'il est dur d'arriver à être le numéro 2, c'est évidemment encore plus dur d'arriver à être le numéro 1 et, qui plus est, de le rester. Je ne peux pas expliquer ce qui m'a fait gravir la première marche. C'est arrivé, tout simplement. C'est un peu comme la différence qu'il y a entre remporter un titre du Grand Chelem et en être finaliste. Je ne suis pas convaincu qu'il y en ait une grande. Il s'agit souvent plus d'un peu de chance. Ainsi de ma finale de Wimbledon contre Smith. J'aurais facilement pu la remporter, tout ne s'étant joué que sur un ou deux points. J'aurais pourtant été le même joueur quel qu'en soit le résultat. C'est pourquoi je n'étais pas d'accord quand on disait à l'époque que Kim Clijsters ou Amélie Mauresmo ne devaient pas être numéro 1 parce qu'elles n'avaient pas encore remporté de tournoi du Grand Chelem (ce qu'elles firent par la suite). Elles méritaient d'être numéro 1 si elles avaient des résultats réguliers, comme en Formule 1. Cela devrait suffire.

Devenir numéro 1 ne me fit en tout cas pas changer de comportement envers les autres joueurs, quel que fut leur classement. Des Laver, Emerson, Santana, les meilleurs joueurs de ma jeunesse, ceux qui avaient le plus de classe, parlaient à tout le monde. Ne sont généralement arrogants que ceux qui n'atteignent jamais le sommet.

Être le meilleur attire bien sûr toujours beaucoup de monde autour de soi. Tout le monde veut être soudain ami du numéro 1 et être vu en sa compagnie. C'est une réaction normale qui ne me dérangeait pas. Certains essayèrent même d'abuser de moi, surtout en affaires. Dominique s'efforçait bien de les éloigner de moi, mais ils profitaient de son absence pour revenir me voir. Je m'en fichais totalement. Je me contentais de jouer au tennis, ayant à l'époque comme agent Mark McCormack, avec son International Management Group (IMG), qui s'occupait de tout le côté financier et commercial. J'essayais au maximum de ne pas me mêler de tout ça et de ne pas faire attention à ce qui se passait autour de moi.

Ce que je voulais par-dessus tout, c'était jouer au tennis, que ça continue à me faire plaisir, tout autant qu'au public, et me permette de remporter des matchs. Ce n'était pas évident parce que ça finissait par me mettre la pression. Mais, pour moi, la partie plaisir était presque plus importante que la partie classement. Il m'arrivait de perdre des matchs où je m'étais quand même régalé : pas des matchs importants, bien sûr, mais des matchs au cours desquels j'avais joué des coups qui m'avaient apporté beaucoup de plaisir, des coups risqués répétés à l'entraînement et tentés sur le court. Non pas que j'aimais perdre : je détestais perdre, et tous ceux qui prétendent le contraire sont des menteurs. Mais si je m'étais fait plaisir ainsi qu'au public, c'était mieux que rien. Je peux affirmer avec certitude que ni Borg ni McEnroe n'ont jamais eu cette attitude.

Il y a deux genres de défaites à mon avis. Celles où l'on n'est pas censé perdre contre un joueur que l'on a l'habitude de battre, et celles où l'on joue contre un rival dans un grand tournoi que l'un ou l'autre peut gagner. Ma contre-performance lors de l'US Open de 1973 faisait partie de la première catégorie. J'ai perdu contre le Rhodésien Andrew Pattison au premier tour, ce qui n'était pas une bonne façon de défendre mon titre. Bien que Pattison soit un joueur convenable, le genre de professionnel qui bosse fort mais ne fera jamais d'étincelles, je n'étais pas effondré parce que je savais que c'était exceptionnel. Opposé à lui dix fois, je m'imposerais huit fois. Les défaites les plus dures à digérer, en revanche, étaient celles contre un type comme Smith, qui, une année, me battit quatre fois. Celles-là me faisaient beaucoup plus mal. Que je sois déçu d'avoir perdu contre Pattison ne m'empêcha pas de dormir cette nuit-là, au contraire des défaites contre Smith. Dans ces situations-là, seul le temps pouvait améliorer mon état d'esprit. Je mis ainsi quelques semaines à me remettre de ma finale de Wimbledon en 1972.

Cet automne-là, en récompense pour ce que nous avions fait pour le tennis dans notre pays, Tiriac et moi fûmes décorés par Ceausescu de l'ordre le plus haut du pays : le Meritul Muncii clasa I, qui est décerné pour le travail méritoire. Son principal avantage était de nous dispenser d'impôts. Il me fallut revêtir mon uniforme militaire pour la cérémonie. Après que Ceausescu eut fait son discours, il vint me trouver et me dit : « Mon garçon, tu es un peu trop exubérant sur le court, parfois je te vois en train de jurer en roumain. » Je lui répondis, un peu à la légère, que je n'y pouvais rien, que j'avais le tempérament roumain, ce qu'il n'apprécia pas du tout. Le Premier ministre, qui tournait autour de nous, me fit comprendre que je n'aurais pas dû répondre de cette manière, que j'aurais dû être d'accord et ensuite m'excuser. Il me fit alors un geste nerveux, du genre « Va-t'en, laisse tomber. » Je partis la queue entre les jambes me mêler aux autres invités. J'étais très choqué, cependant, par la réaction du Premier ministre, mais je venais de découvrir que c'était apparemment un crime de répondre à Ceausescu.

Ma maison était sur écoute, et la police secrète gardait un dossier sur moi. Je me faisais suivre régulièrement par les agents secrets, qui faisaient semblant d'être de sympathiques Roumains expatriés et qui essayaient de se lier d'amitié avec moi à l'étranger. De même, à Bucarest, pendant les années où j'avais ma Ford Capri, je me faisais suivre sans arrêt par la police secrète parce que c'était une voiture étrangère (c'est-à-dire occidentale) à une époque où elles étaient incroyablement rares, et qui, de surcroît, avait encore les plaques d'immatriculation britanniques que je n'avais pas fait changer. Je circulais donc et remarquais qu'une autre voiture me suivait, jusqu'à ce que les agents me reconnaissent ou me voient en descendre. Rien n'échappait à leur attention.

Je savais qu'il y avait des écoutes chez moi et qui en était responsable. Mais c'était normal pour la Roumanie de l'époque. Aussi, quand les journalistes me posaient des questions sur le régime politique de mon pays, ne disais-je jamais quoi que ce soit. Ils me poussaient à exprimer une opinion, quand je ne pouvais que donner une réponse diplomatique. J'étais naturellement conscient que les choses allaient de plus en plus mal. Je ne pouvais toutefois pas prendre le risque de critiquer le gouvernement. Alors je disais juste : « Oh ! je suis un simple tennisman, je ne veux pas me mêler de tout ça. » De temps en temps, les journalistes me faisaient dire des choses que je n'avais pas dites, ce qui hérissait aussitôt les autorités roumaines. Ils n'étaient pas contents, mais ne se plaignaient jamais directement à moi de peur que je quitte le pays définitivement. J'évitais donc la politique et, en contrepartie, le gouvernement ne mettait pas de pression sur moi. C'était un statu quo qui arrangeait tout le monde.

Avant la fin de la saison du Grand Prix, je décrochai deux autres titres : le prestigieux Conde de Godó, sur terre battue, au Real Club de tenis, à Barcelone, puis l'Open Jean-Becker au stade Coubertin de Paris. J'arrivai ainsi à Boston pour les

Masters de fin d'année en première place du classement du Grand Prix, ce qui me valut une prime de 55 000 dollars. La semaine débuta pourtant mal : je perdis mon premier match en poule face à Gorman, le gars contre qui, d'habitude, je ne perdais jamais. Cette défaite dut me choquer car, après ça, je m'imposai facilement face à Kodes et Newcombe puis, en demi-finale – le jour de mon premier anniversaire de mariage – contre mon partenaire de double, Jimmy Connors. Je remportai dans la foulée ma finale contre Tom Okker en trois sets. Je venais de réussir le doublé pour la deuxième année consécutive : j'étais en tête du classement du Grand Prix de 1973 et je remportais les Masters. Malgré mon Wimbledon traumatisant et mon étrange Forest Hills, j'avais tout de même vécu une année fantastique, gagnant mon deuxième tournoi du Grand Chelem, et 16 des 32 tournois que j'avais disputés en simple ainsi que 13 en double. J'étais numéro 1 tout en ayant continué à m'amuser. C'est, je crois, ce qui me faisait le plus plaisir.

CHAPITRE 7
1974-1975

J'avais eu besoin d'un grand rush d'adrénaline, d'une grande frayeur, pour que mon jeu se libère. Après, je me rappelle avoir dit à la presse : « C'est bien la seconde fois que je me suis concentré en vingt-neuf ans. »

Après plusieurs années au cours desquelles il me faisait régulièrement des propositions, Lamar Hunt, avec son World Championship Tennis, réussit enfin à me convaincre de jouer son circuit d'hiver en 1974, plutôt que celui de Bill Riordan. Ce qui me persuada en fait ne fut pas tellement l'argent, même si la somme proposée s'élevait à plus de 100 000 dollars, mais plutôt le niveau élevé de l'opposition. Tous les meilleurs joueurs en étaient, de Newcombe et Smith à Kodes et Borg, lequel, âgé de seulement 17 ans, remporta deux titres sur le circuit WCT cet hiver-là, tout comme moi, qui gagnai à Richmond en Virginie et à Washington DC. Je parvins également à me qualifier pour le tournoi de fin de saison à Dallas, l'équivalent pour le WCT des Masters de décembre. Tout compte fait, j'eus le sentiment d'avoir plutôt réussi ma saison WCT avant de revenir en Europe pour le printemps et l'été.

En l'espace de quelques semaines, Borg progressa tellement qu'il se retrouva face à moi en finale des Internationaux d'Italie. J'étais le champion en titre, lui, le nouveau venu. Quand il me battit en trois petits sets, le monde se réveilla pour de bon. Nous qui l'affrontions depuis plus de un an ne fûmes pas surpris. Douze mois plus tôt, il était déjà très fort lors de notre finale à Monte-Carlo. Il avait ce lift incroyable et une attitude sur le court qui était complètement impénétrable. J'avais l'habitude d'appeler Björn « le Martien » tant il était impossible à ceux qui se trouvaient dans les vestiaires de savoir s'il avait gagné ou perdu son match quand il revenait du court. Il entrait, se déshabillait, pliait minutieusement ses célèbres petits ensembles Fila bien près du corps, et partait tranquillement se doucher, avec sa démarche chaloupée qui ressemblait à celle d'un canard. Il paraissait sans émotion, contrairement à moi qui, en cas de défaite, déchirais presque mes vêtements, partais en furie vers les douches en laissant un foutoir de vêtements et de raquettes derrière moi, et parlais avec, pour ne pas dire hurlais après toute personne qui avait le malheur de se trouver à portée de voix.

Quinze jours après Rome, Björn, qui venait d'avoir 18 ans le 6 juin, fit le même doublé que moi en ajoutant Roland-Garros à son palmarès. Orantes, son adversaire à Paris, menait par deux sets à zéro dans la finale, et jouait incroyablement bien. Je me rappelle que c'est sur ce score que je partis, croyant le match plié. C'était sans compter sur le Martien, qui se réveilla et écrasa Orantes dans les trois derniers sets 6-0, 6-1, 6-1. Extraordinaire !

Connors ayant attiré l'attention de Sergio Tacchini pendant l'Open d'Italie, le président de Tacchini, Sergio Palmieri, sachant que je parlais italien et portais sa marque, me demanda de l'approcher pour lui proposer de signer un contrat. Comme Jimmy ne se laissait pas amadouer facilement, il lui fut demandé de fixer lui-même son prix. Nous allâmes ensuite dîner tous les deux au Cavalieri Hilton, où beaucoup de joueurs aiment loger, car c'est un hôtel très luxueux qui a un merveilleux restaurant avec vue sur Rome. Je commençai à lui expliquer le contenu du contrat, mais il s'inquiétait parce qu'il ne savait combien demander, en l'absence de son manager, Bill Riordan. « Écoute, lui expliquai-je, j'étais numéro 1 l'an dernier et on me payait 5 000 dollars. » Alors Jimmy me dit : « Ce sera 25 000. » Je croyais qu'il rigolait, mais il était tout à fait sérieux.

Je contactai alors Palmieri et Tacchini qui, ensemble, me répondirent : « Pas de problème ! »

« Espèce de salaud, dis-je à Palmieri, tu ne me donnes que 5 000 dollars ! » Le lendemain, j'informai Jimmy que c'était bon. « D'accord, me répondit-il, mais je les veux en espèces. » Palmieri consulta donc Tacchini et revint le lendemain avec une énorme valise pleine à craquer de lires italiennes. Jimmy sauta au plafond. « Mais merde ! Dis-lui que je les veux en dollars. »

Palmieri lui donna alors ses dollars et moi, je restai avec mes 5 000. Ils avaient eu raison, puisqu'en l'espace de trois mois, Jimmy avala Ken Rosewall dans deux finales, d'abord Wimbledon et ensuite l'US Open. C'était donc une bonne affaire.

J'atteignis les quarts de finale à Roland-Garros en 1974, où le tout petit Américain Harold Solomon, dont c'était la surface préférée, me battit en cinq sets. Je n'étais pas trop déçu car je savais que c'est toujours très difficile de défendre son titre et très rare de le remporter deux années de suite. Borg le fit, bien sûr, sur terre battue et sur gazon, mais il n'est pas de cette planète.

Pour noyer ma déception, Dominique, sa mère, qui était venue assister au tournoi, et moi, allâmes au cinéma voir *Les Valseuses,* qui venait de sortir et qui connaissait un énorme succès. À l'époque, c'était un film plutôt scandaleux. Je me souviens ainsi n'avoir jamais été autant gêné de ma vie dans un cinéma que de savoir ma belle-mère assise à côté de moi. Cela eut quand même l'effet désiré puisque j'en oubliai ma défaite face à Solomon.

Nous allâmes également chez Castel pendant la quinzaine (sans ma belle-mère, il faut le préciser), où je rencontrai Mick Jagger pour la première fois. Nous nous mîmes à parler de tennis, qu'il suivait pas mal, et surtout de cricket dont il était passionné. Après une bonne demi-heure de conversation sur le cricket, durant laquelle je fis semblant de savoir de quoi il retournait, il éclata soudainement de rire : « Espèce de connard, me dit-il, tu n'y connais rien au cricket, n'est-ce pas ? ! » Ce qui était vrai, même si, tous les ans, Ion et moi, on jouait un match de cricket pendant Wimbledon. Cela avait toujours lieu le dimanche au milieu de la quinzaine, car la tradition oblige qu'il n'y ait pas de matchs ce jour-là. Bob Howe, un ancien joueur de tennis qui travaillait à présent pour Dunlop, nous emmenait tous en car quelque part en dehors de Londres. Tous les Australiens étaient au rendez-vous, Newcombe, Roche, entre autres, ainsi que le Sud-Africain Bob Hewitt et quelques joueurs britanniques. C'était un vrai match, contre une autre équipe. On nous prêtait l'équipement, les battes, les protections pour les jambes et les mains (pas de casques à l'époque). Quant à la box, la coquille que portent tous les joueurs de cricket pour éviter de se prendre une balle entre les jambes, je ne me rappelle pas si on en avait ! En tout cas, je ne connaissais pas grand-chose aux règles, mais je savais au moins que, quand je frappais dans la balle avec ma batte, il fallait que je coure. J'avais très envie d'apprendre le bon mouvement pour exécuter le lancer de balle, le *bowling,* comme disent les Anglais. Je crois du reste que je me débrouillais plutôt pas mal du tout, comme j'en fis la démonstration à Mick chez Castel. Une fois, Bob Hewitt nous avait montré comment tenir la balle de cricket, qui est très dure et que l'on doit manipuler d'une façon très particulière. Tiriac s'en était alors emparé et l'avait lancée comme s'il jetait une simple balle de tennis, droit vers la tête, manquant de décapiter deux gars. Je subodore qu'il le savait parfaitement mais qu'il fit l'innocent.

Mon Wimbledon de 1974 ne se passa pas mieux que mon Roland-Garros. Je perdis contre Dick Stockton, un Américain qui cognait fort dans la balle. C'était en huitièmes de finale, et le match avait été interrompu plusieurs fois par la pluie. La seule chose dont les gens se souviennent, c'est le coup du parapluie que j'empruntai à une spectatrice. Il ne s'agissait nullement de déconcentrer Stockton, comme l'ont pensé certaines personnes. En fait, on se rapprochait d'un moment crucial du match : j'étais mené deux sets à un, et nous atteignions le stade le plus important de cette quatrième manche où aucun de nous n'avait fait le break. Comme il s'était mis à pleuvoir très légèrement, ce qui rendait le gazon glissant donc impraticable, j'étais d'avis de stopper provisoirement la partie. Pour dissiper la tension que je ressentais, je pensai alors qu'il serait amusant de jouer un point ou deux avec un parapluie à la main. C'était un geste complètement spontané et un exemple typique de ma façon de penser. Je perdis certes le match mais fis plaisir à beaucoup de gens qui, trente ans plus tard, n'ont pas oublié. Et j'en suis très fier, aussi fier en fait que de certaines de mes victoires. Cela signifie que j'ai laissé des souvenirs aux gens autres que purement tennistiques ou conflictuels. J'ai su aussi les amuser. Je ressentais, en effet, de la passion sur le court, mais je ne savais jamais de quelle façon elle allait se manifester. La plupart du temps, c'était par le désir de divertir le public, de lui donner des sensations fortes, de lui parler. J'essayais ces coups complètement fous, une fois, deux fois, trois fois même, jusqu'à ce que je les réussisse. C'est comme ça que j'adorais jouer. Le public ne savait jamais ce que j'allais faire, parce qu'il n'y avait jamais de compromis avec moi. Je jouais comme je le sentais et non pas comme les autres me le conseillaient. Mais il fallait toujours que je montre mes émotions sur le terrain.

J'avoue que mes farces étaient souvent une façon de me débarrasser de mon trac. Ça ne voulait pas dire que je ne faisais aucun effort et qu'il m'était égal de perdre ou de gagner. Je crois que beaucoup de gens ne se rendaient pas compte de cela. Ma façon ludique de me comporter sur un court me calmait et, avec un peu de chance, ne trahissait pas mon état nerveux. Il faut savoir qu'un joueur en train de gagner – et en particulier quand il est sur le point de remporter la partie – peut souffrir de trac. Peu de joueurs osent l'avouer mais c'est la vérité. On peut presque avoir trop peur de gagner. Le public s'en rend compte quand on fait une double faute sur une balle de match. Tous les joueurs deviennent alors nerveux, même l'homme de glace, Borg, ou Connors, dont on disait qu'il avait un sacré cran. La différence de ces deux-là est qu'ils ne le montraient pas. C'est pour cela que rigoler un peu m'aidait à diminuer la pression. Ce n'était en rien pour détruire la concentration de l'autre. J'avais besoin de me défouler, c'est tout.

Pendant l'été, Dominique découvrit qu'elle était enceinte. On avait prévu d'avoir des enfants mais on nous avait conseillé, quand elle avait arrêté de prendre la pilule au début de l'année, d'utiliser des préservatifs pendant quelques mois, le temps que son corps se réadapte. Cela ne posait aucun problème, sauf, peut-être, celui d'en acheter dans les pharmacies américaines pendant les tournois WCT. Je ne voulais pas courir le risque d'être reconnu par les clients – j'étais bien trop pudique à l'époque concernant ce genre de choses. Alors je me rappelle que j'envoyais Dominique à ma place qui, à chaque fois, se mettait à acheter le contenu entier du magasin, la pauvre, avant d'avoir le courage de demander ce dont elle avait vraiment besoin.

Quoi qu'il en soit, au début août, elle était convaincue d'être enceinte. On était à Bucarest, où je jouais la coupe Davis contre la France (nous avons gagné 3-2). Nous avions invité à dîner une partie de la délégation française, notamment Philippe Chatrier, alors président de la Fédération française de tennis (il n'était pas encore devenu président de la Fédération internationale), mon copain Pierre Barthes et son coéquipier Patrice Dominguez. Nous étions en train de déguster du caviar – qui n'est pas cher en Roumanie – lorsque Dominique, qui d'habitude le mangeait à la louche, arrosé d'un filet de jus de citron, tant elle adore ça, devint verte rien que de le voir. Elle avait vraiment la nausée. Comme cela faisait plusieurs jours qu'elle avait mal au cœur, elle pensa qu'elle était sans doute enceinte. C'est ainsi que nous allâmes voir un vieux gynécologue qui, après l'avoir examinée, nous annonça que non seulement elle n'était pas enceinte mais qu'en plus, elle avait les trompes bouchées et ne risquait pas de le devenir. Nous étions complètement effondrés et sous le choc. Elle rentra immédiatement à Bruxelles, en larmes, se précipita chez son gynécologue, qui lui confirma sur-le-champ qu'elle était en parfaite santé et enceinte de deux mois. Ce fut une nouvelle fantastique. À partir de ce jour-là, hormis le fait qu'elle vomît tous les jours les deux mois qui suivirent, elle afficha une pleine forme pendant le reste de sa grossesse, continuant de m'accompagner dans mes déplacements jusqu'à la fin de l'année.

À la fin du mois d'août, juste avant l'édition 1974 de Forest Hills, la Roumanie rencontra l'Italie en finale de la zone européenne de coupe Davis. Cette finale se déroulait à Mestre, une ville à côté de Venise, où il faisait extrêmement chaud et humide. Tiriac, qui n'avait pas participé à la coupe Davis en 1973, avait décidé de tenter l'expérience une dernière fois en 1974 – il était alors âgé de 35 ans –, parce qu'il pensait que le tableau nous était plutôt favorable. On était encore en plein dans notre période de non-communication. C'est ainsi qu'il disputa non seulement la rencontre contre la France (où il ne joua que le double), mais aussi toute la rencontre contre l'Italie (où il joua deux simples et le double) sans m'adresser une seule fois la parole. À tel point que nos matchs de double dans ces rencontres sont restés célèbres, puisque, pendant la durée entière des matchs, nous réussîmes à ne jamais nous parler ni nous regarder. On parlait à notre capitaine, bien sûr, mais pas à l'autre. Ce fut sans doute un élément déterminant de notre défaite face à l'Italie.

La brouille entre Tiriac et moi fascinait non seulement les joueurs mais aussi les journalistes. Ils n'arrivaient pas à comprendre comment on pouvait aller d'une relation où l'on partageait tout et faisait tout ensemble à l'extrémité inverse, où l'on ne se parlait même plus. Ils étaient tous convaincus, à tort, qu'on avait dû en venir aux mains un jour ou avoir une terrible querelle. Mais comme ils voulaient une histoire juteuse, ils en rajoutaient là où il n'y avait pas lieu, du moins en ce qui me concernait. Je crois que le problème venait plutôt de Tiriac, qui par la suite avoua qu'il aurait dû se montrer plus compréhensif envers moi. « Soit tu acceptes Nastase comme il est, soit tu le tues », a-t-il maintenant l'habitude de dire. Mais c'était drôle dans les vestiaires, parce que les gens allaient le voir pour lui demander : « Il est où, Nastase ? » Et lui répondait : « Nastase ? Connais pas. »

Ils venaient ensuite me voir pour me raconter ce qu'il leur avait dit, et je répondais : « Dites à Tiriac que, chaque fois que la balle est trop loin ou trop haute pour lui et qu'il crie "À toi !", Nastase, c'est le gars qui est obligé de courir. En fait, Nastase, c'est le gars qui a toujours couru pour lui. »

Il était donc nécessaire, après l'intensité du rapport qu'on avait eu, que l'on ne se parle plus. Parfois, afin de mettre de la distance entre deux personnes, il faut faire du mal à ceux dont on a été très proche. On finit alors par le faire violemment, non qu'on le veuille, mais parce que c'est la seule façon de rompre avec eux. C'est la même chose dans un mariage, quand un couple se sépare. Après, quelques années plus tard, on peut être amis de nouveau. C'est en tout cas ce qui s'est passé entre Ion et moi puisque, petit à petit, vers la fin des années 70, on s'est remis à parler. Pas à propos du passé : la page était tournée ! Mais nous avons recommencé à jouer le double en coupe Davis et nous sommes revus un peu en dehors. Il n'a cependant remis les pieds chez moi, à Bucarest, que quelques années plus tard. Cela tenait aussi au fait que je lui avais piqué la maison sous le nez. Aujourd'hui, nous sommes à nouveau de bons amis, son fils est le parrain de ma petite fille, Alessia, et on s'entend tous à merveille.

À la fin de l'année, je remportai en Espagne deux titres importants sur terre battue en autant de semaines. Le trophée Melia, à Madrid, d'abord, puis les championnats d'Espagne à Barcelone. Je m'envolai ensuite vers l'Australie pour les Masters de fin d'année, qui se déroulaient sur le gazon du Kooyong Stadium, à Melbourne. Je tentais de remporter ce titre pour la quatrième année consécutive. C'était trop loin pour que Dominique, enceinte de six mois, puisse m'accompagner. Dans l'avion des lignes australiennes Qantas, je remarquai que je portais une veste orange Guy Laroche, d'une couleur assez proche de celle des stewards. Alors, histoire de faire passer le temps, je leur offris mes services et mis une petite serviette blanche sur le bras, et me promenai dans l'avion en offrant thés et cafés aux voyageurs, tout en bavardant avec les gens. Je ne me souviens pas d'en avoir ébouillanté un seul, mais, en tout cas, je les fis bien rigoler.

Je débutai bien ma semaine avec trois victoires en poule contre le Mexicain moustachu Raúl Ramírez, puis Harold Solomon et enfin Manuel Orantes. Ma demi-finale avec Newcombe eut lieu après qu'il eut fait quelques remarques désobligeantes à mon égard à propos de mes tactiques pour déstabiliser l'adversaire. Comme je m'étais toujours très bien entendu avec John, j'ai alors supposé qu'il avait simplement tenu des propos francs, façon australienne, dont les médias avaient fait toute une histoire. Il n'y eut pas l'ombre d'un problème entre nous durant le match, que je remportai en trois sets.

J'allais ainsi disputer ma quatrième finale des Masters, cette fois contre l'Argentin Guillermo Vilas, dont le coach n'était autre qu'Ion. Personne ne s'attendait à ce que Vilas gagne parce que, comme Borg, c'était un spécialiste de la terre battue qui jouait avec beaucoup de lift et qui n'aimait rien d'autre que de se cantonner au fond du court pour renvoyer toutes les balles aussi fort que possible jusqu'à ce que l'adversaire abandonne ou commette une faute. Il était dans une extraordinaire forme physique. Il mit plus de trois heures, dans une chaleur autour de 40 degrés, à l'emporter. Il avait mené par deux sets à zéro, j'avais ensuite égalisé à deux sets partout, avant qu'il réussisse à faire le break crucial pour remporter le dernier set 6-4. Ion avait sans aucun doute dut lui dire tout ce qu'il savait de mon jeu sur gazon, mais je dois aussi reconnaître que, ce jour-là, Vilas avait joué le match de sa vie. Il s'en était surpris lui-même et avait été très modeste en parlant de sa victoire. Quant à moi, c'était une énorme déception. J'avais vraiment voulu remporter les Masters, parce que c'était devenu « mon tournoi ». Cela aurait été une belle façon de couronner une année en dents de scie ; une année au cours de laquelle j'avais remporté des tournois, gagné plus d'argent que jamais, mais une année qui, inévitablement après la façon dont j'avais dominé le sport l'année d'avant, m'avait laissé un sentiment d'insatisfaction.

Cela signifiait également que je commençais l'année 1975 légèrement anxieux quant à ma forme. Je ne trouvai d'ailleurs pas mon rythme, ne jouant que deux ou trois tournois en janvier et février avant d'arrêter pour être avec Dominique le dernier mois de sa grossesse. Le bébé devant naître à l'hôpital américain, à Neuilly, nous décidâmes de loger pas trop loin, dans un hôtel avenue Victor-Hugo, dans le XVIe arrondissement de Paris. Nous avions des amis arméniens qui habitaient dans la même avenue, ce qui nous rassura durant ces dernières semaines d'attente. Nous passâmes beaucoup de bons moments à nous promener, à faire du shopping et à préparer l'arrivée du bébé.

Nous allions déjeuner et dîner dans les restaurants du quartier et au cinéma le soir. Cette période très calme et sereine me fit beaucoup de bien.

Une nuit de mars, Dominique ressentit les premières contractions. Nous filâmes directement à l'hôpital. Sa mère nous y rejoignit de son hôtel, et attendit anxieusement que les choses suivent leur chemin. Le travail progressa assez vite, et Dominique décida d'accoucher seule avec la sage-femme – la même qui l'avait suivie tout au long de sa grossesse et en qui elle avait entièrement confiance. Elle avait bien compris que, vu mon tempérament nerveux, je ne survivrais peut-être pas à l'expérience de l'accouchement et m'avait alors envoyé attendre dans le couloir, selon la tradition de cette époque-là. J'allai donc rejoindre ma belle-mère, qui y était déjà. Peu après 6 heures du matin, le 12 mars 1975, après une nuit blanche, j'appris que ma fille Nathalie était née. Elle pesait 3,75 kg et se portait aussi bien que sa mère. J'étais au bord des larmes en entrant dans leur chambre tellement j'étais fou de bonheur. C'est là que je compris qu'avoir des enfants mettait en perspective tous les autres problèmes de la vie. Quand, par la suite, j'eus des pépins ou m'attirai des ennuis, je passai un peu de temps avec mes enfants, ce qui me permit toujours d'aller mieux. Notre fille était parfaite, elle avait les cheveux noirs et la peau mate de sa mère. Elle portait le prénom de sa tante, Nathalie, qui avait tenu un rôle si important dans notre histoire.

Quelques jours plus tard, alors que j'arrivais à l'hôpital pour voir mes deux femmes, j'aperçus, devant l'entrée une vraie mêlée de photographes et de cameramen, entourés de policiers. C'était une scène incroyable. Ils ne me laissaient même pas entrer. Heureusement qu'un policier me reconnut et me laissa passer. J'appris alors que, pendant la nuit, Aristote Onassis venait de décéder dans ce même hôpital.

Après une semaine, nous allâmes tous loger chez nos amis arméniens. C'est à ce moment-là que Dominique commença à souffrir de dépression postnatale. Elle fondait en larmes pour un rien sans que je sache quoi faire. Le pire était à venir. Huit jours seulement après la naissance de Nathalie, je devais repartir disputer mon premier tournoi depuis six semaines. Je n'avais pas le choix, j'étais obligé de quitter Dominique avec un nouveau-né alors qu'elle se sentait encore anxieuse et vulnérable. Ce fut très dur.

Il n'est donc pas surprenant que je ne sois pas psychologiquement en forme quand j'arrivai, à la dernière minute, souffrant du décalage horaire, à Tucson en Arizona pour les American Airlines Games. Je réussis, malgré mes ampoules aux mains, à atteindre tant bien que mal la finale, que je perdis contre l'Australien John Alexander. Ça me paraissait bizarre de jouer et j'étais inquiet car je craignais d'avoir perdu mon toucher. Même si j'avais battu Laver dans les quarts de finale, je n'étais pas détendu en affrontant Ken Rosewall, que je n'avais encore jamais battu. Je réussis pourtant à m'imposer malgré les fautes d'arbitrage qui me mirent en colère. Lui aussi s'énerva, mais contre mon comportement. À un moment, alors que j'avais lancé ma raquette à terre, il vint la jeter dédaigneusement sur le côté du court. Je me rendis alors compte que j'avais poussé le bouchon un peu loin. Il fallait effectivement qu'il soit excédé, lui d'habitude si imperturbable, pour qu'il fasse pareille chose.

Je restai très en contact avec Dominique pendant toute cette période-là. Elle était à présent de retour dans notre appartement de Bruxelles et avait l'air d'aller mieux. Cela restait difficile pour moi de jouer tant j'avais du mal à garder les idées claires. Non seulement Dominique n'était plus à mes côtés, mais en plus, elle était en train de s'occuper de notre petit bébé.

Néanmoins, en arrivant à Bournemouth à la mi-mai pour disputer les British Hard Court Championships, j'étais d'assez bonne humeur. Je défendais le titre que j'avais gagné en 1974. J'avais toujours aimé ce tournoi sur terre battue qui se déroulait dans cette petite villégiature paisible sur la côte Sud de l'Angleterre. Le capitaine Mike Gibson, le juge-arbitre de Wimbledon qui aimait bien le whisky, était aussi le juge-arbitre de ce tournoi. Malgré des tensions occasionnelles, on arrivait à s'entendre moyennement bien. Je le taquinais de temps en temps en imitant son accent incroyablement *british* mais, comme il me trouvait un peu cinglé de toute façon, il me supportait.

Il faisait un froid de canard cette semaine-là. Le jour de mon quart de finale contre le Français Patrick Proisy, il faisait si gris et la bruine était si constante que j'essayai d'enlever les gants d'un des juges de ligne pour réchauffer mes mains, et, par la même occasion, le public, que je voyais frigorifié.

Tout allait bien pour moi. Dans le premier set, je menais 5-2, lorsque Proisy sauva deux balles de set et réussit à revenir à 4-5. Il était au service et se trouvait à 15-0 quand mon smash croisé fut annoncé faute par un vieux juge de ligne. Je fis alors le tour du filet pour lui montrer la marque sur le court et pour protester. Je voulais que l'arbitre descende de sa chaise pour venir la voir, comme ils le font sur le continent, mais il refusait catégoriquement. Je commençai à me mettre sérieusement en colère et les spectateurs, à battre des mains lentement, tous ensemble, et se plaindre. Ils voulaient que je me remette à jouer. Mais je tenais bon. La balle était visiblement bonne et je ne voyais pas pourquoi on me volerait un point à cause de l'incompétence et de l'entêtement d'un arbitre et d'un juge de ligne, tous les deux âgés qui plus est. Mais l'arbitre, un certain Eric Auger, se contentait de répéter : « *Nastase, play on* » (« continuez, Nastase »). Tout à coup, j'aperçus, le regard sévère, mon ami le capitaine Gibson, qui venait nous dire d'arrêter de jouer parce qu'il pleuvait trop fort. Il demanda à l'arbitre ce qui s'était passé et, quand j'intervins, me dit : « Nastase, je ne veux pas votre opinion. Je vous donne deux minutes pour jouer, sinon je vous disqualifie. »

Alors, je rétorquai instinctivement : « Combien de whiskies avez-vous bu pour arriver à ce genre de décision ? »

L'arbitre, pendant ce temps-là, s'entêtait à dire, parmi tout le bruit et le chaos : « Nastase, continuez à jouer, sinon vous serez disqualifié. » J'étais fou de rage. Même Proisy me dit par la suite : « Écoute, je suis désolé, je savais qu'elle était bonne, mais je ne pouvais rien faire pour toi. »

Moins d'une minute plus tard, Gibson esquissa le geste des metteurs en scène lorsqu'ils coupent l'action, et l'arbitre me disqualifia sur-le-champ. Certains spectateurs applaudirent, sans doute lassés d'attendre. Je rassemblai toutes mes affaires et quittai le court comme un ouragan.

L'arbitre affirma par la suite que j'avais essayé de lui cracher à la figure, ce qui est très possible. Tout ce que je peux dire, c'est qu'il eut de la chance que je n'essaie pas de lui faire autre chose. Je ne perdais habituellement pas mon contrôle à ce point-là quand j'étais en train de gagner, mais l'injustice totale de ce qui m'était arrivé m'avait fait péter les plombs. J'étais écœuré qu'ils me traitent de la sorte alors que j'avais remporté le tournoi l'année précédente, fait plein de promotion en ville pour les sponsors avant le tournoi et m'étais mis en quatre. Cela me paraissait vraiment très injuste.

Il y eut une suite ironique à cette histoire. Le même jour, le Britannique Roger Taylor disputa également un match où la qualité de l'arbitrage minable le força à quitter le court. Le comité d'organisation du tournoi réalisa alors qu'il fallait faire quelque chose car cela faisait la une du journal télévisé et des quotidiens tant l'incompétence semblait flagrante. Ils publièrent donc un communiqué qui rendait entièrement responsables les arbitres, et stipulait que, dorénavant, la décision des joueurs prévaudrait s'ils s'accordaient à reconnaître qu'il y avait faute d'arbitrage. Ils ajoutèrent que, lorsque l'arbitre estimait que la décision du juge de ligne était contestable, il devait l'en informer mais se prononcer en dernier recours. Avec un peu plus de diplomatie, les incidents auraient pu être évités ! En d'autres termes, je n'aurais jamais dû me trouver dans cette situation, mais ils acceptaient que j'aie été disqualifié injustement. À partir de ce jour-là, en Grande-Bretagne, les arbitres se levèrent pour aller inspecter les marques sur les courts de terre battue, comme ils le faisaient déjà dans le reste de l'Europe, et annulèrent les décisions des juges de ligne lorsqu'elles étaient visiblement mauvaises. Dans un sens, le comité m'avait donné raison. Il était néanmoins trop tard pour moi, car la conclusion positive de cette histoire était passée complètement inaperçue dans les reportages médiatiques du lendemain. Il faut dire qu'il était plus facile de me faire passer pour un *bad boy*.

Dominique apprit la nouvelle de ma disqualification alors qu'elle conduisait. Elle était en route pour Bournemouth car elle avait décidé de venir passer la fin de la semaine avec moi. Elle arriva en larmes. Nous repartîmes immédiatement pour Londres, où nous dînâmes tranquillement avant de prendre l'avion le lendemain matin pour Bruxelles. Là, pendant deux jours, je pus au moins me calmer et oublier cet incident. Une semaine plus tard, cependant, j'étais à Rome pour l'Open d'Italie et un nouvel affrontement avec des dirigeants de tournoi. Une fois de plus, ce n'était pas de ma faute. Si je ne nie pas que certains de mes problèmes dans les tournois aient été de ma faute, j'affirme que l'incident à Rome, venant tout de suite après celui de Bournemouth, n'était pas de ma responsabilité. J'étais la victime.

J'avais atteint la demi-finale et je devais affronter Raúl Ramírez. J'avais déjà eu un problème avec lui l'été d'avant aux États-Unis. Ramírez était un joueur rusé, et j'avais toujours l'impression qu'il cherchait les occasions pour contester un point – et je n'étais pas le seul à le penser. Alors j'étais déjà tendu lorsque, par un après-midi de grosse chaleur, je me retrouvai en train d'attendre dans les vestiaires que mon match commence, le troisième au programme ce jour-là. Ramírez était en retard. Tellement en retard qu'il aurait dû être disqualifié. C'est ce qui était arrivé à l'Australien Dick Crealy quelques jours plus tôt, pourtant moins en retard pour son match de double. À Wimbledon, je suis certain qu'ils auraient déjà disqualifié Ramírez. Le règlement ATP de l'époque stipulait en effet qu'un joueur qui accusait un retard supérieur au quart d'heure aurait une amende et serait disqualifié. C'était donc du favoritisme patent.

Après une demi-heure, nous n'avions toujours aucune nouvelle de lui. Je fulminais et tempêtais contre tous ceux qui se trouvaient dans les vestiaires, criant qu'ils devraient le disqualifier. D'autres joueurs comme Pilic me suggérèrent de me rhabiller et de partir. Mais Richard Evans, qui était le directeur européen de l'ATP à l'époque, me persuada qu'il valait mieux que je reste à attendre Ramírez. Il m'expliqua que ce serait mieux pour moi, et qu'il y aurait une émeute si, après avoir attendu si longtemps, le public était informé qu'il n'y aurait pas de match. Alors, parce que Richard est un ami et que je ne voulais décevoir personne, j'acceptai, mais à contrecœur. J'avais l'estomac complètement noué et je pouvais à peine respirer tellement j'étais stressé et furieux. Ramírez déboula enfin, une bonne quarantaine de minutes après, et d'un air hautain dit qu'il y avait beaucoup de circulation. C'était évidemment des conneries, parce que le Foro Italico n'est pas si loin du Holiday Inn où il logeait. Nous nous dépêchâmes d'entrer sur le court, sous les huées du public qui ne comprenait pas. Ramírez, bien entendu, n'était pas suffisamment *fair play* pour expliquer les raisons de cette situation.

J'étais à présent dans un tel état que, malgré une petite cérémonie organisée avant le début du match au cours de laquelle ils m'avaient remis une médaille commémorant mes dix ans de participation dans leur tournoi, je m'effondrai pendant le match même. Mené 6-2, 5-2 dans un match de cinq sets, je n'en pouvais plus. Je rassemblai mes affaires et quittai le court, sous les huées et les sifflements du public qui n'avait toujours aucune idée de ce qui était arrivé. On m'infligea bien évidemment une amende, et Ramírez alla jusqu'en finale, où il triompha face à Orantes. De retour aux vestiaires, il fallut qu'un médecin me donne des calmants pour que je sois en état de disputer ma demi-finale de double avec Connors. Nous réussîmes à nous imposer pour tomber, en finale, sur Gottfried et… Ramírez (!), qui nous battirent. Après l'incident en simple, la presse m'assassina. Peu importe que j'aie eu raison, et que je me sois fait bel et bien avoir par les dirigeants du tournoi. Selon les médias, Nasty se comportait comme d'habitude et emmerdait tout le monde. Ma réputation était à présent bel et bien établie et il m'était devenu de plus en plus difficile de lutter contre.

Après mon printemps 1975 rempli de gros titres plutôt que de titres, je ne fus pas étonné de faire un Roland-Garros décevant, perdant au troisième tour face à Adriano Panatta. Il était prévu ensuite que je joue le tournoi de Nottingham, en Angleterre, pour m'entraîner sur gazon avant Wimbledon. Mais, peu de temps avant, le directeur de ce tournoi, un certain Tony Pickard, annonça publiquement : « Si ce type, Nastase, n'est pas prêt à venir jouer au tennis comme il devrait l'être, alors il perd son temps à venir ici. » Et voilà. Insultant, non? Connors faillit déclarer forfait par solidarité avec moi. Je répondis simplement: « C'est qui, ce gars, Pickard, de toute façon? Il doit être fou. » Je n'y allai donc pas, préférant à la place entraîner l'équipe de France de coupe Davis à Paris.

Cela signifiait pour autant que j'arrivais à Wimbledon sans avoir mis les pieds sur le gazon depuis l'année d'avant. En plus, tout le monde m'épiait pour voir comment j'allais me comporter. Je ne pensais pas remporter le tournoi mais espérais quand même faire de mon mieux. Dans mon premier match, contre le Russe Kakulia, une des juges de ligne était une vieille grand-mère. Elle n'arrêtait pas de se tromper. Elle finit même par avouer qu'elle ne voyait pas grand-chose parce qu'elle avait le soleil dans les yeux ! Au moins était-elle honnête. Je pris alors sa chaise, la mis sur ma tête et l'emmenai carrément à l'autre bout du court (« je vais vous la mettre où le soleil ne brille jamais », eus-je envie de lui dire). J'alignai sa chaise parfaitement par rapport à la ligne et lui fis un baisemain. Je n'eus plus aucun problème avec cette dame.

Mon match suivant, contre Sherwood Stewart, au deuxième tour, fut une tout autre affaire. La journée avait mal commencé quand, arrivant à 11 h 55 avec Connors, le garde à l'entrée du club nous barra l'accès, sous prétexte que personne n'entrait avant midi pile. Il ajouta même qu'il se fichait de qui nous étions. Il faut se rappeler que Jimmy n'était autre que le champion en titre ! Mais ça, c'est Wimbledon tout craché. Mon match était le deuxième match sur le court n° 1, après celui de Jimmy en l'occurrence. J'appréhendais un peu car le barbu Stewart était un solide joueur du Texas, à l'aise sur gazon, qui avait, en plus, de bons résultats en double avec son partenaire Fred McNair. Je pressentais donc que tout pouvait arriver. Surtout que je manquais d'entraînement.

À deux sets partout, je commençai par mener dans le dernier set jusqu'à ce qu'il rattrape l'avantage et me devance 4-1. Je réussis pourtant à revenir à 3-4 et 40-30 sur mon service. Je servis, montai au filet et fus passé par un revers coupé qui, selon moi, était *out*. Cela aurait dû faire 4 partout ! Le juge de ligne ne broncha cependant pas et l'arbitre annonça « Égalité ». Je n'en croyais ni mes yeux ni mes oreilles. J'étais sidéré. La balle était sortie d'au moins cinq centimètres. Les journalistes, dans leur récit du match le lendemain, étaient tous formels. La balle était bel et bien faute. Je protestai, plus étonné que furieux, pendant que dans les gradins, où pas une seule place ne restait libre, le public déchaîné criait « *out, out, out !* ». Quand je m'adressai à Stewart, il me tourna le dos. Il ne voulait pas se mêler de tout ça. Le chaos continua à régner pendant encore de longues minutes. Et pendant tout ce temps-là, le juge de ligne continuait à sourire bêtement, ce qui bien entendu me rendait encore plus fou de rage. Il n'y eut rien à faire. Je cassai ma raquette de colère et de frustration mais fus bien obligé de recommencer le jeu à égalité. Je perdis évidemment les deux points suivants, donc le jeu, et Stewart n'eut qu'à gagner son service pour remporter le plus grand match de sa vie. Je quittai le court, hors de moi, sans même attendre mon adversaire, ce qui, à l'époque, ne se faisait jamais.

De retour aux vestiaires, je m'affalai sur un des bancs et éclatai en sanglots. Cela ne m'était jamais arrivé et ne m'arriva plus. Mais ce jour-là, les larmes n'arrêtaient pas de couler. Je crois qu'elles représentaient une accumulation de choses : une perte de confiance, la peur de ne plus être le joueur d'autrefois, la solitude maintenant que je voyageais tout seul, et un profond sentiment d'injustice à la suite des divers incidents qui s'étaient produits au cours des dernières semaines. Rien n'allait plus. J'avais l'impression que les arbitres, les juges de ligne, même la chance étaient contre moi sans que je puisse me défendre. J'étais au bout du rouleau. Connors essaya de me consoler, mais je préférai me doucher le plus vite possible et rentrer avec lui à l'hôtel Inn on the Park, sur Park Lane, où nous logions. Le soir, pour me changer les idées, il m'emmena au Playboy Club, le célèbre club qui appartenait à l'empire Playboy et qui se trouvait également sur Park Lane, en face de Hyde Park. Connors, lui, aimait jouer au quatre-vingt-et-un – moi, je ne jouais jamais pour de l'argent – mais il s'était surtout dit que, entouré de toutes ces célèbres et ravissantes *bunny girls* qui faisaient la notoriété du club, je finirais par me consoler. Il en fallait plus que ça pour que je me remette de ce genre de défaite qui symbolisait parfaitement ce qu'il m'arrivait à cette période de ma vie.

Avec le recul, je me rends compte que plus j'étais heureux en entrant sur un court, mieux je jouais. Un souci, une dispute avec quelqu'un ou avec ma femme me perturbait. Au tennis, rien ne devrait nous contrarier, ni une petite amie ni même une épouse. Quand j'étais heureux, que rien ne me gênait, alors tout était fantastique. Je suppose qu'en 1972 et 1973, cela avait dû être comme ça la plupart du temps, car ce fut mes deux meilleures années. Comme en 1975, Dominique n'était pas à mes côtés durant de longues périodes, la pression n'arrêtait pas de monter. J'avais de plus en plus de mal à gérer la situation et à ne pas perdre la tête pendant un match. Cela devint ensuite un cercle vicieux : tout le monde s'attendait à ce que je fasse quelque chose, et les arbitres tentaient de me punir. Cela rajoutait de la pression et me rendait encore plus susceptible d'exploser. J'avais l'impression d'être au pied du mur.

Jimmy essayait sans arrêt de trouver des moyens pour me faire oublier ma défaite Ainsi, quelques jours plus tard, alors qu'on devait jouer un double sur le court n° 2, nous eûmes l'idée d'arriver sur court arborant des maillots de rugby. Le court 2 était le plus propice pour faire ce genre de choses parce qu'il était le plus proche d'une petite porte dans l'enceinte du court central qui menait aux vestiaires. Elle était donc utile pour rentrer et sortir rapidement. Cette porte s'était aussi avérée utile quand je me faisais poursuivre par les hordes de filles qui criaient chaque fois que je me déplaçais d'un endroit à un autre. Quant aux maillots de rugby, nous les avions dénichés dans un magasin de sport du quartier. Jimmy avait pris le vert d'Irlande, à cause de ses origines irlandaises, et moi, je portais le rouge du pays de Galles, pas à cause de mes ancêtres gallois mais parce que j'étais un communiste, évidemment. Le public adora quand il nous vit arriver. Ce qu'ils ne savaient pas, c'est que nous cachions chacun sous nos serviettes un chapeau melon que nous mîmes, à la place du maillot de rugby, pendant la période d'échauffement. C'était fait pour rigoler, bien sûr, mais le All

England Club ne l'entendit pas de cette oreille et nous infligea une amende. Nous avions transgressé le règlement qui stipule que les joueurs doivent être en tenue blanche. Un point c'est tout.

Je suis cependant d'accord avec ce point du règlement de Wimbledon. Je crois que c'est une bonne tradition, surtout quand on voit, comme il y a quelques années, un Agassi porter des shorts en jean, ou les joueurs d'aujourd'hui qui ressemblent parfois à des arcs-en-ciel. On se rend compte à quel point le blanc peut être agréable à regarder. Il est seulement dommage qu'ils n'aient pas vu le côté ludique de la chose !

Un des seuls autres incidents amusants de ce Wimbledon 1975 fut la présentation de mon mannequin en cire au Madame Tussaud's Museum, le musée Grévin londonien. J'avais eu deux ou trois rendez-vous avec eux afin qu'ils puissent prendre des mesures détaillées de chaque partie de mon anatomie – ou presque – et je leur avais donné un de mes ensembles Sergio Tacchini pour compléter le look du mannequin. Ce fut très étrange d'être confronté à son double. Il est triste, en revanche, que, lorsque la roue tourne, le mannequin soit fondu : on devrait au moins nous proposer de l'acheter. Ce serait très amusant de garder ça chez soi et de se voir tous les matins.

Connors arriva jusqu'en finale et fut donné gagnant face à Arthur Ashe, son adversaire. La mère de Jimmy, Gloria, qui l'accompagnait à chaque tournoi du Grand Chelem, m'avait appelé à Bruxelles où j'étais rentré après avoir été éliminé du simple et du double, pour me demander de revenir à Londres lui apporter mon soutien, en ma qualité d'ami. Je retournai donc à Wimbledon, et m'assis à côté d'elle, dans la loge réservée aux joueurs et à leur entourage. Susan George, une actrice qui était la petite amie de Jimmy à l'époque, était également présente. À chaque changement de côté, alors qu'Arthur Ashe méditait tranquillement sur sa chaise, les yeux fermés au monde qui l'entourait, Jimmy lisait et relisait la lettre que sa grand-mère lui avait écrite. Cela ne servait pourtant à rien. Il était en train de perdre face au jeu intelligent d'Ashe. Alors Gloria me dit : « Nasty, descends lui dire qu'il doit rentrer plus dans la balle. » J'empruntai un appareil photo à un gars et allai m'installer dans la sorte de fosse où les photographes s'assoient, derrière la chaise d'arbitre. Là, je soufflai à Jimmy: « Il faut que tu rentres dans la balle davantage. » Il se retourna et rétorqua agressivement « Va te faire chier. » C'est exactement ce qu'il m'a dit. Il ne s'était sans doute pas rendu compte avant de se retourner que c'était moi qui lui avais dit ça, car après le match, il est sorti des vestiaires et il est venu me voir dans le salon d'attente – je me rappelle qu'il était tout nu à part ses chaussettes et son support athlétique – et m'a dit: « Allez, je ne l'ai pas dit exprès. » Nous finîmes par sortir dîner parce que je lui avais pardonné. Je comprenais bien la situation.

Après Wimbledon, je partis aux États-Unis pour la longue et chaude saison d'été, qui est toujours épuisante. Les choses commencèrent mal au Washington Star International quand je me retrouvais face à Cliff Richey en quarts de finale. J'avais eu plein de problèmes avec lui dans le passé, toujours sur le court, jamais en dehors. C'était un joueur dur et nerveux. Une fois, alors qu'il avait commis une faute de pied, il avait déchiré la ligne de fond. Je savais que je pouvais lui parler, l'énerver et le rendre fou. Je me laissai emporter et allai trop loin, et il fallut que je sauve une balle de match avant d'arriver au bout de mes peines. Il tombait facilement dans mon piège, mais ça ne marchait pas avec tout le monde. Par exemple, ça ne servait à rien de faire l'imbécile avec les meilleurs joueurs comme Laver, Smith, Rosewall et, plus tard, Borg. Ça n'avait aucun effet sur eux. De toute façon, ils étaient trop forts. Je ne les aurais jamais battus si, en plus d'avoir à jouer de mon mieux, j'avais dû faire le clown. Je suis d'ailleurs sûr qu'ils devaient se dire: « Ça va être difficile de battre cette espèce de connard, mais quand j'en viendrai à bout, quelle satisfaction! » Certains joueurs se laissaient déconcentrer assez facilement par ce que je faisais, et je savais qu'ils se prenaient la tête avant même d'avoir échangé une balle avec moi. Je n'allais pas sur le court dans le but de l'embêter, j'y allais pour gagner. S'il n'arrivait pas à résister à ce que je faisais, soit parce que je me mettais en colère, que je l'imitais pour le taquiner un peu ou que je m'amusais avec les spectateurs, c'était son problème.

Quant à Richey, ce n'est pas que je ne les respectais pas. Bien au contraire, car il était incroyablement compétitif. Je savais simplement que je lui tapais assez facilement sur les nerfs. Il m'appelait « *commie* » (un raccourci péjoratif de « communiste »), et moi, je l'appelais « *the animal* », parce qu'il avait toujours les yeux exorbités sur le court, comme un fauve. Chaque match était une vraie lutte, et j'avoue que j'adorais ça. C'était comme un ultime défi.

J'étais en train de sauver une balle de match lorsque je fus pénalisé pour une faute de pied. Je pétai alors les plombs, me disputai avec l'arbitre et balançai ma chaussure vers le juge de ligne. C'était évidemment de ma faute. Mais j'étais au bord de la défaite, donc un peu plus tendu. Richey, exaspéré, quitta le court, puis revint après un délai, mais le quitta à nouveau parce que j'avais demandé d'avoir deux balles. Il était devenu rouge comme une tomate et le public était déchaîné. À la fin, après un deuxième long délai, il réapparut. J'insistai encore sur mes deux balles parce que ça faisait longtemps qu'il était parti, même si je savais que j'étais également coupable. C'est alors que l'arbitre annonça que j'avais quinze secondes pour recommencer à jouer, et les spectateurs se mirent à compter à rebours avec énergie et enthousiasme. À zéro, je fus disqualifié. Immédiatement. Et sans discussion. Je savais que je l'avais cherché. Après, Richey dit : « Ça fait 49 000 fois que Nastase fait ces conneries-là. Il était temps que quelqu'un décide de lui faire face. » Dans un sens, il avait raison ; il m'avait pris au mot et il avait gagné.

Mon été difficile continua en août avec l'Open du Canada à Toronto. Cette fois-ci j'étais confronté à Orantes en finale, mais je n'étais pas en bon état, même avant le début du match. J'avais disputé cinq ou six tournois d'affilée et j'étais lessivé. Le public ne comprend pas que certains jours, on ne soit pas en forme. On n'a pas l'esprit et le corps vif, tout comme quelqu'un qui travaille dans un bureau ne peut pas toujours se donner à cent pour cent tout le temps, tous les jours. La finale de Toronto était donc un jour « sans ». J'avais atteint six jeux partout dans le premier set, puis 3-1 dans le jeu décisif, quand un de mes retours de service fut annoncé faute. Je perdis alors tout contrôle de moi, mais acceptai, convaincu d'avoir été grugé d'un point. Le problème était qu'une fois que j'avais commencé, je n'arrivais pas toujours à m'arrêter, au contraire de McEnroe, qui possédait apparemment un bouton marqué « stop » lui permettant de s'arrêter au bord du gouffre. J'avais vraiment l'impression que le juge de ligne m'avait volé un point capital et, en cas de défaite, de l'argent et un titre.

Mes protestations n'eurent aucun effet. Pire : le public se mit complètement contre moi et je ne pus jouer. J'étais tellement dégoûté que je perdis les deux sets suivants 6-0, 6-1. Ce fut alors le scandale total. On m'accusa d'avoir perdu exprès, ce que je n'ai jamais fait de ma carrière ! Il est vrai que je n'étais plus dans un état d'esprit de compétition. Les sponsors ne voulaient pas même me laisser retourner sur le court pour disputer ma finale de double. Il fallut que mon partenaire, Jan Kodes, insiste pour qu'ils acceptent. Ils m'infligèrent, au passage, une amende de 8 000 dollars, l'équivalent du chèque que j'avais reçu en tant que finaliste.

Parfois, à la suite d'un incident, j'étais gêné par ce que j'avais fait, et m'excusais auprès du joueur. Pourtant personne ne croyait en mes excuses. Je n'ai jamais détesté un adversaire : je voulais pouvoir dormir la nuit. Je voulais tout simplement gagner, et je croyais fermement que j'avais le droit de discuter une décision d'arbitrage si j'estimais qu'il y avait réellement eu erreur. C'est ce que mon for intérieur me disait de faire. Et je pense avoir eu raison à 98 % des fois.

En août 1975, il se passa une vraie révolution au West Side Tennis Club, où se déroulait l'US Open quand les horribles courts de gazon furent enfin remplacés par des courts de terre battue américaine. Ça n'étonna donc personne que Manuel Orantes, un Européen, spécialiste de terre battue de surcroît, remporte le simple cette année-là, venant à bout du tenant du titre, Connors, en trois sets. J'avais promis d'être un garçon sage, de bien me comporter, ce que je fis, battant Ramírez dans un cinq sets difficile avant de m'incliner, comme beaucoup d'autres, face à Orantes en quart de finale. Connors et moi nous consolâmes en remportant le double messieurs face à Tom

Okker et Marty Riessen. Malgré toutes nos pitreries, nous étions quand même devenus une des meilleures équipes du circuit, et ce titre était à présent notre deuxième du Grand Chelem, après celui de Wimbledon en 1973.

Le fait qu'on aimait bien s'amuser, cependant, nous attirait souvent des ennuis. C'est ce qui arriva une fois de plus au Royal Albert Hall de Londres au mois de novembre, au cours du Dewar Cup. Le Hall est un lieu très particulier pour un tournoi de tennis. Les spectateurs dans les loges sont en smoking et boivent du champagne tout en dînant et bavardant bruyamment pendant les matchs. Une année, en courant rattraper une balle très croisée, j'avais atterri dans une des loges et j'en avais profité pour prendre une bouchée du dîner d'un des invités, juste pour rigoler. Cette année, en revanche, Connors m'avait battu en demi-finale du simple mais, à la surprise générale, s'était fait battre par Eddie Dibbs, qui avait tout simplement joué mieux que lui. Il en avait tellement ras le bol qu'il n'avait vraiment pas envie de jouer la finale du double avec moi. John Dewar, qui était un très bon ami, me demanda alors d'essayer de le convaincre de jouer. Il ajouta qu'il y aurait même pour lui une récompense financière s'il acceptait. Je dis donc à Bob Howe, le directeur du tournoi : « OK, j'ai une idée. Apporte-moi des nœuds papillons et une bouteille de champagne. » Pendant que Connors essayait de se calmer dans les vestiaires, j'essayai de le raisonner : « Écoute, ces gens, ils ont payé beaucoup d'argent, c'est une finale. Il faut que tu joues, merde, sinon, on va encore avoir la presse sur le dos. J'ai une idée, tu verras, on va s'amuser. » « D'accord », finit-il par répondre en ronchonnant. La finale nous opposait à l'Allemand Karl Meiler et au Polonais Wojtek Fibak, deux gars très sérieux.

Nous sommes entrés sur le court en survêtement, nos nœuds papillons cachés en dessous. Bob était accroupi dans la fosse qui longeait le court derrière l'arbitre et attendait de me donner le champagne qu'il avait mis dans un seau à glace. Nous nous sommes échauffés en portant encore nos vestes de survêtement et avons commencé le premier jeu ainsi vêtus. Au changement de côté, nous enlevâmes soudain nos vestes, je récupérai le champagne et ouvris la bouteille après l'avoir bien fait mousser. Le public assis tout en haut dans les places les moins chères, au « paradis », se mit à applaudir très fort et à nous acclamer, tandis que ceux qui étaient dans les loges très chères, en smoking, n'appréciaient pas du tout. On nous critiqua le lendemain dans les journaux, certains estimant qu'on s'était moqué des gens dans les loges et qu'on n'avait pas pris le match au sérieux. Je n'avais pourtant fait qu'essayer de faire jouer Jimmy. Personne évidemment ne pouvait savoir ce qui s'était passé auparavant et ne se rendait compte qu'il y avait bien failli ne pas avoir de finale de double du tout. C'était plus facile de tirer une conclusion hâtive et de tenir Nasty responsable une fois de plus pour un autre écart de conduite.

Lorsque les Masters arrivèrent début décembre – il se déroulait cette fois-ci au Kunglihallen à Stockholm – j'avais eu une année folle. Bien que je n'eusse presque pas joué en février et mars, j'avais quand même disputé 31 tournois, étais cinquième au classement du Grand Prix, avais remporté dix titres en simple et cinq en double, dont l'US Open. Deux de mes victoires en simples étaient survenues juste avant les Masters même, ce qui me fit beaucoup de bien car cela renouvela ma confiance. Cependant, le nouveau « code de conduite » de l'ATP, rédigé par son président Arthur Ashe, venait d'entrer en vigueur officiellement au Swedish Indoor Championships au mois de novembre. Ce code devait ironiquement avoir une conséquence importante sur l'issue de mon premier match dans les Masters, où mon adversaire n'était autre qu'Arthur lui-même.

Comme je l'ai déjà expliqué au début de ce livre, j'étais au service et mené 1-4 dans la dernière manche contre Arthur quand je commençai à ralentir exprès le jeu. Je me faisais chahuter en permanence par un des spectateurs et, afin de me débarrasser de la tension que je ressentais à ce moment capital du match, je ne pus résister à la tentation de lui répondre. C'est alors qu'Arthur craqua et devint furieux. Il quitta le court, ce qui l'avait automatiquement disqualifié. Mais comme j'avais moi-même été sur le point de me faire disqualifier par le juge-arbitre du tournoi, les dirigeants décidèrent que seule ma disqualification serait comptabilisée, celle d'Arthur – en partie bien sûr parce que son comportement sur un court était d'habitude impeccable – étant annulée.

Alors, après la catastrophe Ashe, je n'avais plus eu d'autre choix que de remporter les deux matchs de poule qui me restaient pour me qualifier en demi-finales. Au fond, je crois que je n'avais pas envie d'être éliminé de cette façon, surtout de ce tournoi où j'avais connu tant de succès dans les années précédentes. Il arrivait parfois que ce soit quand j'avais vraiment le dos au mur, quand je me mettais vraiment en colère, que je jouais mon meilleur tennis. Ce qui se passa sans aucun doute cette année-là. J'avais la chance d'avoir une deuxième occasion, ce qui n'est habituellement pas le cas quand mes problèmes sur le court gâchent ma concentration et m'empêchent de bien jouer. Je me comportai donc sagement pour ces deux matchs et battis d'abord Orantes, puis Panatta, pour m'offrir une demi-finale contre Guillermo Vilas, récent numéro 1 du classement du Grand Prix grâce à des performances solides et régulières. Je continuai mon comportement impeccable et écrasai Vilas en trois petits sets. Je dus ensuite affronter Borg en finale. Jouant devant son public, le pauvre Björn paraissait impuissant face à mon jeu, et le score de ma victoire – 6-2, 6-2, 6-1 – ainsi que la durée de soixante-cinq minutes donnent une indication de la facilité avec laquelle je triomphai ce jour-là. Je servis bien, mélangeant vitesse et profondeur de balles, j'anticipai parfaitement tout ce que Björn essayait de faire. En fait, depuis mon match contre Ashe, tout était redevenu facile. C'était comme si j'avais eu besoin d'un grand rush d'adrénaline, d'une grande frayeur, pour que mon jeu se libère. Je me rappelle avoir dit à la presse : « C'est bien la deuxième fois en vingt-neuf ans que je me suis concentré. » Je n'ai pas expliqué quelle avait été la première ! J'étais donc le « master » une nouvelle fois, pour la quatrième fois en cinq ans, après une année où mon nom avait plus défrayé la chronique qu'affolé les statistiques. C'était fantastique de recevoir tant d'éloges, d'avoir vaincu un Borg en forme devant ses propres fans, et de réaliser que j'étais encore capable de jouer un tennis qui pouvait triompher des meilleurs.

CHAPITRE 8
1976

« Dites, Léo, vous allez où avec tout ça ? Vous émigrez ? »
Il répondit avec son parfait accent british *:*
« Voyons, monsieur Nastase, ce n'est pas le moment de rigoler.
Vous avez une finale à jouer. »

J'avais remporté le Masters à la fin de 1975, mais je n'avais aucune idée de ce que me réservait 1976. Je n'ai jamais planifié ma saison comme certains joueurs tels que Borg ou Connors qui, je crois, se fixaient des objectifs à chaque début d'année. Comment aurais-je pu, alors que je n'étais jamais sûr de terminer un tournoi sans être disqualifié ? Je n'espérais donc qu'un peu de succès ; pour le reste, on verrait.

À la fin de 1975, j'avais toutefois fait deux choses qui auraient un gros impact sur l'année suivante : j'avais signé pour jouer les Intervilles avec l'équipe des Hawaii Leis, du printemps jusqu'à la fin de l'été. Cela me permettrait de disputer Wimbledon, mais me priverait de Roland-Garros, comme je le découvrirai une fois le contrat passé, quand Philippe Chatrier, président de la Fédération française de tennis, décidera d'exclure de son tournoi tous les joueurs des Intervilles. C'est mon agent à IMG qui m'avait convaincu de signer, en disant que ça me ferait du bien d'arrêter les tournois un petit moment. Les championnats d'Intervilles avaient la double particularité de remplacer les lignes par des parties du court de couleurs différentes, et de n'offrir à un public vivement encouragé à se manifester que des matchs en un set. Cela paraissait fait pour moi.

Sans compter que les sommes proposées, environ 200 000 dollars pour la saison, étaient séduisantes et avaient aidé à me convaincre. À cela, il fallait ajouter que mon année 1975 avait été décevante et que je me rapprochais de la trentaine. Autant dire que mes plus beaux jours étaient derrière moi. Je ne me pensais plus capable de remporter de grands tournois (j'avais signé juste avant d'avoir gagné le Masters). Mon couple traversant, par ailleurs, une période un peu instable, j'avais donc décidé de m'éloigner pendant trois mois, afin que les choses se calment un peu.

L'autre chose importante de ce début 1976 avait été de changer ma raquette Dunlop pour une Adidas, marque avec laquelle j'avais déjà signé un fabuleux contrat à six chiffres en 1975 pour les chaussures et les vêtements. J'avais alors passé beaucoup de temps avec le type en Belgique qui les fabriquait pour Adidas. Ce fut certainement une erreur : aucune des nouvelles raquettes que j'essayai n'étant aussi performante que ma Dunlop Maxply, faite sur mesure, avec un grip rond qui se moulait parfaitement aux contours de ma main et me permettait de la tenir du bout du manche. J'arrivais ainsi, en utilisant un poignet fort, à frapper les balles au dernier moment, ce qui rendait mon jeu difficile à « lire ». Lewis Hoad, le grand champion australien, avait été le premier à se munir de ce genre de raquette, très « nerveuse », équilibrée de façon unique, avec le haut du manche particulièrement mince qui rendait le cadre très flexible. Grâce à elle, je pouvais faire des choses avec la balle, surtout quand j'allais la chercher très loin. Je me rappelle avoir été obligé d'aller plusieurs fois à l'usine Adidas en Belgique pour qu'ils fabriquent la raquette que je voulais, et, en attendant qu'ils développent celle qui me conviendrait, avoir peint les rayures et les lettres Adidas sur les raquettes Wilson. Je peux avouer aujourd'hui que, lors de ma finale de Wimbledon en 1976 contre Borg, c'est avec une Wilson déguisée que je jouais et non pas une Adidas. La raquette que finit par me proposer Adidas avait un tamis légèrement plus grand, le cadre et le haut du manche plus épais et était un peu plus lourde, mais n'égala jamais ma Dunlop C'était comme d'échanger une Ferrari bien-aimée contre n'importe quelle autre marque de voiture qui serait peut-être pas mal, mais jamais aussi bien. Et même si Tiriac avait un jour dit que j'aurais pu jouer avec n'importe quelle raquette, je savais combien il était vraiment important d'être à cent pour cent content de sa raquette et de son cordage, comme je l'avais démontré lors de ma finale de Wimbledon en 1972. J'avais pu changer de chaussures et de vêtements, mais n'aurais sans doute jamais dû changer de raquette.

Lorsque j'arrivai à Hawaii en avril, après la fin de la saison WCT, je m'installai dans une grande suite tout en haut d'un des meilleurs hôtels de Honolulu. Je me rendis assez vite compte, toutefois, que les déplacements étaient quelque chose d'affreux. Nos matchs contre les autres équipes ne duraient que le temps d'une soirée. On allait par exemple un jour à Phoenix, en Arizona, puis on rentrait à Hawaii, pour repartir trois jours plus tard pour San Diego, en Californie. Hawaii étant en plein milieu de l'océan Pacifique, il fallait compter plusieurs heures en avion juste pour regagner la côte Ouest de l'Amérique, sans même qu'il soit question d'aller au-delà. Les conséquences pour moi, surtout sur le plan psychologique, devinrent rapidement apparentes.

Je m'ennuyais également de plus en plus. On s'entraînait le matin, en extérieur, tant il faisait chaud et humide. Nous étions ensuite libres le reste de la journée. Les matchs du soir, quant à eux, ne duraient qu'environ deux heures. J'étais donc tout seul pendant de longues périodes, ma famille de l'autre côté du monde. Comme Dominique et moi avions souvent eu des rapports tendus l'année précédente à cause de nos séparations prolongées pendant ce qui avait été une période professionnelle difficile pour moi, l'inévitable finit par arriver: je commençai à voir une hôtesse de l'air norvégienne de temps à autre. Le fait qu'un journal britannique ait soi-disant choisi de rendre un service à Dominique en l'appelant pour l'en informer ne fit aucune différence. Elle n'était pas bête. Comme la plupart des femmes, elle sentait instinctivement que les choses ne se passaient pas bien entre nous et que, si l'un des deux partait pendant trois mois, certaines choses pouvaient très bien arriver. Elle ne fut donc pas surprise de la nouvelle, et je n'eus pas besoin de lui expliquer. M'asseoir et analyser l'état de mon rapport avec quelqu'un n'a jamais été mon point fort. Je crois que les gens savent de toute façon.

Je pris quand même toute de suite l'avion pour Paris et rentrai en plein Roland-Garros, ce qui était dur parce que je supportais mal de voir les autres participer à ce tournoi que j'adorais tellement. Je réussis à passer quelques jours avec Dominique et à calmer la situation, mais je fus obligé de retourner presque immédiatement à Hawaii parce que l'organisation des Intervilles menaçait de me poursuivre en justice pour rupture de contrat. Alors nous eûmes à peine le temps de nous parler.

Nous nous revîmes quinze jours plus tard à Nottingham, la semaine avant Wimbledon, pour le tournoi sur gazon que Tony Pickard m'avait conseillé, l'année précédente, de ne pas jouer. C'est là que Dominique et moi commençâmes vraiment à parler. Cela nous aida que Jimmy Connors soit là avec sa petite amie de l'époque, l'ex-Miss monde texane Marjorie Wallace, car Dominique s'entendait très bien avec elle et nous sortions souvent dîner tous ensemble.

Avant d'être avec Marjorie, Jimmy avait souvent eu besoin de mon aide pour lui trouver une fille et ensuite s'en débarrasser. Il se mettait dans toutes sortes de mauvaises passes parce qu'il était trop romantique et essayait de les conquérir avec des promesses de voyages. Moi, j'étais beaucoup plus direct. Après tout, il ne voulait que coucher avec elles. Alors je lui disais : « Pourquoi lui as-tu dit que tu l'emmènerais à Las Vegas ? Après, t'es coincé pour la semaine. Ce n'est pas comme si elle te plaisait ! Arrête de dire des choses pareilles ! » Mais il était très innocent. Il croyait qu'il fallait être amoureux d'une fille pour faire quelque chose avec elle. On devinait bien que sa mère l'avait influencé au-delà du tennis.

En tout cas, pendant cette semaine à Nottingham, Dominique et moi nous entendîmes mieux. Je ne m'étais pas senti aussi calme depuis longtemps. En plus, il n'y eut pas l'ombre d'un problème avec Tony Pickard. À tel point que, lorsque Jimmy et moi nous retrouvâmes en finale, la veille de Wimbledon, nous insistâmes tous les deux pour jouer, alors qu'il bruinait, pour ne pas décevoir Tony ni le public qui nous attendait dans le froid. Nous jouâmes donc, en glissant partout, ce qui représentait pour nous un risque considérable juste avant Wimbledon. Il fut finalement décidé que l'on s'arrête à un set partout et que l'on partage le titre. J'étais surtout très heureux de faire, pour une fois, les gros titres parce que j'avais été un gentil garçon et non un vilain.

À Wimbledon, j'étais tête de série n° 3, derrière le tenant du titre, Ashe, numéro 1 et Connors, numéro 2. Avec Jimmy, nous étions aussi têtes de série n° 2 en double. Je n'étais cependant pas très confiant pour Wimbledon, même si j'avais bien joué à Nottingham. Il faut dire que je n'avais disputé qu'un seul tournoi en trois mois et étais très en manque de vraie compétition. Pour une raison ou pour une autre, et peut-être parce que j'étais entouré de Dominique et aussi de mon frère, Constantin, qui était venu m'entraîner et corder mes raquettes, je restai très calme et très concentré. Dans mon camp, il y avait un Roumain qui s'appelait Mitch, qui habitait aux États-Unis et qui l'année d'après deviendrait mon manager, lorsque IMG annoncerait publiquement et en plein Wimbledon que nous nous étions séparés.

Je connaissais les médias et leurs jeux et avais donc décidé cette fois-ci, en accord avec mon équipe, que pour la première fois de ma carrière, je ne donnerais aucune interview. Ça avait l'air d'aider mon tennis, même si les journalistes, eux, se sentaient frustrés puisque ce que je disais et faisais leur donnait toujours de bons sujets d'articles.

Mon vieil ami Fred Perry, pour lequel j'avais un respect et une admiration incroyables, m'aida aussi pendant le tournoi, même si ce n'était pas à titre officiel. Nous avons toujours été fans l'un de l'autre. Il avait été présent lors de ma finale de 1972 contre Smith, m'apportant son soutien tout au long du tournoi. Cette fois-ci, je savais qu'il se trouvait dans la cabine de commentateurs de la BBC en qualité de consultant. C'était alors facile pour moi d'échanger un regard avec lui ou pour lui de me faire un petit signe d'encouragement. Ces petits détails m'aidaient d'autant plus qu'en match, l'équipe d'un joueur ne peut pas faire grand-chose pour lui. Pire même, puisque, lors des autres tournois, si les choses n'allaient pas bien, Dominique ou ceux qui me soutenaient avaient souvent droit à des insultes de ma part. Quand Dominique commença à voyager avec moi, elle était morte de peur tant elle voulait que je gagne. Puis, progressivement, elle finit par redouter qu'il se passe quelque chose de mauvais sur le court. Que je gagne ou non n'avait plus d'importance. Elle ne désirait rien d'autre qu'un match sans dispute. Il n'a jamais été facile d'être dans mon camp !

Bien que Jimmy et moi eussions perdu au deuxième tour du double (après deux longs matchs de cinq sets), je balayai en trois sets les deux Yougoslaves Nikki Spear et Zeljko Franulovic, mes adversaires de simple des deux premiers tours. J'avais presque complètement arrêté de rigoler, et ces deux matchs, ainsi que les deux suivants, contre l'Australien Kim Warwick et le Néo-Zélandais Onny Parun, furent incroyablement faciles. Je me retrouvai ensuite face à Charlie Pasarell dans les quarts de finale. Pasarell n'était jamais allé aussi loin à Wimbledon, ce qui était surprenant car c'était un excellent joueur. Mais il ne put rien faire contre moi ce jour-là : j'anticipais tout, je changeais la vitesse et la direction de mes coups, mon service était très lourd (grâce, il faut le dire, à ma raquette plus lourde) et j'étais totalement concentré. Je gagnai en trois sets et me qualifiai pour les demi-finales contre Ramírez, le joueur qui m'avait donné quelques petits problèmes au cours des deux dernières années.

J'avais décidé de prendre un appartement au Dorchester Hotel, situé sur Park Lane, en face de Hyde Park. Dominique et moi occupions une chambre, mon frère, une autre, et Mitch, une troisième. Tout cela, dans ce grand hôtel de luxe, coûtait beaucoup d'argent, mais j'estimais que ça en valait la peine si ça me permettait de rester serein et de répondre à tous nos besoins. Les jours où je ne jouais pas, je traversais Park Lane et j'allais dans Hyde Park jouer au foot avec Constantin et des amis. Ensuite, on rentrait à l'hôtel, on commandait en *room service,* on regardait un peu la télé et on se couchait de bonne heure. J'avais une existence quasi monastique. Au fond de moi, toutefois, je savais que ce serait sans doute ma dernière vraie chance de remporter ce tournoi, et que je devais prendre ça au sérieux.

Cette année-là, Wimbledon connut une canicule telle que, vers la fin de la quinzaine, les courts étaient durs et secs au point que les balles ne rebondissaient plus en glissant et en restant bien bas, comme elles le font d'habitude sur gazon. Bien au contraire, elles rebondissaient souvent très haut, comme sur les courts à surface lente. Pendant que je réussissais un bon parcours et me débarrassais de tous mes adversaires en trois sets avec un jeu typique de gazon avec des services volée, Björn Borg, dans l'autre moitié du tableau, gagnait également ses matchs aussi facilement en jouant à sa façon, au fond du court, comme le spécialiste de terre battue qu'il était. Il attirait son adversaire au filet et terminait le point avec ses passings extraordinaires qu'il avait tout le temps de préparer, vu le haut rebond de la balle. Mais, à ce stade-là, les journaux ne prêtaient pas trop attention à Björn, ils étaient bien plus fixés sur moi. Est-ce que je finirais enfin par triompher ? Je commençais même à oser rêver que cela était possible.

J'étais impatient de commencer ma demi-finale contre Ramírez. Après tous les problèmes que j'avais rencontrés avec lui à Rome l'année d'avant et à Indianapolis en 1974, où j'avais été disqualifié, j'étais vraiment prêt à l'affronter. J'entrai donc sur le central, tenant une Thermos pleine de thé chaud sucré pour me désaltérer pendant cet après-midi caniculaire. J'expédiai le premier set, 6-2. Ramírez avait l'air perdu. Tant mieux. Au deuxième set, je vacillai un peu tandis que lui rentrait dans le match. Ce genre de rencontre est épuisant nerveusement, et il n'en fallait pas beaucoup pour m'énerver, surtout que, depuis deux semaines, je m'étais contrôlé un maximum. C'est alors que je commençai à me fâcher contre le bruit émis par les moteurs des appareils photo de la douzaine de photographes assis dans leur fosse derrière la chaise d'arbitre. Chaque fois que j'étais au service, je les entendais qui se déclenchaient tous en même temps, comme une fusillade, et ça me rendait fou. Je les suppliai d'arrêter, au moins pendant la mise en jeu, mais ils m'ignorèrent complètement. Au fur et à mesure que le set avançait, je sentis la colère monter en moi et finis par faire fouetter ma serviette vers eux, en hurlant : « Je vais casser vos appareils, fils de putes ! » ou quelque chose dans le genre, en anglais. Les journalistes étaient ravis. « Enfin, se disaient-ils, il redevient lui-même. On commençait à avoir peur qu'il soit devenu comme nous. Mais non, il est toujours aussi cinglé. Dieu soit loué. »

Après ça, je pus redémarrer. J'avais sans doute eu besoin de me défouler ainsi. Cet accès de colère me permit de terminer le match plus calmement et de le remporter – une fois de plus – en trois sets. J'étais particulièrement satisfait d'avoir battu Ramírez si facilement. Mais je n'avais pas fini. Pour punir les photographes, je décidai de quitter le court central à reculons, afin de les empêcher de me prendre en photo en train de partir. « Ah ! Ce sera bien fait pour eux », me dis-je. Sauf que, le lendemain, bien entendu, tous les journaux étaient pleins de photos et de gros titres me montrant en train de marcher à reculons. Je n'avais heureusement pas eu besoin de m'incliner devant la famille royale en sortant (ça devait être l'heure du thé car elle n'était plus là) ! Sinon, je l'aurais fait en leur présentant mes fesses en premier. Et là, j'aurais vraiment fait scandale et la une de tous les journaux.

Le lendemain était un vendredi – les finales du simple messieurs se disputaient encore le samedi à cette époque-là –, et j'avais des choses urgentes à faire, sans rapport direct avec le tennis. Je devais renouveler mon visa pour les États-Unis car je m'envolais dès le lundi suivant pour Hawaii, puis, dans la foulée, pour la Caroline du Sud. Venant de Roumanie, je passais ma vie à organiser mes visas. Je crois qu'il n'existait pas un seul pays au monde qui ne me le réclamait pas. C'était donc devenu ma corvée première. Il me fallait également réserver les billets d'avion et les chambres d'hôtel, ce qui me saoulait. Fort heureusement, je n'avais pas à le faire chaque semaine. De plus, au fur et à mesure que ma carrière avait progressé, mon agent à IMG, Éric Drossart, s'était chargé d'un certain nombre de ces tâches. Mais moi seul pouvais obtenir les visas, et je détestais ça par-dessus tout.

C'est donc pour cette raison que je me retrouvai, par une matinée de grosse chaleur, la veille de ma finale de Wimbledon contre Borg, en train de faire la queue devant l'ambassade des États-Unis à Londres. J'avais apporté, comme d'habitude, deux photos, l'argent nécessaire et le formulaire rempli. Il ne me restait plus qu'à attendre mon tour. Au moins, cette fois-ci, me donnèrent-ils mon visa sur place. Je devais parfois retourner le chercher le lendemain. J'étais souvent obligé d'envoyer un télex à l'ambassade ou au consulat en question, pour demander s'ils pouvaient me délivrer un visa dans la ville où je me trouvais cette semaine-là. On doit normalement retirer un visa dans son pays de résidence. Mais je n'étais jamais en Roumanie ! Au début, la plupart des ambassades répondaient : « Non, désolé monsieur, il faut que vous alliez chercher votre visa à Bucarest. » Je devais alors expliquer que j'étais joueur de tennis et que cela ne me serait pas possible. On finissait par trouver un moyen. Il arrivait cependant que je ne reçoive pas le visa à temps. À l'aéroport, les agents des douanes me laissaient alors entrer sans visa, mais me mettaient sur le côté, comme si j'étais un criminel, et me posaient toutes sortes de questions, sous le regard curieux des autres passagers. Les visas me posaient de vrais problèmes !

Heureusement qu'aujourd'hui, ma femme, Amalia, et moi bénéficions d'un passeport diplomatique qui nous épargne ce genre de situation. Cela me fut toutefois d'une grande utilité que d'avoir à m'occuper de toutes ces choses comme le transport, l'hébergement, la négociation de contrats. Je pus ainsi me rendre compte qu'il y avait un monde en dehors du tennis et qu'on ne traversait pas la vie avec des gens qui vous tiennent en permanence la main, et qui organisent tout pour vous. Je ne crois pas que les joueurs actuels ont à s'occuper beaucoup des détails de la vie quotidienne. Cela m'étonnerait que Rafael Nadal ou Roger Federer aient jamais eu à faire la queue pour un visa. Maintenant, on ne leur demande que de bien jouer au tennis. S'ils ne font que ça et qu'ils ne parviennent toujours pas à gagner, c'est qu'ils ne sont pas assez bons ! Nous, à notre époque, nous étions parfois distraits par autre chose, ce qui pouvait avoir un effet néfaste sur notre jeu.

Je ne suis pas en train de dire, cependant, que le renouvellement de mon visa fût un facteur déterminant de ma défaite face à Borg le lendemain en finale de Wimbledon. Björn joua très bien, et moi, je ne pus démarrer. Même aujourd'hui, je n'arrive pas à me l'expliquer, alors que je voulais tellement gagner. Björn souffrait depuis quelques jours d'un étirement musculaire à l'abdomen et recevait des piqûres de cortisone avant chaque match pour pouvoir jouer. C'était devenu si grave que la veille de la finale, son coach, Lennart Bergelin, avait publiquement annoncé qu'il était incertain. « Ça faisait de moi le favori, me dis-je ; le gars est blessé, j'ai l'expérience, peut-être que je peux me détendre un tout petit peu. » Je pensai à cette blessure la veille et pendant la nuit.

Nous avions commandé en *room service,* regardé un peu la télé, comme j'avais l'habitude de faire, mais je ne dormis pas très bien cette nuit-là. Je m'y attendais, c'était normal. Le lendemain matin, je me forçai à manger quelque chose et partis faire un petit footing dans Hyde Park, pas jusqu'à Speakers' Corner comme en 1972, mais simplement un petit tour pour m'échauffer. J'avais emporté un ballon de foot pour m'amuser un peu aussi. Ensuite, on partit pour Wimbledon, où je mangeai quelques fruits et un sandwich, mais pas plus. Quand je jouais, j'aimais être à la limite d'avoir faim. Je ne voulais surtout pas avoir l'estomac plein. Mieux valait que je sois presque à jeun. C'était le Wimbledon le plus chaud de tous les temps, et je me rappelle que, pour la première fois, les juges de ligne avaient eu le droit d'ôter leur veste et leur cravate. Pour le lieu, c'était incroyable. Il paraît qu'il faisait 41 degrés ce jour-là sur le central.

Avant le match, je m'échauffai un peu avec Jimmy, puis je retournai aux vestiaires changer de chemise et attendre le signal pour aller m'asseoir dans la petite antichambre. Il n'y avait aucun bruit dans les vestiaires ; il n'y avait que Björn et moi. Il venait d'avoir une piqûre de cortisone et était en train de se frictionner l'abdomen avec une « crème miracle ». À l'époque, les vestiaires étaient plutôt petits et il n'y avait pas beaucoup de place. Il n'y avait que des bancs en bois avec un crochet audessus, de larges casiers horizontaux pour nos vêtements et nos raquettes, ainsi que quelques baignoires. Ce n'était pas le genre d'endroit où l'on pouvait éviter son adversaire. J'ignorais s'il était nerveux ou non. Il devait certainement l'être, mais qui sait ? Après tout, ne le surnommait-on pas « l'Homme de glace » ? Quant à moi, j'avoue que j'avais l'estomac noué.

Je commençai à m'habiller dans un nouvel ensemble Adidas, comme je le faisais à présent pour tous mes matchs de simple. Je mis d'abord mes chaussettes et mes chaussures. Je m'habille toujours dans cet ordre. Les chaussettes et les chaussures d'abord. Parce qu'il faut que je noue les lacets exactement comme je le veux. Après quoi je suis à l'aise et je me sens prêt. Et je peux continuer à m'habiller. Je le fais même quand je mets des vêtements de ville. Ma femme, Amalia, dit souvent : « T'es cinglé, qu'est-ce que tu fais ? » Au début de notre relation, elle en riait et racontait à ses copines : « Il est fou ce mec, il met ses chaussettes et ses chaussures en premier, puis son slip et son pantalon, et sa chemise en dernier. C'est un truc de dingue, non ? » Mais c'était toujours comme ça que je m'habillais pour le tennis, alors je le faisais à la ville aussi. Il m'arrivait, évidemment, de ne pas pouvoir passer la chaussure par la jambe de pantalon, et d'être obligé de me déchausser pour tout recommencer.

Enfin arriva l'heure d'y aller. Nous sortîmes des vestiaires qui se trouvaient à l'époque juste à gauche de l'entrée principale du All England Club, nous tournâmes à droite, montâmes quelques marches, passâmes de l'autre côté de grandes portes à doubles battants, puis sous la fameuse inscription tirée du poème *If,* de Rudyard Kipling :

If you can meet with Triumph and Disaster
And treat those two impostors just the same
(« Si tu peux rencontrer le triomphe et le désastre
Et traiter ces deux imposteurs de façon égale »)

Et la poésie se termine par « tu seras un homme, mon fils ». La morale de cette inscription est claire pour nous qui entrons sur ce célèbre court central nous battre comme des gladiateurs : il faut savoir gérer la victoire aussi bien que l'échec.

Juste avant de pénétrer sur le terrain, on nous fit attendre dans la petite antichambre juste à gauche de la sortie. Nous étions assis, Björn, Leo, le gardien des vestiaires qui portait toutes nos raquettes et nos autres affaires, et moi. Nous nous étions mis d'accord, Björn et moi, sur qui prendrait telle chaise sur le court. Ce furent les seules paroles que nous échangeâmes pendant tout le temps de notre préparation. Dans l'antichambre, en revanche, nous ne nous dîmes pas un seul mot. Alors, pour briser un peu la tension, je me rappelle avoir plaisanté un peu. « Dites, Leo, vous allez où avec tout ça ? Vous émigrez ? » Et lui répondit, avec son parfait accent très *british* : « Voyons, monsieur Nastase, ce n'est pas le moment de rigoler. Vous avez une finale à jouer. »

Puis ce fut le moment d'y aller. Nous entrâmes sur le court, entourés d'une incroyable mêlée de photographes. Je n'en avais jamais vu autant ; j'avais l'impression de participer à un championnat de boxe. Arrivés à la ligne de service, tradition oblige, nous retournâmes tous les deux saluer la famille royale, puis nous dirigeâmes chacun vers nos chaises, comme deux boxeurs dans le ring. Lorsque Borg tira au sort à pile ou face, il gagna et choisit de ne pas servir en premier. Au début du match, je jouai bien. Si bien, par rapport à Borg, que je fis le break d'entrée et menai 3-0. J'eus ensuite trois autres balles de break pour mener 4-0. Dominique, qui était assise discrètement dans les gradins à côté de Jimmy Connors et de Marjorie Wallace, osa espérer que tout allait bien se passer, que je réaliserais enfin mon rêve. Mon frère et Mitch, qui eux étaient assis dans la loge des joueurs, savaient pourtant qu'il restait encore beaucoup à faire.

Effectivement, l'Homme de glace commença à se réchauffer. Il remporta son jeu de service, refit son retard et égalisa à trois partout. Il refit le break pour mener 5-4 et remporta le premier set sur son service. Je crois que si j'avais gagné ce premier set, tout aurait pu arriver. Mais dès que Borg mena par une manche, il trouva son rythme, alors que moi, je perdais le mien. J'avais servi très bien tout au long du tournoi, grâce à ma raquette plus lourde. Mais à présent, mon service était neutralisé par la chaleur, le court était plus lent et le rebond de la balle, plus haut, ce qui profitait à Borg et lui donnait plus de temps pour cogner dans la balle et me passer chaque fois que je m'aventurais au filet. En plus, il servait incroyablement bien et, à cause des conditions, il avait plus de temps pour choisir avec quel coup il allait monter au filet. Il remporta donc beaucoup de points au filet, ce qui était inhabituel chez lui. J'avais beau être rapide, il rattrapait tout, en merveilleux athlète qu'il était.

À la fin du deuxième set, je n'avais plus aucune confiance en mon jeu. Par frustration, je commençai à jurer et à crier après mon frère et Mitch. C'est justement par crainte de cela que Dominique avait préféré se cacher quelque part dans les gradins, pour que je ne puisse pas l'injurier à son tour. J'essayai de rester sur la ligne de fond, d'avancer au filet, mais Björn avait réponse à tout. En peu de temps, je perdis le deuxième set 6-2.

Au troisième set, je tentai de me faire redémarrer. Je me donnais constamment des claques contre la cuisse, comme si j'avais besoin de me réveiller, mais Borg continuait à mieux jouer que moi. Je ne suis pas le genre de joueur qui, aux changements de côté, s'assoit et analyse à fond le match pour essayer de trouver un moyen de changer la situation. Au contraire, quand je perds, j'ai plutôt tendance à changer de côté plus rapidement. Quand je gagne, je m'attarde sur ma chaise : laissons le temps à l'autre gars de ruminer la situation, je me disais. Mais maintenant que j'étais en train de perdre, à quoi bon traîner ? Ça ne servirait qu'à me rendre fou.

À chaque changement de côté, Borg passait son temps à se vaporiser l'abdomen avec un pulvérisateur pour engourdir sa douleur musculaire. Ça avait l'air de marcher, en tout cas. C'était incroyable comment, alors que je l'avais complètement anéanti six mois auparavant dans la finale des Masters, la situation s'était totalement retournée. C'était à présent moi qui ne savais plus jouer du tout. C'est le côté imprévisible du sport. Peut-être que si on avait joué le lendemain, le résultat aurait été différent, on ne le saura jamais. Mais j'avoue que Borg joua vraiment bien ce jour-là.

Il fit le break d'entrée au troisième set et atteignit 5-4. Il servait pour remporter le tournoi. Le public se déchaîna et essaya de m'encourager. Je ne sais comment, mais je parvins à faire le break à mon tour après avoir sauvé une balle de match avec un passing. Je réussis à survivre jusqu'à sept partout (les jeux décisifs étaient encore à huit partout) lorsque Borg, de nouveau, fit le break. Cette fois-ci, il eut une balle de match. Son service arriva sur mon revers et mon retour atterrit dans le filet. C'était fini. Borg lança sa raquette en l'air, comme l'avait fait Smith quatre ans auparavant. C'est moi qui ai sauté par-dessus le filet, cette fois-ci, pour aller prendre mon adversaire dans les bras et le féliciter.

Après une autre pénible cérémonie de remise des trophées, nous quittâmes le court pour aller affronter la presse. C'est affreux mais c'est la règle. Dans un certain sens, c'est mieux de faire les interviews directement après le match, dès qu'on quitte le court, comme ils le font aujourd'hui, plutôt que de se doucher et d'avoir le temps de réfléchir, ce qui fut mon cas. Je me souviens d'un type dans la conférence de presse qui me demanda si j'étais déçu : « Non, je suis très heureux. Prochaine question idiote ? » Je sais que les journalistes ont le droit de poser des questions, mais si le gars me pose une question imbécile, je lui réponds de la même façon. J'avais beaucoup de peine, évidemment, mais je ne détestais pas Borg. Je savais en revanche qu'à deux semaines de mes 30 ans, j'avais sans doute raté ma dernière chance de remporter ce tournoi.

Quand je revis enfin Dominique, elle me fit un énorme câlin. Il n'y avait pas de mots qui auraient pu me consoler. Nous rentrâmes à l'hôtel faire nos valises pour le lendemain. Ensuite, elle repartit chez nous en France pour retrouver notre fille, Nathalie, pendant que moi je m'envolai pour Los Angeles, puis tout de suite après pour Hawaii, à cinq heures de vol de là. Quatre jours plus tard, je retraversai le continent américain jusqu'à Myrtle Beach, en Caroline du Sud, pour disputer avec Connors, Ashe et Orantes un grand tournoi de trois jours sponsorisé par Pepsi-Cola. J'étais en train de jouer contre Connors au premier tour et perdais 6-4, 6-0 tant je ne savais plus du tout où j'étais. C'est alors qu'il commença à faire très sombre, et que je me mis à prier pour qu'il pleuve. Effectivement, un déluge s'abattit sur le tournoi et, quand le match redémarra le lendemain, je le battis 6-4, 7-5 dans les deux dernières manches.

Dans la foulée, je remportai le tournoi avant de regagner Hawaii à nouveau. J'avoue que cette semaine-là fut affreuse. Aussi bien physiquement que mentalement.

Il y eut quand même un moment agréable à Myrtle Beach. Arthur célébrait ses 33 ans le 10 juillet. J'ai pensé qu'on devrait fêter ça, pour que ce soit une journée sympa pour lui. Je demandai donc aux dirigeants du tournoi de lui faire un énorme gâteau à la crème et de le placer sur une grande table entourée d'une grande bannière blanche. Sur la bannière était écrit en grandes lettres toutes rouges « Joyeux anniversaire, Arthur ». Puis, à l'insu de tout le monde, Jimmy et moi nous cachâmes sous la table. Nous ne fîmes pas de bruit lorsqu'Arthur entra dans la pièce pour la présentation du gâteau.

« Eh, les gars, c'est quoi ça ? » dit-il tout haut. Il semblait quand même un peu surpris par ce qu'il voyait. Mais je crois qu'il sentait déjà que quelque chose ne tournait pas rond.

« Un, deux, trois ! » dis-je alors à Jimmy quand on estima qu'Arthur s'était suffisamment rapproché de la table.

« Joyeux anniversaire, Arthur ! » criâmes-nous en bondissant de dessous la table.

Mais Arthur se retourna vite et détala comme un lapin, pendant que je prenais une grosse poignée de gâteau à la crème et la lançais vers lui. Trop tard. Je le ratai. Il ne me restait qu'une chose à faire : prendre une autre poignée et me l'étaler sur la figure. Jimmy, lui, me tartina aussi en se léchant les doigts avec satisfaction. Arthur, hors de danger à présent, riait aux larmes : « Merci, les gars, vous venez de m'offrir un anniversaire vraiment mémorable ! »

Quand je pense à cette période-là et que tout le monde me rappelle : « Ah ! vous n'avez jamais gagné Wimbledon, vous ne le regrettez pas ? » Je leur réponds toujours : « Écoutez, moi j'ai été élevé sur terre battue. Pour moi, le tournoi qu'il fallait gagner quand j'étais petit, c'était Roland-Garros. » Pour Tim Henman, en revanche, ou n'importe quel autre Britannique, (comme l'Écossais Andrew Murray), je suis sûr que c'était Wimbledon. Idem pour Sampras, parce qu'il l'a remporté sept fois. Mais si on le lui avait demandé quand il était gamin, il aurait sûrement répondu l'US Open. Ce n'est pas que je sois satisfait de ne l'avoir jamais gagné, ni que je m'en fiche. Il m'arrive même parfois, quand je suis à Wimbledon, de me dire : « Si seulement je l'avais gagné... »

Dans l'histoire du tennis, il n'y a que deux gars qui ont remporté les quatre majors dans la même année, donc remporté le Grand Chelem : Rod Laver, deux fois, et, avant la guerre, Don Budge. Et il n'y en a que trois qui ont remporté ces quatre majors au cours de leur carrière : Roy Emerson, Fred Perry, Andre Agassi. Et ce dernier est le seul à l'avoir fait depuis trente-cinq ans, depuis que notre sport est devenu *open.* Même le génie qu'est Federer n'y est pas encore parvenu. C'est donc rarissime d'avoir les quatre titres du Grand Chelem. À tous les autres champions des dernières années, Connors, McEnroe, Borg, Sampras, il manque un des quatre majors sur une surface. J'ai remporté Forest Hills sur gazon et, l'année d'après, Roland-Garros sur terre battue, les deux surfaces les plus différentes. Mis à part Santana, Kodes et Borg, aucun spécialiste de terre battue n'a réussi cet exploit. Si je n'avais jamais gagné Roland-Garros, il y aurait vraiment eu quelque chose qui clochait, parce que je suis presque né sur terre battue. Cela dit, j'en conviens, ça aurait été mieux d'avoir remporté Wimbledon aussi. Lorsqu'on s'acharne à me dire que je suis le joueur le plus talentueux à ne l'avoir jamais remporté, j'ai envie de répondre que McEnroe est le joueur le plus talentueux à n'avoir jamais remporté Roland-Garros, ou Borg le plus talentueux à n'avoir jamais remporté l'US Open. Et alors ?

Du reste, ce n'est qu'en Grande Bretagne, là où Wimbledon est si important, qu'on persiste à me poser cette question. En France ou aux États-Unis, ils n'en font pas toute une histoire. Alors j'essaie d'oublier que je n'ai pas gagné Wimbledon, bien décidé à ne pas me laisser gâcher la vie par cela. Quand mes enfants sont nés, par exemple, je ne pensais pas au fait que je n'avais jamais gagné Wimbledon. Il y a des choses plus importantes dans la vie. Vu d'où je suis sorti, les conditions dans lesquelles j'ai grandi, je ne crois pas que je puisse en demander davantage. J'ai déjà réussi bien plus que je n'aurais pu espérer.

Je suis satisfait de ce que j'ai fait. J'ai toujours été de l'avis que ça ne servait à rien de regarder en arrière et de regretter.

Après encore quelques semaines d'Intervilles, je pus enfin rejoindre le circuit à nouveau. Je débutai bien, remportant le dernier tournoi avant Forest Hills, à Orange dans le New Jersey, contre un autre joueur avec qui je m'étais déjà pris le bec dans le passé, Roscoe Tanner. Borg l'avait battu quelques semaines plus tôt en demi-finale de Wimbledon. Roscoe avait un bon service mais pas grand-chose d'autre et, très franchement, c'était un connard et tout le monde le savait. Sur le court, il était toujours en train de me rappeler le règlement. J'avais, par ailleurs, été disqualifié contre lui aux American Airlines Games à Palm Springs au printemps. C'était dire ma joie de le battre facilement en finale à Orange. Plusieurs années après, il me fit un coup vraiment incroyable qui, si j'avais voulu, aurait pu le conduire en taule. (Il paraît qu'il a fait depuis deux séjours en prison suite à des condamnations pour fraude et pour non-paiement de pension alimentaire à son ex-épouse !) Un jour, un type qui avait investi son propre argent dans le but d'organiser un tournoi avec Roscoe me dit ceci au téléphone :

— Roscoe a un contrat que vous avez signé comme quoi vous jouez dans ce tournoi.

— De quoi parlez-vous ? Je n'y connais rien à votre tournoi.

— Eh bien, a-t-il continué, on a votre signature. Et celle de Connors aussi.

C'était clair que Roscoe avait falsifié nos signatures, afin que ce type lui donne l'argent. Jimmy voulait le poursuivre en justice, mais je lui dis que ça n'en valait pas la peine. Cela prouve quand même à quel point Roscoe était idiot.

Au deuxième tour de Forest Hills, je fus opposé à un Allemand très méthodique, un certain Hans Pohmann, dont la tête ne me revenait pas. Le problème que je rencontrai pendant le match n'était pas tellement avec lui mais plutôt avec l'arbitre. J'avais déjà contesté des appels de ligne mais, à un set partout, suite à deux manches serrées 7-6, 4-6 (ce match étant disputé sur trois sets), Pohmann se mit à souffrir de crampes aux jambes. Il faut se rappeler qu'à l'époque, les médecins n'avaient absolument pas le droit de pénétrer sur le court pour soigner les joueurs. Soit ces derniers jouaient tout en étant blessés, soit ils abandonnaient. Aujourd'hui, ils se font soigner dès qu'ils éternuent. Lorsque l'arbitre appela le médecin, je ne fus pas très content mais je laissai passer. Pohmann se remit et courut comme un lapin. Nous continuâmes donc le troisième set jusqu'à ce qu'il s'écroule par terre une deuxième fois, en se tortillant et criant de douleur. De nouveau des crampes. Le médecin revint. Je commençai à vociférer contre l'arbitre, et la foule, à se déchaîner. Pohmann se remit une fois de plus et recommença à sauter comme un cabri, comme si de rien n'était. Nous parvînmes ainsi au tie-break décisif. Par deux fois, Pohmann eut une balle de match. À deux reprises, je réussis à la sauver. Que fit-il alors ? Une troisième et dramatique attaque de crampes. Je n'en crus pas mes yeux quand le médecin revint le soigner une troisième fois. Cela n'avait jamais été permis avant. Je devins fou de rage. Il devrait être disqualifié, comme pour un boxeur : l'arbitre ne continue pas à compter jusqu'à 100, au cas où le gars se remettrait debout. Il compte jusqu'à 10 et, s'il ne peut continuer, c'est fini. Le public new-yorkais, évidemment, trouva ce spectacle merveilleux, m'invectiva, fit un bruit énorme, pendant que moi, j'étais complètement hors de moi, fou furieux.

Je sus quand même me maîtriser pour remporter le tie-break et le match, mais refusai de serrer la main de Pohmann et de l'arbitre. J'étais furieux contre tous les deux, furieux contre le docteur, furieux contre la situation en général, que j'estimais être complètement injuste. J'étais aussi furieux contre Jack Kramer, de l'ATP, qui m'avait infligé une amende et m'avait suspendu la semaine d'avant, et, tant qu'à faire, j'étais furieux aussi contre les dirigeants du tournoi. En fait, j'étais furieux contre tout le monde !

De retour aux vestiaires, je hurlai à Pohmann : « Espèce de salaud, t'es comme un nazi. » Je sais que ce n'était pas génial, mais j'étais déchaîné. J'eus même le soutien de tous les joueurs présents, personne ne venant défendre Pohmann. J'eus évidemment droit à une autre amende (1 000 dollars). Tout le monde s'empressa de dire que c'était de ma faute, simplement parce qu'ils ne comprenaient pas pourquoi je m'étais comporté de la sorte. Mis à part deux ou trois vrais journalistes du tennis qui firent l'effort d'expliquer la situation et de condamner le comportement lamentable du public envers moi, tous les autres articles dans les journaux racontèrent une histoire complètement négative à mon égard, même si mes plaintes avaient été justifiées. Comme d'habitude, la version *bad boy* était beaucoup plus excitante à lire et vendrait donc beaucoup plus de journaux.

Après m'être douché, en revanche, je me calmai tout de suite. Je ne peux l'expliquer mais, même après un combat à mort sur le terrain, je redeviens normal dès que je le quitte. J'ai toujours été comme ça. Je peux commencer une dispute en deux secondes sur le court. Je me lâche complètement. Mais après, dès que le match est terminé, c'est fini. Oublié. Je suis comme ça dans la vie de toute façon. Je m'énerve facilement, par exemple quand quelqu'un me ment et que je le sais. Je ne supporte pas et je deviens fou. Mais je m'en remets facilement aussi.

Alors c'est vrai que, sur le terrain, je n'avais pas de limites. J'étais complètement aveugle, que j'aie raison ou non de discuter un point – car je n'avais pas toujours raison. Plus je voyais de panneaux « stop » sur le court, plus je passais outre. Je suis cependant content que tout cela se soit passé sur un court et non en dehors. Sinon, je me serais donné un maximum de cinq ans à vivre, pas plus. Ça n'aurait pas été possible de vivre de cette façon intense aussi bien sur le terrain qu'en dehors. Souvent, les gens n'arrivaient pas à croire que j'étais différent dans la vie. C'était comme s'il fallait que je le leur prouve, que je publie un démenti. Soit ils ne me prenaient pas au sérieux – ce qui est parfois encore le cas aujourd'hui –, soit ils croyaient que j'allais les tuer ou les injurier s'ils m'adressaient la parole. Il est vrai que j'ai été parfois violent sur le court et que j'ai sorti des choses affreuses. Mais j'étais – et je reste – deux personnes très différentes, sur un court et en dehors.Beaucoup de joueurs restent les mêmes sur et hors d'un court. McEnroe avoue qu'il a encore des problèmes à gérer sa colère dans la vie de tous les jours. Récemment, il m'a encore dit : « Nasty, je n'arrive pas à me maîtriser. J'ai ma vie privée. Les gens viennent me déranger quand je mange, ils m'interrompent et ça me rend fou. » Peut-être que c'est lui qui a raison mais, moi, je suis comme ça et je ne changerai jamais.

À la suite de mon match contre Pohmann, j'eus droit à une amende qui me fit dépasser les 3 000 dollars permis dans l'année. J'avais reçu d'autres amendes à la suite d'autres incidents, notamment ma disqualification dans les American Airlines Games en avril contre Tanner. Je fus donc automatiquement suspendu pendant vingt et un jours. Comme cela avait souvent été le cas, je fus sage comme une image jusqu'à la fin du tournoi, et gagnai facilement tous les matchs suivants pour me retrouver en demi-finale. Je battis même Tanner au cours d'un match en cinq sets qui me donna beaucoup de satisfaction. Mais en demi-finale m'attendait le Martien : Borg. Une fois de plus, je ne pus rien faire. À ce stade du tournoi, j'étais en panne sèche d'énergie et je fus battu facilement en trois sets. Cela dit, si l'on tient compte du temps passé à jouer les Intervilles, j'avais réussi d'excellents parcours dans les deux tournois de Grand Chelem que j'avais disputés : finaliste à Wimbledon et demi-finaliste à Forest Hills. J'étais aussi troisième au classement ATP de fin d'année, derrière Connors (vainqueur de Forest Hills) et Borg.

Le plus stupide dans le système de suspension était que, même interdit de tournois du Grand Prix, je pouvais jouer les matchs exhibitions. Alors mon manager, Mitch, organisa vite des rencontres très bien rémunérées dans diverses parties du monde et contre des joueurs tels que Connors et Borg. Et, le temps que se termine ma période de suspension, j'avais empoché bien au-delà de 50 000 dollars – pas mal comme punition pour un mauvais comportement ! Et on s'étonne que ces suspensions ne m'aient jamais dissuadé ?

Je ne le savais évidemment pas à l'époque, mais 1976 fut ma dernière très bonne année. Tout alla si vite, malheureusement, que je n'eus pas le temps de savourer le succès. J'allais de tournoi en tournoi – j'en avais disputé 30 cette année-là, remportant neuf titres de simple et un de double – et je croyais que c'était normal de gagner comme ça. Je ne me pinçais pas pour me dire : « Profites-en parce que ça ne va pas durer. » Et je n'étais pas obsédé par le fait d'avoir été numéro 1. À quoi bon se répéter qu'on a été numéro 1 alors qu'on ne l'est plus ?

Sur le terrain, même si je jouais principalement pour moi, je jouais aussi pour le public. J'aimais être devant la foule, tenter des coups surprenants. Le coup par-dessus l'épaule après avoir couru pour rattraper un lob, c'est moi qui l'ai inventé. Aujourd'hui, ils le font tous, mais moi, je m'étais entraîné comme un fou pour le perfectionner et, à cause des lourdes raquettes en bois que nous avions à l'époque, c'était un coup difficile à exécuter si on n'avait pas le poignet à la fois très solide et très flexible. J'adorais me faire plaisir et, si le public y prenait plaisir également, c'était merveilleux. Qu'y a-t-il de mieux ? Évidemment, certains joueurs diront : « Je m'en fous de faire plaisir au public, tout ce que je veux, c'est gagner. » Mais pour moi, c'était aussi important que de remporter des matchs, et marier le plaisir à la victoire a été un combat permanent.

Grâce à mon succès, les gens me reconnaissaient de plus en plus, non seulement aux tournois mais aussi dans la rue, dans les restaurants, partout où j'allais. Si j'adorais être le centre d'intérêt sur le terrain, je n'aimais pas trop, en dehors, qu'on me regarde. J'étais resté timide, même quand j'étais à mon apogée. Je n'ai d'ailleurs jamais essayé d'utiliser ma célébrité à mon profit. J'ai toujours été gêné quand, dans un restaurant par exemple, on me disait : « On va vous trouver une table tout de suite », alors qu'il y avait une queue de gens qui attendaient. On me donnait une table et je me disais : « Merde, tout le monde me regarde. » Alors je me mettais en général le dos à l'entrée pour que les gens ne me voient pas.

L'autre chose qui arriva, surtout quand je devins numéro 1 en 1973 et que le « code de conduite » n'avait pas encore été écrit, fut que je pouvais me permettre de faire plein de conneries dans les tournois là où d'autres joueurs moins bons ne le pouvaient pas. Mon manager disait : « OK, Nastase viendra jouer, il est numéro 1, alors pas d'amende s'il vous plaît. » (Car les amendes étaient à la discrétion des dirigeants de tournois à l'époque.) À partir de 1976, chaque juron me coûta 250 dollars, chaque doigt d'honneur également. Je dus débourser beaucoup d'argent en amendes et, si je n'avais pas si bien gagné ma vie, je serais aujourd'hui en train de dormir sous les ponts. Mais j'étais fort à l'époque, et tout le monde me sollicitait.

Durant l'automne et l'hiver 1976, je pus passer un peu plus de temps chez moi, pour la première fois depuis des mois. Au début de l'année, on avait enfin emménagé dans notre maison à la campagne achetée à la famille Rothschild fin 1975. Elle était dans le même village, Bazoches, où se trouvait le château de mes beaux-parents, ce qui était très pratique. C'était une ravissante gentilhommière du XVIIe siècle avec des poutres apparentes, un grand terrain et un petit ruisseau au bout du jardin. On l'avait retapée au fil des mois. J'avais fait installer un court de tennis, et nous avions passé pas mal de temps avec Dominique à la meubler.

Cela peut paraître étrange, mais j'ai toujours aimé aménager toutes mes maisons ou mes appartements. Et avec toutes mes femmes ! Au fil des années, j'achetais des meubles, des tableaux, des objets qui me plaisaient. Certains, comme l'énorme armoire chez moi à Bucarest achetée avec Tiriac, ont plus de trente ans. En 2003, j'ai acheté à Paris, tout près de l'arc de Triomphe, un appartement que nous avons, Amalia et moi, décoré et meublé de fond en comble. Pour elle, c'était important, parce que c'était la première fois qu'on aménageait quelque part ensemble. Je ne me sépare pas facilement de ce que j'ai acquis. Même des voitures, que je ne vends jamais. Je préfère en faire cadeau à des amis ou à ma famille. En 1972, je me suis acheté une belle Bentley de 1966 dans laquelle j'adorais rouler. Cette voiture, que j'ai gardée pendant des années, je l'ai donnée au gardien de mon voisin à Bazoches. Je crois même qu'il l'a encore.

Quand Dominique et moi nous sommes mariés, en 1972, on avait loué un super-appartement à Bruxelles, en face du Léopold Club, le club de tennis du roi, où se déroulaient tous les tournois importants. C'était très pratique pour moi, parce qu'il y avait toujours des joueurs belges avec qui je pouvais m'entraîner. Bruxelles n'était pas une grande ville, surtout à l'époque, alors j'étais vite devenu copain avec les meilleurs sportifs belges, surtout Eddy Merckx et Jacky Ickx, le pilote de Formule 1.

Eddy, avec qui je jouais parfois, m'avait offert un des vélos sur lequel il avait gagné un de ses cinq Tours de France, et moi, je lui avais donné une de mes raquettes. Je crois que j'ai gagné au change. Surtout que j'ai encore le vélo orange aujourd'hui. Il ne pèse qu'environ deux kilos, ce qui est incroyable vu les matériaux d'autrefois, qui n'étaient pas légers comme ceux d'aujourd'hui. L'ambiance à Bruxelles était bonne, on connaissait plein de monde, on se faisait inviter dans des soirées, et les gens me considéraient comme un des leurs. C'était une période agréable pour moi. Mais notre appartement n'avait que deux chambres et, à la naissance de Nathalie, en 1975, il se révéla trop petit. D'autant que la nounou qu'avait eue Dominique quand elle était petite était devenue la nounou de notre fille et était venue habiter avec nous. C'est pour cette raison que nous eûmes l'idée d'acheter la maison en France.

Pendant ces dernières semaines de 1976, je passai donc du temps à Bazoches à me reposer, à enfin commencer à connaître ma fille et même à jouer un peu au tennis avec ma femme. Cela dit, on ne jouait pas longtemps, parce qu'après dix minutes, je commençais à m'énerver et je me mettais à frapper la balle de plus en plus fort. Ça se terminait à chaque fois par une dispute, et un de nous deux quittait le court en furie ! Alors, la plupart du temps, je jouais avec son frère aîné Bernard, qui était bon joueur. Autour de Noël, mes beaux-parents recevaient beaucoup au château. Tous les jours, ils organisaient des parties de chasse auxquelles je refusais toujours de participer tant j'en avais horreur. Nous étions alors une centaine à venir déjeuner au château. Mais le reste du temps, notre vie était plutôt calme. Trop calme, même. J'avais besoin de voir du monde, le bruit de la ville me manquait et, après quelques semaines, je commençais à avoir la bougeotte. C'est du reste Ion qui m'avait dit une fois, il y a très longtemps : « Je te donne 100 dollars si tu ne bouges pas pendant cinq minutes. »

© D.R.

Mes parents, Elena et Gheorghe, à la fin des années soixante-dix, devant ma maison à Bucarest.

© D.R.

◀ Une des premières photos de moi. Roland Garros, 1966 : pendant la rencontre Roumanie-France de Coupe Davis. René Lacoste m'avait gentiment donné une tenue toute neuve et je venais aussi de recevoir quatre nouvelles raquettes Slazenger. J'étais aux anges.

Le Capitaine Nastase en 1972. Je suis aujourd'hui Général dans l'armée roumaine. Je vous jure que c'est vrai ! ▶

© D.R.

© Bettmann / Corbis

Je viens de remporter les Internationaux des États-Unis à Forest Hills, à New York, en septembre 1972, dominant en finale l'Américain, Arthur Ashe à l'issue de cinq sets acharnés.

En 1973, je m'impose à Roland Garros en trois petits sets contre le Yougoslave Nicola Pilic. ▼

© Nik Wheeler/Sygma / Corbis

© Michael Cole / Corbis

1978, Tournoi de Wimbledon.

Je suis le Maître. Je suis comblé après avoir remporté mon troisième titre d'affilée de Masters à Boston, aux USA, en décembre 1973. ▼

© D.R.

Les équipes de Coupe Davis des USA et de Roumanie sont reçues par le président Nixon à la Maison Blanche en 1969. Je suis le deuxième à gauche de Nixon. ▼

R.

Le sens du spectacle

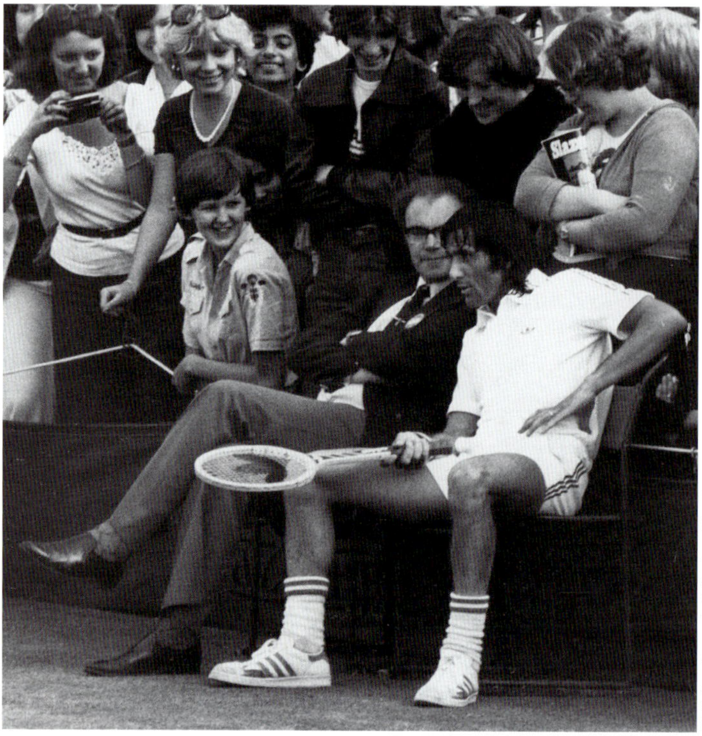

« Entre nous, Sir, je suis sûr que la balle était faute. » Je n'ai pas toujours été si poli pendant mon match contre Andrew Pattison à Wimbledon en 1977.

© Hulton-Deutsch Collection / Corbis

© Michael Cole / Corbis

Wimbledon, 1974. Il pleuvait, alors je me suis dit : « Je vais emprunter un parapluie à un spectateur pour éviter de me mouiller. »

Juin 1991, Wimbledon.
Notez le cordage de ma raquette.

© Michael Cole / Corbis

Vie publique, vie privée

Je rentre en politique en 1990 et je suis candidat à la mairie de Bucarest en 1996, où j'échoue. Je reviens vers le tennis et deviens président de la Fédération roumaine de tennis.

J'ai rencontré ces ouvriers en sidérurgie lors de ma campagne pour être élu maire de Bucarest en 1996.

◀ Je porte les chaussures Ilie Nastase sur le plateau de l'émission *The Johnny Carson Show* aux USA en 1977 car Adidas venait d'en faire le lancement.

▲Arthur Ashe et moi en train de bavarder avec une de mes idoles du foot, Johann Cruyff, lorsqu'il jouait pour le FC Barcelone.

Rome, 1974, avec mon grand copain Jimmy Connors. Peu de temps après, j'ai aidé à lui décrocher un énorme contrat avec Sergio Tacchini. ▼

© D.R.

◀ J'épouse Dominique en décembre 1972. Après notre mariage civil, la réception a eu lieu dans la grande et belle demeure bruxelloise des parents de Dominique (à gauche et au centre de la photo).

© D.R.

Une semaine plus tard, nous nous sommes mariés religieusement dans la petite église de Bazoches-sur-le-Betz, en Bourgogne, là où la famille de Dominique avait un château. ▶

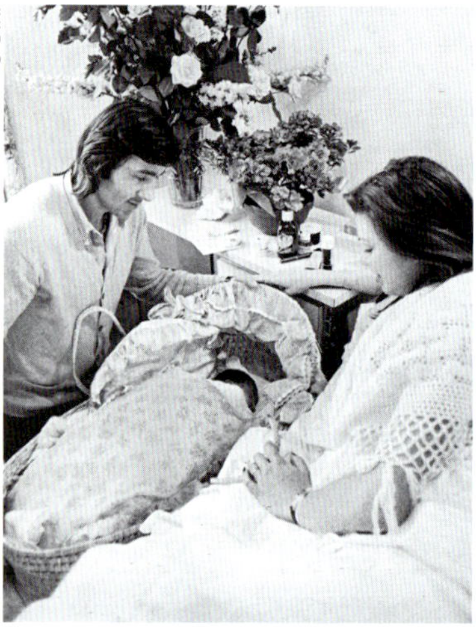

© D.R.

▲ J'étais fou de joie lors de la naissance de Nathalie, en mars 1975, à l'Hôpital Américain, à Neuilly.

© D.R.

▲Le baptême de ma fille Nathalie a eu lieu dans la même église. Sa tante et marraine, Nathalie, est à côté de Dominique.

© D.R.

◀ J'épouse Amalia civilement en juillet 2003 à la Mairie du XVIe arrondissement. Notre première fille, Alessia, naîtra quelques jours plus tard. Ion Tiriac est à gauche d'Amalia et nous sommes entourés de son fils, Ion-Ion, et de ma fille aînée, Nathalie.

© D.R.

◀Mes trois aînés :
Nicky, Charlotte et Nathalie
(de gauche à droite).

Nous fêtons le 1er anniversaire d'Emma. Elle est rayonnante (et Amalia aussi !). ▼

© D.R.

© D.R.

▲ Ma femme Amalia avec la petite Alessia, en août 2003.

© D.R.

Nicky, âgé de deux ans, sur le balcon ▲ de ma maison à Bucarest. Le pain est presque aussi grand que lui.

▼ Photo de famille dans notre nouvel appartement à Paris.

© D.R.

▼Charlotte qui s'entraîne à grimper.

© D.R.

Je crois que j'ai enfin
atteint l'âge de raison.

CHAPITRE 9
1977

Lorsque je revis Rosie, deux jours plus tard, elle me demanda si la fête s'était bien passée. « Super-bien », décidai-je de dire, en faisant un énorme sourire, comme si de rien n'était.

Le 5 mars au matin, j'étais à Porto Rico en train de me préparer pour jouer un match contre Jimmy Connors où le gagnant « raflait la cagnotte entière » (*winner takes all*) de 450 000 dollars. Ce genre de match exhibition se faisait de plus en plus, car c'était une bonne façon de faire découvrir le tennis à un public qui n'avait pas l'habitude de voir les grands joueurs débarquer dans leur ville. Le perdant était quand même assuré d'empocher la jolie somme de 150 000 dollars. Cependant, à des milliers de kilomètres de là, à Bucarest, la terre venait d'être secouée au plus profond d'elle-même. Non pas en réaction aux sommes que je gagnais à présent. Mais à cause d'un énorme tremblement de terre, de 9,6 sur l'échelle de Richter, qui avait secoué la ville pendant la nuit, provoquant l'écroulement de centaines d'immeubles et de bâtiments et la mort de milliers de personnes. Lorsque Dominique et Mitch apprirent la nouvelle, j'étais sur le court en train de m'entraîner, et je n'avais aucune idée de ce qui s'était passé à Bucarest. Alors, pendant que je continuais tranquillement à taper des balles, ils essayaient désespérément de savoir ce qui était arrivé, non seulement à ma maison mais surtout à ma famille. Heureusement, avec l'aide d'amis à l'ambassade de Roumanie à Washington, Mitch put apprendre que ma famille était saine et sauve et que ma maison n'avait subi que des dégâts structurels.

Le camp de Connors, en revanche, avait aussi appris la nouvelle. Et, quand j'entrai sur le court un peu plus tard pour disputer le match, Jimmy me dit quelque chose dans le genre : « Tu devrais appeler chez toi parce que t'as peut-être plus de baraque. » Comme je n'avais aucune idée de ce qu'il racontait, je n'y prêtai pas attention. Je pensais qu'il disait ça juste pour me chambrer comme d'habitude à propos des communistes qui saisissaient les propriétés privées. Nous jouâmes donc le match – que je perdis en quatre sets – et, après seulement, j'appris qu'il y avait eu ce tremblement de terre. J'étais furieux de ce que Jimmy m'avait dit, mais je pensai qu'il l'avait fait par manque de maturité, non par méchanceté. C'était plutôt son entourage qui avait dû le pousser à dire ça afin de me déstabiliser. En tout cas, ce qui m'inquiétait plus que ses propos déplacés, c'était ce qui était arrivé à tous mes amis à Bucarest car, d'après les images que l'on voyait à la télé, il était clair que les choses avaient l'air graves.

Ce n'est que deux mois plus tard, lorsque je revins à Bucarest pour une rencontre de coupe Davis, que je vis de mes propres yeux les dégâts : des quartiers entiers étaient à présent rasés, là où, autrefois, il y avait eu plein d'immeubles. Certains de mes amis étaient morts en essayant de fuir leurs appartements, car les immeubles s'étaient écroulés sur eux. D'autres étaient morts dans leur lit lorsque des étages entiers avaient cédé et qu'ils s'étaient retrouvés quatre ou cinq étages en dessous.

Ce fut terrible. Il y eut environ 4 000 morts. À l'époque, les gens n'avaient pas encore le réflexe de venir me demander de l'argent. Aujourd'hui, c'est ce qu'ils feraient. On est toujours en train de m'en demander pour toutes sortes de causes ridicules ou pour des problèmes inventés. Amalia passe son temps à essayer de décider quelles sont des demandes légitimes et lesquelles ne le sont pas. Mais à l'époque, les gens attendaient que l'État les aide. C'est du reste pour cette raison que les personnes âgées – celles qui n'ont pas su tirer profit de la nouvelle société – pensent que la vie était meilleure sous le régime communiste. Au moins les gens avaient un salaire, un logement et de quoi manger. S'il se passait quelque chose de grave, l'État les aidait. Bien que Bucarest connaisse régulièrement des petits tremblements de terre, celui-ci l'avait durement secouée. Pendant au moins un an, les rues restèrent jonchées de décombres.

Du coup, Ceausescu, qui avait déjà commencé son projet de reconstruction massive de la capitale, passa à la vitesse grand V. En une vingtaine d'années, il construisit environ 20 000 bâtiments. 20 % environ du centre de Bucarest, y compris des églises et des monuments historiques, furent démolis. Il relogea tous les gens qu'il avait déracinés des campagnes pour qu'ils viennent travailler dans les usines, et chassa tous les particuliers de leurs maisons, qu'ils n'avaient plus le droit d'habiter. Il construisit également d'énormes bâtiments pour y installer des ministères et des ministres. Le plus grand, sa *Casa poporului* (« maison du peuple »), qui devait contenir des bureaux pour son gouvernement et lui, était tellement énorme qu'il n'était même pas encore terminé lorsqu'il fut exécuté en 1989. C'est aujourd'hui le deuxième bâtiment le plus grand du monde, après le Pentagone. Et, pendant toutes les années que dura la construction, des rues entières furent fermées, 24 000 personnes y travaillèrent, et beaucoup y laissèrent leur vie.

En mai, j'allai à Rome pour les Internationaux d'Italie, après un printemps plutôt réussi et sans controverses : j'avais remporté deux titres de simple et trois de double, et je m'étais qualifié pour les finales du circuit WCT aussi bien en simple (disputé à Dallas) qu'en double (disputé à Kansas City), que je ratai d'ailleurs pour cause de coupe Davis. Au début mai, j'avais déjà gagné 400 000 dollars rien qu'en jouant, sans compter ce que je gagnais de mes sponsors. Comparé aux 228 000 dollars que j'avais gagnés au cours de toute l'année 1973, celle où j'avais eu le plus de succès et où j'avais été non seulement numéro 1 mondial mais le joueur qui avait le plus gagné, cela montrait bien l'évolution du tennis en l'espace de si peu de temps.

À Rome, j'arrivai jusqu'aux quarts de finale en simple, et demi-finales en double. C'est Vitas Gerulaitis qui remporta le titre, son premier tournoi important. Vitas était un des joueurs qui avait le plus de personnalité sur le circuit, et un de ceux avec qui on s'amusait le plus. Mais à cette époque, il se droguait déjà. Il donnait l'impression de ne jamais dormir et, à l'inverse de la plupart des joueurs, moi y compris, qui évitions de sortir avant de disputer une rencontre, Vitas sortait volontiers en boîte jusqu'au petit matin, tout en sachant qu'il avait un match important le lendemain. Sa finale contre l'Italien Antonio Zugarelli en fut la preuve, car il ne se coucha pas. Il était allé en boîte, s'était défoncé jusqu'à 7 heures du matin, et était ensuite allé battre Zugarelli l'après-midi. Il était sans doute encore en train de planer pendant le match avec tout ce qu'il avait pris. Le plus fou, c'est qu'il était à l'apogée de sa carrière – un mois plus tard, il y eut cette demi-finale incroyable contre Borg à Wimbledon –, ce qui ne l'empêchait pas de faire la fête et de se droguer sans arrêt. C'était un vrai mystère, pour nous qui étions ses amis, de savoir comment il arrivait non seulement à tenir mais même à bien jouer.

À Roland-Garros, j'étais tête de série n° 1, alors que le tenant du titre, Adriano Panatta, n'était que numéro 2. Peut-être parce que j'avais terminé l'année précédente troisième au classement ATP et Panatta, septième. Toujours est-il qu'en huitièmes de finale, je me trouvai face à Jan Kodes, le joueur contre lequel j'avais disputé le plus de matchs, après Orantes et Connors. Je me rappelle avoir joué le tennis dont je rêvais parfois, tellement parfait. Je courus comme un lapin et réussis des coups que je n'essayais qu'à l'entraînement. J'eus même le temps de m'amuser et d'amuser le public. Le pauvre Kodes était impuissant et pouvait seulement espérer que ça n'allait pas durer – ce qui fut le cas, car je le balayai en trois petits sets.

Pour le quart de finale, j'étais opposé à Brian Gottfried. Avec Raúl Ramírez, ils formaient la meilleure équipe de double à l'époque. En simple, il était également bon puisqu'il était alors en tête du classement du Grand Prix. Ce n'était peut-être pas le joueur le plus original, mais il bossait fort, aussi bien pendant un match qu'à l'entraînement. On dit même qu'il se serait entraîné le jour de son mariage. Notre match débuta en fin d'après-midi dans un stade plein à craquer. Je remportai les deux premières manches 6-4, 6-3 et Gottfried, la troisième. À l'époque, les joueurs avaient encore le droit de quitter le court pour un quart d'heure de repos après le troisième set dans tous les tournois du Grand Chelem et en coupe Davis. De retour sur le court, j'étais tendu. Je sentais que le match était en train de tourner, et il se faisait tard. Je me mis à m'adresser à Dominique en hurlant. Elle était la cible la plus proche, la pauvre, et j'avais besoin que quelqu'un soit là quand ça n'allait pas. Je la traitais de tous les noms, en roumain quand même pour qu'elle seule puisse comprendre. Jusqu'au moment où elle en eut marre et quitta les gradins.

Au cinquième set, j'étais fatigué et il commençait à faire nuit. Je demandai au directeur du tournoi d'arrêter la partie et de reprendre le lendemain. Je savais que le gagnant jouerait contre l'Australien Phil Dent en demi-finale, ce qui, pour moi, était un bon tableau qui me permettrait d'accéder à la finale. Mais le directeur du tournoi refusa de suspendre la partie, que je finis par perdre 6-3 au cinquième. Gottfried battit effectivement Dent en trois sets et se fit ensuite démolir par Vilas en finale. J'étais donc très déçu d'avoir perdu. D'autant plus déçu que, si on avait pu terminer le match le lendemain, j'étais convaincu que j'aurais gagné, et que tout aurait pu arriver ensuite. Il faut souvent un peu de chance en sport : parfois, ça marche en votre faveur, parfois pas. Et, quand ce n'est pas le cas, alors c'est rageant.

Après le match, je m'excusai auprès de Dominique de l'avoir traitée de tous les noms. Elle était heureusement habituée et savait bien que je ne lui disais pas ça par méchanceté. Elle ne s'en plaignait jamais et, après ce genre de défaite, préférait ne pas en parler. En général, d'ailleurs, je m'étais déjà calmé avant de la retrouver.

Cette fois-ci, nous dînâmes chez Lipp au Quartier latin. Mon frère nous accompagnait, ainsi que l'ambassadeur roumain à Paris, un ami proche. Ils évitèrent de parler du match, sachant très bien que je n'en avais vraiment pas envie. Je faisais mine que tout allait bien, comme s'il ne s'était rien passé. Personne n'était pourtant dupe. C'est pareil que quand on perd en finale et que l'on regarde l'autre recevoir le trophée. Ça fait très mal. Cela dit, sortir avec Dominique et des copains, partager une bouteille de vin, faire comme si tout allait bien, était quand même mieux que ce que j'étais obligé de faire de plus en plus souvent, c'est-à-dire rentrer seul à l'hôtel, m'asseoir sur le lit et ne rien faire. Pas même regarder la télé. Juste être là à ne rien faire. C'est ça le pire. Ainsi que le silence, qui commence dès qu'on rentre aux vestiaires et nous suit jusqu'à la voiture, jusque dans la chambre, et encore quand on fait sa valise pour partir. Tout le monde passe par là, même les meilleurs : cela fait partie de la compétition.

Notre rencontre de coupe Davis contre la Grande-Bretagne à Bucarest avait lieu début juin, la semaine après Roland-Garros. C'était la troisième rencontre en huit semaines. La première, à la mi-avril, contre la Belgique, m'avait fait rater les finales de double WCT à Kansas pour lesquelles je m'étais qualifié avec Panatta. Ensuite, en mai, nous étions opposés à la Tchécoslovaquie, ce qui m'avait obligé à rater un autre tournoi lucratif, le Alan King Classic au Caesar's Palace de Las Vegas. Bien que déçu de ne pouvoir y participer, en partie parce que les deux tournois étaient bien rémunérés, je savais que la coupe Davis restait une priorité pour moi et était le prix à payer pour ma liberté. Ces deux rencontres ayant lieu à Bucarest, elles me donnaient également la seule occasion, autre qu'à Noël, de rentrer chez moi pour voir ma famille et mes amis.

Entre-temps, avant que ne débute la rencontre contre les Britanniques, j'étais devenu le major Nastase. J'avais été promu à ce rang tout simplement à cause de mon âge au cours d'une cérémonie au ministère de la Défense. J'étais le premier à voir le côté drôle de la situation, mais je suis sûr que mon vieil ami, le capitaine Mike Gibson de Wimbledon, aurait été très fier de moi.

Lors de la rencontre même, je battis John Feaver, joueur modeste, en quatre sets, et Dumitru Haradau, John Lloyd (qui épouserait Chris Evert quelques années plus tard) en quatre sets aussi. On menait donc 2-0 et il ne nous restait qu'un point à gagner des trois matchs encore à disputer. Tiriac, à 38 ans, ne jouait plus que le double. Nous fîmes donc équipe contre les frères Lloyd pour le double capital du deuxième jour. Si je me suis toujours bien entendu avec le cadet des Lloyd, John, le courant passait mal avec son frère David. On était trop différents. Il prenait tout très au sérieux. Il cherchait toujours une occasion pour se prendre le bec avec moi.

Et, effectivement, pendant la deuxième manche, alors que la Grande-Bretagne était menée par un set à zéro, John frappa un coup très croisé qui m'obligea à courir à toute vitesse. J'atteignis la balle, que je renvoyai en la faisant passer autour du filet. Comme je n'arrivai pas à freiner ma course, je terminai du même côté que les frères Lloyd. Au lieu de se pousser un peu, David, qui était tout près de moi au filet, resta planté là, exprès je crois, et je lui rentrai en plein dedans.

« T'es fou ou quoi, espèce d'emmerdeur, pourquoi ne t'es-tu pas déplacé ? » lui lançai-je alors en retournant de mon côté.

Il courut aussitôt vers l'arbitre espagnol, Jaime Bartroli, un vrai gentleman, mais qui, de l'autre côté du court, n'avait rien entendu, et lui dit :

— Vous avez entendu ce qu'il a dit ? Vous avez entendu ?

— Non, je n'ai rien entendu, répondit l'arbitre.

— Il a dit de l'enculer. Non, je vous jure, c'est vrai ! Puis il hurla vers moi : « Allez, dis-lui, dis-lui ce que t'as dit ! »

Je ne bronchai pas. John se mit à crier aussi, pour défendre son frère, et on se retrouva tous en train de se disputer et de s'injurier. Paul Hutchins, le capitaine de l'équipe britannique, essaya de dialoguer avec Bartroli, pendant que mon frère, qui était notre capitaine, tentait de convaincre David de laisser tomber. Je dis alors à David : « Mais je ne t'ai rien dit de faire ! » Tout surexcité et fou furieux, il me traita de menteur. La foule commença à s'agiter. L'arbitre ne savait pas quoi faire. C'était le chaos complet. J'aperçus Tiriac, avec son visage sérieux et sa grosse moustache tombante, assis tranquillement au fond du court sur sa raquette, en train de tous nous regarder. Tout à coup, il se leva, vint vers moi et me dit :

— Nastase, t'as fini ?

— Moi j'ai fini, mais pas eux.

— Ça y est, tu recommences, renchérit David.

Alors Tiriac, très pince-sans-rire, je le vois encore, s'approcha de David très calmement, et lui dit, très lentement :

— Écoute, David, mon ami, tu n'es pas obligé de l'enculer si tu ne veux pas. Il l'a juste dit comme ça, tu sais, mais tu n'es vraiment pas obligé.

David le regarda fixement, n'en croyant absolument pas ses oreilles, et ne sut vraiment pas quoi répondre. John, quant à lui, se mit à hurler de rire, moi aussi, Jaime Bartroli ne comprit pas ce qui s'était passé. Le match put ainsi reprendre. Nous le remportâmes en quatre manches.

On avait gagné la rencontre, mais l'équipe britannique ne laissa pas tomber. Ils déposèrent une plainte officielle auprès de la Fédération internationale de tennis. Bien que Bartroli eût confirmé que David s'était comporté de façon provocante, je fus interdit de coupe Davis pour 1978.

Comme cette rencontre avait eu lieu juste avant Wimbledon, j'étais déjà l'ennemi public n° 1 en arrivant en Angleterre. Quant à Connors, l'autre *bad boy* du tennis, qui manqua la parade des champions organisée sur le central pour célébrer le centenaire du tournoi et le jubilé de la reine, il se fit assassiner par les journaux. Et le fait qu'il eût été en train de s'entraîner avec moi sur un court annexe pendant la cérémonie ne fit qu'envenimer les choses. La mère de Jimmy, Gloria, qui l'accompagnait à tous les tournois du Grand Chelem et avait été son coach depuis sa plus jeune enfance, eut beau essayer d'endosser la responsabilité de la situation, en disant qu'elle s'était trompée d'heure, personne ne la crut. Quelques jours plus tard, alors qu'on rentrait du tournoi dans une des voitures mises à disposition des joueurs, nous nous trouvâmes à un feu rouge à côté d'un gros camion. Dedans se trouvaient deux énormes gars musclés, en train de lire un tabloïd. Ils nous regardèrent, nous reconnurent, baissèrent la vitre, et levant le pouce, l'un d'eux s'exclama. « T'as bien fait, Jimmy. Il n'a qu'à se faire foutre, le duc (le duc de Kent, président du All England Club de Wimbledon) ! » Puis ils démarrèrent en vrombissant. En voilà deux qui n'étaient pas fans de la famille royale.

Peu de temps avant, Terry O'Neill, le célèbre photographe people des années 60 et 70, avait fait une séance de photos avec moi pour un tabloïd. Il m'avait habillé en style mafioso : costard blanc, cravate blanche, chemise noire, chapeau noir. C'est vrai que je faisais typiquement mafioso de Reggio de Calabre. Ça renforçait mon image *nasty*. Aussi, en entrant sur le court n° 2 pour disputer mon match de deuxième tour face au Rhodésien Andrew Pattison, ma cote n'avait jamais été si haute à Wimbledon, surtout parmi les filles. Elles me poursuivaient partout en hurlant mon nom, ce que je trouvais bien drôle. Une fois même, tandis que je descendais les marches du restaurant des joueurs qui surplombe le court n° 2, je dus courir comme un fou pour atteindre la petite porte cachée des vestiaires du central (celle par laquelle j'étais sorti en maillot de rugby avec Connors quelques années avant) afin d'échapper aux hordes de filles qui me poursuivaient. Dominique me suivait tranquillement, amusée par ce qu'elle voyait. Une autre fois, une fille arriva avec une éprouvette et me demanda de cracher dedans. Dominique trouvait que j'étais complètement cinglé, mais je le fis. Je n'ose imaginer ce que la fille en fit par la suite.

Pour mon match contre Pattison, les gradins étaient pleins à craquer. Je ne voulais pas jouer contre lui, car il m'avait battu à l'US Open en 1973 lorsque je défendais mon titre. En plus, je n'aimais pas ce court n° 2. Personne d'ailleurs ne l'aime. Le gazon est plus soft que sur les autres courts principaux et, parce qu'il est plus ombragé, le rebond n'est pas aussi régulier qu'ailleurs. J'étais par conséquent très tendu en débutant la partie. Les choses se gâtèrent vite. Il gagna les deux premières manches et fit le break dans la troisième. C'est alors que je commis une faute de pied. J'étais tellement furieux que je demandai à voir l'arbitre principal du tournoi, Fred Hoyles (le capitaine Mike Gibson ayant pris sa retraite). En attendant qu'il arrive, j'allai au fond du court, où tout un groupe de jeunes s'était installé pour essayer de regarder le match par-dessus et par-dessous les grandes bâches qui formaient l'arrière du court (il n'y a pas de gradins aux deux bouts de ce court). Je disparus derrière les bâches et me mis à genoux pour en soulever un coin et dire coucou aux gens de l'autre côté, puis j'allai m'asseoir à côté du juge de ligne qui avait annoncé ma faute de pied. Le tout pour faire passer le temps. Une partie du public n'appréciait pas trop l'interruption, mais j'estimais que j'avais le droit de demander l'arbitre principal. Et tant pis ce qu'en pensaient les gens.

Je remportai finalement le match au bout de cinq manches très serrées et eus droit à une escorte de police tant il y avait de monde, de journalistes et de photographes. On aurait dit une véritable mêlée autour du court. Je sais que Pattison n'était pas content, mais j'avais décidé qu'il était trop tard pour regretter ce genre d'incident après un match. Je ne pouvais pas trop m'approcher d'un joueur et lui dire : « Désolé, je t'en ai mis une. » D'abord, il n'aurait pas cru à mon remords et, deuxièmement, ces interruptions nuisaient autant à ma propre concentration qu'à celle de mes adversaires. Je ne les prévoyais pas et, la moitié du temps, elles ne m'aidaient de toute façon pas.

Le lendemain du match, en plus de tous les gros titres dans les journaux auxquels j'eus droit, il y eut aussi un article racontant qu'à présent, mon agent à IMG ne me représentait plus. Le reportage expliquait que c'était IMG qui avait pris la décision et que mon comportement en était la cause, alors qu'en fait, la décision, prise mutuellement, datait déjà de quelques mois. Je m'étais toujours très bien entendu avec mon agent, Éric Drossart, qui était un ex-joueur de coupe Davis belge, mais je tenais à ma liberté d'action. Je n'étais donc pas content que la nouvelle soit annoncée pendant Wimbledon. J'imagine que, comme d'habitude, la presse en était responsable, tant les journalistes savent flairer la bonne histoire juteuse qu'ils adaptent ensuite à leur sauce.

Le match suivant, contre un jeune joueur américain nommé Eliot Teltscher, fut programmé sur le court n° 14. Même aujourd'hui, quand j'y repense, je n'arrive pas à comprendre ce qu'il leur prit de nous mettre tout là-bas. Essayaient-ils de me punir ? David Lloyd leur avait-il dit que j'avais été si gentil avec lui à Bucarest qu'ils devaient absolument me mettre sur ce court-là ? Car le court n° 14 était aussi loin du central qu'il était possible de l'être et n'offrait que très peu de places assises, juste un petit gradin d'un côté, et quelques bancs de l'autre. Étant donné les milliers de personnes qui s'étaient entassés autour du court n° 2 pour mon match précédent, il était logique de penser qu'il y aurait plus qu'une poignée de spectateurs qui voudraient assister à ce match.

Quand j'arrivai, je ne pus littéralement pas entrer sur le court à cause de la foule. Je réussis à me glisser par-derrière et attendis mon adversaire, pendant que les filles me jetaient des roses ou se ruaient vers moi pour m'embrasser. Enfin, après s'être débattu vingt minutes pour se frayer un chemin à travers la masse de spectateurs, Teltscher finit par arriver. Le match se déroula rapidement. Je gagnai facilement en trois manches et fus sage comme une image. Je ne planifie jamais comment je vais me comporter – j'aurais même pu être pire que contre Pattison –, mais il se trouve que, cette fois-ci, je me contrôlai. À un moment, en revanche, lorsqu'une des petites bâches qui longeait un côté du court se fendit en deux, des dizaines de filles tombèrent en grappes sur le court, en criant et pleurant de panique. Je commençai vraiment à m'inquiéter et courus vers le policier qui essayait de gérer la situation, en demandant aux filles de reculer et de se calmer. Je croyais vraiment que quelqu'un allait se blesser ce jour-là, si ce n'est se tuer. C'était une telle bousculade ! Il paraît que 5 000 personnes avaient essayé d'assister au match sur un court de 1 500 places maximum.

Après le match, je dis aux journalistes que je ne comprenais vraiment pas : j'avais 31 ans, j'étais marié et très moche. Mais c'était quand même indéniable : cette année-là, les filles avaient l'air de me trouver plus attirant que jamais. Je dois dire que, tout comme Borg, qui faisait le même effet que moi aux filles, j'aimais bien ce genre d'attention et je m'arrêtais toujours pour signer des autographes, même quand j'avais perdu. Un peu plus tard dans l'après midi, je rendis visite à un poste de secours où certaines filles se faisaient soigner car elles étaient encore en état de choc. Et, le soir, quand je voulus quitter le club, il y avait tellement de filles qui m'attendaient devant la sortie des joueurs (qui, à l'époque, était aussi l'entrée réservée à la famille royale et aux VIP) que leurs cris interrompirent le match de double qui se déroulait sur le central, et que la police dut mettre des barrières métalliques afin d'éviter que le chaos ne s'installe à nouveau. La seule façon pour Dominique et moi de sortir en sécurité fut d'utiliser trois voitures différentes pour leurrer les gens.

Lors du match suivant, contre le Hollandais Tom Okker, je me concentrai vraiment et me retrouvai en quarts de finale face – une fois de plus – au Martien, Borg. Je crois que je me rendais déjà compte, au fond de moi-même, que Björn, m'ayant battu en finale l'année d'avant ainsi qu'en demi-finale de l'US Open, était plus fort que moi. Je cherchais sans doute une excuse et, comme je ne pouvais m'en prendre ni à Björn ni à ma femme, il fallut bien que je m'attaque à quelqu'un : l'arbitre, un certain Jeremy Shales ! Il avait 34 ans, travaillait dans une banque et, malheureusement pour moi, avait décidé, lui aussi, de s'attaquer à moi, pour me donner une bonne leçon une fois pour toutes. C'était donc un match terminé avant que d'avoir commencé.

J'ai toujours été au bord du précipice dans mes matchs, surtout au début des rencontres. S'il se passait quelque chose, comme une mauvaise décision de la part d'un juge de ligne par exemple, la tension que j'éprouvais ne se traduisait pas de la façon voulue. Elle se manifestait parfois de façon amusante mais, le plus souvent, les choses se gâtaient sans que je puisse prévoir ce qui allait se passer. J'avoue cependant que, pour ce match, je cherchais à faire quelque chose.

On n'en était qu'au deuxième point lorsque je contestai une décision d'un juge de ligne à l'autre bout du court. Et, au lieu de dissiper la tension, ce qui pouvait arriver, cela me fit carrément perdre ma concentration, et, par la même occasion, la première manche 6-0, pendant que Borg jouait magnifiquement. Je réussis ensuite à me maîtriser un peu jusqu'à mener 4-2. Mais, une fois la manche perdue 8-6, je décidai de mettre des bâtons dans les roues de Shales plutôt que de Borg. Ce n'est pas que je l'enquiquinais. Je l'emmerdais, tout simplement. Une fois, je lançai tout doucement une balle entre ses jambes, ou alors, dès que je le pouvais, je me plaignais des décisions des juges de ligne. Une ou deux fois, parce que la balle était let, Borg dut resservir. J'en profitai alors pour traverser le court, comme s'il avait déjà gagné le point. Shales décrocha le téléphone qui se trouvait sur sa chaise d'arbitre et, tout en laissant allumé son micro afin que les 15 000 spectateurs autour du court puissent bien entendre, sans parler des millions qui suivaient le match à la télé, il expliqua à l'arbitre principal du tournoi, Fred Hoyles, que je faisais exprès de ralentir le match. Il se tourna ensuite vers moi et, d'un ton qu'utiliserait un instituteur envers un écolier qu'il va punir, me dit : « Nastase, venez de ce côté-ci du court, il y a un deuxième service. »

Là, j'explosai. « Premièrement, rétorquai-je furieusement en m'approchant de sa chaise, vous ne m'appelez pas Nastase mais monsieur Nastase. »

Ce qu'il fit dûment. « Monsieur Nastase. »

« C'est mieux ! affirmai-je, en pointant mon index vers lui pour bien insister sur ce point. Vous m'appelez monsieur Nastase, c'est compris ? Mon-sieur Nas-ta-se. »

Je crois qu'il dut comprendre. En fait, le monde entier dut comprendre puisque, à partir de ce jour-là, on commença à m'appeler monsieur Nastase dans tous les tournois. Mais le mal avait été fait. Le match était pour ainsi dire terminé, et je ne gagnai qu'un seul point au cours des deux derniers jeux.

Le problème était peut-être que, comme l'a dit par la suite Dominique, je ressemblais à beaucoup de gens qui ont du talent : il me manquait quelque chose d'autre. De la discipline, sans doute. Mais c'était difficile pour moi d'avoir de la discipline dans la mesure où ce n'était pas compatible avec la façon dont je voulais jouer. Ça ne m'aurait pas été possible, mais les gens ne le comprenaient pas. Avoir de la discipline et du talent aurait été merveilleux. Borg les avaient. Mais je ne pouvais être autre que ce que j'étais.

Le lendemain, les journaux crièrent évidemment au scandale et mon surnom, Nasty, fut une fois de plus une aubaine pour ceux qui inventent les gros titres des tabloïds britanniques et utilisent beaucoup les jeux de mots. Je fis quasiment leur boulot ce jour-là. Certains avaient de la sympathie pour la façon dont j'avais traité Shales (« la punition publique », avait annoncé un des tabloïds).

Mais la majorité racontait la même chose que d'habitude : il faut qu'on donne une leçon à Nasty, il faut que les arbitres le contrôlent davantage, il ne faut doit pas s'en tirer comme ça.

Je confesse que je lisais ce qu'on écrivait sur moi, et je ne crois pas les acteurs, par exemple, qui nient savoir ce que les journaux disent d'eux. Je m'énervais quand les journaux racontaient des choses fausses ou exagérées, mais, c'était déjà trop tard : le mal était fait. C'est ça le pouvoir de la presse. Elle peut dire n'importe quoi ! Certains jours, lorsque je faisais la une, j'allais acheter les journaux. Sinon, c'est Jimmy ou quelqu'un d'autre qui me disait ce qui avait été écrit : en général, le négatif, plutôt que le positif.

Il m'arrivait de donner des réponses vraiment inintéressantes aux journalistes, pour leur prouver que je pouvais aussi être comme ça. Mais les bons journalistes, que je connaissais tous, étaient très sympas. Ils parlaient de mon jeu et s'y connaissaient vraiment en tennis. Certains étaient devenus des amis, comme Jean Couvercelle et Alain Deflassieux en France, ou Bud Collins aux États-Unis. En revanche, il y en avait un en Angleterre, correspondant au tabloïd le *Daily Express,* qui sentait toujours le whisky et le cigare, et qui m'emmerdait toujours, et me provoquait : « Ouais, Ilie, j'ai entendu dire que ci et ça… » Lui, c'était le pire. Il se foutait du tennis ; il ne s'intéressait qu'au juteux.

Il y avait une hypocrisie totale des médias à mon égard. Ils écrivaient tous que j'étais atroce, mais m'adoraient parce que je leur donnais de quoi remplir leurs articles. Je me rappelle avoir dit à un gars « Si je n'étais pas là, vous parleriez de quoi ? Des juges de ligne, des ramasseurs de balles ? Pas mal, mais pas aussi bien quand même. »

Mon sponsor, Adidas, était merveilleux. Je suis d'ailleurs toujours sponsorisé par eux, plus de trente ans après. Horst Dassler, le fondateur et propriétaire, était un ami proche. Il est malheureusement mort beaucoup trop jeune, âgé de 52 ans. Pas une seule fois il ne me dit : « Si tu recommences encore une fois, c'est fini, on annule le contrat. » Il savait bien que je lui faisais de la pub. Les tournois et leurs sponsors le savaient aussi, car certaines personnes étaient attirées à l'idée de me voir, et ne seraient autrement pas venues. Je peux dire que j'ai fait beaucoup de bien au tennis et que beaucoup de gens se sont fait beaucoup d'argent sur mon dos. Il ne manquait pas, malgré tout, de gens pour dire qu'on devrait me virer du sport. Est-ce que ça m'énervait ? Oh que oui !

Après Wimbledon, j'embarquai toute la famille, y compris notre nounou, Bernard, le frère de Dominique, et sa sœur, Nathalie, pour Los Angeles, où je devais passer l'été à jouer les Intervilles avec les Los Angeles Strings. Cette fois-ci, le contrat, qui valait 250 000 dollars par saison, était bien meilleur que celui de l'année précédente à Hawaii. J'avais loué, pour 5 000 dollars par mois, une grande maison à Beverley Hills, autrefois occupée par l'acteur Richard Burton. Elle comptait cinq chambres, une bonne/cuisinière à domicile, une piscine et un grand jardin. Elle permettrait à Dominique et à ma fille d'être heureuses dans cette vie de château, même si elles me verraient peu, à cause du programme complètement fou et surchargé.

Il y avait des équipes d'Intervilles partout aux États-Unis, et beaucoup de joueurs importants avaient signé, tels que Borg et Gerulaitis chez les hommes, ou Chris Evert, Rosie Casals (qui était dans mon équipe) et Billie Jean King, qui était un des cerveaux de l'organisation. Le problème était les déplacements. Deux semaines après avoir commencé avec mon équipe, au cours desquelles je sillonnai le continent américain, je fus obligé de retraverser l'Atlantique pour aller disputer une rencontre de coupe Davis à Paris contre la France.

J'arrivai complètement crevé par le décalage horaire. Je me rendis tout de suite à un déjeuner à l'ambassade de Roumanie, puis m'entraînai à peine deux jours avant d'affronter François Jauffret, le joueur français n° 1, un gars que je ne réussis jamais à battre dans cette compétition, alors que je le battis à chaque autre occasion. Mais il se passait toujours quelque chose dans sa tête pendant la coupe Davis, et cette fois-ci ne fut pas l'exception. Je menais sans problème par deux manches à zéro et 4-2 dans la troisième, lorsque – et je me le rappelle très clairement – j'eus un smash très facile à exécuter. Sauf qu'à la place d'un smash, je décidai de faire un amorti – que je ratai –, et le match tourna. Ce n'était pas pour faire le clown. C'était juste ma façon à moi de jouer, quel que soit le score ou le match. Mais cela suffit pour qu'il rattrape l'écart, égalise à deux manches partout, puis gagne la cinquième. Tiriac et moi gagnâmes notre double, je remportai mon deuxième simple, mais l'on perdit quand même la rencontre. Je me sentis très coupable et contrarié. Du reste, je me rappelle avoir cassé ma raquette en deux, tellement j'étais furieux.

Ce soir-là, je noyai mon chagrin en compagnie de mon copain et manager Mitch, chez Castel, où je rencontrai Claudia Cardinale, l'actrice italienne que je connaissais déjà par Nicola Pietrangeli. Jean Castel, le propriétaire, était aussi un de mes amis, qui adorait le tennis. Autant dire que j'étais toujours le bienvenu dans son club privé, qui se trouve au Quartier latin et ressemble en quelque sorte à un hôtel particulier. J'aimais bien y aller pendant Roland-Garros parce que Jean organisait beaucoup de fêtes pour les joueurs. À cette époque-là, si on était membre et qu'on avait un enfant, Jean nous offrait une bouteille de whisky avec le nom de notre enfant dessus, et la gardait jusqu'à sa majorité. À un moment, j'en eus deux : une pour Nathalie et une, un peu plus tard, pour mon fils, Nicky. Puis Jean vendit, et les choses changèrent. À l'époque, l'intérieur du club était tout feutré, il y avait un salon et un bar à droite de l'entrée ; au sous-sol, une piste de danse avec un autre grand salon plein de canapés. Au premier étage se trouvait le restaurant et, tout en haut, il y avait une salle de projection. Le tout n'était pas grand mais il y avait une agréable ambiance intime.

Claudia et moi étions en pleine conversation. Nous décidâmes donc de poursuivre notre soirée ailleurs, au Privé, une boîte tenue par un ex-joueur de tennis, Jean-Noël Grinda. À la fin de sa carrière, Jean-Noël était devenu joueur de backgammon professionnel, avait épousé une ravissante créature suédoise et avait ouvert sa boîte tout près des Champs-Élysées. Nous étions en compagnie de Mitch et de deux amis acteurs de Claudia. J'avais déjà bu deux ou trois verres de vin, alors je me suis dit : « Tant pis, allez, on va danser » (un slow, quand même). On se mit donc sur la piste de danse. Il était bien après minuit, et il me vint évidemment à l'esprit qu'on pourrait peut-être faire avancer un peu les choses. Mais je ne lui demandai pas. C'était une amie et, à vrai dire, ça aurait été plus facile de me trouver n'importe quelle femme anonyme à un tournoi ou dans une autre boîte. De toute façon, à l'époque, j'étais encore plutôt sage, et en plus j'étais franchement crevé après ces quelques derniers jours. Nous nous quittâmes peu après et, dès le lendemain matin, je repris l'avion pour poursuivre le programme fou des Intervilles, qui consistait à jouer, en l'espace d'une semaine, des matchs dans des villes aussi éloignées l'une de l'autre que Salt Lake City (dans l'Utah), Boston (dans le Massachusetts), St Louis (dans le Missouri) et New York. À la fin de la semaine, une fois de retour à Los Angeles, j'étais complètement exténué et décalé, bien que ces mots ne suffisent pas à décrire l'état dans lequel je me trouvais.

Un des avantages des Intervilles, cependant, était que j'avais l'impression d'appartenir à une équipe. Je m'entendais vraiment bien avec mes coéquipiers, surtout avec Rosie Casals, avec qui j'avais tellement joué en double mixte autrefois. Tout le monde savait qu'elle était lesbienne, ce n'était un secret pour personne sur le circuit, tout comme Billie Jean King, qui, bien que mariée, l'était aussi. Ce dont je ne m'étais pas rendu compte, jusqu'à ce que Martina le dise quelques années plus tard, c'était que la moitié du circuit féminin était gay aussi. Je trouve très triste que les gens n'osent pas dire qu'ils sont homosexuels, parce que franchement, on s'en fout ! Pour les hommes en particulier, c'est encore tabou, parce que gagner fait partie de la virilité. J'avoue que personne ne m'a jamais traité d'homo, sauf en Roumanie, où je me contentais de répondre : « Amenez-moi votre sœur, vous verrez si je suis gay. »

Rosie aimait organiser plein de fêtes chez elle. Elle habitait à Sausalito, qui est à une trentaine de kilomètres de San Francisco. C'est très agréable, très européen comme ville. Mais ceux qui pensent que San Francisco est gay n'ont pas encore vu Sausalito ! Je me rappelle qu'une fois, elle m'avait invité avec Mitch à une de ses fêtes, après un de nos matchs contre les San

Francisco Gaters, une autre équipe Intervilles. On était les deux seuls mâles de la soirée. Je crois que j'aurais eu plus de possibilités d'arriver à quelque chose avec Mitch qu'avec une des femmes présentes. Je me rappelle que Rosie avait une belle piscine et qu'elles étaient toutes nues en train de batifoler dedans. Moi, je n'osais pas y aller tout nu. Mon excuse était que je ne savais pas nager. Elles n'auraient pourtant sûrement pas fait attention à moi, même si j'avais plongé. Ou plutôt leur réaction aurait sans doute été « Hé là ! mais qu'est-ce que tu fiches ici ? Espèce d'imbécile, tire-toi tout de suite ! On va être obligé de désinfecter la piscine maintenant ! »

Il y avait de la nourriture chinoise et des cookies et, comme j'étais venu directement de mon match, j'avais une faim de loup. Une fille faisait le tour avec son plateau de cookies, et j'en pris un que j'avalai tout de suite, suivi immédiatement d'un deuxième.

— Eh bien, vous êtes fort ! Vous savez ce que c'est ? me dit alors la fille.

— Non.

— Ça s'appelle des *funny cookies.*

Je haussai les épaules et partis ailleurs, ne sachant toujours pas ce qu'étaient ces *funny cookies.* Puis, tout à coup, je me rendis compte. Je commençai à me sentir drôle, ou bizarre. Je ne savais pas si c'était la nourriture chinoise ou les cookies, mais en peu de temps, je développai un énorme mal de tête. Je décidai de partir avec Mitch et réalisai que j'avais aussi la nausée et la tête qui tournait. Mitch se sentait si malade aussi qu'il décida d'aller à l'hôpital. En en revenant, il rentra presque dans un lampadaire. Mon Dieu, me suis-je dit, ça va mal se terminer cette histoire, et j'eus très peur. De retour à l'hôtel, je n'arrêtais pas de vomir. J'avais la tête qui tournait dans tous les sens. Je ne réussis pas à fermer l'œil de la nuit. J'avais l'impression que ma tête était dans un étau qui se resserrait de plus en plus. Je croyais vraiment qu'elle allait exploser.

Je ne parlai à personne de cet épisode, et certainement pas à Dominique, mais il était clair qu'on avait mis du shit dans les cookies. On m'a dit depuis que, une fois cuit, c'est trois ou quatre fois plus puissant que fumé. Je ne pouvais pas le savoir, car je n'avais jamais touché à la drogue – et ne l'ai jamais fait par la suite. Je ne saurai jamais si Rosie était au courant de ce qui s'était passé pendant sa fête. Peut-être s'était-elle dit que si je mangeais ses biscuits, je changerais peut-être d'avis et sauterais sur une des lesbiennes. Je n'allais pas sauter sur elle en tout cas : je l'aimais trop pour lui faire ça. Toujours est-il que, lorsque je revis Rosie, deux jours plus tard, elle me demanda si la fête s'était bien passée. « Super-bien », répondis-je, en lui faisant un énorme sourire, comme si de rien n'était. Mais ce que j'avais vraiment envie de dire, c'était : « Super. Je me suis éclaté, j'ai rencontré plein de femmes toutes nues, et j'ai passé la nuit à vomir. C'est toujours le signe d'une bonne fête, non ? »

J'ai toujours aimé regarder le tennis féminin, surtout les matchs disputés par des joueuses telles que Rosie, Billie Jean King, Margaret Court et, un peu plus tard, Chris Evert et Martina Navrátilová. Comme je jouais en double mixte avec Rosie, j'aimais regarder ses matchs par solidarité et amitié pour elle. Je m'entendais aussi très bien avec Billie Jean. Elle était très sympa, avait un caractère typiquement américain, mais qui me ressemblait aussi un peu : elle était d'une grande émotivité, jouait avec beaucoup de passion, et avait un très beau style. J'adorais la façon dont elle et Margaret Court jouaient, car leur niveau de jeu était extraordinaire. Certains joueurs, bêtes, disent que le tennis féminin est nul : il est tout simplement différent de celui des hommes. On ne peut pas les comparer. Je suis sûr que si les joueuses de mon époque avaient eu les mêmes raquettes qu'ont les championnes d'aujourd'hui, leur jeu aurait été très différent. Elles avaient effectivement le talent et l'aptitude de jouer contre les sœurs Williams, Justine Henin ou Maria Sharapova. Elles auraient sans doute eu besoin de s'entraîner et de se préparer différemment. Mais elles en avaient les capacités, j'en suis convaincu.

Quant à savoir si les femmes devaient gagner autant d'argent que les hommes, ce que Billie Jean a toujours revendiqué, l'idée ne m'a jamais dérangé. Je lui disais souvent : « Tu es bête, pourquoi ne demandes-tu pas à être payée plus que nous ? Comme ça, tu te ferais vraiment remarquer. T'as qu'à donner les raisons pour lesquelles vous devriez être mieux rémunérées que nous. Vous êtes plus jolies, vos jambes sont plus belles, quelque chose comme ça, quoi ! » Et Billie Jean riait mais me répondait : « Non, c'est trop tard, j'ai déjà accepté ce qu'ils me proposaient. » Personnellement, je m'en fichais. Elles ne nous prendraient pas d'argent ni ne feraient diminuer ce qu'on nous payait. Alors, si elles pouvaient être mieux payées que nous, ce serait merveilleux.

De toute façon, à partir de 1974, les femmes et les hommes avaient des circuits séparés. Elles avaient leur association, la Women's Tennis Association (WTA) et leur circuit Virginia Slims, alors que nous, nous avions l'ATP et nos circuits WCT et Grand Prix. Cela dit, ce n'est que depuis 2007 que Wimbledon et Roland-Garros assurent la parité de gains, alors que l'US Open le fait depuis 1974, et que j'étais complètement pour. Billie Jean m'a quand même dit, il n'y a pas longtemps : « Ilie, parfois je crois que j'étais bête de m'investir autant, parce que les joueuses d'aujourd'hui n'ont pas l'air de se rendre compte de ce que j'ai fait pour elles. Je ne veux rien d'elles, mais j'aimerais quand même qu'elles me remercient. » C'est vrai qu'elles n'apprécient pas combien elle s'est battue, combien elle a fait pour qu'elles bénéficient aujourd'hui de l'argent et du circuit qu'elles ont. Pensez-vous que les joueuses d'aujourd'hui remercient publiquement Billie Jean dans leurs discours ? Non, elles s'en moquent. Elles manquent de respect pour celles qui étaient championnes avant elles.

Les Intervilles continuèrent en juillet et août 1977. Quand on jouait à Los Angeles, les stars du cinéma qui habitaient dans le coin venaient régulièrement nous voir au Inglewood Forum, qui était aussi le stade où jouait la célèbre équipe de basket les LA Lakers. On voyait les acteurs avant et après le match, parce que le Forum avait un bar/restaurant à côté des vestiaires et le propriétaire de l'équipe, Jerry Buss, nous avait dit de circuler et de leur parler. C'est comme ça que je rencontrai Jack Nicholson, qui était très fan de moi paraît-il. Il me demanda un jour si je voulais venir jouer au golf avec lui, parce qu'il adorait le golf, mais je lui répondis que je ne jouais pas. Ryan O'Neal venait souvent avec sa fille, Tatum, qui devait avoir 11 ou 12 ans à l'époque. C'était une vraie enfant gâtée et quand elle se mit en couple avec McEnroe quelques années plus tard, j'eus du mal à décider lequel des deux était le plus à plaindre. Ryan, lui, était fou de rollers et était toujours en train de crâner et de me montrer ce qu'il savait faire. Il faisait toujours semblant d'être un boxeur et de boxer à vide, pour m'impressionner, je crois, ce qui produisait l'effet inverse.

Par l'intermédiaire de Billie Jean, dont il était grand fan et qui jouait pour l'équipe d'Intervilles de Philadelphia, je rencontrai aussi Elton John. C'est du reste pour elle qu'il a écrit la chanson *Philadelphia Freedom.* Par la suite, je le revis souvent, aussi bien à Los Angeles qu'à Paris et à New York. Elton est passionné de tennis, et j'ai joué plusieurs fois avec lui lors de soirées caritatives. Une année, il m'invita à un concert qu'il donnait à New York avec Billy Joel. À la réception avant le concert, il m'avoua que sa mère était folle de moi, ce qui me rajeunit vraiment ! Elton est un garçon adorable. En juin 2003, il vint même faire un concert que j'avais organisé à Bucarest. J'en rêvais depuis longtemps lorsque enfin, un jour, je réussis à le faire venir pour la radio Europa 1 que je dirige là-bas. C'était hélas en plein Roland-Garros, où je participais au trophée des Légendes, ce qui fit que je ne pus pas y assister. Et, même s'il m'avait prêté son jet privé, je n'aurais pas pu faire l'aller-retour assez vite, à ma grande déception.

Tous ces gens sont devenus, non pas des amis intimes, mais des amis quand même, des gens que je fréquentais, qui m'ont tout de suite accepté, bien que je fus sportif et eux, acteurs. Ce ne sont que des êtres humains comme tout le monde. Si on les traite de façon normale, il n'y a pas de souci. Le problème se trouve avec leur entourage de gardes du corps et de pique-assiettes. Ils font le maximum pour que ce soit impossible de parler à la personne qu'ils prétendent protéger, et croient qu'on devrait les traiter différemment. Ce que je n'ai jamais fait.

C'est comme avec Muhammad Ali, qui est un de mes plus grands héros de tous les temps. Il est tellement gentil et drôle. Une année, je jouais dans un tournoi au Caesar's Palace de Las

Vegas et il était en train de filmer quelque chose au casino. Quand je finis par le rencontrer, il était entouré de photographes et de cameramen. « Vous êtes le *big boy* du tennis, je sais, me dit-il. Mais on m'a aussi dit que vous aviez une grande gueule. Vous voyez ma gueule ? Elle est plus grande que la vôtre. »

Puis il s'est tourné vers les photographes : « Prenez une photo du *bad boy* du tennis. »

Alors ils se sont tous mis à me prendre en photo, après quoi il a montré ma tête du doigt et m'a dit, « T'es beau, mais je suis plus beau que toi. » Puis il a mis mon poing sur sa figure. « Tu vois, *bad boy* – car c'est toujours comme ça qu'il m'appelle, ou bien « Grande Gueule » –, tu as ton poing dans ma figure parce que c'est moi qui le veux bien, mais ça pourrait facilement être dans le sens inverse, que le mien soit dans ta figure. » Cela me fit rire, en plus du fait que, dès le début, il avait été très naturel avec moi. Depuis, nous sommes toujours comme ça quand on se voit.

L'US Open à la fin août fut le dernier à Forest Hills. Pour moi, le tournoi se termina au deuxième tour, lorsque je fus battu par l'Italien Corrado Barazzutti. J'étais vraiment déçu, bien que je n'eusse pas participé à beaucoup de tournois cette année-là. Je ne réalisais pas à l'époque que c'était le début de la fin de ma participation sérieuse dans les tournois du Grand Chelem. J'avais beau avoir 31 ans, je n'arrivais pas à accepter ce genre de défaites. Je mis encore quelques années à pouvoir le faire.

Cette année fut celle où je commençai à fréquenter le Studio 54 à New York, qui était la boîte à la mode. Dominique n'était pas avec moi quand j'y allais, et c'est là que je fis la connaissance de Bianca Jagger. Elle était déjà divorcée de Mick et était très amie avec Andy Warhol et le styliste Halston, qui étaient tout le temps là aussi. Bianca ressemblait beaucoup à Dominique : elle était marrante et cool en même temps, mais il ne se passa jamais rien entre nous. Quelques années plus tard, quand j'allais au Studio 54, Bianca y était souvent, ainsi que Margaret Trudeau, l'ex-femme du Premier ministre canadien Pierre Trudeau. Margaret avait été liée à Mick Jagger à un moment et avait aussi passé une ou deux nuits avec moi. Elle était en pleine rébellion vis-à-vis de son mariage, et je suppose que je devais l'être aussi, alors ça nous arrangeait quelque part tous les deux. La plupart des soirées que je passais au Studio 54, j'étais accompagné de Vitas Gerulaitis. Parfois, il montait à l'étage pour faire je ne sais quoi, mais moi je restais toujours en bas. Je regardais le spectacle, avec tous les danseurs et quelquefois les célèbres chevaux blancs qui arrivaient sur la piste de danse. La musique était bonne et Steve Rubell, le propriétaire qui adorait le tennis et venait tous les jours à l'US Open, faisait son tour de salle et parlait à tout le monde. Il y avait une bonne ambiance, ce qui me permettait d'oublier que j'avais perdu ou que mes plus beaux jours en tant que joueur étaient sans doute derrière moi.

À l'automne, je remportai un tournoi à Aix-en-Provence qui fit la une dans le monde du tennis. Une nouvelle raquette avait été testée la semaine d'avant au Racing-club de Paris par Georges Goven et Christophe Roger-Vasselin. Surnommée « la raquette spaghetti », elle avait un double cordage qui donnait des effets complètement fous à la balle. J'avais ainsi perdu à Paris face à Goven, ce qui ne m'était jamais arrivé, et Tiriac et moi avions perdu face à Roger-Vasselin et un autre gars dans la finale du double. J'avais alors décidé de la tester. On m'en prêta une à Aix. Elle était vraiment horrible car elle donnait deux fois plus de lift à la balle, qui restait deux fois plus longtemps en contact avec le cordage. On pouvait seulement mettre la balle de service en jeu : ça ne servait à rien d'essayer de servir un ace tant le cordage était mou. On ne pouvait pas lifter ; uniquement couper la balle, sinon, elle était incontrôlable. Ce n'était donc pas facile de jouer avec cette raquette, mais je réussis à remporter le tournoi face à un Vilas rendu complètement fou par mon jeu ce jour-là.

Philippe Chatrier, qui était désormais président de l'ITF, décida à la fin de la semaine que la raquette spaghetti était mauvaise pour le tennis et la fit interdire le lendemain de ma victoire. Il avait vu que j'y arrivais plutôt bien et que ce serait dangereux pour le sport. Si j'avais gagné d'autres tournois, qui sait jusqu'où ça aurait pu aller ? J'aurais gardé la raquette, qui se serait infiltrée petit à petit dans le tennis. Il eut raison de l'interdire si vite. Ce qui est ironique, c'est qu'ils auraient dû faire la même chose avec les raquettes à grand tamis qui, parce qu'elles ne furent pas interdites dès le début, transformèrent le tennis, de manière irréversible, en une sorte de ping-pong sur court.

CHAPITRE 10
1978-1980

Pour John, c'était une question de vie ou de mort. Pour moi aussi. Mais après, je redevenais tout de suite une personne normale. Lui n'arrivait pas à le comprendre.

J'avais terminé neuvième du classement mondial l'année précédente, alors je signai un nouveau contrat WCT au début de 1978 pour jouer sur le circuit de janvier à mai, cette fois pour une garantie de 250 000 dollars par an pour les trois années suivantes. Je ne remportais peut-être plus les grands tournois, mais j'attirais les foules où que j'aille et je remplissais, par la même occasion, les poches des organisateurs de ces tournois. J'étais le seul joueur à signer un tel contrat faramineux. Ce n'est que juste après que le circuit WCT fut intégré au circuit Grand Prix. Il n'y eut donc plus besoin de faire signer des joueurs pour garantir leur participation à ce circuit plutôt qu'au circuit Grand Prix.

J'étais toutefois content d'avoir suffisamment bien joué pour être parmi les huit joueurs à se qualifier pour les finales à Dallas, qui se déroulaient à la mi-mai. Je perdis malheureusement dès le premier tour contre le tenace Eddie Dibbs, originaire de Miami. J'avais aussi fait équipe pendant la saison avec le type qui avait le comportement le plus impeccable du circuit, le grand et élégant Chilien Jaime Fillol, avec lequel nous étions qualifiés pour les finales du double à Kansas début mai.

Le River Oaks Country Club à Houston, Texas, n'était, en revanche, pas un de mes rendez-vous favoris du circuit. C'était le genre de club qui interdisait à Arthur Ashe de jouer parce qu'il était noir, ou à Harold Solomon parce qu'il était juif. Je n'y allai qu'une fois, qui me suffit. Ils étaient tous tellement snobs que je fis exprès toute la semaine de ne porter que des vieux jeans et des vieilles godasses, juste pour les provoquer. J'atteignis la finale au mois d'avril, alors que je jouais simultanément pour les Intervilles cette semaine-là. Je faisais l'aller-retour Los Angeles-Houston par avion tous les jours. Je jouais le soir dans un stade couvert et climatisé à Los Angeles, puis je prenais l'avion tard pour jouer sous le soleil de Houston dans la journée. En finale, j'étais face à Brian Gottfried. Il faisait très chaud et j'avais fait la navette toute la semaine. Je gagnai le premier set mais perdis le deuxième. Je commençai à m'énerver parce qu'il y avait une dame assise juste derrière ma chaise, au premier rang, qui portait un beau chapeau tout blanc, et qui n'arrêtait pas d'applaudir très fort toutes mes erreurs. À chaque fois. Au début, je la laissai faire, mais je finis par vraiment me fâcher, en m'approchant d'elle pour lui demander :

« Dites-moi, madame, que faites-vous quand je réussis un bon coup, parce que là, vous applaudissez toutes mes erreurs ? »

Et elle me répondit : « Je suis une spectatrice, et c'est mon droit d'applaudir vos erreurs. » Vous voyez le genre, les droits en Amérique et tout le baratin.

Je lui répondis alors très lentement : « Si vous ne vous taisez pas, moi aussi je vais avoir des droits. Vous savez ce que je vais faire ? Je vais chier dans votre chapeau. Votre beau chapeau tout blanc. Parce que ça aussi, c'est mon droit. »

Elle est devenue rouge comme une pivoine, s'est levée et est partie en furie pour se plaindre auprès du président du club. Elle déposa même une plainte auprès de la police je crois. En tout cas, je perdis le match. Il y eut une fête le soir même, mais personne ne dit rien. Ce n'est que le lendemain que le gros titre en première page du journal annonçait : « Nastase, interdit pour toujours de revenir à River Oaks. » Ouf, quel soulagement !

Lorsque Wimbledon arriva (j'avais raté Roland-Garros à cause des Intervilles), je n'avais pas pu m'entraîner sur gazon et j'avais dépassé le seuil des 3 000 dollars d'amendes permis au cours d'une saison, en grande partie à cause de l'incident de River Oaks. Je m'étais aussi attiré d'autres ennuis au cours des mois précédents lorsque j'avais utilisé un langage grossier ou protesté contre des mauvaises décisions d'arbitrage. Je savais donc que le Pro Council, composé de neuf membres venus des divers organismes du sport, y compris **l'ITF et l'ATP,** avait l'intention de me sanctionner sévèrement. Je n'avais cependant aucune idée au début de Wimbledon de ce qu'ils allaient faire ni quand. Pour m'aider, un journal britannique publia en première page un gros titre déclarant que j'allais recevoir une amende de 10 000 dollars et – pire – une suspension de douze mois, ce qui aurait plus ou moins mis un terme à ma carrière. Ce n'était pas une bonne façon de commencer le tournoi.

Dominique voyageait à présent beaucoup moins avec moi. Elle était présente pour les tournois du Grand Chelem et les tournois qui les précédaient mais, le reste du temps, elle restait à la maison des semaines durant avant de me rejoindre à nouveau pour quelques semaines. Nous avions décidé dès le début que Nathalie ne voyagerait pas avec nous parce que nous pensions que cela ne lui serait pas bénéfique de vivre ainsi. Dominique était donc soit chez nous à Bazoches avec Nathalie pendant que je sillonnais le monde tout seul, soit avec moi, Nathalie restant seule à la maison avec sa nounou. Dans les deux cas, ce n'était pas une situation idéale.

Pendant le Wimbledon de 1978, Dominique m'accompagnait et cela me permit de rester plus ou moins calme malgré ce qui se passait avec le Pro Council. Ils m'avaient demandé d'assister à une audience le premier dimanche du tournoi, c'est-à-dire en plein milieu de la quinzaine. L'idée était que j'y plaiderais ma cause avant qu'ils décident de mon sort. Je refusai parce que j'étais encore en lice et qu'il était hors de question que je me mette dans tous mes états à propos de cette audience avant mon match du lendemain. Je leur écrivis donc une lettre, puis essayai de me concentrer sur le tennis.

Le deuxième lundi du tournoi, j'affrontai donc Roscoe Tanner en huitièmes de finale. Le central était plein à craquer pour ce dernier match de la journée, que tout le monde attendait avec impatience. Je jouai un match fantastique. Le public me soutenait vraiment. J'anticipais ses services, si bien que je lui renvoyais la balle dans les pieds et qu'il ne savait pas quoi en faire. De mon côté, je servis comme un as, variant la vitesse et le style de mes échanges. Le tennis me paraissait à nouveau facile et, en le battant en quatre sets, 2-6, 6-4, 6-2, 6-3, j'oubliai mes inquiétudes. Le programme du tournoi avait pris du retard à cause de la pluie et je n'eus pas de jour de repos. Le lendemain, j'affrontais déjà Tom Okker dans les quarts de finale. Je jouai bien et le public vit un grand match – beaucoup de journalistes le nominèrent par la suite comme le meilleur du tournoi –, mais Okker joua extraordinairement bien et, cette fois-ci, me battit en quatre sets. En sortant du court, je me dirigeai tout de suite vers les studios de la BBC pour y être interviewé. C'est alors que quelqu'un du Pro Council me tendit une lettre. Ils avaient choisi ce moment pour m'informer que j'allais recevoir une amende de 5 000 dollars et être immédiatement suspendu pendant trois mois de tout tournoi du Grand Prix. Il faut dire que ces gars-là ne sont pas très diplomates.

Je publiai donc un communiqué dans lequel j'acceptais la décision mais ajoutais : « Compte tenu que je ne suis pas parfait, on devrait également reconnaître que ceux qui jugent les joueurs, aussi bien sur qu'en dehors du terrain, ne le sont parfois pas non plus. Toutefois, il semblerait que ce soit moi seul qui paie mes erreurs. Si tous les arbitres étaient professionnels comme Frank Hammond aux États-Unis ou Bertie Bowron en Europe, je ne m'énerverais pas autant. »

Le fait est que j'aurais préféré avoir de bons arbitres et pas de « code de conduite », parce qu'une grande partie de ma colère s'adressait au niveau lamentable d'arbitrage qui existait à l'époque. Du reste, cette situation ne s'améliorera qu'après ma retraite, quand des arbitres professionnels commenceront à assister aux tournois. Ce fut un pas énorme. Quand on sait que le type va faire de son mieux parce que c'est son boulot, qu'il se fait bien payer et qu'il n'est pas seulement là pour regarder le match, alors on le respecte et il respecte également les joueurs. Ce n'est pas juste un gars qui fait quelque chose à temps partiel et qui se met à rigoler quand il se plante – une réaction qui me faisait péter les plombs immédiatement. En plus, j'étais convaincu que certains arbitres ou juges de ligne étaient déterminés à me voler des points. Certes, je me disputais avec eux de toute façon, il n'était donc pas facile de prouver qu'ils le faisaient exprès. Mais Fred McNair, le spécialiste de double américain, me dit une fois, après un match contre lui, qu'un de ses copains avait pris la ligne de service du milieu. Ce type m'avait effectivement donné tellement de balles fautes que je m'étais vraiment mis en colère contre lui. C'est vrai que des choses comme ça m'énervaient. En tout cas, vers la fin, chaque fois que j'entrais sur le terrain, j'avais l'impression que tout le monde était contre moi. D'ailleurs, si on devait rejouer un point ou s'il y avait litige, ils le donnaient à l'autre gars, peut-être à cause de ma réputation ou peut-être parce que je leur criais dessus. Une chose est sûre : ils ne me le donnaient jamais à moi.

J'admets que mon attitude sur le court était parfois inexcusable. Que ce soit à cause de la pression, de la peur de la défaite, des problèmes avec le public ou des fautes d'arbitrage, j'avoue très franchement que je me comportais quelquefois comme un connard de premier ordre. C'est un mot un peu fort, mais il n'y a pas d'autre moyen de me décrire. Je sais que des fois je l'avais cherché, que j'avais dépassé les bornes et que je méritais qu'on me donne une amende ou qu'on me disqualifie. Je l'ai déjà dit, à mes débuts, les dirigeants des tournois n'avaient pas de code de conduite pour les guider, et ils me laissaient donc faire ce que je voulais parce que j'étais une de leurs attractions principales – si ce n'est la principale. Mais l'arrivée du code de conduite, fin 1975, changea tout, sauf moi, en fait.

Une fois mon Wimbledon 1978 terminé, Dominique et moi nous rendîmes à San Lorenzo, un restaurant branché de Knightsbridge, en compagnie de quelques amis. Là, nous rencontrâmes d'autres joueurs comme Vitas Gerulaitis ou Chris Evert, qui dînaient également, et je tentai d'oublier l'histoire de ma suspension. Je restai ensuite à Londres quelques jours pour tourner les scènes du film *Players,* dans lequel je figurais avec Ali McGraw et Dino Martin (le fils de Dean Martin, le crooner américain). Dans le film, je devais perdre contre lui en demi-finale de Wimbledon. Pour ce match au moins, je fus super-sage et fis exactement ce qu'on me demandait de faire. Même si je m'amusai sur le plateau, je n'eus aucune envie de retenter l'expérience. Le cinéma n'était pas pour moi – je préférais à chaque fois le drame réel de ma propre vie.

Le lendemain, Dominique rentra en France tandis que je m'envolai avec Vitas pour les États-Unis afin de continuer notre saison Intervilles, dans laquelle nous étions tous les deux engagés. D'abord, pour comble de folie, on fit escale à New York pour jouer un tournoi sur invitation doté de 300 000 dollars à Forest Hills. En plein milieu du tournoi, nous prîmes tous les deux l'avion pour Las Vegas, de l'autre côté du continent américain, afin de disputer un match d'un soir pour les Intervilles, avant de ressauter dans un avion et de regagner New York au petit matin le lendemain afin de jouer les demi-finales, pour lesquelles nous étions tous les deux qualifiés. Je crois que Vitas put dormir deux heures mais moi, après avoir essayé de dormir dans le couloir de l'avion et à même le sol dans l'aéroport, je ne fermai pas l'œil de la nuit. Je dus ensuite entrer sur le court le lendemain matin pour affronter un jeune John McEnroe qui, à 19 ans, s'était déjà forgé une solide réputation à la suite de sa demi-finale de Wimbledon l'été précédent, alors qu'il jouait encore parmi les juniors et avait dû se qualifier pour le tableau principal. J'avais beau être exténué, je réussis quand même à le battre en deux sets. « Si toi tu peux le faire, moi aussi je peux », me dit Vitas après m'avoir vu jouer. Il s'est alors débarrassé lui aussi de son adversaire, le Polonais Wojtek Fibak. Malheureusement, en finale, il devait être plus réveillé que moi car il me battit facilement.

Tout de suite après, je repartis à Los Angeles pour continuer ma saison avec les LA Strings. Cette année-là, notre propriétaire Jerry Buss m'avait nommé à la fois coach et joueur. Je savais bien que beaucoup de gens pensaient que c'était une des choses les plus drôles qu'ils aient jamais entendues, mais j'appréciai vraiment d'avoir cette responsabilité. Il y avait aussi d'excellents joueurs dans mon équipe : Chris Evert, avant tout, ainsi que Stephanie Tolleson, qui travaillerait par la suite dans le service tennis d'IMG à Londres, l'Américo-Japonaise Ann Kiyomura, et les deux frères Amritraj, Vijay et son cadet Ashok.

L'ambiance était très relax. J'étais un ami, pas un coach, et même si Vijay et Ashok n'étaient pas très partants pour de longues séances d'entraînement, Chris, elle, l'était toujours, ce qui m'allait très bien aussi car ça me maintenait en bonne forme physique. Je m'entraînais avec elle pendant des heures : des lobs, des smashs, tout ce qu'elle voulait en fait. Au début, elle prenait tout très au sérieux et elle s'énervait quand elle perdait un de ses matchs (qui se disputaient tous sur un set uniquement). Mais bientôt, comme elle a un bon sens de l'humour, elle se détendit et toute l'équipe s'amusa beaucoup. Je me souviens d'un match, à New York : j'étais venu comme remplaçant en plein milieu d'un set (ce qu'on pouvait faire dans les Intervilles) et je portais mon jogging mais j'avais oublié de mettre mon short en dessous. Vijay le savait très bien qui commença à baisser mon pantalon, sauf que je ne portais que mon support athlétique. Dès que Chris s'en rendit compte, elle se jeta sur moi, et se mit à tirer de plus belle pour tenter – sans succès – de me descendre le jogging. Mais elle ne se prenait pas trop au sérieux non plus. Certains soirs, comme elle tardait à se préparer, je criais « Allez, Chris, dépêche-toi, sors des vestiaires ! » mais d'autres fois je rentrais carrément, sans préavis, et elles étaient toutes là, à poil. Mais elle, ainsi que les autres joueuses, le prenait bien car c'était toujours fait pour rigoler.

Évidemment je la connaissais très bien parce qu'elle avait été fiancée autrefois à Jimmy Connors, alors on était beaucoup sortis ensemble à ce moment-là. Mais, pour vous donner une idée de la folie des gens qui assistaient aux matchs Intervilles, un soir que Jimmy était venu nous regarder – il habitait Los Angeles à l'époque et était resté ami avec Chris –, un spectateur se mit à hurler : « Dis donc, Jimmy, dis-nous comment elle est au plumard, Chris ! » Jimmy devint tellement fou de rage qu'il poursuivit le gars partout dans les gradins. Je m'énervais moi aussi tellement pendant certains matchs que je répondais en hurlant à certaines des insultes d'une vulgarité impensable qu'on me balançait. Je courais après certains membres du public, je me disputais avec les juges de ligne, avec l'arbitre, et ils m'éjectaient du court. Dans un sens, j'aimais toutes ces scènes de folie parce qu'on me permettait de faire toutes les choses que je n'avais pas le droit de faire dans les tournois. Je me pointais ensuite à Wimbledon ou à l'US Open, où l'ambiance était d'un calme parfait.

J'étais sous pression pour gagner en tant que joueur, mais aussi en tant que coach. Il fallait que mon équipe gagne. À cause de ma réputation et de l'ambiance dans notre équipe, les neuf autres équipes dans la ligue ne nous prenaient pas trop au sérieux. Mais on jouait bien et on attirait partout les spectateurs. Certaines des autres équipes avaient également de bons joueurs : Vitas jouait pour les New York Apples, et Martina Navrátilová, qui venait de remporter le premier de ses neuf titres de Wimbledon en simple, jouait pour les Boston Lobsters. Tant et si bien qu'on se retrouva en fin de saison face aux Boston Lobsters pour une rencontre, disputée en cinq matchs, qui déciderait du vainqueur de la ligue. Nous gagnâmes 3-1, ce qui surprit beaucoup de gens. Nous devînmes ainsi champions des Intervilles. Ce fut mon apogée, ainsi que celle des Intervilles, car ce fut ma dernière saison avec eux et la dernière fois qu'ils opérèrent avec la même formule. À la fin de la saison, la majorité des équipes déclarèrent faillite.

Martina est une joueuse et une personne que j'ai toujours énormément respectée. Comme moi, elle dut beaucoup s'adapter à la vie occidentale. Mais moi, j'avais Tiriac, et elle n'avait personne. Les choses furent donc beaucoup plus difficiles pour elle au début. Elle mangeait mal et trop, elle dépensait comme une folle, et elle était très malheureuse. Ce n'est que lorsqu'elle devint amie avec Chris Evert et Billie Jean qu'elle commença à se calmer. Quand elle fit ses premières apparitions sur le circuit, elle n'était qu'une adolescente toute fluette. Puis elle grossit et ensuite se muscla. Elle garda cependant son formidable toucher de balle et son athlétisme extraordinaire. Elle venait au filet, ce qui est rare pour une femme. Elle apporta le service volée au jeu féminin. J'adorais regarder ses matchs, surtout ceux contre Chris, parce que leurs styles étaient complètement différents, mais aussi ceux contre Evonne Goolagong-Cawley qui, comme Martina, montait au filet. Mais Martina jouait d'une façon vraiment originale, se déplaçait très bien et mettait tellement de passion, comme Billie Jean ! Elle criait sur le court, tombait par terre, s'exprimait. Elle était un peu comme moi – avec plus de contrôle peut-être –, car elle se plaignait auprès des arbitres et du public. Ça, c'était nouveau pour les femmes. Je pense aussi qu'elle eut énormément de courage lorsqu'elle revendiqua son homosexualité, car elle fut la première à le faire. Toutes les autres qui l'étaient – et tous les autres, de surcroît – n'avaient jamais rien dit, et aujourd'hui, beaucoup le nient encore, même si je crois que tout cela n'a aucune importance. Je me fiche bien de l'attirance sexuelle des autres. Mais je crois que pour elle, c'était naturel qu'elle soit claire là-dessus, d'abord parce qu'à l'époque, tout le monde le savait et aussi parce que Martina est comme ça : une personne d'une grande honnêteté.

Pendant l'été 1978, je continuai à habiter Los Angeles pendant que Dominique restait la plupart du temps en France. J'avais un appartement cette fois-ci, et je sortais davantage pour être moins seul. J'avais fait la connaissance au fil des années de plusieurs acteurs, notamment de Clint Eastwood et de Kirk Douglas. Aussi, quand j'étais à Los Angeles, j'appelais l'un ou l'autre et on sortait dîner. J'avais été invité à une fête pour célébrer le 30e anniversaire de Michael Douglas et, comme la femme de Kirk, Anne, est belge et parle français, on s'entendait tous très bien. J'allais chez lui à Palm Springs pour jouer au tennis ou on sortait au restaurant. Quant à Clint, je l'avais rencontré quelques années auparavant à Las Vegas. Où qu'il aille, il aimait garder un profil bas : il marchait lentement, délibérément et parlait doucement. Je me souviens qu'une fois, alors que nous avions rendez-vous au Hyatt Hotel de Los Angeles pour prendre le petit-déjeuner ensemble – je logeais là pendant un tournoi –, il arriva dans une vieille Ford toute cabossée comme les taxis new-yorkais. Il portait un vieux t-shirt et un jean. Il essayait de ne pas attirer l'attention mais, comme il est très grand, tout le monde le remarqua quand il fit lentement son entrée dans la salle.

À New York, à la fin des années 70 et au début des années 80, Vitas et moi allions au Studio 54 où nous nous liâmes d'amitié avec Andy Warhol, qui y était toujours. Cela peut paraître surprenant, mais Andy venait quasiment tous les jours regarder le tennis à l'US Open. Il me disait qu'il aimait bien ma façon de jouer, la façon dont je le faisais rire. D'habitude, si on s'asseyait à côté de lui, il ne disait pas un mot à moins de lui adresser la parole en premier. Mais avec moi, il aimait bavarder, malgré sa voix si douce que je peinais parfois à capter, surtout en boîte. Mais peut-être parce que, comme moi, il était originaire de l'Europe de l'Est, de Slovaquie en l'occurrence – son vrai nom est Andrej Warhola – et se sentait des affinités avec moi. Il avait aussi ce minuscule appareil photo avec lequel il prenait des photos dès qu'il voyait quelque chose d'intéressant. Il fit une de ses célèbres séries d'épreuves pour Chris Evert, et me proposa d'en faire autant. Hélas, je laissai bêtement passer l'occasion. Il me fit quand même cadeau pour mon anniversaire d'une lithographie signée de ses images bien connues de Campbell's Soup. Il était très sympa, très gentil avec tout le monde. Il ne s'énervait jamais et n'injuriait jamais tous les gens qui tentaient de le saisir par le bras, malgré sa très petite taille qui l'amenait souvent à se faire bousculer dans une foule. Il n'essayait jamais d'être le centre de l'attention, au contraire de Halston, qui fut le styliste préféré de Jackie Kennedy quand elle était première dame des États-Unis. Lui, en revanche, était sans arrêt en train de parler, de gesticuler, toujours avec un cocktail dans une main et une cigarette dans l'autre.

Je ne fis jamais vraiment partie de ce groupe comme Vitas, qui y allait tous les soirs, se défonçait, allait chez les uns et les autres pour se droguer une fois de plus. Parfois, on allait chez Halston, qui habitait une maison sur Park Avenue. C'était un endroit incroyable, construit avec du verre et de l'acier, avec un énorme escalier et une salle de séjour comme un loft, ce qui à l'époque était rarissime. On discutait, on s'amusait, certains buvaient de l'alcool, fumaient. Je ne savais pas ce qu'ils fumaient, et je m'en fichais. Mais personne ne m'embêtait, ne me poussait à me droguer. C'était cool. Ce qui m'amusait, c'était d'être là de bonne heure, vers 23 heures ou minuit. Jc restais deux ou trois heures puis, me disant qu'il fallait que je m'entraîne, que j'avais un match le lendemain, je partais. Je connaissais très bien mes limites, qui étaient très différentes de celles de Vitas. Une fois, à New York, je le laissai au cours d'une fête dans l'hôtel où nous étions et allai me coucher. Il devait être minuit. Le lendemain, je me levai et le retrouvai encore en train de faire la fête. Il ne s'était pas couché. Mais il joua quand même son match ce jour-là, comme si de rien n'était.

Vers la fin des années 70, je commençai à me faire inviter sur les plateaux de télévision plus souvent. J'avais fait « The Johnny Carson Show » aux États-Unis au début des années 70, pas longtemps après ma victoire à Forest Hills en 1972. Puis je refis son émission en 1977, lorsque Adidas lança mon modèle de chaussures, qui sont encore en production aux États-Unis et qui vont l'être à nouveau en France. Johnny était passionné de tennis et venait exprès nous regarder, Connors et moi, à Wimbledon et à l'US Open. Au fil des années, je fis tous les grands talk-shows de la télé américaine, ainsi que les principales émissions de ce genre en Grande Bretagne et en France. Au début, c'était très nouveau pour moi d'être sur un plateau de télé. Maintenant, j'y suis habitué et je m'y sens plus à l'aise, même si j'avoue que je ne me sens jamais aussi à l'aise que sur un court de tennis. Sur un terrain de tennis, devant 15 000 spectateurs ainsi que des millions de téléspectateurs, je suis dans mon élément. J'ai l'impression d'être sur scène et j'adore être le centre d'attention. Mais si je déteste faire un discours devant des gens.

En France, je fus piégé par « Surprise sur prise », l'émission de TF1, où on me joua un joli tour. C'était en 1995 je crois, et le scénario imaginé était très bien. J'avais rendez-vous dans un hôtel parisien pour signer un contrat avec un soi-disant représentant d'une société. Au parking de l'hôtel, je remarquai une voiture avec la clé encore sur le contact. J'apportai donc la clé à la réception et commençai à expliquer la situation. Une jeune femme m'interrompit en me disant que c'était sa voiture. Je lui donnai donc la clé. Le représentant arriva tout de suite après et me prévint qu'il allait au parking chercher le contrat resté dans le coffre de sa voiture. Il revint catastrophé, car sa voiture n'y était plus. « Elle était comment ? » lui demandai-je alors. « C'était une Renault Safrane, bleu nuit. » Je compris immédiatement la situation. J'avouai au représentant ce que j'avais fait. Il n'était évidemment pas très content, d'autant que sa serviette et le contrat étaient dans le coffre. Deux minutes plus tard, on m'appela à la réception. La jeune femme était au téléphone dans tous ses états. « Je suis désolé, monsieur Nastase, je vous ai pris votre voiture, et j'ai eu un accident à 100 mètres de l'hôtel. Ne le dites pas à la police, mais venez chercher votre clé, s'il vous plaît. » Je partis avec le « représentant » qui, ne voyant pas la jeune femme, se mit à m'accuser d'avoir volé sa voiture. « Non, non, c'est une erreur, c'est compliqué, mais je vous assure que… » Mais il tempêtait, et là, je perdis patience et me fâchai à mon tour, « Non, non, ça suffit… » Heureusement, juste à ce moment-là, l'animateur et toute l'équipe sortirent de leur cachette en criant : « Surprise sur prise ! » J'éclatai de rire tant le gag était drôle et le coup, bien monté.

Ma suspension de trois mois des tournois du Grand Prix en 1978 dura de juillet jusqu'à fin septembre. Cela ne m'affecta pas beaucoup, car j'étais sous contrat pour les Intervilles pendant la majeure partie de cette période-là. Le seul grand tournoi que je manquai fut l'US Open, qui se déroulait pour la première fois à Flushing Meadow. Financièrement toutefois, je gagnai plus d'argent en jouant divers matchs exhibitions ces semaines-là. C'est dire à quel point le système était idiot. Alors, au lieu de jouer des tournois Grand Prix en septembre, je jouai une série de matchs exhibitions, principalement en Hollande et en Belgique, contre des joueurs comme Borg et McEnroe.

Je me rappelle que c'était toujours moi qui conduisais. Quand je jouais contre Borg, j'étais au volant et lui dormait tout le temps. Une fois, on devait se rendre à Mons, en Belgique, qui se trouve à environ 50 kilomètres de Bruxelles. Dix minutes après notre départ, Björn dormait à poings fermés. Je pris l'autoroute et suivis les panneaux pour Mons. Environ deux kilomètres avant Mons, je vis tout à coup des panneaux pour Bergen. Et Mons ? Où est passé Mons ? Plus de Mons nulle part. Dans quel merdier me suis-je encore foutu ? me dis-je. Je fis donc demi-tour, refis le tour et m'approchai de la sortie d'autoroute, exactement comme avant. Je vis le panneau pour Mons, puis la sortie qui n'indiquait que Bergen. Encore. Je fis demi-tour une deuxième fois et décidai de rentrer à Bruxelles. C'était à l'époque où les portables n'existaient pas encore, rappelons-le. Je conduisis les 50 kilomètres jusqu'à Bruxelles. C'est alors que Björn se réveilla. « Qu'est-ce qu'il se passe ? On a déjà joué ? J'ai dormi pendant tout le match ? » « Non, on y est allé, mais je n'arrive pas à trouver cette foutue ville de Mons. Appelle le gars et demande-lui si ça existe vraiment, ce Mons. » Nous appelâmes donc le gars, qui nous expliqua que Mons et Bergen étaient la même ville : Mons est le nom français et Bergen, le nom flamand. Comme la sortie d'autoroute est dans la partie flamande de la Belgique, le nom est en flamand !

L'année suivante, je vécus un épisode similaire au tournoi de Tel Aviv, organisé par un de mes amis, Gerry Goldberg. Il m'avait dit : « Pas de problème, je viens te chercher à l'aéroport, je réserve l'hôtel, je m'occupe du visa, de la garantie, de tout. Tu n'as qu'à prendre l'avion. »

J'arrivai donc. Nous nous mîmes en route dans sa voiture, où je lui demandai :

— Je suis dans quel hôtel ?

— Le Hilton, tu verras, c'est ravissant, au bord de la mer…

On se mit alors à bavarder. La nuit tomba. Tout à coup, nous nous arrêtâmes devant une très haute barrière. Un type en uniforme sortit de sa guérite, une mitraillette à la main.

— Qu'est-ce que vous faites ? demanda-t-il en nous dévisageant d'un œil méfiant.

— On essaie de trouver le Hilton.

Il nous regarda ahuri, comme si nous étions cinglés. Puis il éclata de rire : « Mais c'est la Jordanie ici, ce n'est pas le Hilton ! »

On finit tout de même par trouver Tel Aviv mais, au lieu de m'emmener directement au Hilton, Gerry insista pour m'emmener au Sheraton. C'est là qu'il y a de l'ambiance, dit-il. Là, nous bûmes des bières, beaucoup de bières, car Gerry, étant plutôt du genre nerveux, toujours en train de bouger, n'arrêtait pas d'aller en chercher. Il partit vers 1 ou 2 heures du matin, me laissant seul en train de parler à diverses filles. J'étais complètement bourré parce que je n'avais vraiment pas l'habitude de boire comme ça. C'est alors que je me rendis compte que je ne me rappelais pas où je logeais cette nuit-là. Ce qui était encore plus ennuyeux c'est que Gerry était parti avec toutes mes affaires dans le coffre de sa voiture. Je passai donc la nuit dans un hôtel du coin – et un hôtel plutôt miteux, en l'occurrence – où je m'écroulai de sommeil. Le lendemain matin, la sonnerie du téléphone me réveilla vers 11 heures « Espèce d'imbécile ! entendis-je Gerry crier. J'ai passé toute ma matinée à téléphoner à tous les hôtels de Tel Aviv pour essayer de te trouver. Tes affaires sont au Hilton et tu joues contre Colin Dibley à midi pile ! »

J'arrivai tout juste à temps pour mon match, et, malgré ce début, Gerry me réinvita souvent par la suite. J'ai même visité Israël avec lui – la mer Morte, Jérusalem, le mur des Lamentations –, que j'ai adoré. Ce fut le premier séjour, et le plus fou.

Les déplacements, à ce stade de ma carrière, étaient vraiment constants. Les Intervilles n'aidaient pas, mais je crois que tous les joueurs voyageaient et jouaient trop souvent, à cette époque. Le tennis ne s'était pas encore vraiment organisé, et il y avait trop de circuits qui se concurrençaient, trop de points de classement à récolter, trop de dollars à gagner. Le sport était en pleine explosion. En 1978, même avec ma suspension et les Intervilles (en plus du fait que j'étais suspendu de la coupe Davis cette année-là), je disputai quand même 21 tournois. J'avais un besoin physique de jouer au tennis, ce qu'avaient du mal à comprendre tous les gens qui, quelques années plus tard, me disaient de prendre ma retraite. Je ne voulais pas quitter le sport, et ne le veux toujours pas. C'est pour ça que je continue à jouer aujourd'hui et que je continuerai toujours, aussi longtemps que je le pourrai et que les gens auront envie de me voir jouer.

L'argent n'a jamais été ma motivation. Si cela avait été le cas, je me serais tu et j'aurais ainsi évité beaucoup d'amendes, de disqualifications et de suspensions. Je n'avais pas d'ambition financière. Je gardais la plus grande part de mon argent dans une banque au Luxembourg parce que mes beaux-parents y avaient des contacts professionnels. Cela me rapportait un peu et, au moins, c'était en sécurité. Je payais mes impôts dans le pays où je jouais, puis je mettais l'argent en banque. C'est une des choses que m'avait apprises Tiriac. Une ou deux fois, j'investis dans des affaires qui ne donnèrent rien. Ayant perdu de l'argent, je décidai que cela ne valait plus la peine de recommencer. Heureusement, je n'y laissai jamais de grosses sommes, comme Borg le fit, même si son ancien associé et les médias exagérèrent les sommes qu'il perdit. D'après lui, cela aurait plutôt été de l'ordre de un million de dollars, alors qu'eux prétendirent qu'il avait tout perdu. En 1978 et 1979, un des frères de Dominique, Daniel, s'occupa de certains de mes intérêts financiers. J'avais également le banquier au Luxembourg pour me conseiller. Il me donnait un compte rendu une fois par mois, et je l'appelais pour lui demander comment se portait mon argent. De toute façon, je n'avais pas des milliards. J'étais content de ce que j'avais, surtout après avoir débuté avec rien du tout. L'argent me permettait de savoir que je pouvais me payer ce dont j'avais envie. Même si je vivais bien, je ne dépensais jamais comme un fou. Je n'étais pas joueur non plus. Chaque fois que j'allais à Las Vegas, par exemple, je résistais. Connors ou Dibbs, eux, essayaient tout, tandis que je gardais toujours mes distances avec les tables de jeu et les machines à sous. J'avais peur de ne pas pouvoir m'arrêter. Si j'avais envie d'une montre, je l'achetais. Pas une douzaine, comme le font aujourd'hui certains sportifs de haut niveau ! Mais j'étais plutôt relax à propos de l'argent. Je n'éprouvais pas le besoin de le dépenser ni de le compter. À tel point qu'une année, j'égarai ma carte American Express Gold, qui était au nom de Dominique et, pour je ne sais quelle raison, ne le signalai pas. Un matin, je fus réveillé dans ma suite d'hôtel à New York par deux flics qui m'annoncèrent qu'ils avaient arrêté un pickpocket qui avait, par hasard, sur sa personne la carte de Dominique. Depuis quand était-elle perdue ?

— Depuis environ six mois, répondis-je, peu sûr de moi.

— Pourquoi n'avez-vous jamais signalé sa disparition ? me demandèrent-ils.

— Parce que celui qui me l'a volée dépensait forcément moins que ma femme.

Il est vrai que j'avais de gros frais. J'avais ma famille à charge en Roumanie, ce qui me semblait naturel. Je ne veux pas dire qu'ils ne bossaient pas et qu'ils attendaient que je leur paie tout. Bien au contraire. Mais je voulais les aider et je voulais partager ce que j'avais. C'est ainsi que je payais parfois pour qu'ils puissent venir en France, ou que je leur achetais des choses en Roumanie pour qu'ils aient une vie confortable. J'avais aussi ma femme et ma fille à charge, évidemment, et des propriétés en France et à New York, où j'avais acheté un appartement sur la 72e et la 3e avenue, pour avoir un pied-à-terre pratique chaque fois que je passais du temps dans cette ville. En 1980, pour des raisons fiscales, j'avais aussi acheté un appartement à Monte-Carlo. Quand je voyageais, en plus, j'aimais bien descendre dans de beaux hôtels et prendre des billets d'avion première classe, pour en profiter et vivre agréablement. Quand j'allais aux États-Unis, ce que, à un moment, je faisais quasiment tous les quinze jours, je prenais le Concorde, qui coûtait cher. Mais l'avion était si rapide que c'était essentiel pour moi. Personne ne me donna jamais l'argent, et je n'en héritai pas non plus. C'est pour cela que je n'ai pas mauvaise conscience par rapport à ce que j'ai, ni par rapport à la façon dont je le dépense. J'ai travaillé très fort pour l'avoir, et je mérite ce que j'ai gagné.

Même si je prenais l'avion sans arrêt, je n'arrivais jamais à dormir pendant les vols. Pas profondément en tout cas. Pas au point de ne plus savoir ce qui se passait autour de moi. Alors je souffrais, et j'arrivais crevé, sans m'être reposé, surtout lorsqu'il y avait eu des turbulences, qui me rendaient très nerveux. Parfois, à cause de mon planning, je débarquais d'avion et je jouais un match le jour même. Personne ne le savait, mais je n'avais vraiment pas envie de jouer, j'avais la nausée. Et à l'époque, je ne buvais pas. Aujourd'hui, pour me détendre en vol, je prends quelquefois un petit verre de vin ou une bière. À l'époque, je ne pouvais que regarder le film et lire le journal. Je n'ai jamais eu assez de patience pour livre un livre entier ! Je le commençais mais je n'arrivais pas à le terminer. Ion essayait sans arrêt de me faire lire. Lui, il lisait en anglais pour s'améliorer. Je parlerais mieux la langue aujourd'hui si j'avais suivi son exemple. Dominique, quant à elle, adorait lire, et Amalia aussi, qui est autodidacte en anglais et a appris en regardant les films en VO à la télé et en lisant des livres. Elle parle aujourd'hui mieux la langue que moi. Je n'ai pas le tempérament qu'il faut pour lire des livres. Je me lève au bout de dix minutes et je vais faire autre chose. C'est quelque chose, toutefois, que je regrette.

Je voyageais tant que, quand j'étais enfin de retour à Bazoches pour voir Dominique et Nathalie, ce n'était que pour quelques jours. J'y passais en tourbillon, j'allais tout de suite embrasser ma fille, que je n'avais souvent pas vue depuis des semaines, puis ma femme. Je m'écroulais alors et passais le reste du temps à tenter de récupérer physiquement et mentalement avant de reprendre la route peu de temps après. Parfois, je n'étais pas de très bonne humeur parce que j'avais perdu dans un tournoi quelque part. C'était du reste pour ça que j'avais pu rentrer ! Je n'étais alors pas très agréable. En plus, quand je rentrais, la nounou était toujours là, la famille de Dominique était également très présente. C'était dur pour nous d'avoir un peu de temps ensemble. Ma fille me dit maintenant qu'elle n'a aucun souvenir de ses parents ensemble, mais elle ajoute quand même que c'est pour cela que, n'ayant pas remarqué de différence, notre séparation et notre divorce ne l'ont pas perturbée.

À la fin des années 70, Dominique savait très bien que je n'étais pas très sage quand je m'absentais. Elle ne me posait jamais de questions quand je rentrais, ne fouillait jamais dans mes poches ou n'enlevait jamais de longs cheveux blonds de ma veste (ou plutôt les longs poils blancs de la crinière des chevaux du Studio 54). Je crois qu'elle voulait simplement que je sois discret quand je n'étais pas là, aussi bien par égard pour elle que pour Nathalie. Alors j'en profitais, même si je ne suis pas fier de l'avouer. Elle connaissait ma réputation avant qu'on se marie. Nous étions, par ailleurs, tous les deux d'accord qu'elle ne m'accompagnerait pas tout le temps. Dominique dit maintenant qu'elle se laissa peut-être trop influencer par la nounou, qui disait que c'était mauvais de s'éloigner trop de Nathalie. Mais c'est la vie ! On prend des décisions et cela ne sert strictement à rien de les regretter. De toute façon, même si elle m'avait plus souvent accompagné, je crois que notre mariage n'aurait pas survécu. La vie avait simplement commencé à nous mener dans des directions opposées. Elle se plaisait dans sa vie calme à Bazoches, entourée de Nathalie, de la nounou et de sa famille. Alors que moi, j'avais ma vie de dingue et de saltimbanque, je me déplaçais constamment, j'allais taper dans des petites balles rondes aux quatre coins du monde. Vie qui lui faisait de moins en moins envie. Moi, j'aimais encore ça et, après quelques jours au calme chez moi, je pétais le feu et étais prêt à repartir. J'avais même mes valises toutes faites qui attendaient dans l'entrée quelques jours avant mon départ. Dominique pensait que j'étais cinglé, mais j'aimais voyager constamment. Je ne connaissais pas d'autre vie, du reste, et, malgré les désavantages, j'adorais encore ça.

La fin des années 70 s'est écoulée comme ça : je m'absentais, Dominique me rejoignait parfois, je jouais des tournois, des matchs exhibitions, j'en gagnais, j'en perdais, je m'attirais quelquefois des ennuis, ou je faisais rire les gens (et parfois les deux au cours du même match). Lentement, progressivement toutefois, je commençais à baisser au classement ATP. J'avais terminé l'année 1978 au 16e rang du classement, après avoir remporté deux titres en simple et disputé quatre finales. À la fin de 1979, j'étais 50e. J'avais remporté cinq titres de double mais aucun en simple. J'avais du mal à admettre ce qui se passait, parce qu'une grande partie du problème était dans ma tête. J'avais perdu confiance en moi. Au lieu de frapper un coup instinctivement, j'y réfléchissais, ce qui ne sert à rien. Il m'arrivait encore de jouer si bien pendant un match que ma confiance revenait. Je me sentais alors encore capable de battre qui que ce soit. Physiquement, à ce stade, j'étais encore aussi rapide et fort qu'avant. Mais je me faisais régulièrement provoquer et harceler par certains spectateurs, qui savaient que j'avais une grande gueule sur le court et s'attendaient à ce que je réponde à leurs insultes – « *commie bum* » (« communiste de merde ») étant une de leurs préférées. Ou alors ils se demandaient à voix haute ce qu'il se passait, en sachant très bien que j'avais beaucoup de mal à ne rien dire. Dès que j'avais le malheur de hausser les sourcils ou de dire la moindre chose à un juge de ligne, par exemple, le public prenait beaucoup de plaisir à me siffler, me huer, à scander mon nom, à m'applaudir lentement. Cela ne me dérangeait pas trop quand j'étais en train de gagner. En revanche, quand j'étais en train de perdre, les choses tournaient vite au vinaigre, je me faisais réprimander et ça allait de mal en pis pour moi.

Pour les autres joueurs, n'étant plus invincible, je n'étais plus respecté. Quand on est numéro 1, ils espèrent peut-être pouvoir gagner une fois. Dès qu'ils savent qu'ils peuvent l'emporter régulièrement, c'est comme quand les fauves flairent le sang : ils viennent toujours plus nombreux. Alors quand, par manque de confiance, je commençai à perdre plus souvent face à des joueurs qui, à mon avis, ne valaient pas grand-chose, ce fut très dur. On met des années à accepter qu'on n'est plus ce qu'on était avant, et même une fois qu'on l'a accepté, on n'a pas envie de le déclarer publiquement aux journalistes, même si on ne peut plus nier les faits.

Tout cela nuit à mon rapport avec Dominique. Quand un sportif commence à s'acheminer vers la fin de sa carrière, le rapport qu'il a avec sa femme ou sa petite amie doit forcément changer. En règle générale, il ne va pas en s'améliorant. On se voit plus souvent, il faut penser à ce qu'on va faire à l'avenir. J'eus ainsi du mal à accepter que j'allais passer de longues périodes à la maison. Sans parler de l'inquiétude générée par le manque de résultats. Je crois que c'est une des raisons pour lesquelles, quand un sportif – et ce, quel que soit le sport – arrive en fin de carrière, son couple ne tient pas. La seule chose que je regrette, en revanche, c'est que Nathalie ne soit pas née plus tard, car j'aurais pu la voir davantage. Les cinq premières années de sa vie, quand j'étais encore avec Dominique, je la vis à peine. Et, quand je la voyais, c'était difficile pour elle de se sentir proche de moi, tant elle ne me connaissait pas. Heureusement, sa nounou l'éleva bien et lui expliqua toujours la situation aussi bien avant qu'après notre divorce. Ainsi comprit-elle toujours les raisons de mes absences. Je pense que c'est pour cela qu'aujourd'hui nous avons de bons rapports.

En 1979, ayant raté Wimbledon pour cause de blessure, j'allai à Flushing Meadow pour l'US Open. Le tournoi, disputé sur court dur, baignait dans une ambiance totalement différente de celle de Forest Hills. Tout était beaucoup plus grand, plus bruyant. Les avions qui décollaient et atterrissaient toutes les quelques secondes de l'aéroport de La Guardia nous empêchaient souvent d'entendre nos propres coups, et, bien sûr, encore moins ceux de nos adversaires, ce qui est très gênant. Il est effectivement très important de pouvoir entendre et voir la balle au moment de la frappe afin d'anticiper l'effet qui lui est imprimé.

Les spectateurs new-yorkais sont très bruyants. Ils n'hésitent pas à crier n'importe quoi, ils n'attendent pas le changement de côté pour se lever, pour manger leur hot-dog ou boire leur Coca. C'est dans cette ambiance, au cours de mon match contre un Finlandais, Leo Palin, que je créai une première dans les annales du tennis en changeant de short sur le court pendant un changement de côté. Je jouais sur le Grandstand Court et il faisait incroyablement chaud et humide, comme c'est souvent le cas à New York à cette période de l'année. Je menais 7-5, 6-5, mais je transpirais de partout. La sueur dégoulinait dans mon dos et dans mon short. J'étais vraiment complètement trempé, au point que je n'arrivais plus à jouer tellement j'étais mal dans mes vêtements. Je demandai donc à un des ramasseurs de balles d'aller me chercher un autre short, ce qu'il fit sans problème. Il revint avec un joli short bleu ciel, bien sec. Que me restait-il alors d'autre à faire que de me déshabiller ? Je précise que, portant quand même un support athlétique de couleur chair, je n'étais pas complètement à poil. Je m'excusai poliment tout de même en ôtant mon short trempé, que je balançai sur le côté d'un petit coup de pied, et revêtis le sec. Je saluai ensuite le public avant de reprendre le match. Je remportai le jeu suivant, donc le deuxième set avant que Palin déclare forfait à cause d'une blessure à la jambe. Je m'étais bien amusé. Personne ne l'avait jamais fait, même pas moi ! En quittant le court, comme dernier geste théâtral, je montrai mes fesses triomphalement du doigt, accompagné par les sifflements et les applaudissements du public.

Mon match suivant fut nettement moins amusant. J'étais opposé à John McEnroe, tête de série n° 3, qui gagnerait son premier US Open quelques jours plus tard. Notre match était programmé sur le central, le Louis Armstrong Stadium. Ce serait le deuxième match de la séance du soir. Une fois de plus, il faisait très chaud et humide et, le temps que le match précédent – un simple dames – se termine, beaucoup de gens avaient bu beaucoup de bière. Lorsque nous entrâmes sur le court, il était déjà 21 heures, et les 10 000 spectateurs qui avaient rempli les gradins étaient d'humeur très excitable. Ils voulaient voir un spectacle. Les médias avaient déjà fait monter la mayonnaise, comme si ce match était un match de boxe. Ils obtinrent presque ce qu'ils voulaient. Bizarrement, alors que McEnroe est l'enfant du pays, le public était plutôt avec moi. Peut-être pensaient-ils que je n'étais pas censé gagner. Le *bad kid* du coin contre le premier *bad boy* du tennis, voilà qui faisait une affiche alléchante pour tout le monde !

J'avais demandé à mon joueur préféré, Roy Emerson, de s'entraîner avec moi la semaine précédant l'Open – j'étais même allé exprès en Californie –, car je n'étais pas en bonne forme physique. Je n'avais pas honte de lui demander de m'aider tant j'avais besoin de m'améliorer. Non pas pour remporter le tournoi – je savais que ce n'était pas possible –, mais pour jouer aussi bien que possible.

Le match ne serait ni facile ni sans bruit et, McEnroe ou moi – peut-être même les deux – aurions des ennuis. C'est du reste pour ça que Frank Hammond avait été désigné comme arbitre : il était le meilleur, le seul à pouvoir nous contrôler. Il nous parlait comme à des adultes, pas comme à des écoliers désobéissants, à l'inverse de la plupart des autres. Il disait : « Allez, Ilie, joue, la balle était faute, fais-moi confiance. » Et on avait toujours la possibilité de lui dire calmement si on estimait qu'un juge de ligne avait commis une erreur.

Notre tennis fut d'un haut niveau les deux premiers sets. Nous jouâmes bien tous les deux, faisant des coups croisés, obligeant l'autre à aller chercher des balles irrattrapables. Nous offrîmes un joli spectacle. Puis, à un set partout, certains spectateurs qui me harcelaient sans arrêt commencèrent à m'énerver. Je me mis à crier, en colère. J'eus aussi quelques mauvais appels de ligne. Je me plaignais auprès de Frank, qui perdait progressivement le contrôle du match et ne savait plus quoi faire. Il devint sérieux et changea de ton. C'est vrai que la situation n'était pas facile. J'avais fait le break au troisième set, et m'étais arrêté momentanément de jouer, prétextant que je n'étais pas prêt à recevoir le service. Il me pénalisa de un point. Le public s'excita et on mit assez longtemps avant de pouvoir reprendre. Quand nous reprîmes, j'avais perdu mon rythme, et perdis le set 6-3.

Au quatrième set, McEnroe mena 3-1, mon service à suivre. Je m'arrêtai de nouveau. Ce n'était pas bien, mais je perdais le contrôle de moi-même et commençais à hurler en direction de Dominique et de Roy, assis à côté du court. Jamais je n'aurais pensé que Frank m'infligerait un jeu de pénalité. Aussi, lorsqu'il accorda le jeu à McEnroe, les spectateurs se déchaînèrent-ils. Ils trouvaient ça injuste. John aussi s'en mêla et renversa violemment une poubelle avec sa raquette. Il tempêtait. Nous étions tous les deux fous de rage. C'était le chaos complet. Dix-sept minutes durant, alors que des cannettes, des gobelets, des déchets et même des bouteilles volaient sur le court, que la police arrivait pour prévenir une émeute, je râlais, John râlait et le public criait après Frank, qui avait totalement perdu le contrôle de la situation. Il m'ordonnait sans cesse de jouer, et je lui répondais en hurlant qu'il y avait trop de bruit. Comment aurais-je pu ? Je n'arrivais même pas à m'entendre parler. Alors Frank me disqualifia. Net, juste comme ça. Cela aurait dû être la fin de l'affaire : ce fut tout le contraire. Les choses s'aggravèrent. Le public voulait sa tête. Il voulait voir un match, après tout. Ils l'avaient attendu, celui-ci, et ils voulaient en voir la fin. Après deux minutes seulement, je fus réintégré et, de façon complètement absurde, Frank se fit jeter dehors par Bill Talbert, le directeur du tournoi. À sa place, il mit Mike Blanchard, le juge-arbitre. Ce fut la fin du match pour moi. Après tout cela, il m'était impossible de bien jouer, et McEnroe remporta le set 6-2, ainsi que la rencontre.

Il était 1 heure du matin, presque quatre heures après notre arrivée sur le court. Dans les vestiaires, je pris ma douche et, comme d'habitude, me calmai tout de suite. Comme il était tard et que ni moi ni John n'avions mangé, j'allai tout simplement le voir pour lui proposer, le plus naturellement du monde, de se joindre à notre groupe pour dîner. Il était sidéré de mon offre. Ceux qui me connaissent savent que je suis comme ça : je ne peux pas l'expliquer. Pour John et moi, sur le court, c'était une question de vie ou de mort. Mais après, je redevenais tout de suite une personne normale, ce que lui n'arrivait pas à comprendre. Je n'avais, d'ailleurs, pas eu de problème avec lui au cours du match. Lui aussi était devenu fou de rage, parce qu'on lui avait compté une faute de pied. Il attendait aussi l'occasion qui lui permettrait de se secouer. Mais, à la différence de moi, il n'avait jamais perdu le nord et avait su se maîtriser à temps. Une fois que j'avais commencé, il fallait que je continue. John nous rejoignit donc, Dominique, Roy et moi, pour un dîner sympa dans Manhattan, et nous terminâmes la soirée très agréablement. Dominique et Roy ne me dirent pas grand-chose après le match. À quoi servait-il d'en parler ? Elle était habituée à la situation – même si, en l'occurrence, ce fut le dernier « major » auquel elle assista – et Roy était mon coach pour mon tennis, non pour mon comportement.

L'autre raison pour laquelle je fis la une des journaux pendant cet US Open de 1979 fut le double mixte que je jouai avec le docteur Renée Richards. Je l'avais connue un peu dans les années 60 lorsqu'elle était amateur et s'appelait encore docteur Richard Raskind. Après des années de traitements difficiles et douloureux, elle était réapparue sur le circuit féminin et était à présent la première joueuse de tennis transsexuelle. Ce fut Mitch qui suggéra le premier que je joue avec elle, car les femmes avaient refusé de le faire aussi bien en simple qu'en double, tout comme les hommes en double mixte. J'avais pitié d'elle et j'estimais que ce n'était pas juste, après tout ce qu'elle avait vécu : les opérations, bien sûr, mais tous les problèmes qu'elle avait dû avoir avant et après, le fait de ne sentir ni un homme à part entière ni une femme, et sa conviction de vouloir être une femme. Je me demandais pourquoi personne ne voulait lui donner une chance et jouer avec elle. Je lui proposai donc de faire équipe ensemble, « à condition qu'on ne prenne pas ça trop au sérieux », ajoutai-je. Et c'est ce que nous fîmes. C'était une bonne joueuse, puissante, très grande, qui parfois dominait les points ou jouait comme moi. Ses pieds étaient plus grands que les miens, elle avait de grandes mains, mais elle essayait quand même d'être féminine. Elle tentait à l'époque de changer sa voix pour ressembler plus à une femme.

Évidemment, ça ne loupa pas : je me fis chambrer sans arrêt par tous les autres joueurs. « Il n'y a que toi qui peux jouer avec cette personne, ni homme ni femme », me disaient-ils. Pour moi, c'était important d'aider quelqu'un que personne d'autre n'aidait. Les filles menaçaient de boycotter le tournoi, de ne pas jouer contre elle. C'était aussi stupide que borné : elle avait déjà 42 ans au moment de sa réapparition sur le circuit ; il n'y avait donc pas de quoi s'inquiéter. Nonobstant que la moitié d'entre elles étant lesbiennes, elles auraient dû être les premières à vouloir combattre l'intolérance et le manque d'ouverture. En tout cas, nous nous amusâmes bien. Je me rappelle du premier point de notre premier match : j'avais réussi un smash facile et elle vint me frapper sur l'épaule : « Quel homme, Nasty ! » Alors je jouai la comédie et tombai par terre comme si elle m'avait frappé vraiment fort. Cela fit rire tout le monde. Et tout le match se déroula de cette façon. Nous accédâmes aux demi-finales du double mixte, où les têtes de série n° 1, l'équipe sud-africaine de Bob Hewitt et Greer Stevens, les futurs gagnants du titre, nous arrêtèrent. Nous réussîmes si bien du reste, et nous marrâmes tellement que l'on remit ça l'année d'après.

Au printemps 1980, Dominique m'annonça enfin qu'elle en avait assez et qu'elle demandait le divorce. Sa décision n'était pas mue par un incident particulier. Ce n'était pas parce qu'on se détestait. Nous n'en étions pas arrivés là, et d'une certaine façon, avions encore des sentiments l'un pour l'autre. C'était plutôt qu'elle s'était rendu compte que ce qu'elle attendait de la vie et ce que moi je voulais était irrémédiablement incompatible. Elle voulait une vie calme et rangée, moi non. La faute m'en incombait, car il n'était pas facile de vivre avec moi à l'époque. Ça ne l'est toujours pas – demandez à ma femme, Amalia, elle vous le dira. Ce fut dur pour moi, au début, d'accepter la réalité de la situation. Un (premier !) mariage, c'est pour toujours, comme celui de mes parents l'avait été ! Mais personne ne peut garantir cela de nos jours. Nous eûmes tous les deux beaucoup de peine à voir notre mariage échouer. Peu importe quelles en étaient les raisons. Il y eut forcément des disputes, des querelles, mais à la fin, je compris qu'il n'y avait pas moyen de revenir en arrière, et nous entamâmes alors la pénible procédure de divorce.

C'était une période particulièrement difficile parce que juste avant Roland-Garros et peu de temps avant Wimbledon. Il fallut que l'on publie un communiqué de presse tant les journaux me demandaient sans arrêt où était Dominique. Je décidai, finalement, de ne pas jouer Roland-Garros cette année-là ; il se passait trop de choses dans ma vie privée pour que je me concentre sur un match.

Dans tous les divorces, c'est le début le plus dur. Nous fîmes de gros efforts pour que le nôtre se passe à l'amiable. C'est pourtant encore plus difficile lorsqu'on est connu, parce que les médias aggravent facilement la situation. Ils sont capables de tout dire. Et la presse britannique est championne du monde quand il s'agit de poursuivre une piste juteuse qui pourrait faire vendre un paquet de journaux. Pendant Wimbledon, ils se comportèrent comme des animaux sauvages qui poursuivent leur proie : ils me traquèrent absolument partout, publièrent plein de photos de moi avec des femmes différentes, certaines que je connaissais à peine. Et je ne parle pas du nombre de fois où je fis la première page des journaux durant cette quinzaine ! J'avais toujours été très patient avec la presse, et ça ne m'avait jamais dérangé de parler aux journalistes. Mais je souffris beaucoup de cette tension qui montait depuis plusieurs semaines, et des médias qui ne me lâchèrent pas pendant toute cette période. Cette prise d'assaut permanente et non désirée me laissa particulièrement vulnérable et déprimé. C'est alors que je perdis contrôle et que je fis ce que je n'avais jamais fait à qui que ce soit et n'ai jamais refait depuis : je piquai très publiquement une colère et frappai quelqu'un.

CHAPITRE 11
1980-1984

À un moment, j'en ai eu ras le bol. J'ai mis le bras autour d'une petite vieille aux cheveux gris qui était assise à côté de moi et j'ai dit aux photographes : « Hé ! les gars, je vous présente ma nouvelle petite amie. »

L'incident survint alors que j'étais vraiment au bout du rouleau, après deux semaines de harcèlement constant des médias. Un journaliste, qui était dans le même hôtel que moi à Kensington, n'arrêtait pas de m'emmerder. Il était venu cogner à ma porte deux, trois fois de suite. Aussi, lorsqu'un matin, il se pointa à 8 h 30 et me demanda « Comment va votre divorce », pétai-je complètement les plombs. Je le giflai bêtement et cassai ses lunettes. Ça ne m'était jamais arrivé de perdre ainsi le contrôle, et j'en fus très ébranlé. J'étais choqué d'avoir pu faire ça et n'arrivais pas à croire ce qui m'arrivait tout à coup. Cet incident fit, évidemment, une fois de plus, les gros titres le lendemain.

Le stress avait déjà commencé la semaine précédant Wimbledon, quand la Roumanie avait joué les demi-finales de la zone européenne B de la coupe Davis. C'était une rencontre qui s'était déroulée sur gazon à Bristol, dans l'ouest du pays. Nous menions 2-0 après les deux simples du premier jour. Mes amis les frères Lloyd avaient remporté le double, et Buster Mottram avait égalisé en battant notre joueur Andrei Dirzu, qui n'avait pour ainsi dire aucune expérience de tennis sur gazon. À 2-2, une fois de plus tout reposait sur mes épaules. Il fallait que je batte John Feaver dans la dernière rencontre. Le match, interrompu par la pluie, dura deux jours, mais le lundi, je réussis à m'octroyer la victoire en cinq sets. Nous gagnâmes donc 3-2 contre les Britanniques. Mais, à cause de toute la tension dont je souffrais personnellement et professionnellement, je me comportai en très mauvais garçon et reçus plusieurs avertissements pour conduite et langage abusifs. Je ne sais pas ce qui n'allait pas entre la Grande-Bretagne en coupe Davis et moi mais, à la suite de la rencontre, je fus, une fois de plus, interdit de compétition pendant dix-huit mois. Ce n'était donc pas une bonne façon de commencer mon séjour en Angleterre.

Un de mes amis italiens, que tout le monde appelait « Bambino », m'accompagnait. Je l'avais rencontré grâce à Panatta, dont il était un bon copain. Comme c'était un mastodonte de 140 kilos (pas particulièrement grand, mais bien baraqué), il était devenu en quelque sorte mon compagnon de voyage ainsi que mon garde du corps pendant cette difficile période. Après le match contre Feaver, Bambino avait fait semblant de me tirer dessus avec un faux revolver dans les vestiaires. C'était pour rigoler, bien sûr, mais je m'effondrai par terre en suppliant : « Non, non, je ne veux pas jouer à Wimbledon, ils vont me jeter dehors, mieux vaut me tuer maintenant. » L'histoire de mon comportement inacceptable mit, évidemment, du piment dans le plat du jour de la presse. Quelle ne fut pas la surprise de Feaver lorsque, rentrant au volant de sa voiture de Bristol à Londres, il alluma sa radio et entendit que le tirage de Wimbledon avait eu lieu. « Et qui vais-je rencontrer au premier tour? me demanda-t-il par la suite avec son accent très *british.* Toi ! Je n'en croyais pas mes oreilles ! Il fallut que je m'agrippe au volant car, au moment où j'appris la nouvelle, je faillis quitter la route et m'écraser contre un réverbère ! »

C'est donc le premier lundi de Wimbledon, après le premier match où figurait le tenant du titre, Borg, que je fis mon entrée sur le central pour affronter John Feaver à nouveau, pour la deuxième fois en huit jours. Mais la coupe Davis sur un court de province en mauvais état est une chose ; Wimbledon, avec son ambiance « tradition avant tout », en est une toute autre. J'étais sur mon trente et un, et le battis facilement 6-2, 6-3, 7-6. Je me permis quand même de rigoler un peu avec la boîte noire « magique » que Wimbledon essayait pour la première fois. Cette boîte, positionnée près de la ligne de service, était censée déceler les balles de service faute en émettant un bruit à chaque fois. Au début, je tournais autour avec méfiance, puis je me mis à faire rebondir la balle dessus tout doucement, juste pour voir ce qui se passait. Enfin, au troisième set, après qu'elle m'eut gratifié de deux ou trois appels douteux, je m'approchai d'elle, me mis à quatre pattes et, comme un chat qui regarde une souris par un trou, dis à la machine : « Toi, on a dû te fabriquer en Russie. »

Après le match, je rentrai directement à mon hôtel dans le centre de Londres (Wimbledon étant dans la banlieue sud-ouest de la capitale), car j'avais un rendez-vous. La marque de voitures Austin Rover m'avait prêté une Mini pour le tournoi. Peint sur les portières en grandes lettres jaune canari était le slogan : « *Fast as Nastase without the tacket : the new quiet Minis.* » (« Aussi rapide que Nastase sans le tapage : les nouvelles Minis silencieuses. ») Elle était fantastique parce que je pouvais la garer dans le parking à Wimbledon, ce qui m'évitait d'avoir à attendre une voiture officielle, ou n'importe où en ville, même de travers. J'aimais aussi conduire à gauche, je trouvais ça amusant. Ce jour-là, j'étais donc en voiture avec Bambino, je transpirais énormément et j'avais la mèche en bataille car j'avais pris une douche très rapide après mon match. Je conduisais vite. On revenait du club, en remontant la colline vers la station de métro Southfields (la plus proche de Wimbledon), lorsque je vis deux énormes voitures de police qui arrêtaient tout le monde. Un flic se planta devant la Mini et me fit signe de stopper. Il avait l'air très contrarié, sans doute parce que j'allais vite. En fait, je ne l'avais pas vu et avais failli le renverser. Alors il me dit de sa voix très *british* – et j'adore l'accent anglais, il est vraiment unique au monde :

— Je dis, je dis, pourquoi est-ce que… Ooooh, monsieur Nastase. Comment allez-vous ? Oh *dear,* que vous arrive-t-il ? C'est comme ça que vous conduisez dans votre pays ?

Je le regardai et lui répondis poliment : `
— Non, monsieur, je m'excuse. Mais je suis très pressé.
— Mais pourquoi allez-vous si vite ? Quel est le problème ?
— Monsieur, je me dépêche parce que je dois aller à Wimbledon jouer un match, et je suis nerveux parce que je suis en retard.
— Mais, monsieur Nastase, Wimbledon, c'est par là, n'est-ce pas ? me dit-il en indiquant derrière moi. Vous en venez, justement, de Wimbledon, ou je me trompe ?

Je le regardai alors droit dans les yeux quelques secondes et, tout à coup, nous éclatâmes de rire tous les deux et il me laissa partir. Mais après ça, je fis un peu plus attention aux limitations de vitesse sur les routes anglaises.

Ce qui me valut vraiment les gros titres pendant le tournoi, ce fut ma vie privée. Les journalistes avaient décidé que je leur appartenais et qu'ils pouvaient me poser n'importe quelle question, du genre : « Qu'est-ce que vous avez à dire à propos de votre divorce ? » ou bien « Avec combien de filles avez-vous couché cette semaine ? » Dans le courant de la première semaine, la Miss Royaume-Uni en titre, une très belle jeune femme nommée Carolyn Seaward, arriva à l'hôtel où logeait une grande partie des joueurs. Je ne savais pas pourquoi elle était là. Je fis sa connaissance, pris un verre et finis par sortir dîner avec elle. Le lendemain, bien entendu, je l'invitai au tournoi, où elle vint parce que ça l'amusait. Rien de plus. Je suis du reste convaincu qu'elle n'avait aucune intention d'aller plus loin avec moi, malheureusement. Mais la presse s'emballa tout de suite, les photographes nous prenant sans arrêt en photo pendant qu'on regardait jouer Virginia Wade sur le central. Et les journalistes annoncèrent, évidemment, que je sortais avec elle. À un moment, j'en eus ras le bol. Je mis le bras autour d'une petite vieille aux cheveux gris qui était assise à côté de moi et je dis aux photographes : « Hé ! les gars, je vous présente ma nouvelle petite amie. »

Mais ils ne voulaient pas me lâcher. Il y avait une autre jeune femme que j'avais rencontrée mais que je ne voyais pas sérieusement. Ils n'arrêtaient pas de me provoquer en me posant plein de questions sur elle. Ils envahissaient ma vie privée et ça me mettait tellement en colère que je commençai à me fâcher contre les journalistes, qui me suivaient partout. Je comprends que l'on veuille tout savoir et écrire plein de choses sur le numéro 1. On ne peut pas y échapper. Mais je ne crois pas que les médias aient le droit de tout faire et de tout demander. Ils ont certes besoin de vendre des journaux, mais de là à inventer n'importe quoi, alors que je n'étais même pas encore divorcé, ça me dérangeait.

Peu de temps après Wimbledon, je rentrai en Roumanie pour le mariage de Björn Borg et de ma compatriote, Mariana Simionescu. Tout comme moi, elle avait eu besoin d'une autorisation spéciale afin d'épouser un Occidental. Björn était alors à son apogée, il venait de remporter son cinquième Wimbledon d'affilée, et tout lui souriait. Ce fut donc un peu difficile et étrange pour moi de retourner dans mon pays, où les choses se passaient nettement moins bien pour moi. Vitas avait organisé une fête à Miami pour que Björn enterre sa vie de célibataire – je n'y étais pas allé –, au cours de laquelle il paraît qu'il avait invité toutes les filles que Björn avait connues. Je ne savais pas si c'était vrai, mais j'entendis dire que la nuit fut longue et folle. Mon mariage venant d'échouer, je n'arrêtais pas de me dire, durant toute la cérémonie : « Non, ne te marie pas », mais les gens sont libres de faire ce qu'ils veulent !

Ce fut un grand mariage. Régine, qui était une de mes amies depuis longtemps, loua un avion privé pour emmener tout le monde en Roumanie. Vitas en était. IMG, l'agence de Björn, organisa tout, car Björn était un de leurs clients les plus importants. La cérémonie, très traditionnelle, se déroula dans un monastère à côté d'un lac, à une vingtaine de minutes de Bucarest. Mariana portait une robe de mariée confectionnée par le créateur Ted Tinling, qui avait imaginé tant de robes de tennis au cours des trente dernières années. Tous les invités formèrent un cortège derrière les mariés, assis sur une charrette tirée par des bœufs, comme le veut la tradition dans les mariages roumains. Ce n'était pas facile de suivre la charrette, car les bœufs avaient largué des bouses partout derrière eux. On s'en était mis plein les chaussures ! Il faisait un temps splendide, et le mariage était parfait. Le soir même, il y eut une énorme fête avec abondance de boisson et de nourriture, et un orchestre qui jouait toutes les danses folkloriques roumaines. Vitas et moi dansâmes beaucoup ensemble. Il était tellement plein d'énergie qu'il me sauta même carrément dans les bras.

Pendant ce temps-là, mon divorce devenait de plus en plus difficile. Non pas à cause de Dominique, mais à cause des avocats qui se disputaient entre eux. Elle ne me cassa jamais de sucre sur le dos, fut toujours raisonnable, et eut toujours beaucoup de classe. Je ne pouvais absolument pas me plaindre d'elle. Mais les avocats ne se mettaient d'accord sur rien. Un jour pourtant, le mien, qui était un vieil avocat avec beaucoup d'expérience, dit : « Allez, ça suffit, les gars, on va en finir parce que ça devient stupide. On va tous se calmer. » Tout fut réglé, les choses s'améliorèrent et on put se parler presque normalement. Je crois que Dominique mit longtemps à se remettre de ces années passées avec moi, parce qu'un jour, bien des années après, lorsqu'on lui demanda pourquoi elle ne s'était jamais remariée (elle ne franchit le pas qu'en 2001), elle répondit : « Ah non ! Après lui, c'est impossible. » Cela dut être une expérience si unique qu'elle ne pouvait pas renouveler ça. Sa réponse me fit quand même rire !

Sa famille se comporta très bien pendant toute cette période. Ils étaient évidemment tristes mais, bien que les choses fussent difficiles, ils comprenaient les raisons de notre séparation. C'est moi qui gardai la maison de Bazoches, que Dominique continua d'habiter quelques années encore après notre divorce et que je ne vendis qu'en 2003. Je restai en contact avec la famille Grazia, surtout avec mon beau-frère Bernard, avec qui je m'entendais le mieux. Parfois, j'allais déjeuner au château avec ma fille Nathalie et ma belle-mère, avec laquelle je conservai d'excellentes relations jusqu'à sa mort, en 1989. Lorsque j'appris qu'elle était en train de mourir d'un cancer de la gorge, je lui rendis visite. J'assistai également à ses obsèques. J'estimais que je lui devais bien ça, par respect pour elle, ainsi que pour ma fille.

À partir de 1980, je ne gagnais plus de tournois, alors je décidai de m'amuser. J'acceptai enfin de ne plus compter parmi les premiers. J'avais été numéro 1 et étais satisfait de la situation dans laquelle je me trouvais. Cela ne servait à rien de courir après quelque chose qui était désormais révolu. Perdre beaucoup plus souvent ne justifiait pas que je plie bagage.

Cela ne me dérangeait pas que mes amis enregistrent de bons résultats, parce que ce qu'ils faisaient n'avait aucune importance. Ce qui comptait, c'était ce que moi je faisais. Même si j'étais frustré par mes propres résultats, il m'indifférait que Connors, par exemple, réussisse mieux que moi en simple. Lorsqu'on s'affrontait, en revanche, il encaissait des défaites plus sévères. Je le battis globalement plus souvent que l'inverse. Ça l'agaçait beaucoup de perdre contre quelqu'un qui ne s'entraînait jamais, pour ainsi dire, et qui ne prenait pas les choses aussi sérieusement que lui. Quand je jouais en double avec lui après le match de simple, c'était dur car il fallait que j'oublie tout ça. On se disputait parfois et je lui criais : « Ta mère devrait venir jouer à ta place ! » On ne resta cependant jamais fâchés longtemps : ça ne valait pas la peine de pourrir une amitié.

Eu égard à sa compétitivité, il était surprenant que Jimmy aime tellement s'amuser en double. Nous remportâmes quand même deux titres de Grand Chelem – Wimbledon et l'US Open –, fûmes finalistes à Roland-Garros, et gagnâmes beaucoup de tournois ensemble. À chaque fois, on s'amusa beaucoup. Parfois, les choses tournaient mal et on se faisait réprimander, mais nous ne prîmes jamais les matchs trop au sérieux. Jimmy avait un bon jeu de double : il avait le meilleur retour de service du circuit, et une excellente volée. Je n'ai du reste jamais compris pourquoi il ne s'en servit pas plus en simple, plutôt que de rester cantonné sur la ligne de fond. Sans doute qu'un meilleur service lui aurait permis d'aller au filet. Il aurait alors été un joueur incroyable. Il y avait une bonne complémentarité entre nos styles de jeu, et on formait une bonne équipe : lui jouait à gauche – étant gaucher, c'était logique – et, grâce à son formidable retour de service, il préparait le point. Pendant ce temps-là, moi, j'étais au filet, sautant dans tous les sens, interceptant avec des volées et des smashs, et créant des angles. Je jouais de la même façon avec Tiriac, tant il est important que celui qui a le meilleur retour soit à gauche. Jimmy et moi, on ne se fâchait jamais, même si l'un des deux ne jouait pas bien ce jour-là. On continuait à se parler et à rester relax, même si certaines nos réflexions énervaient nos adversaires et nous attiraient des ennuis. Mais, par rapport à des équipes comme Gottfried-Ramírez ou Smith-Lutz, qui s'entraînaient à longueur de journée, nous ne nous entraînions jamais, ce qui ne nous empêcha pas d'avoir d'excellents résultats ensemble, au point de devenir une des meilleures équipes de double de l'époque. Malheureusement, à la fin, Jimmy dut renoncer au double parce qu'il s'investissait tellement en simple qu'il n'arrivait plus à faire les deux.

Il avait une attitude à l'égard du tennis que j'avais du mal à comprendre. Il s'entraînait comme il disputait un match : non pas 100 % d'effort, mais 110 %, comme s'il jouait la finale de Wimbledon à chaque fois. Un jour, il me dit quelque chose que je n'oublierai jamais et qui symbolisait sa façon d'être. Il était opposé à un jeune Américain, Aaron Krickstein, pendant l'US Open de 1991, par un temps typiquement new-yorkais, chaud et très humide. Jimmy fêtait son 39e anniversaire ce jour-là, et perdait facilement. Je ne sais pas trop comment, mais il réussit l'impossible et remporta le match en cinq sets. Cela fit les gros titres partout dans le monde : un quasi-retraité qui ne baisse jamais les bras. Après le match, il était mort, allongé sur la table de massage, avec une perfusion dans le bras et des médecins autour de lui. Alors je lui dis : « T'es fou, ou quoi ? Qu'est-ce qui te prend, tu l'as déjà gagné cinq fois, ce tournoi ! T'es vieux maintenant, tu veux crever sur le court ? » Il me regarda et me répondit, « Nastase, toi, t'y comprends que dalle. T'es européen, et t'es un baratineur comme tous les Européens. Pour moi, les cinq victoires ne comptent pour rien. C'est la dernière qui compte. Celle-ci. Et je suis encore là. » Ça me sidéra. Un gars en fin de carrière qui faisait autant d'efforts qu'à ses débuts.

Certains joueurs (ou joueuses, devrais-je dire), comme Steffi Graf, raccrochent quand ils sont au sommet, ce que je n'aurais jamais pu faire. Certainement parce que c'est ce que j'aimais le plus faire au monde, et également parce que je n'avais pas d'autres projets pour l'avenir. Je ne voulais pas me lancer dans quelque chose qui ne m'intéressait pas, histoire de m'occuper. Il fallait, et il faut toujours, que je me sente engagé dans tout ce que j'entreprends. Alors, en 1980, je recommençai à jouer davantage en double, et j'eus de bons résultats avec des partenaires comme Yannick Noah, Adriano Panatta, et l'Argentin José Luis Clerc.

Adriano avait toujours été un de mes amis que je fréquentais, surtout en Europe, en dehors des courts. C'était l'Italien typique : il aimait s'amuser, il aimait bien manger, il aimait le foot et les belles femmes. Une fois, lors d'un tournoi à Florence, on était tout un groupe à décider d'aller regarder un match de foot de l'équipe de la Fiorentina. Nous dînâmes donc, et, en Italie avec des Italiens, fûmes évidemment à la bourre. Nous partîmes alors sur les chapeaux de roue, dans trois voitures, six dans chaque, moi conduisant celle de devant, Adriano, la deuxième. Tout à coup, sans préavis, il s'arrêta en plein milieu de la route. Tout le monde descendit et rentra en courant dans un bar. Je restai tout seul dans ma bagnole. « Qu'est-ce que vous foutez ? » « *Abbiamo dimenticato il caffè !* » me répondirent-ils en criant. Eh oui ! ils avaient oublié le café sacré après le dîner. Ils s'étaient donc précipités dans le premier bar, avaient avalé un petit café bien serré et étaient ressortis une minute plus tard, pour remonter dans les voitures, comme si de rien n'était.

Étant Italien, Adriano était aussi incroyablement superstitieux. Au début des années 80, Tiriac et moi participions au tournoi de Monte-Carlo. Nous décidâmes de sortir dîner un soir avec Adriano et tout un groupe de gars. On se retrouva à nouveau dans plusieurs voitures sur une route en lacets qui montait vers un restaurant bien connu, la Chaumière. Cette fois-ci, Adriano était dans la voiture de devant, moi, dans la deuxième. Il stoppa soudain, d'un coup et descendit de voiture. On s'arrêta tous aussi.

— Que se passe-t-il, demandai-je.

— *Il gatto nero ! Il gatto nero !* cria-t-il, en gesticulant comme un fou, *é andato davanti alla macchina. Non si può andare più. Finito !*

Apparemment, un chat noir avait traversé la route juste devant la voiture. Il était alors hors de question d'aller plus loin. Il fallut faire demi-tour. Certains des gars, Anglais et Américains, eurent beaucoup de mal à comprendre ce qui s'était passé. Je savais qu'on n'avait pas le choix. On fit tous demi-tour, jusqu'en bas pour remonter par un autre chemin, beaucoup plus long, mais sans chat noir.

Une autre fois, pendant Roland-Garros, Tiriac et moi devions jouer contre Adriano et son compatriote quelque peu potelé, Paolo Bertolucci, lorsque je dis à Ion : « Je crois que je peux nous faciliter la tâche. » « Qu'est-ce que tu veux dire par là ? Qu'est-ce que t'es en train de nous préparer ? », grommela-t-il, méfiant. J'allai trouver Mabrouk, un gars qui travaillait depuis des années dans les vestiaires, et lui dis : « Mabrouk, je vous donne 500 francs si vous arrivez à me procurer un chat noir. » Il fit le tour du quartier très bourgeois de la porte d'Auteuil, et revint enfin avec un petit chat gris, tout écorché et maigrichon. Je me sentis obligé de lui donner ses 500 francs. « OK, Mabrouk, c'est pas génial, parce qu'il va falloir qu'on lui passe une couche de noir avec un atomiseur. » « Non, mais ça va pas ! On peut pas lui faire ça, vous êtes fou ! » « D'accord, mais dans ce cas-là, vous allez me trouver un vrai chat noir. » Il repartit alors et en trouva finalement un. Et reçut 500 francs de plus. Il fallait que je cache ce sacré chat dans les vestiaires. Je décidai de le mettre dans mon sac de tennis, qui du coup se mit à bouger de manière bizarre. Heureusement qu'on était programmé sur le central, très grand, qui empêcherait les spectateurs de voir le sac remuer.

Ion devint fou. « Tu ne peux pas faire ça, t'es complètement cinglé. » C'est vrai qu'on avait eu beaucoup de discussions avec Philippe Chatrier – à l'époque juge-arbitre et président de la FFT –, qui avait menacé de ne plus jamais nous mettre sur le central si on faisait la moindre bêtise. Cela ne nous empêcha pas de nous retrouver sur le central avec le chat dans mon sac. Nous nous échauffâmes puis, Adriano ayant choisi de servir en premier, lorsque l'arbitre demanda : « Messieurs, êtes-vous prêts ? », je fis mine d'avoir cassé ma raquette, courus jusqu'à mes affaires et ouvris le sac. En un éclair, le chat s'en échappa, traversa le court à toute vitesse, en plein devant Adriano, qui, affolé, courait dans tous les sens. « *Stronzo, stronzo, sei una merda !* » (« Connard, connard, espèce de merde ! »). Il va sans dire qu'après cet incident, Adriano et Bertolucci perdirent plutôt facilement.

En 1981 et 1982, je jouai en double à Roland-Garros avec José Luis Clerc. La première année, nous atteignîmes les demi-finales. José Luis était comme moi, il aimait bien s'amuser pendant les matchs. Nous faisions cependant des efforts aussi, et les gens venaient nombreux nous voir. C'était également un bon joueur de simple qui parvint en demi-finales du simple ces deux années-là. En 1981, nous fûmes opposés à l'Argentin Alex Cano et l'Espagnol Pablo Gimenez, sur le central. Les deux étant petits, on les taquinait en leur envoyant des lobs sans arrêt. On lobait, on lobait. À un moment, Gimenez alla chercher une chaise à côté du court et monta dessus. Tout le monde riait, nous quatre sur le court, les spectateurs, même l'arbitre. Ce n'était pas prémédité, même si ça avait pu en avoir l'air.

Pour l'édition 1982 du tournoi, j'habitais déjà dans mon appartement avenue Robert-Schuman, que j'avais acheté peu de temps auparavant. Il était littéralement à 100 mètres du stade, ce qui s'avéra être bien pratique un jour, parce que je dormais encore à poings fermés à moins d'une heure du début d'un match prévu pour 11 heures du matin. J'étais allé chez Castel la veille. D'habitude, je téléphonais vers 21 heures pour savoir à quelle heure était programmé mon match du lendemain. Exceptionnellement, je ne l'avais pas fait, car j'avais été battu par un jeune joueur, Guy Forget, en toute fin de journée, 9-7 au cinquième set. Le match avait été très long, alors l'idée ne m'avait pas effleuré qu'ils puissent mettre mon double en premier. C'est malheureusement ce qu'ils avaient fait. José Luis s'était pointé chez moi à 10h30 pour m'annoncer que je jouais dans moins d'une demi-heure. Je n'arrivais pas à me lever, j'étais crevé. Il dut presque me traîner sous la douche, tout en me répétant : « Allez vite, allez vite ! » On se dépêcha d'arriver à Roland-Garros, qui se trouvait heureusement à moins d'une minute de chez moi, et nous entrâmes directement sur le court. Nous étions assis sur nos chaises, et José Luis me demanda si ça allait. « Où suis-je, là? répondis-je en marmonnant. Il me faut un café. Je ne vais pas pouvoir jouer ce foutu match sans un café. » Nous commençâmes à nous échauffer, et juste au moment de débuter le match, Bambino arriva en se dandinant, tenant à la main quelque chose recouvert d'une belle serviette toute blanche, comme le font les serveurs. Il ôta la serviette d'un geste dramatique qui révéla une petite tasse de café bien noir qu'il m'offrit en s'inclinant. Fantastique! Mais l'arbitre se fâcha tout de suite:

— Que faites-vous là?

— Monsieur Nastase m'a demandé d'aller lui chercher un café, alors je lui en ai apporté un bien serré.

Il ne manquait que le croissant. Après ça, je me réveillai et nous remportâmes le match.

Un autre soir, nous sortîmes dîner au Quartier latin en compagnie de Connors et de Vitas. Les rues étant très étroites, les rétroviseurs de ma Mercedes se cognaient sans arrêt contre ceux des voitures garées. À un moment, je n'arrivai pas à passer parce qu'une Fiat me bloquait le passage. Bambino dit alors: « Pas de problème, pas de problème. » Il sortit, s'adossa à la Fiat et la souleva tout simplement pour la repousser un peu plus contre le mur. C'était très italien comme solution, mais Vitas et Connors étaient sidérés par ce qu'ils venaient de voir.

Lorsque Borg perdit sa finale de Wimbledon en 1981 contre McEnroe, il avait 25 ans. Je crois qu'il commençait à être fatigué de la vie ultrasérieuse qu'il avait menée depuis ses premières apparitions sur le circuit à l'âge de 15 ans. Il s'était mis à sortir avec Vitas, José Luis, moi et d'autres, se couchait tard, dansait, buvait et s'amusait. Au début, nous fûmes un peu surpris de le voir ainsi, parce qu'il ne s'était jamais comporté comme cela avant. Mais, dès l'instant où il ne gagna plus absolument tout, il commença vraiment à s'éclater pour rattraper ses années d'adolescence. Au tournoi de Monte-Carlo, où la fête battait son plein du début jusqu'à la fin de la semaine, on sortait, puis on allait chez Régine, et on s'amusait. Les Italiens savaient bien faire la fête, mais les meilleures soirées étaient quand même à Monte-Carlo, l'endroit le plus relax et glamour du circuit.

Un soir, en revanche, en 1981, ma soirée faillit se finir derrière les barreaux. Nous étions sortis, Bambino et moi, et rentrions à l'hôtel dans ma nouvelle Mercedes toute noire lorsque, dans un virage, nous arrivâmes derrière une Mercedes décapotable. Je la doublai, mais le gars qui conduisait me rattrapa et me fit une queue de poisson, égratignant ma voiture au passage, puis s'arrêta devant moi pour me bloquer la route. Je sortis tout de suite et criai : « Espèce d'imbécile, qu'est-ce qui vous prend, qu'est-ce que vous foutez ? »

À ce moment précis, un énorme gars qui devait bien mesurer deux mètres de haut sortit de sa voiture. « Répétez un peu ? »

Stupidement, je répétai, en prenant toutefois la précaution de réveiller Bambino, qui dormait dans ma voiture. « Barre-toi, me dit Bambino. Barre-toi. »

Mais le gars se rua vers moi, l'air complètement fou. J'eus la très nette impression qu'il allait me tabasser. Juste avant qu'il ne le fasse, Bambino, qui n'était pas grand, mais qui était rapide, sauta de voiture et lui envoya un coup de poing qui le terrassa. La femme qui l'accompagnait descendit alors de voiture à son tour et se mit à hurler, « Ils ont tué mon mari, Nastase, c'est un mafioso ! [car j'avais des plaques italiennes sur ma voiture] Regardez, son garde du corps, c'est un mafioso ! »

Toute cette scène se déroulait en plein devant le commissariat de police. Les flics sortirent, virent le gars gisant par terre inanimé, pendant que sa femme leur disait haut et fort que son mari était quelqu'un de très important. Je commençai maintenant à m'inquiéter sérieusement et tentai d'expliquer aux policiers ce qui s'était réellement passé. C'était le chaos dans la rue, toutes les voitures étaient arrêtées. Il était presque minuit, et moi je devais jouer contre Vilas le lendemain matin à 11 heures. Le gars finit par se réveiller pendant qu'on s'expliquait avec les policiers. Il se jeta à nouveau sur Bambino. La police décida alors que Bambino et moi étions en tort et devions les accompagner au commissariat. Le gars, quant à lui, partit à l'hôpital pour se faire établir un certificat prouvant qu'il s'était fait tabasser. Nous allâmes donc au poste de police pour faire notre déposition. Un des flics me reconnut et me dit : « Ilie, vous n'avez pas de chance, parce qu'on a des problèmes avec ce type-là presque tous les jours. Mais il a beaucoup d'influence à Monte Carlo. » Il m'expliqua alors qu'il possédait une des plus grosses fortunes du Rocher et qu'il était intouchable. Ils finirent par me laisser partir à minuit passé, mais placèrent Bambino en garde à vue jusqu'au lendemain. Ils lui prirent toutes ses affaires et l'embarquèrent. Puis ils m'accompagnèrent jusqu'à l'hôtel où je logeais avec Bambino, entrèrent dans sa chambre, la fouillèrent de fond en comble, y compris sous le lit, au cas où il aurait une arme. Je leur expliquai qu'il n'en avait qu'en Italie, là où il en avait le droit.

— Puis-je aller me coucher maintenant ? leur demandai-je. J'ai un match demain de bonne heure.

— Non, d'abord, il faut qu'on fouille votre chambre aussi au cas où vous auriez une arme.

Ce qu'ils firent. Je ne pus me coucher que vers 1 h 30 du matin. Mais je fus réveillé toutes les demi-heures par quelqu'un qui téléphonait puis raccrochait. Je ne sais pas qui c'était, mais ça me fit vraiment peur et je ne fermai pas l'œil de la nuit.

Le lendemain, à 8 h 30, je retournai au commissariat avec un croissant et le journal italien pour Bambino, histoire d'arranger un peu les choses pour lui. J'appelai ensuite le prince Albert, que je connaissais déjà très bien – je connaissais du reste toute la famille princière – et lui expliquai ce qui était arrivé et que ce qui se passait avec Bambino n'était pas normal. Il fit ce qu'il faut pour que Bambino soit libéré l'après-midi même. Cependant, en entrant sur le court pour affronter Vilas, j'étais tellement crevé et stressé que je pus à peine tenir une raquette. J'encaissai alors la pire défaite de ma carrière – une double roue de bicyclette, 6-0, 6-0. Je me sentais tout nu devant le public. C'était affreux. d'autant plus que personne ne savait pourquoi j'avais si mal joué.

Mon dernier Wimbledon fut celui de 1982, où je perdis au deuxième tour. Comme José Luis ne jouait pas sur gazon, je ne participai pas au double. Ce fut ma dernière participation au fameux All England Club. Je ne le savais bien sûr pas à l'époque, et c'était mieux ainsi. J'avais pris part à toutes les éditions du tournoi, hormis deux pour cause de maladie ou de blessure. Je n'avais certes pas remporté le titre en simple messieurs, mais j'adorais ce tournoi, et l'adore encore. C'est pour cela que je participe tous les ans à leur tournoi seniors et, tant qu'ils m'inviteront, continuerai à le faire.

Une chose m'attriste cependant : je ne suis toujours pas membre du All England Club. Il y a environ vingt-cinq ans, une fois que j'eus compris que je ne gagnerais jamais le tournoi – ce qui donnait automatiquement le droit d'être membre de ce club privé –, je posai ma candidature pour devenir membre et trouvai mes trois sponsors, qui étaient déjà membres. On me mit sur la liste d'attente. Et j'attends toujours ! Je crois maintenant que je ne deviendrai jamais membre, car d'autres joueurs, tels que Ken Rosewall, Tony Roche, Fred Stolle et même l'Indien Vijay Amritraj le sont tous devenus entre-temps, sans avoir remporté le titre de simple messieurs. Je n'ai rien contre eux, mais peut-être faut-il être issu d'une des anciennes colonies britanniques, comme ils le sont, pour avoir une chance. Après tout, j'ai quand même remporté le double messieurs et le double mixte ! J'étais, en plus, un joueur qui attirait les foules, et qui les attire encore quand je joue les tournois seniors. J'ai même sauvé leur tournoi en 1973 lorsque la majorité des joueurs l'avaient boycotté. L'ATP m'avait alors collé une amende de 5 000 dollars pour mes peines. Je ne comprends donc vraiment pas ce que j'aurais pu faire de plus pour aider ce tournoi et ce sport que j'adore tant.

Je leur demandai quand même une fois quand pensaient-ils que je pourrais devenir membre, ce qui me valut cette réponse : « C'est le règlement, vous savez, et il y a une liste d'attente. » Il est clair que le règlement, c'est eux qui le font, car certains deviennent membres malgré tout. C'est surtout à mes enfants que cela fait de la peine. Lorsque mon fils Nicky, il y a quelques années, me demanda pourquoi je ne pouvais pas aller regarder un match sur le court n° 1, je lui répondis que je n'avais pas de billet. « Mais tu étais numéro 1 mondial ! » Il n'arrivait pas à comprendre. Si Pelé voulait assister à un match au Stade de France, ou Connors à un match sur le central, on leur trouverait bien une place, je crois.

C'est devenu trop gênant de demander à nouveau, bien que je m'entende très bien avec les dirigeants actuels du club. Ils sont très gentils avec moi. Ils m'ont même invité, en tant que président de ma fédération, à déjeuner, puis ensuite à assister aux matchs sur le central dans la *royal box,* la loge de la famille royale. Mais je ne veux qu'avoir la possibilité d'assister au tournoi lorsque je serai trop vieux pour jouer, de pouvoir revenir avec ma femme et mes enfants afin de leur montrer l'endroit qui m'est si cher depuis si longtemps, de garder le contact avec le public et de partager ma passion pour ce sport. J'espère vraiment qu'un jour mon vœu sera exaucé. Sinon, je serais obligé de mettre à exécution la menace que j'ai faite un jour à un journaliste qui me demandait, en 1973, comment je voulais terminer ma carrière. « En cassant ma raquette sur la tête d'un arbitre à Wimbledon, et en emportant le filet avec moi. » L'ennui, c'est que j'aurais eu l'embarras du choix parmi tous les arbitres.

À Monte-Carlo, en 1983, Borg annonça que ce serait son dernier tournoi. Nous étions tous sous le choc tant nous avions du mal à croire qu'il prenait sa retraite à 28 ans. Il disait avoir reçu des menaces de mort. J'ai toujours pensé que, si c'était vrai, les risques étaient pareils qu'il soit ou non sur un court. Quoi qu'il en soit, quelque chose devait vraiment le perturber pour qu'il prenne cette décision. Peut-être était-ce la pression, peut-être en avait-il tout simplement assez du tennis, avec tous les sacrifices qu'il était obligé de consentir pour rester à ce niveau si élevé. Les gens ne se rendent pas compte l'effet que ça avait sur Björn de gagner tout le temps. Il jouait presque chaque semaine et gagnait presque à chaque fois. Il dépensait plus d'énergie que tout le monde parce qu'en plus de tous les matchs qu'il disputait, il s'entraînait aussi cinq heures par jour. Et c'était comme ça depuis l'âge de 15 ans. Ça faisait beaucoup de tennis, beaucoup de matchs, beaucoup de pression. C'était le plus professionnel de nous tous; parfois il se couchait à 19h30, regardant un peu la télé ou ses BD préférées, juste pour se vider un peu la tête. Il faisait toujours preuve de beaucoup de contrôle sur lui-même.

À la fin, je crois que Björn en eut tout simplement assez, et voulut vivre plus normalement. Il n'en parla jamais à personne, pas même à moi, qui me considérais comme un de ses amis proches. Il dit seulement qu'il avait l'impression d'être comme un livre que tout le monde essayait sans arrêt de lire et qu'il détestait ça. Même sa femme, Mariana, trouvait que c'était difficile de lui parler de ses problèmes parce qu'il s'isolait quand il avait des soucis. En tout cas, Björn prit sa retraite, et Mariana dit à certains que, s'il ne l'avait pas fait, il aurait terminé à l'asile psychiatrique, tellement il était fatigué et vidé à la fin. Il garda pendant quelques années ses distances avec le tennis. Personne ne le vit aux tournois, et il ne toucha pas à une raquette. Il était comme sa compatriote, Greta Garbo : il voulait être seul.

Björn dut toutefois regretter sa décision, parce qu'en 1991, il tenta un *come-back.* Il jouait encore avec sa petite Donnay en bois à une époque où tout le monde utilisait déjà les plus grandes en graphite. Il demanda même une *wild card* (une invitation permettant aux joueurs moins bien classés de pouvoir participer) à Wimbledon, qui la lui refusa, lui disant qu'il devait se qualifier. Je considère que le tennis l'a traité de façon injuste parce que je recevais, moi, des *wild cards* – pas à Wimbledon, évidemment, mais à Roland-Garros, en 1984, par exemple. Et je n'avais pas le palmarès de Björn.

À ce stade-là, il n'était plus avec Mariana. Ils s'étaient séparés en 1984 et, bien que divorcé moi aussi, j'avais du mal à parler de ses problèmes conjugaux avec Björn. Il faut dire que je ne le vis quasiment pas pendant cette période et, lorsque je le voyais, je n'avais pas l'impression qu'il voulait en parler. C'était aussi un peu délicat parce que je connaissais très bien Mariana, et chaque fois qu'elle me voyait, elle me posait plein de questions sur Björn. Elle voulait toujours savoir comment il allait, ce qu'il faisait… C'était évident qu'elle l'aimait encore. Alors je me sentais coincé entre les deux. Aussi préférai-je rester neutre et ne rien dire.

Au début des années 80, une fois divorcé, je m'amusai beaucoup avec les femmes. Au moins, je n'avais pas mauvaise conscience. Il y avait toujours beaucoup de groupies à chaque tournoi qui s'en fichaient franchement de savoir si l'on était marié, séparé ou divorcé. Elles voulaient simplement s'amuser avec un joueur de tennis. Comme j'étais célibataire, j'en profitai. J'étais comme une abeille qui butine, entourées de belles fleurs. Pendant un certain temps, c'était merveilleux et exactement ce qu'il me fallait. Mais au fond de moi-même, je n'aimais pas être célibataire, et je finis par me rendre compte que je n'étais pas forcément plus heureux. Et, vers la fin de 1981, au cours d'un dîner avec des amis à New York, je rencontrai Alexandra, qui allait devenir ma deuxième femme.

Elle était très différente de Dominique – il le fallait bien. Quelqu'un me demanda un jour ce que je recherchais chez mes femmes, et je répondis : « Quelque chose que celle d'avant n'avait pas ! » Après tout, je ne vois pas l'intérêt d'épouser la même que la précédente. Alexandra avait six ans de moins que moi et elle était actrice et mannequin. Elle était née en France et avait grandi à Lyon, où son père, qui était diplomate, travaillait. Elle parlait donc parfaitement français, et un peu italien aussi. C'était important pour moi qu'elle comprenne la façon d'être européenne et qu'elle parle français, pour qu'elle se sente bien là-bas et puisse communiquer avec Nathalie. Le courant passa tout de suite. Elle me faisait rire. Nous restâmes en contact les mois suivants.

Vers le printemps 1982, elle commença à voyager avec moi lorsqu'elle n'avait pas d'obligations professionnelles. Ce qui était bien, c'est qu'elle ne comprenait rien au tennis et, à l'inverse de Dominique, ne me demandait jamais pourquoi je perdais. Elle ne me demanda jamais non plus quand j'allais prendre ma retraite. Elle me laissait faire ce que je voulais, alors que j'avais de mauvais résultats. Je l'avais rencontrée lorsque ma carrière tirait à sa fin, mais elle ne mit jamais de pression sur moi. Elle comprenait que j'avais un passé, ainsi qu'une fille que je voulais voir. Nathalie venait aux États-Unis pendant un mois l'été, ainsi qu'à Noël. J'avais aussi mon appartement à Monaco où, pendant sept ans, pour des raisons fiscales, j'étais résident. Cela me permettait également d'éviter d'obtenir un visa chaque fois que j'allais en France rendre visite à ma fille.

Je ne passais pas beaucoup de temps en Roumanie à cette époque-là, mais je savais que les choses s'étaient aggravées depuis les années 70, et que la vie était très dure pour la vaste majorité de mes compatriotes. J'étais dans une situation délicate. Le chef de la police secrète, le général Stan, était président de la Fédération roumaine de tennis. Je dois dire qu'à part une partie de tennis avec lui de temps en temps à 8 heures du matin avant qu'il aille travailler, il me laissait tranquille. Il fit du bien au tennis roumain en usant de son influence pour obtenir des visas aux jeunes joueurs, leur permettant ainsi de voyager et de disputer des tournois à l'étranger. À ce titre, ils eurent plus de chance que les autres jeunes sportifs. Quoique sur écoute permanente chez moi, je n'eus jamais de problèmes avec les dirigeants communistes, qui me traitèrent toujours bien. Mes parents aussi. Ils pouvaient avoir tout ce dont ils avaient besoin et me rendre visite en France quand ils le voulaient, bien qu'ils aient toujours pris soin de ne pas abuser du système. Mais si je m'étais plaint de la situation dans laquelle se trouvaient mes compatriotes, c'en aurait été fini de ma liberté. Sans compter que cela n'aurait eu aucun effet.

Je voyais bien qu'il y avait de moins en moins de ravitaillement dans les magasins, que les gens faisaient de plus en plus la queue, qu'il manquait de tout ce qu'à l'Ouest les gens considèrent comme des produits de tous les jours. Ma femme actuelle, Amalia, qui grandit à Bucarest pendant les années 80, me dit qu'il n'y avait vraiment rien à manger. Ses parents avaient chacun une bonne situation – sa mère était infirmière, et son père, électricien – et ils gagnaient bien leur vie, mais ils n'avaient pas moyen de dépenser leur argent car il n'y avait rien à acheter. Ils faisaient la queue pour acheter un peu de pain, des œufs, tout, quoi. De la viande ? C'était un luxe rare pour tout le monde.

Ils habitaient un petit appartement avec deux chambres, dans un énorme immeuble gris et austère de style typiquement communiste. Ils avaient l'eau chaude une ou deux fois par semaine, et même l'eau froide arrivait à manquer. L'électricité étant coupée à 22 heures, il n'y avait alors plus de lumière ni de chauffage. En hiver, ils avaient très froid. Elle ne connaissait pas d'autre vie et elle eut une enfance heureuse. Mais, tout comme mes parents qui se rappelaient la période avant le communisme, elle savait qu'il y avait un autre monde au-delà des frontières. C'était comme une autre galaxie où elle pensait ne jamais pouvoir aller. Quand elle était petite, elle allait en vacances avec ses parents au bord de la mer Noire. Il y avait beaucoup d'étrangers : quelques Occidentaux, mais surtout des Allemands de l'Est, pays communiste où les gens avaient un peu d'argent. Il y avait des magasins réservés aux seuls étrangers. Ses parents l'y emmenaient, mais lui disaient de ne surtout pas parler, car ils risquaient tous de se faire arrêter. Ses parents auraient pu s'offrir ce qu'il y avait dans ces magasins, mais c'était contre la loi. Alors ils entraient, et regardaient. C'était comme aller dans un musée : elle regardait les baskets et les vêtements, mais elle ne pouvait toucher à rien. Elle trouvait cependant ça grisant.

Sachant que la plupart des Roumains se trouvaient dans la même situation, j'étais très discret quand je rentrais chez moi, pour ne pas montrer que j'avais de l'argent. Je faisais très attention de traiter tout le monde de façon égale et de ne pas faire l'intéressant. Je suis fier que le succès ne m'ait pas changé. C'est, pour moi, la meilleure des récompenses.

Aimant bien lire les journaux, j'étais toujours au courant de ce qui se passait dans le monde. Sans doute parce que je suis européen et plus ouvert sur le monde en général ; sans doute également parce que je suis originaire d'un pays où il n'y a, pour ainsi dire, pas de journaux, tout au moins pas ceux qui disent la vérité. C'est pourquoi, quel que soit l'endroit où je me trouvais dans le monde, j'achetais le *Herald Tribune,* ou l'*International Herald Tribune* en dehors des États-Unis. C'est, à mon sens, le journal qui donne le meilleur aperçu de ce qui se passe dans le monde entier. En France, j'achète aussi *L'Équipe,* le meilleur journal sportif. Comme moi, il y avait d'autres joueurs, notamment Ashe, Smith, Richey, Orantes, qui s'intéressaient à autre chose qu'au tennis.

On n'était pas comme les tennismen d'aujourd'hui. Même si on avait perdu contre un certain joueur, on ne le détestait pas. Je ne sais pas pourquoi, mais c'était comme ça. Sur le court, évidemment, c'était différent : on voulait tous gagner. Mais en dehors, on était copains, on sortait ensemble le soir, on se parlait. Comme je parlais beaucoup de langues et que, pour des bonnes et des mauvaises raisons, j'étais très en vue, je finissais par rencontrer beaucoup de gens en dehors du monde du sport. Cela me rendait peut-être plus ouvert d'esprit.

Un des dangers, lorsqu'on est connu, est que les gens abusent de vous. Cela ne se passait pas trop mal quand j'étais marié tant mes femmes savaient repérer ce genre de personnes. Moi, j'étais en général trop occupé par le tennis pour y faire attention. Cela ne m'intéressait pas trop. D'autant que, très sociable, j'aimais être entouré de gens et, à condition que je m'amuse, ne remarquais pas beaucoup ce qui se passait autour de moi. Il y avait toujours des gens qui étaient prêts à me dire que j'étais merveilleux. Ce sont les pique-assiettes, qu'on peut finir par croire si l'on n'y prend garde. C'est ensuite à la retraite qu'on encaisse le coup, quand plus personne ne vous le dit. J'avais tout de même remarqué que certains, que je connaissais à peine, étaient toujours prêts à me flatter, à me dire que j'étais le meilleur. Je percevais toutefois qu'ils manquaient de sincérité. J'eus la chance de ne jamais fréquenter ce genre d'individus très longtemps. Par ailleurs, je ne crois pas avoir eu la grosse tête, dans le sens où je ne croyais pas être fantastique, et que les autres m'étaient inférieurs. J'aimais être connu, j'aimais être populaire – c'est encore le cas, du reste – uniquement parce que cela me rendait heureux, tout simplement, heureux d'en être arrivé là.

À la fin de 1982, je redescendis à la 118e place du classement ATP, et à la fin de l'année suivante, à la 169e. J'avais 37 ans, ce qui n'était encore pas trop mal. Je n'étais plus accepté automatiquement dans le tableau principal des tournois du Grand Chelem. Je comprenais que je n'étais plus le joueur que j'avais été autrefois, à l'inverse de McEnroe ou Connors par exemple, qui continuèrent à croire pendant des années qu'ils avaient encore le même niveau, quand tout indiquait le contraire. Mais ils n'arrivaient pas à l'admettre. J'aimais leur attitude, mais il fallait pouvoir assurer contre des gars qui avaient 20 ans de moins qu'eux. Je me mettais encore en colère, surtout à cause de ma façon de jouer. Le pire était quand j'avais perdu confiance en moi et que j'entendais les spectateurs pousser des « Ah » de déception à chaque balle ratée. Tous les joueurs passent par là à un moment ou à un autre. Il me fallut quand même accepter que mon niveau avait baissé.

Je devins cependant frustré et inquiet, lorsque, en 1983, je me dis qu'il me fallait prendre ma retraite. Je n'avais plus la pression de devoir gagner, mais j'éprouvais encore beaucoup de plaisir à amuser mon public, à disputer un match, à être applaudi, puis à partir ensuite pour tout recommencer ailleurs. L'idée de ne plus voyager était du reste aussi difficile à accepter que l'idée de ne plus jouer au tennis. Non pas que je m'accrochasse à ma gloire d'antan, car j'assumais la réalité dans laquelle je me trouvais, mais parce que je voulais continuer ma vie sur le circuit. La seule perspective d'arrêter me terrorisait.

Au printemps 1984, pour rigoler un peu, j'enregistrai un 45-tours en France. Le producteur avait insisté depuis si longtemps que j'avais fini par céder. Je n'avais aucune intention de faire ce que fait Yannick Noah et de me reconvertir dans la musique. Je le fis simplement pour m'amuser, car, à vrai dire, je chante faux. Le disque qui est sorti prouve, à cet égard, à quel point la technologie peut aider. J'eus même droit à un coach qui fit tout pour m'apprendre à chanter un peu mieux. Nous enregistrâmes ensuite la chanson – qui s'intitulait *Globetrotter Lover* (eh oui, évidemment !) – et qui était une mélodie très pop, avec un slow sur la face B. Lorsque j'entendis le disque pour la première fois, je fus étonné : ce n'était pas possible que ce soit moi, tellement c'était incroyable. Plus incroyable encore fut qu'il arrive à la deuxième ou troisième place dans le hit-parade en France. Ce qui attira évidemment l'attention des médias. On m'invita à venir chanter sur l'émission Champs-Élysées, animée par Michel Drucker. J'étais presque mort de trac. Ce n'était pourtant pas en direct, et je chantai en play-back. Technique qu'il faut avoir, et qui ne me facilita pas les choses. Cela signifiait simplement que si j'oubliais les paroles, la musique continuerait quand même. Je me souviens que Stéphanie de Monaco, que je connaissais depuis qu'elle était toute petite, était aussi sur l'émission, et faisait tout son possible pour m'encourager. « Allez, Ilie, tu y arriveras, j'en suis sûre », n'arrêtait-elle pas de répéter avant que j'entre en scène. Je transpirais à grosses gouttes, en oubliai presque les paroles, et, à la fin, jurai qu'on ne m'y reprendrait plus jamais. Un peu comme les femmes qui disent, après un accouchement difficile : les enfants, c'est fini. En tout cas, c'était beaucoup plus dur qu'une finale importante.

Je chantai une dernière fois, cette fois-ci en direct, à la fête organisée pour les joueurs au tournoi de Monte-Carlo. Dans les années 60, les joueurs montaient eux-mêmes un spectacle, mais avaient arrêté de le faire dans les années 70. Jusqu'en 1984, quand ils décidèrent de renouer avec la tradition. J'acceptai de me maquiller le visage tout en noir, pour ressembler à Noah, qui avait remporté Roland-Garros en 1983, tandis que Tiriac et Pietrangeli se déguisèrent avec des perruques blondes à la Marilyn. Je montai ensuite sur scène, accompagné de ces deux énergumènes, et je me mis à chanter devant tout le monde. Heureusement que la plupart des invités étaient trop bourrés pour se rendre compte que mon interprétation était à couper le souffle !

La dernière fois que j'entendis cette chanson, ce fut il y a quelques années. Je suis à présent PDG de la plus grande station de radio roumaine et, comme cadeau d'anniversaire, la directrice décida de la passer sur les ondes. Elle organisa une réunion avec quelques collègues et moi, dans mon bureau, afin d'être sûre que j'écouterais bien la radio au bon moment. Lorsque la musique se mis à jouer, ils entonnèrent tous : « Devine qui chante ? » « Le patron ! », répondis-je, en riant aux larmes.

À la fin de l'été 1984, je fis quelque chose d'un peu plus sérieux : je me remariai. J'avais mis plus de trois ans à franchir le pas, tant cela me faisait presque aussi peur que de prendre ma retraite. Et, bizarrement, je fis les deux en même temps.

CHAPITRE 12
1984-1991

Tout à coup, au loin, j'ai vu un char et j'ai entendu les gens crier. Ensuite, ils se sont mis à courir. Alors là, j'ai été pris de panique.

Alexandra et moi étions ensemble depuis trois ans quand elle a commencé à me demander si je pensais qu'il y avait un avenir pour notre couple, car elle avait 32 ans et n'avait jamais été mariée. C'était une femme très ouverte et chaleureuse, avec laquelle je voulais effectivement rester. Nous avons alors décidé de nous marier. Le mariage eut lieu pendant la deuxième semaine de l'US Open de 1984. Ne participant pas au tournoi, je tenais quand même à inviter certains amis tennismen présents à New York.

Jimmy devait être mon témoin. Pourtant, bien qu'âgé de 32 ans, il était parvenu en demi-finale et devait affronter McEnroe dans un match programmé à 13 heures La cérémonie étant prévue à 16 heures, il n'aurait pas le temps d'être prêt, malgré toute sa détermination. Un autre de mes amis, Gerry Goldberg, celui qui m'avait emmené au Hilton de Tel Aviv en passant par la Jordanie, le remplaça donc à la dernière minute. Qu'il soit juif n'avait pas l'air d'inquiéter le prêtre de l'église épiscopalienne de Madison Avenue où nous avions décidé d'échanger nos vœux. J'étais de confession grecque orthodoxe (dont l'église roumaine orthodoxe suit le rite). C'était donc un mariage plutôt mixte.

Avant la cérémonie, j'avais dit à Bambino, pour rigoler, que je me remettais la corde au cou. En réalité, j'avais tout simplement un peu le trac à la dernière minute, car j'étais heureux et avais l'impression d'avoir trouvé quelqu'un qui me comprenait vraiment et qui m'apportait un soutien pendant une période pas toujours facile. Jimmy, malgré sa défaite face à McEnroe, vint quand même à la réception, comme Stan Smith et plusieurs autres joueurs. Mes trois sœurs firent le déplacement, mais pas ma mère qui, depuis le décès de mon père quelques années auparavant, n'avait plus envie de voyager. Nathalie n'était pas là non plus, car elle était à l'école en France. Nous dansâmes, nous amusâmes mais la fête se termina trop tôt, ce qui est toujours le signe d'une soirée réussie. Comme je voyageais encore beaucoup, nous décidâmes de ne pas prendre de lune de miel.

Bien que ne jouant plus les tournois officiels, j'avais quand même participé à la coupe Davis cette année-là, ainsi qu'à beaucoup de matchs exhibitions et à d'autres événements liés au tennis. J'étais tellement sollicité que je voyageais autant que lorsque je jouais sur le circuit normal. Cela me rendait la transition vers la retraite un peu plus facile. Au moins n'étais-je pas planté à la maison sans rien faire. Cette période viendrait plus tard. Pour l'instant, j'avais une nouvelle femme, les gens payaient encore pour me voir jouer, et j'étais bien occupé.

Avec Alexandra, j'achetai un grand appartement près de Central Park, entre Park Avenue et Madison Avenue, que nous mîmes un peu de temps à retaper. Puis, en 1986, nous achetâmes également une maison de campagne dans l'état de New York, à Bedford, à une heure de Manhattan. Nous y passions les week-ends où nous retrouvions d'autres joueurs comme Arthur Ashe et Mats Wilander, qui avaient aussi des propriétés dans les environs. La nôtre, qui me plaisait beaucoup, avait un grand jardin avec piscine et court de tennis.

Durant les années 1985 et 1986, j'eus beaucoup de temps pour réfléchir au fait que j'étais à la retraite. Pour ainsi dire, car je jouais encore des matchs exhibitions, étais directeur de tennis dans un club de luxe à Miami Beach et continuais d'être sponsorisé par Adidas. J'avais donc encore pas mal d'obligations professionnelles. Mais, petit à petit, je me retrouvai chez moi pour des périodes d'une semaine ou deux, ce qui fut terrible. Je traînais à la maison, je regardais n'importe quoi à la télé, je buvais quelques bières et je sombrais dans la déprime. Je n'avais plus aucun but dans la vie. Je me mis même à apprécier le football américain, c'est dire à quel niveau j'étais tombé tant je déteste ce sport ! Je savais qu'il fallait que je m'habitue à cette nouvelle vie, que je n'avais pas le choix parce que la vie d'autrefois était terminée. Ce fut quand même vraiment dur.

Je ne voulais pas me lancer dans la première chose qui se présenterait, d'autant que je n'avais pas besoin d'argent. Il fallait que, quoi que je fasse dans l'avenir, j'y mette de la passion, comme j'avais fait pour le tennis. J'avais de la chance, cependant, de pouvoir encore jouer au tennis, contrairement à la plupart des autres joueurs qui, une fois en retraite, arrêtent totalement, car, généralement, on ne veut plus d'eux. J'étais encore capable de jouer et, heureusement pour moi, ma retraite avait coïncidé avec le début des tournois seniors.

Certains me voyaient devenir coach, ce qui ne m'intéressait pas du tout. Il aurait fallu que je reprenne la vie d'un joueur, avec toute la pression, et, en plus, la frustration de ne pouvoir jouer ! J'aurais dû voyager, me lever en même temps que le joueur, m'entraîner et manger avec lui, et à la fin, me faire virer si le mec ne gagnait pas. J'aurais aimé être coach seulement pour les idées sur la façon de jouer, mais j'aurais détesté tous les autres aspects, et particulièrement la pression.

Je ne souffris jamais vraiment de dépression, ni ne me laissai complètement aller, car je restais occupé. Au fond de moi, je savais pourtant qu'il me manquait quelque chose, je savais qu'il fallait que je devienne une personne normale. C'est la chose la plus difficile à accepter pour un sportif et une des raisons pour lesquelles ils ont souvent tant de problèmes lorsqu'ils prennent leur retraite. Plein de choses me manquaient effectivement : la tension lorsque je me levais le matin et pensais au match à venir, le rituel de mes chaussettes et chaussures que j'enfilais avant mon short et mon maillot, ou encore l'adrénaline devant une foule de spectateurs qui applaudissaient et riaient, et le plaisir grisant de la compétition. Sans parler bien entendu, de la meilleure de toutes les sensations : celle de la victoire !

Les gens commencèrent à moins me reconnaître dans la rue. Certes, mon nom était encore bien connu, mais, à l'apogée de ma carrière, je ne pouvais pas me promener dans la rue, ou dans des situations de tous les jours, sans que les gens me reconnaissaient. On peut vite devenir accro de ce genre de célébrité lorsque les gens vous accostent ou vous regardent sans arrêt. Tout comme le fait d'être applaudi et acclamé sur un court montre qu'on ne laisse pas les gens indifférents. C'était le côté positif de la célébrité que j'aimais bien. Cela ne me manqua heureusement jamais, puisque ce n'est qu'une fois en retraite que les gens se mirent à me complimenter sur mon jeu et à apprécier ce que j'avais fait pour le tennis. Je ne fus donc jamais obligé d'applaudir mon propre reflet dans le miroir quand je me rasais le matin !

Ce n'était pas pour devenir célèbre que j'avais débuté dans le tennis. D'abord, parce que les meilleurs joueurs des années 60 n'étaient connus que dans leur sport. Deuxièmement, parce que j'adorais ce sport et ne me posais jamais la question de savoir ce qu'il pourrait m'apporter, ni du point de vue de l'argent ni de celui de la célébrité. Lorsque les filles commencèrent à s'intéresser à moi, que les gens se mirent à me reconnaître dans la rue et à me demander des autographes, cela me fit d'autant plus plaisir. Tant que les gens étaient sympas avec moi, il n'y avait aucun problème. Je ne voyais pas les côtés négatifs de la célébrité, qui ne se manifestèrent qu'avec les ennuis sur le court et en dehors.

Les inconvénients apparurent vers la fin des années 70 et pendant les années 80, lorsque la presse non tennistique s'intéressa un peu plus à moi et me posa des questions auxquelles j'étais obligé de donner des réponses. Ou plutôt, devrais-je dire, LES réponses qu'ils escomptaient et pour lesquelles ils me provoquaient, faute de quoi ils n'hésitaient pas à inventer des propos que je n'avais jamais tenus. Comme je ne pouvais pas y faire grand-chose, il ne servait à rien que je m'énerve.

Les paparazzi, en revanche, me suivaient beaucoup plus,

passant leur temps à me photographier dans des boîtes de nuit, en train de danser avec des femmes avec qui je ne sortais même pas. Ainsi de Cheryl Tiegs, le mannequin le mieux payé du monde à l'époque, qui fut photographiée plusieurs fois avec moi au Studio 54, parce que nous étions prétendument plus que de simples amis. Ce genre de situation devint la norme pour moi. Aussi, la plupart du temps, évitais-je d'y prêter attention.

Sauf une fois, à Stockholm, pendant les années 80, ou je m'étais rendu pour voir Connors et McEnroe jouer la coupe Davis contre la Suède. Nous étions tous sortis dîner, entourés, bien entendu, de jolies filles. Les paparazzi tournant autour de nous, je leur avais conseillé de ne pas prendre de photos de Jimmy en présence de toutes ces ravissantes créatures parce sa femme était restée à Los Angeles, et que leur couple traversait une période difficile. Un gars cependant, malgré ma demande réitérée, continuait à le mitrailler. Cela me rendit fou. J'empoignai son appareil photo et arrachai sa pellicule, que je donnai à Jimmy. Le gars ne réagit pas : il savait qu'il avait exagéré. Quand je lui rendis son appareil, il le saisit sans un mot et partit. Je l'avais fait pour protéger Jimmy. On ne faisait, en effet, que parler à ces filles. Cela aurait cependant suffi pour attiser le feu des rumeurs dans les journaux. J'avais vécu pareille situation pendant mon divorce et en connaissais les dangers.

La plupart du temps, cela dit, je vivais bien ma célébrité et, lorsque je pris ma retraite, je ne redevins pas anonyme du jour au lendemain. Cela aurait été trop dur. On me reconnaissait dans certains endroits, pas dans d'autres. Je ne me faisais plus assaillir par la foule chaque fois que je rentrais à Bucarest. Je me rappelle une anecdote datant des années 70 : j'avais garé ma Lancia, tout récemment achetée, quelque part en ville. Le temps que je revienne à ma voiture, il y avait 1 000 personnes qui tournaient autour pour la regarder parce qu'il n'y en avait pas deux comme ça en Roumanie à l'époque. J'essayais donc de me frayer un chemin jusqu'à elle quand un gars qui me bloquait le chemin et auquel je demandais de me laisser passer pour rejoindre ma voiture, me répondit : « Ouais, c'est ça ! » Et lorsque lui et la foule me reconnurent, ce fut pire : de la folie ! Je savais pertinemment bien que ce n'était pas normal de vivre comme ça éternellement. J'acceptai donc, au début des années 80, que les choses changent.

En 1990, pendant Roland-Garros, on me décerna un prix symbolisant en grande partie mon rapport d'amour et de haine avec les médias. Tous les ans, les journalistes et photographes accrédités du tournoi attribuaient le prix Orange au joueur ou à la joueuse qu'ils estiment être le ou la plus sympa, et le prix Citron au plus désagréable. Parmi les lauréats du prix Orange, on recense Henri Leconte ou Lindsay Davenport, et parmi ceux du prix Citron, Marcelo Ríos et Yevgeny Kafelnikov. Pour ma part, je m'étais vu décerner le tout premier prix Orange, en 1981. En 1990, en revanche, je réussis le doublé en remportant le prix Orange et le prix Citron pour toute la décennie écoulée, pour avoir été, je cite : « Le roi des courts et du fair-play » ! Je doute que cette dernière réflexion ait été faite sérieusement. Mais quel honneur pour moi ! Surtout que la cérémonie était très médiatisée, avec des sponsors, un site, tout quoi ! Je ne vis évidemment que le côté amusant d'avoir remporté les deux prix en même temps, et, ce qui n'est pas rien, de recevoir, en guise de récompense, mon poids en bouteilles de château-giscours, un des meilleurs bordeaux. Je fis même en sorte de prendre quelques kilos avant la cérémonie ! On m'emmena donc en limousine jusqu'au château, en passant par le château Margaux en route, pour y passer commande. Il me reste une bouteille de château-giscours que j'ouvrirai au moment opportun.

Avant de se marier, Alexandra avait été très honnête avec moi et m'avait dit qu'elle ne pourrait probablement jamais avoir d'enfants. Elle savait qu'elle avait un problème grave. Cela la rendait très malheureuse. Je crois que, quand une femme ne peut pas avoir d'enfants, c'est pour elle une des choses les plus difficiles à accepter. Je ne parle pas de certains hommes qui n'accepteraient pas de l'épouser ! Lorsqu'on aime quelqu'un, on l'accepte tel qu'il est. Cela ne m'a donc jamais empêché de dormir, surtout qu'on n'était pas le premier couple à ne pas pouvoir avoir d'enfants. Ce n'était pas de chance, c'est sûr, mais peu importe à qui la faute. De toute façon, ayant déjà une fille, je pensais que nous pourrions peut-être aider quelqu'un en adoptant un enfant.

Au début, on pensait adopter un petit Roumain. Nous emmenâmes donc un pédiatre français pour nous conseiller, qui ne fut guère rassurant à propos des bébés dans les orphelinats. Beaucoup étaient séropositifs ou avaient déjà le sida : c'était au début de l'épidémie qui toucha tant d'orphelins roumains. Les autres enfants étaient souvent très malades. Ma vie de nomade nous dissuada de pouvoir les aider. Nous n'aurions certainement pas pu nous investir autant qu'il l'aurait fallu. Nous décidâmes donc d'adopter aux États-Unis, pays riche où pourtant beaucoup de gens ont des problèmes et ne peuvent garder leur enfant. Un gosse, c'est un gosse ! Peu importe son origine ! Il a quand même besoin d'une famille, d'un toit, d'amour et d'une éducation.

Nous trouvâmes alors un bon avocat, spécialiste de l'adoption. Ce sont en effet eux qui sont importants dans cette procédure aux États-Unis, pas les agences. Le nôtre se situait à New York. Lorsque, quelques années plus tard, Arthur Ashe me raconta qu'il avait adopté une petite fille, Camera, je réalisai qu'il avait eu le même avocat, ce qui nous rapprocha encore plus.

Alexandra était très motivée et se chargea de toutes les démarches. C'était elle qui voulait vraiment adopter un bébé. Tous nos amis en avaient, et elle en voulait aussi. J'allai donc à tous les rendez-vous avec les assistantes sociales au cours desquels ils décortiquent votre vie et vous posent toutes sortes de questions très personnelles. Ils vinrent ensuite chez nous pour fouiller un peu partout et nous posèrent d'autres questions sur notre vie. Ils essayaient de s'assurer que nous n'étions pas alcooliques ni toxicomanes et que, financièrement, nous n'avions pas de soucis. J'avais beau comprendre, il n'en demeure pas moins que c'était très dur. D'autant que cela ne me semblait en rien garantir que les choses ne pouvaient pas se gâter plus tard.

La chose la plus difficile qu'Alexandra dut faire fut d'aller parler à des femmes enceintes qui pensaient faire adopter leur bébé à la naissance. Toutes ces femmes avaient tellement de peine et de tristesse ! Elle alla les voir, leur parla au téléphone. Elle finit par en rencontrer une à qui elle parla beaucoup et qui lui promit son bébé. Tout avait l'air réglé. Pourtant, dès que le bébé naquit, la femme changea d'avis. Ce fut terrible pour Alexandra, qui fut anéantie de chagrin. Mais elle était déterminée. Alors, avec le temps, beaucoup de patience et une nouvelle tension au sein de notre couple, elle retrouva enfin quelqu'un d'autre. C'était une gamine de 13 ans, tombée enceinte par accident de son copain d'école. Elle habitait San Antonio, dans le Texas. Sa mère s'occupait d'elle pendant sa grossesse. Ne voulant pas abandonner ses études, elle avait décidé de faire adopter son bébé.

Le 1er juillet 1987, elle accoucha donc de mon fils, qu'on appela Nicholas. J'étais absent au moment de sa naissance. Ce fut donc Alexandra qui, avec une cousine, alla récupérer le bébé à l'hôpital alors qu'il n'avait que 24 heures. Ce fut très dur pour elle de voir la mère qui abandonnait son enfant mais également pour tous ceux qui étaient présents ce jour-là. Un peu plus tard dans la journée, Alexandra m'appela pour m'annoncer la bonne nouvelle. J'étais vraiment aux anges. Que ce ne fût pas mon enfant biologique n'avait aucune importance. Pas plus que pour Charlotte, que nous adoptâmes en 1990. Les liens se créent vite entre un parent et un enfant, et les enfants adoptés ont souvent certains traits de caractère, si ce n'est certains traits physiques de leurs parents adoptifs. En tout cas, Nicky, qui est blond aux yeux bleus, ressemble à Alexandra, alors que Charlotte, qui a les cheveux et les yeux marron, me ressemble davantage.

Peu de temps après la naissance de Nicky, je remplis tous les papiers d'adoption. Notre contrat, à la différence de certains, n'exigeait pas de rester en contact avec la mère biologique. Nous devînmes enfin une famille à part entière. J'adorais avoir un bébé à la maison. Comme j'étais moins pris par le travail, j'ai passé beaucoup plus de temps avec Nicky pendant ses deux premières années que je ne l'avais fait avec Nathalie. J'avais aussi attendu de longues années avant d'avoir ce deuxième enfant – ce que je n'avais pu faire avec Dominique, la vie en ayant décidé autrement – alors j'en profitai. Je le langeais, je jouais avec lui, nous allions nous promener ou faire les courses. Je le mettais sur mes épaules et j'allais au restaurant le Relais, sur Madison Avenue, tenu par un de mes copains, où tout le monde nous regardait entrer. Jimmy était son parrain – je suis aussi parrain de son fils Brett – et il nous regardait nous amuser, parce que nous étions très complices. Nicky aimait bien rigoler, comme aujourd'hui, mais pas trop. Il est d'un naturel plus sérieux que moi, ce que j'aime.

Après un certain temps, Alexandra et moi décidâmes qu'il ne resterait pas enfant unique. Nous recommençâmes alors la longue procédure d'adoption. Qu'on eût déjà rempli les critères n'avait aucune importance, il fallait repartir de zéro. J'en eus ras le bol et dis à Alexandra que je ne voulais plus continuer tant cela donnait l'impression qu'on avait fait quelque chose de mal et qu'on voulait exploiter les enfants. C'est, hélas, le prix à payer pour adopter, et il faut accepter tout ce qu'on vous fait subir. Le comble était que l'assistante sociale chargée de notre dossier était aveugle ! Ainsi, quand elle vint visiter l'appartement, elle dut nous demander combien de chambres il y avait et où se trouvait la nôtre. On aurait pu lui raconter n'importe quoi. C'était vraiment bizarre comme situation.

Nous finîmes par trouver une femme à Miami qui avait déjà six ou sept enfants, était proche de la quarantaine et ne pouvait garder ce dernier bébé. C'est comme ça que nous eûmes Charlotte, née le 14 mars 1990. Son arrivée nous fit beaucoup de bien tant nous avions l'impression qu'elle complétait notre famille et, pendant un certain temps, nous fûmes très heureux. Ma vie était plus remplie et pleine de bonheur. Je continuais à jouer là où j'étais sollicité, mais j'étais aussi plus disponible pour profiter de mes merveilleux enfants. Nous partagions notre temps entre l'appartement à Manhattan, la maison de campagne, un appartement à Miami ainsi que ma propriété à Bazoches et un appartement à Paris. Je n'avais donc pas le temps de m'ennuyer !

Entre-temps, la situation en Roumanie s'était nettement dégradée par rapport à l'époque où Ceausescu avait pris le pouvoir en 1965. Il avait succédé au leader du Parti communiste, Gheorghiu-Dej, qui avait été le jouet des Russes et leur obéissait en tout. Ceausescu, en revanche, était très têtu et leur résistait. Il avait condamné les Russes lorsqu'ils avaient écrasé la révolution tchèque en 1968 et avait également servi de médiateur entre la Russie et la Chine. Il avait donc été isolé par les autres pays communistes mais été devenu la coqueluche des pays de l'Ouest. Le président Carter avait même dit que c'était son meilleur ami ! La reine d'Angleterre l'avait reçu en grande pompe lors d'une visite d'État en Angleterre, et il s'était promené dans la capitale à bord de son magnifique carrosse doré. Bien que les situations ne fussent pas identiques, il y avait quand même des similitudes entre la façon dont il fut traité par l'Ouest et la façon dont Saddam Hussein l'a été. Sans compter que ce dernier fut condamné à mort par son propre peuple, tout comme Ceausescu. Lorsqu'il fut élu président de la Roumanie en 1974, Ceausescu était un leader très acceptable, aussi bien à l'intérieur du pays qu'à l'extérieur.

Ce n'est qu'ensuite qu'il se mit à fréquenter la Chine et la Corée du Nord de plus en plus souvent, et découvrit le culte que ces pays vouaient à leurs dirigeants. À la fin des années 70, cela lui fit complètement tourner la tête et il devint mégalomane. Son culte de la personnalité était tel que certains membres de sa famille, notamment sa femme, Elena, furent nommés à des postes d'influence au sein du gouvernement et de l'administration. Il essaya de contrôler trop de choses, à l'inverse du président Tito, qui avait réussi à maintenir unie la Yougoslavie sans tomber dans la dictature et sans plonger son pays dans un gouffre économique. Vers la fin des années 70 et au début de la décennie suivante, Ceausescu eut cette idée folle, qu'aucun autre pays communiste n'eut jamais : il voulut rembourser la dette de la Roumanie envers l'Ouest, une dette accumulée à cause de l'industrialisation accélérée des dix années précédentes. Il dut penser que l'Ouest serait content de lui et que ça l'aiderait à maintenir son indépendance vis-à-vis de la Russie. Il s'imposa donc de rembourser environ 15 milliards de dollars en trois ans, ce que personne n'avait jamais réussi à faire. Bien que la Roumanie produisît beaucoup à l'époque, il ordonna alors que toute la production agricole et industrielle soit exportée, et que tout l'argent ainsi rentré serve à rembourser nos emprunts. Il étrangla petit à petit le pays et le ruina. Il n'y avait absolument rien à acheter, rien à manger, pas d'énergie et pas de médicaments pour la vaste majorité de la population.

À la fin des années 80, la situation était catastrophique, à tel point que lorsque Ceausescu se déplaçait sur un marché, les gens étaient obligés de peindre les fruits avec un vaporisateur pour qu'ils aient l'air bien mûrs, ou de mettre de beaux étalages pleins de faux fruits et légumes. Il savait que les choses allaient mal parce qu'il voyait que les gens dans la rue n'avaient rien. Il est possible aussi que personne autour de lui n'ait osé lui dire la vérité entière sur la situation et qu'il ne s'en fût donc pas tout à fait rendu compte. On ne le saura jamais. Quoi qu'il en soit, la pire chose qu'il fit fut de ne pas s'occuper de son peuple, ce qui est impardonnable.

En 1989, les autres régimes communistes furent, un par un, renversés. Le mur de Berlin tomba le 9 novembre, et la Russie commença sa transformation vers une société plus ouverte et capitaliste. Au mois de décembre, je devais passer les fêtes de Noël à Bucarest avec ma mère. Je venais d'habitude passer une quinzaine de jours mais, cette année-là, Nicky et Charlotte étant à Paris, j'avais l'intention de les y rejoindre pour les fêtes de fin d'année. En montant dans l'avion qui m'emmenait de Paris à Bucarest pour Noël, l'hôtesse de l'air d'Air France me dit qu'il y avait eu un grand soulèvement anticommuniste à Timisoara, une ville au nord-ouest de Bucarest. Je n'y fis pas très attention, à vrai dire et, une fois arrivé en Roumanie, la vie reprit son cours. En ville, je passais tout mon temps à revoir mes amis et ma famille. Je n'eus donc pas le temps de voir ce qui se passait au-delà.

Quelques jours avant mon départ, j'allai aux bureaux d'Air France, situés juste à côté de l'hôtel Intercontinental, en plein centre-ville, pour confirmer mon vol. Tout à coup, au loin, je vis un char et entendis les gens crier. « Que se passe-t-il ? » me demandai-je. J'étais un peu inquiet quand même. Puis j'entendis un gros bruit, comme une énorme explosion. Je vis de la fumée. Le soldat dans le char avait tiré des balles et les gens couraient.

Alors je fus pris de panique.

Je rentrai tout de suite chez moi. Ma mère était déjà en train de regarder la télé pour voir ce qui se passait. La télé roumaine disait qu'il n'y avait aucun problème – évidemment. Mais comme, quelques années auparavant, j'avais eu l'autorisation d'avoir des chaînes satellites – j'avais dit que c'était pour le sport –, nous restâmes scotchés à CNN. Amalia m'a raconté depuis que, de l'autre côté de la ville, dans leur petit appartement, sa famille et elle étaient en train d'écouter sous les couvertures le service roumain de la BBC World Service, redoutant d'être arrêtés si on les surprenait. C'était pour eux la seule façon de savoir ce qui se passait vraiment.

Je me rappelle avoir vu Ceausescu faire un discours du balcon de ce qui est aujourd'hui le parlement. Il commença à parler, et les gens se mirent à le huer. Il continua, mais les gens le huèrent de plus en plus fort, au point qu'il ne s'entendit plus parler et dut arrêter. Je n'en croyais pas mes yeux. L'ambiance était devenue si hostile qu'il fut obligé de s'enfuir, avec sa femme, à l'aide d'un hélicoptère venu les chercher sur le toit du bâtiment. Il ne fuyait pas la Roumanie : il fuyait le peuple, carrément.

Dès que je vis ça, je décidai de partir au plus vite. On entendait les hélicoptères qui tournaient juste au-dessus de la maison, car elle était dans la même rue que la chaîne de télévision contrôlée par l'État. L'armée essayait de défendre cette chaîne contre les rebelles, parce que c'est toujours un des lieux les plus importants à capturer lors d'une révolution. Ma mère insistait pour que je parte. Elle était inquiète et ne voulait pas que je prenne de risques. On ne savait pas comment réagiraient les gens envers moi, étant donné que je connaissais Ceausescu, ainsi qu'un de ses fils et certains de ses ministres. On ne sait jamais ce qui peut se passer dans des circonstances pareilles tant les gens peuvent devenir complètement fous et perdre la raison et tout sens de justice. La Securitate, la police secrète, voulait aussi que je parte tout de suite, car ils pensaient que je pourrais être menacé. Je me rappelle qu'un gars que je n'avais jamais vu jusque-là vint chez moi et me dit : « Quand est-ce que vous partez ? Allez, partez, partez ! » Je suis à cent pour cent sûr qu'il était de la police secrète. Ma mère, elle, qui avait plus de 80 ans, ne voulait pas partir, ni mes deux sœurs qui habitaient Bucarest.

J'appelai immédiatement l'ambassade de France, sans succès. Alors j'allai directement les voir pour me renseigner sur les vols Air France. Ils me dirent qu'un vol arrivait bientôt – les avions parvenaient encore à atterrir et à décoller de l'aéroport – et qu'un vol spécial était affrété pour les ressortissants français. J'eus effectivement de la chance : le lendemain, le 23 décembre, je figurais sur la liste des passagers autorisés à prendre le vol. Sur la route pour l'aéroport, je pus constater que l'armée était en évidence partout. Elle avait vite pris contrôle de l'aéroport, où elle avait mis en place des mesures de sécurité rigoureuses. Des hélicoptères le survolaient bruyamment, pendant que Ceausescu et sa femme étaient capturés.

De l'avion qui attendait sur la piste pour décoller, nous entendîmes des coups de feu échangés à l'extérieur entre des soldats et des rebelles. La Securitate voulait créer des factions pour que les gens s'entre-tuent, comme dans une guerre civile. Sans doute pensaient-ils que ça affaiblirait la révolution. C'était bête ! Je me rappelle que le pilote nous rassura en nous disant que, de toute façon, nous étions déjà en territoire français. Il n'y avait pas besoin de s'inquiéter car il ne pouvait rien nous arriver. Nous eûmes finalement le feu vert pour décoller dans ce qui fut le dernier vol Air France à quitter la Roumanie. Lorsque nous atterrîmes à Roissy, une bonne partie des passagers applaudit, soulagés d'être de retour en France. Quant à moi, j'étais tout simplement heureux à l'idée de revoir mes enfants. Ce fut une expérience très stressante pour moi. Je vécus les événements en direct, vis ce qui s'était passé et fus content d'être parti sain et sauf.

Ce soir-là, à Paris, je dînai avec Ion, qui voulait en savoir plus. Je lui dis que les choses se passaient mal, mais Ion n'en fit qu'à sa tête, et insista pour rentrer en Roumanie. Il avait ses propres raisons, dont je n'ai jamais discuté avec lui. Toujours est-il qu'il prit un avion le lendemain pour Bucarest, en compagnie de tous les médias du monde, qui couvraient les événements.

Le jour de Noël, Ceausescu et sa femme furent condamnés à mort par un tribunal militaire expéditif et fusillés immédiatement. Ils n'eurent pas droit à un vrai procès, ni à la possibilité de se défendre. Je ne fus pas d'accord avec leur exécution, surtout de cette façon. C'était barbare et inhumain, et ça allait à l'encontre de tous les droits de l'homme. Il faut dire aussi qu'en les fusillant, on évitait ainsi qu'ils ne disent la vérité sur ce qui s'était vraiment passé dans le pays. Parce que ceux qui prirent leur place informèrent délibérément mal le peuple. Je n'essaie pas de défendre Ceausescu, car ce qu'il avait fait était affreux. Mais je crois que la Securitate joua un rôle considérable à cette époque et qu'il y eut plutôt un coup d'État qu'une révolution. Ils ne voulaient pas qu'on sache la vérité : non seulement Ceausescu, mais aussi une grande partie de ceux qui étaient haut placés dans le gouvernement s'étaient arrangés pour saigner le pays à blanc. L'argent avait été envoyé en Suisse, et Ceausescu n'était pas le seul à le savoir et à le faire. En l'exécutant sans vrai procès, tout cela avait pu être étouffé. Ceux qui prirent sa place tout de suite après, alors que le chaos et la confusion régnaient, étaient ceux qui avaient été au pouvoir avant. C'est pour cela que la vérité ne s'est pas sue tant ils étaient impliqués. Ce qui est sûr, c'est qu'il faut plus d'une personne pour ruiner un pays entier.

On est tous un peu coupable. Je le suis pour n'avoir rien dit à l'époque. Mais j'avais de la famille là-bas, et à cause de cela, je ne pouvais pas me permettre de me plaindre. J'aurais pu, bien sûr, quitter le pays pour de bon, demander l'asile politique, si les choses étaient devenues trop difficiles pour moi. Il y a, aujourd'hui, plein de livres qui sortent en Roumanie écrits par des soi-disant dissidents. C'est un peu comme en France : tous ceux qui ont plus de 75 ans disent qu'ils ont fait de la résistance. En ce qui concerne les Roumains, c'est n'importe quoi. Personne ne disait rien contre Ceausescu. Les seuls dissidents qu'on avait étaient soit en prison, soit à l'étranger. Point à la ligne.

Après la révolution, il y eut le chaos. Je pris mes distances exprès jusqu'à ce que les choses se calment un peu. Certains revinrent tout de suite et profitèrent de la situation. Ils sont maintenant milliardaires ! C'est ce que Tiriac fit, parce qu'il saisit sa chance. Il est aujourd'hui propriétaire d'une banque, d'une compagnie aérienne et d'une compagnie d'assurances, entre autres. Moi, je ne suis pas comme ça. Je ne dis pas que je n'aimerais pas l'être, parce que ce n'est pas dans ma façon de penser, mais je ne voulais pas prendre de risques au début. J'avais peur que les gens m'associent à l'ancien régime, ou qu'ils pensent que je venais profiter du nouveau. C'est pourquoi je me suis absenté du pays pendant environ deux ans. Je restai très au courant de ce qui se passait et commençai à dialoguer avec le premier ministre Petre Roman. C'est lui qui n'arrêtait pas d'insister pour que je revienne. Et, quand je revins enfin en 1991, je remarquai que la situation s'était beaucoup améliorée et calmée, que les gens s'étaient remis à travailler normalement, même s'il restait encore beaucoup à faire. Il y avait un début de démocratie et un peu plus de règles. Tout de suite après la révolution, les militaires avaient pris le contrôle de la situation. Un président par intérim avait été nommé, Ion Iliescu, ainsi qu'un gouvernement provisoire.

Les deux premières années, la police, la Militia, n'avait aucun contrôle sur la population. Pendant les années communistes, elle tabassait les gens quand ils se retrouvaient en prison. La population la détestait, et elle avait bien raison. Après la révolution, les gens n'avaient pas un sou et étaient obligés de voler la nourriture afin de pouvoir manger. Le taux de criminalité avait explosé. Comme la Militia était détestée, elle ne pouvait rien faire. Le gouvernement essayait sans arrêt de trouver un homme dur pour être ministre de l'Intérieur et prendre en main la situation, qui restait néanmoins chaotique. Ceux qui avaient fait partie de la Securitate le niaient fermement. Je crois que la plus grosse erreur qu'ait commise notre président fut de permettre aux gens de nier ou de cacher leur passé. Il aurait dû faire comme en Allemagne de l'Est, où furent ouverts à tous les dossiers de la Stasi. Chez nous, en revanche, toutes les archives furent brûlées, et toute la documentation détruite. Le résultat en fut que personne ne put savoir qui avait fait partie de la Securitate. C'est encore comme ça aujourd'hui. Cela n'a pas aidé à éliminer la méfiance que les gens ont les uns envers les autres.

Avant la révolution, les gens n'avaient rien à acheter bien qu'ils eussent de l'argent. J'aidais ma famille financièrement, pas régulièrement, mais simplement pour qu'ils aient une vie plus facile. Après, il y eut des choses à acheter, mais ils n'avaient pas d'argent. Je dus les aider régulièrement, sinon la vie aurait été impossible pour eux.

Vers la fin des années 80, je fis la connaissance de Jean-Luc Lagardère et de sa femme brésilienne, Bethy. Jean-Luc devint un ami proche grâce à sa passion pour le tennis. Il assistait toujours à Roland-Garros et, quand son planning le permettait, adorait faire une partie de tennis avec moi. Quant à Bethy, c'est une femme très chaleureuse qui a beaucoup d'énergie et avec laquelle je m'entends très bien aussi.

Pendant l'édition 1991 du tournoi de Monte-Carlo, lorsque Borg voulut faire son retour sur le circuit avec sa raquette en bois, Bethy m'appela de Paris. Elle voulait voir le match, et se demandait s'il me serait possible de lui obtenir un billet. Elle avait appelé Tiriac et plein d'autres gens, mais tout le monde voulait voir ce match.

— Pas de problème, viens, lui répondis-je.

— Et comment irons-nous au club ? me demanda-t-elle.

— Bethy, ne t'inquiète pas, il y a des voitures, des chauffeurs, tout.

— Tu es sûr ?

— Écoute, tu me connais, j'organise tout. Je passe te chercher à ton hôtel demain matin.

Le lendemain, j'arrivai au luxueux hôtel de Paris, à côté du casino, vers 10 heures. Nous prîmes le petit-déjeuner ensemble. « Mon chauffeur arrive à 11 heures », lui expliquai-je. À l'heure dite, aucun signe du chauffeur. Bethy commença à s'inquiéter car le match débutait à midi. Dix minutes plus tard, elle me dit : « C'est qui, cet imbécile de chauffeur ? Tu lui as bien dit 11 heures, alors pourquoi n'est-il pas là ? C'est un idiot. »

À peine eut-elle fini sa phrase que deux énormes Mercedes noires arrivèrent à toute vitesse et s'arrêtèrent pile devant l'entrée de l'hôtel. Des policiers descendirent de l'une, tandis que le prince Albert descendit de l'autre en criant, « Je suis vraiment désolé, Ilie, je suis en retard. » « C'est lui ton chauffeur ? » me demanda Bethy horrifiée. « Oui, c'est mon imbécile de chauffeur ! » Elle devint toute rouge et monta dans la voiture. Elle devant, moi derrière, et Albert au volant. Les policiers nous suivirent et on prit la route pour le Country-club, où se déroulait le tournoi. Situé en haut d'une colline et surplombant la baie de Monaco, c'est bien le plus beau club de tennis du monde. Juste avant l'entrée, nous fûmes obligés de nous arrêter car il y avait des voitures et des flics partout. Albert, au lieu d'expliquer qui il était et d'insister pour qu'on nous laisse passer, décida de faire demi-tour, de descendre jusqu'en bas et de remonter par un autre chemin, ce qui nous fit faire tout un détour. Tout au long du trajet, Bethy était très nerveuse et me lançait des regards au cas où je serais allé raconter à Albert ce qu'elle avait dit à son propos. Parce qu'elle savait que j'étais assez cinglé pour lui dire « Dis donc, Albert, devine un peu ce que Bethy disait sur toi juste avant que tu n'arrives ? Hi hi hi ! » Nous arrivâmes enfin au club, où Albert demanda à Bethy si elle voulait se joindre à nous pour le déjeuner. Elle lui répondit poliment qu'elle n'avait pas faim et s'enfuit.

— J'espère bien que tu n'oseras pas lui dire ce que je t'ai dit, me lança-t-elle à voix basse juste avant de partir.

— Allez, Bethy, je ne te ferais pas ce coup-là !

Ce n'est que longtemps après que je racontai quand même l'histoire à Albert, qui rit aux éclats.

Il est comme ça, Albert. Il n'est pas du tout attaché au protocole ni à son rang et n'abuse pas de son nom. Je l'appelle Albert et on se parle soit en français soit en anglais, parce que, comme ses sœurs, il est parfaitement bilingue. Il a toujours de drôles de messages sur sa messagerie, soit parce qu'il chante soit parce qu'il parle d'une façon amusante.

Au début des années 80, quand j'étais résident monégasque, il me demandait souvent d'aller faire une partie de bowling avec lui à Nice, tard le soir. Et ma sœur Gigi, qui à l'époque avait un petit appartement dans le même immeuble que lui, pouvait me dire s'il était chez lui ou non. Elle m'appela une fois pour me dire qu'elle venait de voir Albert, dans sa Jeep, qui rentrait avec une belle blonde.

Je décidai alors de l'appeler aussitôt.

— Albert, comment ça va ?

— Bien, je regarde la télé.

— Ce n'est pas vrai, je viens de te voir rentrer chez toi avec une jeune femme blonde.

— Tu m'as vu ? Mais où es-tu ?

— À New York !

— Tu es un espion roumain ? Qu'est-ce qui se passe ?

Ça le perturba complètement, et je dus lui expliquer, car cela l'aurait rendu fou.

CHAPITRE 13
1992-1998

Je lui ai demandé son numéro de téléphone. Elle m'a répondu qu'elle n'en avait pas. Elle en avait un, bien entendu, mais je ne l'ai su que plus tard. Elle ne voulait simplement pas me le donner. Non seulement elle était belle, mais en plus elle était futée.

Le 8 avril 1992, le monde du tennis vécut un énorme traumatisme. Arthur Ashe annonça qu'il avait le sida. Il se sentit obligé de le dire publiquement avant qu'un journal ne soit sur le point de le révéler. Plutôt que de leur donner la satisfaction d'un tel scoop, il préféra en parler lui-même. Comme toujours, Arthur fit preuve d'un immense courage. Ce n'était pas la première fois qu'il faisait face à la maladie. Son père était mort jeune d'une congestion cérébrale et, au début des années 80, Arthur lui-même avait eu de graves problèmes cardiaques nécessitant une lourde intervention chirurgicale au cours de laquelle il avait reçu du sang contaminé. Cinq ans plus tard, en 1988, alors que sa petite fille adoptive, Camera, n'avait que 2 ans, il avait alors appris qu'il était séropositif. Sa femme, Jeannie, et lui avaient décidé de ne le dire à personne.

Quand Arthur annonça la nouvelle, il fit montre de beaucoup de dignité. On ne l'entendit jamais dire : « Pourquoi moi ? » Au contraire, il disait : « Pourquoi pas moi ? » C'est quelque chose que je m'efforce maintenant de me dire chaque fois qu'il m'arrive un pépin. « Pourquoi pas moi ? » Et Arthur me disait, quand on parlait de sa maladie : « Si j'avais eu une autre maladie, comme le cancer, ça aussi, ça aurait été grave. Il n'y a aucune différence, c'est juste une autre maladie. Pourquoi est-ce qu'on a peur de dire qu'on est atteint du sida ? » Mais, à l'époque, c'était encore complètement tabou. Tout le monde pensait que seuls les homosexuels contractaient cette maladie. On sait pourtant bien, surtout aujourd'hui, que ce virus peut s'attraper aussi bien dans des rapports homosexuels qu'hétérosexuels, pour cause de toxicomanie ou de sang contaminé. Si ça avait été moi, en revanche, je ne crois pas que je l'aurais révélé. Arthur fut vraiment courageux, tant il y a de gens qui, par ignorance, ont dû penser qu'il était homosexuel.

Quand j'appris qu'il était malade, je fus complètement sous le choc et mis longtemps à encaisser. Je n'arrêtais pas de me dire qu'il pourrait peut-être s'en sortir, ou vivre encore longtemps. Je compris alors pourquoi, depuis environ deux ans, il était tellement occupé. Il se savait déjà séropositif et tentait de faire le maximum de choses dans le peu de temps qu'il lui restait. Il était contre l'apartheid et avait même été arrêté lors de manifestations à Washington ; il avait également apporté son soutien à des programmes de tennis pour enfants de couleur issus de milieux défavorisés, et avait beaucoup travaillé avec le United States Tennis Association pour promouvoir le tennis auprès des jeunes en général.

Se sachant atteint du sida, Arthur savait qu'il n'en avait plus pour longtemps. Nous, en revanche, ne le savions pas. Je le vis à l'US Open en septembre 1992. Son visage était bien un peu amaigri mais, à part ça, il n'avait pas l'air malade, surtout qu'il avait toujours été mince. Je me rappelle l'avoir vu dans le parking de Flushing Meadow en train d'apporter son soutien à un de ses programmes de tennis. À l'époque, j'avais une superbe Ferrari rouge décapotable, et il me taquinait.

— Mon Dieu, pas mal pour un communiste, d'avoir une bagnole comme ça. Tu l'as achetée toi-même ? T'as hypothéqué ta maison pour le faire ?

— Non, Negroni, je l'ai achetée avec l'argent que j'ai gagné quand je t'ai battu en finale ici !

On avait alors bien rigolé. Je le taquinais sans arrêt. Sa femme et lui m'appréciaient beaucoup : ils habitaient tout près de chez nous à Manhattan, et leur propriété dans le Connecticut était à quelques kilomètres de la nôtre dans l'État de New York ; on se voyait donc régulièrement.

Un jour, le 7 février 1993 très précisément – je m'en souviens très bien –, j'étais à Paris lorsque le téléphone sonna. Un journaliste que je connaissais m'informa qu'Arthur était décédé la veille. Ça me bouleversa. Jamais je n'aurais pensé qu'il nous quitterait si vite. Je l'avais vu en apparente bonne forme, seulement quelques mois auparavant. J'envoyai tout de suite un télégramme à Jeannie puis l'appelai. Elle me dit que je n'avais pas besoin de venir aux obsèques parce qu'il y aurait beaucoup de monde de toute façon. J'avais des empêchements professionnels et je ne pus y aller. Aujourd'hui, je le regrette vraiment.

La mort d'Arthur me fit repenser à tous les matchs qu'on avait disputés, à tous les bons moments et les moins bons. Je pensai à ce que je lui avais fait subir à Stockholm en 1975 et comment je l'avais battu à l'US Open en 1972. Je me rappelai tous les fous rires qu'on avait eus ensemble. La fois à Myrtle Beach où Jimmy et moi lui avions offert un gros gâteau d'anniversaire et qu'on avait fini couverts de crème. Une autre fois, on faisait équipe de double ensemble au Japon et un des juges de ligne n'arrêtait pas de faire des erreurs. Je l'injuriais en anglais et, comme il ne comprenait pas, il s'était mis à rire. De toute façon, les Japonais sont tellement polis que, même si on leur dit d'aller se faire foutre et qu'ils ne comprennent pas, ils sourient et disent gentiment « merci, monsieur Nastase ». Arthur, étant président de l'ATP à l'époque, s'affolait de plus en plus de mon comportement. « Fais attention, s'il te plaît, et arrête de l'injurier, parce que je vais être obligé de te coller une amende, ou même de te disqualifier. » Et je lui répondais : « Oui, mais si tu fais ça, Arthur, tu seras obligé de faire pareil pour toi, parce qu'on fait équipe ensemble. » Après quoi il ne dit plus rien.

Le juge-arbitre continuait de nous donner des balles faute. Je lui demandai alors s'il avait des allumettes. « Des allumettes ? » « Oui, des allumettes. » On finit par m'en trouver et j'en cassai quelques-unes en deux. Puis je fis semblant d'essayer de m'en servir pour garder ouverts les yeux du juge de ligne. Arthur devint complètement fou. « Nasty, c'est la dernière fois que je joue avec toi ! » Mais c'était parce que je le rendais nerveux et qu'il ne savait jamais ce que j'allais faire, alors que lui était très sérieux sur le court. D'habitude, il ne parlait même pas quand on jouait en double ensemble. Mais, en dehors du court, il avait un merveilleux sens de l'humour, et chaque fois qu'il se passait quelque chose dans les vestiaires, il criait tout haut : « C'est Nasty. Allez chercher Nasty, parce que ça doit encore être un de ses coups. »

Je pensai beaucoup à tous ces moments quand il est mort. Cet homme n'était plus là, alors qu'il l'avait été peu de temps avant. La fois suivante, ça pourrait être moi. Personne n'est à l'abri, et peu importe la raison pour laquelle on meurt. On sait tous qu'on n'est pas immortel, mais on ne pense jamais à la réalité de la mort. Quand on est jeune, tout ce qu'on veut, c'est grandir et être plus âgé. Puis, une fois qu'on est plus vieux, on voit le temps passer de plus en plus vite. On voit des jeunes comme Arthur mourir, des gens qui avaient notre âge, et ça fait réfléchir. Une fois qu'on a des enfants, ensuite, on pense beaucoup plus à la mort. À vrai dire, ce n'est pas bon pour moi de trop y penser, parce qu'on peut pas y faire grand-chose, et qu'après je déprime.

Je restai en contact avec Jeannie et apportai mon soutien à la fondation qu'elle créa au nom d'Arthur et qui aide ceux atteints du sida. Elle reçut énormément de soutien de tous ses nombreux amis dans le monde entier, mais j'avoue que la mort d'Arthur est une de celles qui me bouleversa le plus.

L'autre qui m'affecta aussi beaucoup – et pour des raisons très différentes – fut celle de Vitas Gerulaitis, dix-neuf mois plus tard, en septembre 1994. Le plus choquant, c'est qu'il ne mourut pas d'une overdose, comme beaucoup de gens le craignaient, mais chez des amis dans son sommeil, asphyxié par le monoxyde de carbone qui émanait d'un radiateur défectueux dans la chambre où il logeait. C'était une mort tellement bête. Il était jeune, il avait à peine la quarantaine, et il avait l'air de s'être repris en main après des années de toxicomanie.

Depuis des années, j'avais l'habitude de dire à sa mère et à sa sœur, Ruta : « Écoutez, il faut absolument que Vitas arrête. » Je le lui disais aussi, ainsi que Jimmy et même Björn. Tous ceux qui étaient proches de lui essayaient de le raisonner. Je lui disais, surtout au début quand il se droguait beaucoup : « Vitas, ne fais pas ça, parce que tu vas mourir jeune. Tu ne dépasseras pas la quarantaine. » Et il répondait : « Allez, Nasty, j'en fais moins qu'avant. Ne t'inquiète pas. » J'essayais même de lui faire peur, non pour être méchant, mais pour le choquer. Ça n'avait, hélas, aucun effet. Il était devenu accro, et c'était trop tard pour l'arrêter.

Mis à part le fait qu'il transpirait beaucoup et ne mangeait pas grand-chose, il avait l'air normal. Il avait beaucoup d'énergie, mais ça, c'était l'effet de la cocaïne, sous l'influence de laquelle on ne mange pas et on ne dort pas. Et c'est pour ça qu'en général, les gens qui en abusent sont tout maigres, parce qu'ils ne ferment jamais l'œil. Il avait de la chance, cela dit, parce qu'il ne buvait pas d'alcool, sinon il serait mort beaucoup plus tôt. Étant donné comme il se défonçait, il était en bonne condition physique. Alors, quand j'appris son décès, ma première réaction fut : « Vitas a dû faire des bêtises pendant une de ses soirées folles. »

Le plus étrange, c'est que, tout comme la mort d'Arthur, celle de Vitas me fut annoncé au téléphone par un journaliste alors que j'étais de nouveau à Paris. Cette fois-ci, cependant, mon dernier contact avec lui remontait, non pas à quelques mois, comme ça avait été le cas avec Arthur, mais à quelques jours et, bizarrement, à l'US Open aussi. Je jouais le tournoi seniors et, à New York, m'entraînais toujours avec Vitas. Quelques jours avant la fin du tournoi, j'avais remarqué qu'il avait un téléphone portable avec une oreillette et lui avais demandé où il l'avait acheté parce que je voulais m'acheter le même. Je lui demandai combien il coûtait. « Je n'en sais rien, environ 300 dollars ? Viens, je t'emmène au magasin. » Nous y allâmes et, avec sa façon typiquement généreuse, il m'offrit le téléphone, parce que je n'avais pas de carte de crédit sur moi. On retourna à Flushing Meadow, et je promis de le rembourser dès qu'on se reverrait. Quelques jours passèrent durant lesquels je ne le revis pas au tournoi. Puis je rentrai à Paris.

La première fois que ce téléphone sonna, ce fut un journaliste qui m'annonçait que Vitas était mort. Je fus tellement sidéré qu'il dut me le répéter plusieurs fois. J'appelai tout de suite sa mère et sa sœur. « Ilie, c'est fini, nous sommes effondrées. » Une fois de plus, j'avais un match exhibition à jouer et je ne pus pas aller aux obsèques, ce que je regrette également profondément. Mais elles eurent le soutien d'énormément de monde. Björn y alla, ainsi que beaucoup d'autres joueurs.

Une semaine plus tard, je les appelai pour voir comment elles allaient. La maman de Vitas avait toujours été adorable avec ses amis quand on rappliquait chez lui. Il avait un court de tennis et elle aimait nous préparer des sandwichs et s'occuper de nous. On s'entraînait pendant des heures parce que, malgré sa réputation et son style de vie, Vitas s'entraînait très dur. Il avait un gros problème avec son service à cause de son mauvais lancer de balle. Il s'entraînait donc pendant des heures tous les jours. Il n'eut jamais un service très puissant et régulier, mais il compensa toujours cette lacune par sa rapidité sur le court.

Comme pour la mort d'Arthur, je me rappelai tous les bons moments qu'on avait passés. Le mariage de Björn quand on avait dansé ensemble, les soirées au Studio 54, les dîners chez Castel. Il avait une Rolls blanche décapotable dans laquelle il y avait toujours plein de jolies filles. C'était un homme généreux qui adorait s'amuser et aimait la vie. C'est pourquoi, après mon chagrin initial et le choc, décidai-je de ne penser qu'à ces bons moments. C'est tout ce que je pouvais faire.

L'année précédente, en 1993, j'avais accepté d'être l'entraîneur de l'équipe roumaine de coupe Davis, ce qui me permit d'avoir à nouveau des liens avec ma Fédération et mon pays. Je n'y passais qu'environ un mois par an, mais ça me faisait du bien de faire partie de cette compétition à laquelle j'avais participé pendant dix-huit ans et avais disputé 146 matchs. Je suis très fier de ces statistiques, car seul Nicola Pietrangeli joua plus de matchs que moi.

Environ un an plus tard, je rencontrai au cours d'une réception à Washington le futur Premier ministre Adrian Nastase (qui n'a aucun lien de parenté avec moi). C'était déjà quelqu'un de haut placé au sein du parti qui gouvernait la Roumanie, le PDSR, notre parti social-démocrate. Vers la fin du long dîner qui suivit la réception, il me demanda ce que je faisais et si cela m'intéresserait de travailler avec eux. Je me dis alors que ce serait peut-être une bonne idée, car ça me permettrait de participer, même un tout petit peu, à la reconstruction du pays. Je me dis aussi que je comprendrais ainsi un peu mieux comment le pays était dirigé et que, pour cette raison, ça ne pourrait me faire que du bien. Alors j'adhérai au PDSR.

Un jour, Adrian Nastase m'appela et me dit qu'il n'avait pas de candidat maire pour les prochaines élections à Bucarest en avril 1996. Il me demanda d'être leur candidat. Mon 50e anniversaire approchait. Ce serait un défi pour moi et quelque chose de complètement différent. J'en parlai à Alexandra et à certains amis, qui m'encouragèrent tous. C'est ainsi que j'acceptai. Bucarest est ma ville natale et j'ai beau adorer toutes les autres villes dans lesquelles j'ai vécu – Bruxelles, Paris, New York, Monte-Carlo –, au fond de moi-même, Bucarest, est « ma » ville. C'est celle pour laquelle j'ai le plus d'attachement sentimental. Toute la famille déménagea donc à Bucarest, où l'on inscrivit les enfants à l'école américaine. Nicky, en particulier, apprit vite le roumain parce qu'il se fit des copains parmi les autres gosses de notre rue, avec lesquels il passait des heures à faire du vélo et à s'amuser. Charlotte, qui était plus jeune et plus casanière, s'y mit plus lentement, mais s'adapta aussi à sa nouvelle vie.

La campagne électorale débuta ensuite et l'on eut besoin de fonds. J'y mis un peu de mon propre argent – ce que peu d'hommes politiques feraient, je crois – et me lançai vraiment corps et âme dans la campagne. On m'avait dit qu'il suffirait que je commence un ou deux mois avant, mais j'insistai pour démarrer quatre mois avant les élections. Je me levais à 6 heures du matin pour aller faire le tour des marchés et des usines. Je parlais aux gens dans le métro quand ils allaient travailler et j'accompagnais la police le soir quand elle se rendait dans des centres de toxicomanie. Je voulais vraiment comprendre la vie des gens et les problèmes qu'ils avaient. Et je voulais faire les choses à fond, parce que je suis comme ça.

Au début, tout se passa bien. Je faisais quelque chose de nouveau et tout le monde était très gentil avec moi parce que les élections étaient encore loin. J'avais aussi une bonne équipe pour m'aider, pleine de jeunes gens enthousiastes. L'un d'entre eux avait une agence de pub qui nous permit de nous faire remarquer. Trop peut-être, parce que c'est à ce moment-là que les autres partis se réveillèrent et remarquèrent que j'étais en tête dans les sondages. Ils formèrent donc une coalition contre moi. C'était la seule façon de m'arrêter.

L'ambiance pendant la campagne se gâta puis empira à mesure qu'on approchait des élections. Plutôt que de présenter leur politique, l'opposition commença à m'attaquer sur le plan personnel, ce que j'eus du mal à accepter. Ils se mirent aussi à promettre toutes sortes de choses absurdes, car les gens croient n'importe quoi, surtout en période électorale.

Mon adversaire principal était un gars nommé Ciorbea, ce qui veut dire « soupe » en roumain. Il n'avait pas d'expérience politique, mais il avait été un des juges les plus hauts placés sous le régime de Ceausescu et avait fait partie de l'élite communiste. Un grand débat télévisé fut organisé la veille du scrutin. Comme sa chaise grinçait, il se plaignit au présentateur. « Vous m'avez donné cette chaise exprès, plutôt qu'à monsieur Nastase, parce que, lui, il est célèbre. » Cela donna tout de suite le ton de l'émission. Les questions étaient toutes stupides et superficielles. Puis Ciorbea critiqua ma vie privée et dit que je courais après les femmes. Le débat dégénéra vite et nous ne parlâmes jamais de politique. À la fin, il sortit un chèque de sa poche en annonçant : « J'ai ici un chèque d'une société qui veut me donner 10 millions de dollars pour reconstruire cette ville en deux cents jours. Je n'ai qu'à signer le chèque en tant que maire pour qu'on puisse se mettre au travail. » J'ai tout simplement répondu que je ne pouvais et ne voulais pas faire ce genre de promesse, mais que grand bien fasse à M. Ciorbea s'il pensait pouvoir.

Un homme politique n'est pas une personne normale. C'est désolant, mais c'est la réalité. Quand l'opposition faisait des promesses, mon parti voulait que j'en fasse autant, en promettant que je réparerais tous les trous qu'il y avait dans les rues. Je ne pensais pas que les trous dans les rues étaient ce qu'il y avait de plus important et, de toute manière, je ne voulais pas mentir. J'avais une politique et j'essayais très fort de montrer aux gens que je voulais faire quelque chose. Je voulais, par exemple, faire voter une loi permettant aux particuliers d'être enfin propriétaires de magasins car, jusque-là, les 50 000 existants appartenaient à la mairie. J'avais le soutien de beaucoup de gens et, cinq jours avant les élections, le Premier ministre changea la loi et permit aux gens d'acheter leur propre magasin. Ciorbea était tellement contre cette loi que, pendant les quatre premiers mois de son mandat, il n'autorisa pas une seule vente. Puis, il devint lui-même Premier ministre.

Les habitants de Bucarest, en revanche, n'avaient pas l'air de comprendre ce qui se passait. La démocratie et les élections étaient des concepts nouveaux pour eux. Chaque fois que j'allais sur les marchés, tout ce qu'ils me disaient, c'était : « Il faut que vous augmentiez nos retraites. » J'avais beau leur expliquer que c'était de la responsabilité du gouvernement, non du maire, ils se fâchaient quand même avec moi parce qu'ils ne comprenaient pas la différence.

Je voulais être honnête et fidèle à mes principes, mais cela devint un problème, pas tellement pour mon équipe mais pour mon parti, le PDSR. Ils me disaient qu'il fallait que je promette certaines choses. Je leur répondais : « Je ne peux pas vous promettre cela, mais je peux vous aider pour ceci. » Mais, comme partout ailleurs, plus un homme politique raconte n'importe quoi et fait des promesses, plus les gens ont l'air d'y croire. Les dirigeants du PDSR se rendirent compte qu'ils ne pouvaient pas me contrôler. Aussi, vers la fin de la campagne, me laissèrent-ils plus ou moins tomber et décidèrent-ils de soutenir Ion Iliescu, qui devait se présenter aux élections présidentielles à la fin de l'année. Je dus donc faire face tout seul aux critiques de la presse et aux critiques au sein de mon propre parti parce que je n'étais pas comme doit être un homme politique, ce qu'ils n'aimaient pas.

Je crois, du reste, que le maire devrait être indépendant de tout parti politique. C'est pour ça que j'aurais été bien comme maire. J'avais les moyens, les relations et la renommée. J'aurais pu attirer des investisseurs et aider au renouvellement de la ville. Je ne pense pas que mon manque d'expérience politique m'aurait nui, parce que je suis habitué à prendre des décisions rapidement et j'aime travailler beaucoup et apprendre. Mais, en Roumanie, ça ne suffisait pas. Sans le soutien d'un parti, je n'y serais jamais arrivé.

Je ne fus battu que de 2 % d'écart. J'étais déçu, certes, mais j'y avais mis de la passion et de la sincérité, là où d'autres, guère honnêtes, avaient gagné. Si l'élection avait été équitable, j'aurais accepté de perdre. C'est comme dans le sport, quand on perd contre plus fort que soi. Mais en politique, les gens font toutes sortes de compromis afin de gagner, ce que je n'avais pas envie de faire. C'était donc le contraire du sport. Les politiciens sont aussi là par ambition personnelle, ce dont j'étais dénué. Je voulais simplement faire quelque chose pour ma ville natale. Ma carrière n'était pas dans la politique et, après les élections, j'annonçai que je me retirais de tout ça.

La Roumanie est encore une toute jeune démocratie. Avant 1990, le concept n'avait jamais existé : avant le communisme, c'était une royauté. Le pays était alors un peu comme un prisonnier. Libéré à l'aube et pas habitué au grand jour, il serait désemparé que le garde n'ait pas mis son petit-déjeuner devant lui. Il ne saurait pas comment aller le chercher. Les hommes politiques ne se font pas en vingt-quatre heures. Il était donc normal que dans un pays où la démocratie n'existait que depuis quelques années, les premiers dirigeants soient des anciens dirigeants du régime communiste. Cela prendra un peu plus longtemps pour savoir comment faire, mais j'espère que la nouvelle génération, celle des jeunes d'aujourd'hui, vivra bientôt dans un pays où la démocratie fonctionne vraiment. En attendant, je considère que mon expérience dans le monde de la politique me fut bénéfique car j'y appris beaucoup de choses.

Quelques jours après le résultat des élections, on me proposa de devenir président de notre Fédération de tennis. J'acceptai immédiatement. Une élection fut rapidement organisée – pas besoin de longue campagne électorale cette fois, ni d'attaques personnelles –, et je fus élu à l'unanimité pas les coachs et les présidents des divers clubs de tennis. J'étais content ! Cela renforçait mes liens avec le tennis dans mon pays et dans le monde en général.

L'autre fait notoire de cette période fut que mon mariage avec Alexandra battit de l'aile. Une fois Nicky et Charlotte à la maison, Alexandra ne voyagea plus avec moi pour mieux s'occuper d'eux. Cela ne me dérangeait pas, car nos deux enfants sont un des plus grands bonheurs de ma vie. La meilleure chose qu'Alexandra m'ait apportée fut ces deux enfants. Je les adorais, ils étaient merveilleux et, si ça n'avait tenu qu'à moi, je les aurais gâtés sans arrêt. Je considérais, comme je l'avais déjà fait avec Nathalie, que ce n'était pas raisonnable d'embarquer les enfants dans mes déplacements, surtout qu'ils étaient deux et scolarisés. Je crois que les enfants deviennent la priorité des femmes, qui veulent alors être présentes pour les protéger et satisfaire à tous leurs besoins. C'est dans leur nature et je ne les critique absolument pas. Peut-être ne l'avais-je pas encore tout à fait compris. Aujourd'hui, j'ai mûri un peu et ne m'inquiète pas si Amalia est comme ça avec nos filles.

Il faut aussi dire qu'avec Alexandra, j'étais souvent absent mais j'avais encore besoin d'avoir des rapports sexuels. Je ne peux pas le nier. Alors, quand je partais longtemps, j'essayais d'en avoir. Certaines femmes me disaient qu'elles désapprouvaient ce que je faisais, ce qui ne me posait aucun problème. Mais la plupart ne réagissaient pas comme ça. Au contraire, ça ne les dérangeait aucunement de coucher avec un homme marié.

Tout comme Dominique avant elle, Alexandra savait très bien ce qui se passait et l'acceptait comme l'inévitable conséquence de mes absences. Ça ne voulait pas dire qu'elle aimait ça. Mais, à cause des enfants, elle préférait rester mariée. Alors, entre 1996 et 1998, elle demeura à Bucarest tandis que nous menions des vies de plus en plus séparées. Enfin, début 1998, elle retourna à New York. Nicky ayant 10 ans, elle estimait qu'il était temps qu'il soit de nouveau scolarisé aux États-Unis. J'allais les voir aussi souvent que possible mais j'avais compris qu'on était arrivé à une sorte d'arrangement qui me permettait de faire plus ou moins ce que je voulais à condition que je le fasse discrètement.

Environ dix-huit mois auparavant, j'assistai à un concert donné par Sting à Bucarest au profit des orphelins atteints du sida. Je me rappelle être allé le chercher à l'aéroport ; c'était un type très sympa. Je l'ai depuis revu plusieurs fois. Sans être amis proches, on peut dire que nous nous entendons toujours très bien à chacune de nos rencontres. Au concert en question, une jeune femme s'approcha de moi. Elle était grande et mince avec de longs cheveux noirs, des yeux ravissants et un sourire fascinant. Elle travaillait pour la marque British American Tobacco et distribuait des cigarettes gratuitement en guise de pub. On lui avait dit d'offrir une cigarette aux personnes célèbres au cas où elles seraient photographiées en train de fumer cette marque. Cela ferait alors une bonne pub. Je lui répondis que je ne fumais pas, puis lui demandai si elle avait un billet pour le concert. « Bien sûr que non, je n'en ai pas les moyens. » Je lui en donnai donc un et nous nous mîmes à bavarder. Elle s'appelait Amalia, avait 20 ans et étudiait l'économie et les assurances à l'université de Bucarest. Ce boulot était un des quatre petits boulots qu'elle faisait chaque semaine afin de pouvoir s'en sortir financièrement. Cela m'impressionna : elle me plut tout de suite. Je la trouvai différente des autres. Je lui demandai son numéro de téléphone. Elle me répondit qu'elle n'en avait pas. Elle en avait un, bien entendu, mais je ne l'ai su que plus tard. Elle ne voulait simplement pas me le donner. Non seulement elle était belle, mais en plus elle était futée.

Quelques jours plus tard, je demandai à un ami d'essayer de retrouver Amalia en contactant la société de tabac, et il réussit à m'obtenir son numéro de téléphone. Quelques semaines s'écoulèrent avant qu'un soir je me décide à l'appeler.

— Savez-vous qui je suis ?

— Non, répondit-elle.

— Je suis le gars qui vous a donné le billet pour le concert de Sting.

— Comment avez-vous trouvé mon numéro de téléphone ? me demanda-t-elle, très méfiante.

— Ça, je ne peux pas vous le dire.

Elle me lança alors :

— Si je ne vous ai pas donné mon numéro, c'était pour une bonne raison. Je ne veux pas vous parler.

Quel sang-froid ! Elle me dit, quelques années plus tard, qu'elle ne voyait aucun intérêt à me donner son numéro. Elle savait que j'avais cinq filles par semaine – ce sont ses propos, pas les miens – et n'avait aucunement envie d'être la sixième. J'avoue que, même avec la réputation que j'avais, c'était quand même un peu exagéré. Je crois que j'ai couché avec environ 2 500 femmes mais, si j'avais fait ce qu'elle disait, ce chiffre aurait été trop bas.

Elle mit fin à la conversation peu de temps après et les choses en restèrent là. Au cours des deux années suivantes, je lui téléphonai de temps en temps pour prendre de ses nouvelles, mais elle me disait toujours qu'elle allait très bien, qu'elle avait un petit ami, auquel elle était attachée, et que ses études se passaient très bien. Un point c'est tout. Je commençais à en avoir assez des nouvelles de son petit ami.

Puis, au printemps 1998, je l'appelai à nouveau :

— Tu ne peux pas te débarrasser de ton petit ami ?

— Je vais voir, me répondit-elle.

Quelques semaines plus tard, le téléphone sonna. « J'ai fait ce que tu m'as demandé », m'annonça-t-elle simplement. Elle avait calmement attendu que le temps fasse les choses, ne voulant pas commencer une liaison avec moi tant que j'étais en couple. Avec Alexandra, il n'y eut pas de séparation officielle, car je ne voulais pas faire de la peine aux enfants, mais il était clair qu'on n'était plus ensemble.

Ce ne fut donc pas avant l'été 1998 qu'Amalia et moi commençâmes notre relation. Je sus très vite qu'elle était différente. Amalia ne se laissait pas impressionner par ma renommée et me faisait rire. Je me sentais bien avec elle. Elle était très directe et mûre pour son âge. Elle avait beau avoir trente ans de moins que moi, elle disait aux gens : « Je vous présente mon enfant. » Ils baissaient les yeux en s'attendant à voir un petit gosse, avant de se rendre compte qu'elle parlait de moi, ce qui me faisait bien rire.

À un moment, elle dut faire la connaissance de Nicky et Charlotte mais, comme dans tout ce qu'elle entreprend, elle fut très ouverte avec eux dès le début. J'avais essayé de leur dire qu'Amalia était ma secrétaire. Charlotte me dit cependant, après l'avoir rencontrée : « Oui, c'est ça, papa, c'est ta copine, pas ta secrétaire. » Mon fils, qui avait 11 ans à l'époque, m'avait cru parce qu'il est comme ça, innocent comme beaucoup de garçons. Ma fille, en revanche, qui n'en avait que 8, avait déjà tout compris. Elle est comme beaucoup de filles : plus matures que leur âge. Elle alla, évidemment, dire tout de suite à sa mère « Papa a une nouvelle petite amie. » Au moins, comme ça, Alexandra était au courant !

Les enfants se sont toujours bien entendus avec Amalia. Elle a toujours veillé à ce que je reste en contact avec eux. J'ai, pour cela, beaucoup de chance. Elle était très souple et comprenait que la situation soit délicate. Ma vie n'a pas toujours été facile mais, pendant le divorce, les choses furent encore plus difficiles que d'habitude. Elle rencontra également ma fille aînée, Nathalie, de un an plus âgée qu'elle. Elles s'entendirent heureusement très bien dès le début. Il faut dire que Nathalie est quelqu'un de très chaleureux. Cela aurait pourtant pu très mal se passer entre elles. Nathalie la considère aujourd'hui comme une de ses amies les plus proches. Elles s'envoient des mails régulièrement, se parlent au téléphone. Elle lui fait des confidences qu'elle ne me ferait pas tant nos tempéraments se ressemblent. Nous ne sommes pas du genre à nous livrer facilement. C'est pourquoi Nathalie ne m'a jamais vraiment parlé de ses soucis. Elle en parle à Amalia plutôt qu'à moi, et sait ainsi que je finirai par le savoir.

La première fois qu'Amalia m'accompagna à l'étranger, c'était en France pour la Coupe du monde, en 1998. Nous avions été invités par mon ami Jean-Luc Lagardère à assister à un match dans sa loge. Il y avait beaucoup de gens présents, y compris Alain Delon, que je connais depuis une trentaine d'années, depuis qu'il avait été le promoteur d'un match de boxe entre Carlos Monzón et Jean-Claude Bouttier, en 1973 à Roland-Garros. C'était l'année où j'avais remporté les Internationaux de France, ce qui m'avait valu d'être convié.

Alain est une de ces personnes qui vous aime tout de suite ou ne vous aime pas. Et, s'il ne vous aime pas, il ne le cache pas. La première fois que je le rencontrai, il m'embrassa tout de suite. Je sus alors que ça se passerait bien entre nous. Ma propriété de Bazoches étant tout près de la sienne, qui se trouvait dans le village d'à côté, on se voyait parfois là-bas aussi.

Après le match de foot, nous devions rentrer chez Jean-Luc pour dîner. Je mis Amalia dans un taxi, car je devais rester un peu plus longtemps pour parler aux invités de la loge, et je donnai l'adresse au chauffeur, en oubliant complètement qu'Amalia n'avait pas un sou sur elle. Le chauffeur se perdit, il n'arrivait pas à trouver la maison et Amalia n'avait évidemment pas la moindre idée où elle allait. Après tout, elle n'était encore jamais sortie de Roumanie ! Le chauffeur trouva enfin la maison, et quelqu'un paya le taxi. Mais quand je rentrai un peu plus tard, elle me lança : « Ne me fais plus jamais ça ! » C'était une femme de tête et j'adorais ça.

Par la suite, elle fit une chose absolument incroyable qui me fait encore rire aujourd'hui. Elle en eut assez que, chaque fois qu'elle était chez moi, soit dans mon appartement parisien, soit dans ma maison de Bucarest, ma messagerie soit pleine de messages laissés par des femmes que j'avais connues autrefois, dans le genre « Salut, Ilie, c'est Unetelle. Juste pour te dire que j'ai changé de numéro. Mon nouveau numéro, c'est le ... », et ainsi de suite. Alors elle effaçait tous les messages avant que je les écoute. Je ne m'en rendis pas compte au début. Je pensais simplement que ces femmes à qui j'avais bêtement donné mon numéro dans le passé commençaient à me laisser un peu plus tranquille. Mais Amalia fit également une autre chose : elle trouva mon carnet d'adresses et modifia chaque numéro de femme d'un seul chiffre, si bien que je n'avais aucun moyen de savoir quel était le bon numéro. Et, une fois de plus, quand je découvris enfin ce qu'elle avait fait, j'éclatai de rire. Car j'étais déjà amoureux d'elle et, à vrai dire, elle n'a jamais eu de raison de douter de moi depuis. De toute façon, elle ne le tolérerait pas – et je le sais bien !

CHAPITRE 14
1999-2002

Blair avait l'air très tendu et n'arrêtait pas de faire des moulinets avec ma raquette. Je lui avais dit que la sienne était plutôt légère et qu'il devrait essayer la mienne. « Vous êtes sûr ? Je peux l'essayer ? »

J'avais atteint un âge, en 1999, où je voulais rendre quelque chose au sport qui m'avait tant donné. Je n'aurais jamais pu imaginer, quand je n'étais qu'un petit gamin maigrichon grandissant derrière le rideau de fer pendant les années 50, que j'aurais pu avoir de telles opportunités grâce au tennis. Je me rendis compte aussi que, grâce au profil que j'avais, grâce aux gens que j'avais rencontrés et grâce à un peu de chance, j'étais un des grands rescapés du sport. J'arrivais encore à jouer, et on me payait même pour le faire, ce qui était merveilleux. J'avais l'occasion de travailler dans des domaines autres que le tennis, et j'avais rencontré une jeune femme extraordinaire qui voulait faire sa vie avec moi. J'avais vraiment beaucoup de chance.

En 1999, je décidai donc de renouer avec la politique – celle du tennis, cette fois-ci –, et ce fut à nouveau une toute nouvelle expérience pour moi. Le président de l'ITF, l'Australien Brian Tobin, ayant démissionné après huit ans à son poste, les élections étaient prévues juste après Wimbledon. En tant que président de ma Fédération, j'avais le droit de poser ma candidature, ce que je fis donc car je pensais pouvoir apporter quelque chose à la présidence. Tout comme l'élection pour être maire de Bucarest, le pouvoir et l'argent ne m'intéressaient pas du tout :

je voulais simplement apporter quelque chose au tennis. Je pensais que c'était important d'avoir un ancien joueur comme président – et un ancien numéro 1 de surcroît qui avait eu beaucoup de succès dans le sport. Ça aurait été une première. Un ancien joueur comprendrait les problèmes auxquels sont confrontés non seulement les joueurs actuels mais aussi ceux qui organisent et dirigent ce sport.

Ma candidature surprit bien des gens, qui pensaient encore que je n'avais jamais pris le tennis au sérieux à cause de ma façon de jouer. Il avait pourtant bien fallu que je le prenne au sérieux pour devenir numéro 1 mondial ! Les gens ont souvent eu des idées préconçues sur moi. Ils pensaient, par exemple, que je ne prenais pas les choses au sérieux en dehors du court. Pourtant, les gens qui me connaissent savent bien que, quand je fais quelque chose, je travaille fort, le fais sérieusement et de façon professionnelle. Comme lors des élections pour la mairie de Bucarest. Je ne me comporte pas comme une diva qui est toujours en retard pour les rendez-vous. Quand je dis que je suis quelque part à telle heure, je le suis. J'ai du respect pour les autres, et je fais de mon mieux.

Il y avait d'autres candidats pour la présidence : les présidents de la Fédération suédoise et d'un autre pays européen, plus un Italien, Francesco Ricci Bitti, qui lui n'avait jamais fait partie du tennis de haut niveau. Il avait travaillé dans une société de télécoms en Italie et avait joué du tennis de troisième division. Le Suédois et l'autre Européen se retirèrent de la course, ce qui nous laissa, Ricci Bitti et moi, en lice pour le poste européen. Je décidai de maintenir ma candidature, même si cela risquait de partager les votes et de donner à nouveau un président non européen.

Avant les élections, il y eut une réunion à Helsinki au cours de laquelle je fis un discours pour expliquer mes idées. Je proposai qu'il y ait un conseil comprenant des joueurs comme Stefan Edberg et Boris Becker pour les hommes et Chris Evert et Martina Navrátilová pour les femmes. Ils assureraient le lien entre l'ITF et les autres joueurs, lesquels n'ont aucune idée de ce qui se passe au sein de la Fédération internationale. Comme moi, à l'époque. Tout le monde pensait que ce serait une bonne idée, mais cela n'aboutit à rien.

Je pensais aussi que l'ITF devrait distribuer différemment les bénéfices engrangés par les tournois, ceux du Grand Chelem et les autres. Chaque fédération reçoit en effet la même somme d'argent. L'année d'avant, la mienne avait reçu moins de 3 000 dollars. Je suggérai donc que l'ITF investisse l'argent dans un grand centre d'entraînement qui pourrait être n'importe où, en Russie, en Bulgarie, en Hongrie, plutôt que de verser des petites sommes à chaque pays. Ce n'était pas comme si l'ITF manquait de fonds. Ils disposent de superbes bureaux tout neufs à l'ouest de Londres qui leur coûtent des millions de dollars par an. Les tournois du Grand Chelem leur rapportent également plusieurs millions de dollars, et chaque tournoi officiellement sélectionné verse une taxe. L'ITF reçoit donc beaucoup d'argent, mais combien réinvestit-elle dans le tennis ?

Je dis aussi dans mon discours que l'ITF devrait envoyer les champions comme Sampras (qui à l'époque était numéro 1) dans les pays moins bien lotis pour promouvoir le sport. Les joueurs gagnaient effectivement beaucoup d'argent et ne se rendaient pas compte de ce que le tennis leur avait apporté. J'avoue que j'étais comme ça quand je jouais et ce n'est que maintenant que je me rends compte de la chance que j'ai eue. De plus, les pays pauvres devraient avoir les droits de retransmission des principaux tournois gratuitement ou presque – afin de promouvoir le sport. La popularité du tennis étant en baisse dans certains pays riches, on ne pouvait pas permettre que les choses restent en l'état. On avait besoin de trouver d'autres marchés et d'autres pays pour produire les champions de demain.

Mon discours dura une vingtaine de minutes. Certains applaudirent, d'autres non. Puis nous partîmes tous et, une semaine après Wimbledon, nous réunîmes à Amsterdam pour voter. C'était pire que la politique normale. Je voyais des petits groupes de personnes qui se parlaient, pendant que moi, je restais tout seul dans mon coin, avec seulement Christian Bîmes, le président de la Fédération française de tennis, qui venait me voir de temps en temps. Malgré tous mes efforts, Ricci Bitti fut élu. Et devinez qui fut le premier à accourir pour le féliciter chaleureusement ? L'autre président européen ! Et devinez qui siège maintenant au conseil de l'ITF ? Lui, pas moi.

Une des mesures que j'avais proposées fut quand même adoptée, ce qui me contenta. Élu jusqu'alors pour une durée indéterminée (Tobin fut président pendant huit ans et Philippe Chatrier, avant lui, pendant treize !), le président ne le serait plus que pour quatre ans. Désormais, il devrait être réélu et se tenir à carreau pendant son mandat.

Après les élections, je continuai à faire ce que je pouvais au sein de ma Fédération et à avoir de nouvelles idées. Par exemple, je pensais qu'on devrait jumeler les fédérations, une riche avec une pauvre. La Fédération française nous aide maintenant, et fait venir des juniors pour qu'ils puissent s'entraîner en France pendant deux mois. Elle me donne aussi les vieux filets et les vieilles balles dont elle n'a plus besoin en France mais qui nous sont encore bien utiles pour nos jeunes. Nous finançons nos jeunes nous-mêmes, à l'aide des banques, de la Société générale, qui est installée en Roumanie depuis plusieurs années, et de Tiriac, qui nous aide aussi. Et avec tout cela, nous réussissons à organiser une dizaine de tournois fréquentés par plein de jeunes des autres pays de l'Est, ce qui est merveilleux. Mais ce n'est pas grâce à l'argent de l'ITF, c'est grâce à nos propres initiatives. Cela dit, maintenant que j'assiste aux réunions, je vois ce qui s'y passe, alors qu'en tant que joueur, je n'en avais pas la moindre idée. Aujourd'hui, je comprends pourquoi les anciens joueurs ne font jamais partie des dirigeants : tout est une question de pouvoir et de bureaucratie où l'on ne veut pas des joueurs. Ils préfèrent que les choses restent comme avant et que ce soit eux qui décident de la manière dont l'argent doit être dépensé. Ce qui me fait rager. Une fois de plus, en revanche, je n'eus pas peur de dire ce que je pensais, ni de dire la vérité.

En 2001, Jean-Luc Lagardère, que je connaissais depuis longtemps, me nomma PDG de deux stations de radio en Roumanie. Une a depuis été vendue, mais la deuxième, Europa 1 FM, est la principale radio privée de Roumanie et ressemble beaucoup à Europe 1 en France. J'adore l'ambiance, j'adore apprendre à diriger le business, et j'ai la chance d'être entouré d'une formidable équipe de gens qui s'occupent de la station au jour le jour.

Jean-Luc était quelqu'un d'extraordinaire. C'était un industriel avec une vision, un ami incroyable et fidèle et comme un deuxième père pour moi. Il croyait en la Roumanie à une époque où personne n'y croyait et investit dans le pays dès le début. Il était passionné de tennis et faisait régulièrement des parties de tennis avec moi au Polo-club de Paris. À 75 ans, il avait la condition physique et l'énergie d'un homme de 55. C'est certainement ça qui l'a tué. Il adorait tellement jouer au tennis qu'il insista pour se faire poser une deuxième prothèse de hanche. Il ne voulait pas se limiter à ne jouer que le double. Pendant l'opération, il fut victime d'une énorme réaction allergique suite à la transfusion sanguine. Il mourut en vingt-quatre heures. C'était en mars 2003 et sa femme, Bethy, fut tellement bouleversée qu'elle me demanda de m'occuper de qui porterait le cercueil aux obsèques. Henri Leconte, Christian Bîmes, Cédric Pioline et moi le firent donc lors de la messe, qui fut célébrée dans une église près des Invalides. Jean-Luc fut ensuite inhumé en Normandie, là où il gardait ses chevaux de course, son autre grande passion.

J'entretiens d'excellents rapports avec son fils, Arnaud, qui est maintenant à la tête du groupe Lagardère, et j'espère que d'ici peu, la station de radio réalisera des bénéfices car je veux vraiment payer de retour la confiance qu'Arnaud a en moi. Mais c'est dur de faire des affaires avec les Roumains. D'abord parce que les gens essaient toujours d'avoir quelque chose pour moins, ou même pour rien. Ça fait partie de leur mentalité. Les gens viennent me voir et, comme ce sont des amis, ils me disent : « Je veux placer une pub sur ta station de radio, mais je veux un prix d'ami. » Amalia me dit d'insister. « Écoute, il y a des règles à respecter. Si je te le vends pour 30 et je le vends au prochain pour 50, les gars à Paris vont être furieux. » À l'étranger, je peux serrer la main de quelqu'un en guise d'accord et lui faire confiance. Ce n'est malheureusement pas le cas en Roumanie. Quand je revins au début des années 90, je fus surpris du peu de valeur des promesses. C'est ce qui me déçoit le plus dans mon pays. Les gens changent plus lentement que je ne le voudrais.

Quand j'habitais New York, il y avait un clochard, nommé Bill, qui habitait au coin de notre rue. Tous les matins, quand mon fils était petit, je l'emmenais à l'école et on passait devant Bill. Nicky commença à lui parler et à me demander un dollar pour donner à son copain Bill. Je lui donnais donc le dollar. Avec le temps, Nicky se mit à me dire : « Papa, donne-lui une paire de tes tennis. » Alors je lui en donnai une. Puis un survêtement. À la fin, Bill était sponsorisé de la tête aux pieds par Adidas ! Sauf qu'il devait revendre la marchandise, parce que je ne le vis jamais la porter. C'était un vieux tout crasseux avec une longue barbe et des trous dans ses souliers. Un jour que nous étions avec lui, un autre clochard s'approcha et lança à Bill :

— Hé ! Bill, comment ça va ?

— Super, mon pote, super ! répondit-il avec un énorme sourire. Et toi, Joe, comment ça va ?

— Super-bien aussi ! répondit Joe, de la même façon.

Ces gens-là sont incroyables. Ils sont presque morts mais, dans leur tête, ils ont une attitude qui leur dit que tout va bien. Ils ne montrent jamais que ça se passe mal pour eux. C'est leur amour-propre qui les fait tenir.

Malheureusement, en Roumanie, les gens ont plutôt tendance à dire qu'on doit les aider. Ça remonte à l'époque communiste, quand on recevait toujours quelque chose pour rien. C'est aussi une des choses qui me plut tout de suite chez Amalia. Elle n'avait pas peur de bosser pour se faire de l'argent. Là-bas, avoir quatre boulots est considéré comme quelque chose dont on doit avoir honte. Ils ne comprennent pas que c'est une façon d'avoir une meilleure qualité de vie.

Je reçois sans arrêt des lettres de gens qui me demandent de l'argent. Ce sont des lettres d'inconnus, des fous qui inventent n'importe quoi et qui me harcèlent en permanence. Les gens sont parfois choqués que je n'aie pas envie d'aller à leur déjeuner ou à leur réception pour rien, comme si j'étais une œuvre de charité. Je m'investis dans certaines œuvres caritatives de mon propre gré, j'aide les gens que je choisis d'aider, mais je ne peux pas aider tout le monde tout le temps. Amalia passe son temps à dire aux autres de s'en aller.

On me promet parfois de l'argent, mais on ne me paie jamais. Cela arriva lors de ma campagne de pub pour la filiale roumaine d'une marque internationale de sportswear haut de gamme. Amalia leur demandait sans arrêt de me payer. Comme Nicky avait aussi participé à la campagne, elle finit par proposer, comme compromis, qu'ils nous payent en vêtements pour Nicky. Ce qu'ils ne firent jamais, pas plus que de me verser un sou. Il est vrai qu'autrefois, les gens abusaient souvent de moi parce que j'avais beaucoup de mal à dire non. C'est maintenant Amalia qui s'en occupe. Et elle, ça ne la dérange pas de refuser !

Dès le début, elle eut le courage de me dire des choses que les autres n'osaient pas me dire. Elle réorganisa ma vie personnelle et professionnelle, ainsi que ma vie affective, parce que tout partait à la dérive. Elle embaucha une experte-comptable française pour mettre au clair mes finances, tout embrouillées. Je payais deux fois les charges de mon appartement parisien, par exemple, sans m'en rendre compte parce que je n'avais pas le temps de regarder ce genre de choses de très près. Amalia, avec sa maturité et son intelligence, vit que les choses ne se passaient pas bien et se chargea de tout ça. Je ne l'épousai évidemment pas pour ses talents financiers, mais c'est sûr que cela m'aida énormément.

J'ai de la chance parce que, depuis le début des années 90, il y a un circuit senior avec des tournois un peu partout dans le monde auxquels, quand je peux, j'aime bien participer. Il y règne une très bonne ambiance et tous les joueurs aiment s'y retrouver pour divertir le public. Les quatre tournois du Grand Chelem ont leur tournoi de double senior. J'en ai déjà gagné deux des quatre : l'US Open avec Tom Okker, et le trophée des Légendes à Roland-Garros avec Peter McNamara. C'est drôle parce que ce sont les deux mêmes tournois du Grand Chelem que j'ai gagnés en tant que « junior » quand j'avais la vingtaine.

Les tournois seniors sont encore très disputés, surtout en simple, parce que les joueurs ont encore très envie de gagner, même s'ils apprécient aussi de faire rire le public et de montrer qu'ils s'amusent bien plus que les champions d'aujourd'hui. Mais il est un joueur qui prend encore les choses complètement au sérieux, c'est McEnroe. S'il ne gagne pas un match, il pète les plombs, aussi bien sur le court qu'après, dans les vestiaires. La plupart des spectateurs sont persuadés qu'il joue la comédie quand ils le voient en train de se fâcher. Mais non ! Il est tout à fait sérieux, et se met hors de lui quand quelqu'un a commis une erreur, que ce soit lui ou un juge de ligne. Au fil des ans, du reste, il a très peu changé. Les gens avaient l'habitude de dire qu'il était comme moi du point de vue de son comportement sur le court, mais je ne suis pas d'accord. Je n'ai jamais vraiment pensé qu'il me ressemblait. Il était plus agressif, plus menaçant, et je crois qu'il faisait vraiment peur parfois aux arbitres et aux juges de ligne parce qu'il pouvait être violent. Il cassait des choses, il frappait des balles en direction d'eux ou des spectateurs. Je sais que j'ai passé les bornes parfois, mais je rigolais souvent aussi, alors qu'avec lui, il n'y avait jamais d'humour. À l'époque, je comprenais pourquoi il était comme ça. Maintenant, j'ai du mal parce qu'il n'a pas changé. Je me rappelle, il n'y a pas longtemps, au Royal Albert Hall à Londres, lorsqu'il perdit contre Michael Stich et devint fou sur le court. Quand il rentra aux vestiaires, tout le monde s'écarta. Comme au bon vieux temps ! Personne ne voulait être là quand il perdait. McEnroe travaille aussi en tant que commentateur pour les chaînes de télé britanniques et américaines, et j'avoue qu'il est vraiment le meilleur. Il explique très bien la tactique et la technique, il décrit bien les joueurs, il le fait avec beaucoup d'humour (eh oui !), et les gens qui ne connaissent pas forcément bien le tennis comprennent le sport bien mieux grâce à lui.

Une des grandes personnalités de notre circuit senior est un gars qui n'a quasiment pas joué sur le circuit quand il était plus jeune : c'est l'Iranien Mansour Bahrami. Il a dix ans de moins que moi et se rappelle avoir été ramasseur de balles pendant un de mes matchs lors d'un tournoi à Téhéran à l'époque du shah.

Je ne m'en souviens pas, sans doute parce qu'il n'avait pas encore sa fameuse moustache – ou peut-être qu'il l'avait déjà, car je suis convaincu qu'il est né avec. Quand il quitta son pays après la révolution, il arriva en France avec à peine quelques francs en poche. Après des années de galère – à 30 ans, il était trop vieux pour avoir de bons résultats sur le circuit –, il dut se contenter de faire des matchs exhibitions avec moi en France. C'est un type extraordinaire qui peut faire des choses époustouflantes avec la balle. Pour les réaliser et maintenir sa condition physique exceptionnelle, il s'entraîne beaucoup, avec des jeunes, et court après toutes les balles qu'ils lui envoient. Il s'est ainsi fait inviter petit à petit à jouer dans des tournois partout dans le monde et aujourd'hui, grâce à son sens de l'humour, c'est un des joueurs que les gens aiment le plus regarder. Et c'est un type bien et si généreux qu'au fil des années, nous sommes devenus des amis très proches.

Un jour d'été, en 2003, nous nous retrouvâmes tous les deux dans une voiture avec Henri Leconte, en route pour un tournoi du côté de Manchester, dans le nord de l'Angleterre. Henri conduisait et il fallait qu'on trouve un genre de *country club* qui s'appelait Mottram Hall. Mansour et moi avions tous les deux oublié nos lunettes, et ne pouvions lire les panneaux sur l'autoroute. Mais Henri nous avait assurés : « Ne vous inquiétez pas, les gars, je connais la route parce que le type du tournoi m'a tout expliqué. Faites-moi confiance. » Nous voilà donc embarqués, Mansour devant avec Henri, qui tenait le volant de la Mercedes avec son petit doigt, malgré un 180 à l'heure et une pluie torrentielle, moi derrière. Nous n'avions évidemment pas pensé à acheter une carte. Oh que non ! On ne le fit qu'une fois perdus ! Il nous fallut dépasser Manchester de 80 kilomètres avant d'accepter que nous nous fussions trompés.

Nous nous arrêtâmes donc dans une station-service de l'autoroute, où le caissier nous indiqua qu'il fallait faire demi-tour. À un embranchement Manchester d'un côté et Stockport de l'autre, nous choisîmes naturellement Manchester. Il faisait désormais nuit et il pleuvait encore. Cela faisait trois ou quatre heures que nous roulions. C'est en arrivant à Manchester que nous réalisâmes que Mottram Hall était en fait dix kilomètres plus loin. Nous appelâmes le réceptionniste du club, qui nous donna des indications complètement bidon. Nous le rappelâmes deux ou trois fois pour nous entendre répondre à chaque fois, dans son *king's english*: « Oui, vous n'êtes plus qu'à cinq kilomètres, messieurs. » Nous étions peut-être déjà passés deux fois devant Mottram Hall sans nous en rendre compte. Le comble était qu'on connaissait déjà l'endroit puisqu'à nous trois, nous devions compter une bonne demi-douzaine de participations dans le passé. Mais il ne faisait pas nuit, il ne pleuvait pas et, surtout, Henri ne conduisait pas ! Nous mîmes deux heures pour faire les dix derniers kilomètres et arrivâmes à minuit. Je crois bien qu'on avait tourné en rond pendant tout ce temps. Cette histoire m'évoque toujours les histoires drôles dans le genre « Il y a un Français, un Roumain et un Iranien en route pour Mottram Hall… »

Au début 2001, je sentis qu'il était temps de mettre un terme à mon mariage avec Alexandra. J'étais avec Amalia depuis 1998 et je voulais pouvoir vivre ouvertement avec elle. Je savais qu'on avait un bel avenir ensemble et que rien ne pourrait changer ça, même pas le fait d'avoir Nicky et Charlotte. De toute façon, ils comprenaient, même si ça ne rendait pas les choses plus faciles pour eux. Mais il était temps de clarifier la situation pour tout le monde.

Je savais, après mon premier divorce, que l'essentiel était que ça se passe à l'amiable autant que possible. Nicky, étant plus âgé que sa sœur, prit plus mal les choses et eut beaucoup de peine. Il ne m'en parla pas directement, mais me dit quand même un jour: « Qu'est-ce que je vais raconter à mes copains si tu divorces ? Je vais me faire chambrer. » Je lui expliquai qu'il n'était pas le premier enfant de parents divorcés dans sa classe – au contraire –, mais ce fut quand même dur à accepter pour lui.

C'est quand les avocats s'en mêlèrent que les choses se dégradèrent. C'était toutes les deux des femmes, de New York, et aucune d'entre elles ne voulait céder d'un pouce car, plus ça durait, plus elles gagnaient d'argent. Elles étaient constamment en désaccord, et je dois dire que l'avocate d'Alexandra était particulièrement têtue. Elle ne répondait pas aux communications de mon avocate, refusait tout accord, essayait de trouver de l'argent là où je n'en avais pas. Ça dura des mois qui devinrent des années. Ça nous coûtait une fortune à tous les deux, financièrement, bien sûr, mais aussi émotionnellement. Alexandra avait du mal à comprendre ce que j'essayais de lui expliquer : je savais de quoi je parlais, étant déjà passé par là une première fois, et il fallait à tout prix essayer de résoudre les choses à l'amiable. Elle était d'accord, mais son avocate remettait des bâtons dans les roues. Je n'ai jamais pensé que c'était la faute d'Alexandra, qui me laissait toujours voir les enfants quand je voulais. Les avocats continuèrent à se bagarrer jusqu'à la prononciation du divorce, en 2003.

C'est grâce à Amalia que je n'abandonnai pas la procédure. C'est elle qui organisa tout, envoya les papiers demandés, elle qui me calmait quand je perdais patience ou déprimais, elle qui persévéra. Heureusement qu'elle était à mes côtés. Aujourd'hui, elle me taquine : « C'est moi qui t'ai fait ton divorce. C'est moi qui t'ai épousé. Mais maintenant ça suffit. On s'arrête là ! »

Une des raisons pour lesquelles je voulais clarifier ma vie privée était que ce n'était pas facile pour elle d'être avec moi alors que j'étais encore officiellement marié. Ça lui était déjà difficile d'être tout à coup exposée à l'opinion publique. Alors, tant que ma situation n'était pas nette, c'était gênant pour elle. Les gens la regardaient et ne la prenaient pas au sérieux. Ils se disaient que c'était simplement une autre de mes conquêtes, que l'écart d'âge de trente ans était trop important et que ça ne pourrait pas durer. Ils ne savaient rien d'elle, de ses qualités, de son intelligence. Ça m'est égal, en général, ce que pensent les gens de moi – je suis habitué de toute façon à l'attention des médias –, mais je voulais que les choses soient claires pour elle.

J'ai toujours essayé de maintenir mes liens avec le tennis. J'aime le contact avec le public, j'aime que les gens me reconnaissent. Et j'apprécie davantage ma popularité aujourd'hui que quand j'étais numéro 1 mondial. À l'époque, ma réaction était plutôt du genre « OK, ouais, chouette » mais, à baigner dedans tous les jours, ça devient normal et on n'y prête plus attention. Je n'étais pas là en train de me rappeler sans arrêt combien le public m'adorait. Aujourd'hui, j'avoue que j'aime bien être populaire. J'aime aller aux tournois du Grand Chelem, participer à leurs tournois seniors, regarder les autres matchs, donner des interviews. Et j'aime bien quand les caméras me montrent encore dans les gradins. J'assiste tous les jours aux Internationaux de France à Roland-Garros et aime bien être dans la loge présidentielle pour bavarder avec les invités de la journée. Je me sens vraiment chez moi à Roland-Garros.

C'est là que je rencontrai Bill Clinton en 2001 quand il vint regarder jouer Agassi. Bill et moi prîmes le café ensemble. Il était très bavard mais regardait sans arrêt derrière mon épaule gauche. En fait, il ne quittait pas des yeux une blonde qui n'était autre que la fille de Jean-Noël Grinda, l'ancien champion de tennis et propriétaire de la boîte de nuit le Privé, que je fréquentais autrefois. Cette jeune femme était très grande, avait de ravissantes jambes très longues et Bill n'arrêtait pas de la regarder « COMME ÇA » et de me regarder « comme ça ». C'était comme s'il lui disait : « Ce soir, je sors avec vous. »

Celui qui lui succéda à la Maison-Blanche, George W. Bush, était très différent la fois où je le rencontrai. Quand la Roumanie fut admise à l'Otan en 2002, il vint visiter notre pays. Notre président et notre Premier ministre organisèrent une grande réception en son honneur à laquelle je fus invité, ainsi que Nadia Comaneci et le footballeur Gheorghe Hagi. Bush arriva et se dirigea tout droit vers moi, ne saluant même pas notre président. Il savait tout sur moi : que j'étais né en 1946 comme lui, en juillet comme lui, mais que mon anniversaire était le 19, alors que le sien était le 6.

— Ça veut dire que j'ai treize jours de plus de sagesse que vous, me dit-il en rigolant, sauf que j'en doute. Qui est-ce qui lançait sa raquette plus loin, vous ou Connors ?

— Connors, évidemment, répondis-je, en faisant semblant de m'énerver.

Je lui dis que j'avais fait une partie de tennis avec son père quand il était vice-président et était venu en Roumanie. En tout, on dut parler pendant une bonne dizaine de minutes, non-stop. Il avait beaucoup de charme et était très relax, malgré le fait qu'environ 95 % des gens dans la pièce étaient ses gardes du corps, car le dispositif de sécurité était énorme. Après, tout le monde fut choqué qu'il ait passé autant de temps avec moi plutôt qu'avec le président de la Roumanie.

— Vous le connaissiez déjà ? me demandait-on.

— Non, je ne l'avais jamais rencontré de ma vie.

En France, j'ai rencontré de nombreuses personnalités du monde politique, y compris Dominique de Villepin et Nicolas Sarkozy, qui sont tous les deux passionnés de tennis et assistaient tous les ans à Roland-Garros. Ils allaient aussi tous les deux aux fêtes que donnaient Jean-Luc et Bethy Lagardère pendant la quinzaine. Nicolas Sarkozy était aussi le maire de Neuilly qui maria Christian Bîmes quelques années auparavant, quand j'étais le témoin de ce dernier. Au fil des années, je le croisai donc régulièrement mais ne réussis encore jamais à faire une partie de tennis avec lui. Il a dernièrement fait un voyage éclair en Roumanie pour parler aux Français qui travaillent là-bas. J'ai été invité à la réception, et je dois dire que son discours était presque gênant tant il n'arrêtait pas de dire des choses flatteuses sur moi, alors qu'il n'avait absolument pas besoin de le faire.

Je passe tellement de temps en France que je me suis lié d'amitié avec bon nombre d'autres personnalités, y compris un autre passionné du tennis Patrick Poivre d'Arvor, qui participe toujours avec moi au tournoi des célébrités, tous les ans pendant Roland-Garros. Je connais Patrick depuis 1966, l'année où nous fîmes tous les deux nos débuts à la porte d'Auteuil, lui en tant que spectateur, et moi en tant que joueur. Il est toujours d'une extrême gentillesse avec moi et n'a pas du tout la grosse tête, vu sa renommée en France. C'est le cas aussi pour Michel Drucker, qui débuta sa carrière de journaliste en couvrant le cyclisme et le tennis dans les années 60 et que je connais donc depuis quarante ans. Son père était roumain, et nous avons tout de suite sympathisé. Il vint même m'apporter son soutien quand je jouais pour l'équipe des Intervilles à Los Angeles. J'ai passé bon nombre de soirées chez lui en sa compagnie et celle de sa femme, Dany.

Avec l'âge, je me rends compte que j'ai beaucoup de chance d'être encore là et de pouvoir mûrir, d'avoir des enfants, vieillir même. Il y en a beaucoup qui ne sont plus là, comme mes amis Horst Dassler (le propriétaire d'Adidas), Arthur Ashe et Vitas Gerulaitis. Quand je pense à eux, je réalise que la vie est injuste : ils devraient être parmi nous.

Mon corps n'est, bien sûr, plus ce qu'il était. Dans mon travail, la forme physique compte pourtant pour beaucoup. Quand je regarde des photos de moi à 25 ans, ça me déprime car j'ai bien changé. J'évite alors de les regarder. Je ne suis pas différent des autres. Pourquoi ne vieillirais-je pas ? Comme Arthur avait l'habitude de le dire : « Pourquoi pas moi ? » Je peux très bien avoir les mêmes problèmes de santé que tout le monde. Les athlètes doivent être comme ces femmes qui sont célébrées pour leur beauté. Il faut qu'elles acceptent de vieillir, sinon elles deviennent folles et sombrent dans le désespoir. Et c'est à ce moment-là qu'elles se mettent à faire des liftings et du Botox, que leur visage arrête de bouger normalement et qu'elles commencent tout simplement à avoir l'air bizarre. Ou alors elles se font mettre des implants mammaires. S'il y a une chose qui me ferait fuir, c'est bien de savoir qu'une femme a de faux seins. J'ai horreur de ça. Non, en général, vieillir ne me fait pas peur. Si ce n'était pas le cas, je ferais plus d'effort pour lutter contre les ravages du temps.

À vrai dire, je suis paresseux quand il est question de m'entretenir. Je n'ai jamais été du genre à faire de la gym et de la musculation, alors ce n'est pas maintenant que je vais m'y mettre. Je ne me suis jamais beaucoup entraîné, non plus. Une demi-heure me suffisait les jours où j'avais un match. Je me rappelle que Tiriac m'avait dit un jour qu'une fois Vilas ne s'était pas entraîné pendant trois jours.

— Oui, et alors ? lui avais-je demandé, surpris.

— Mais maintenant, il va mettre trois jours, juste pour retrouver le même niveau qu'avant.

C'est un des avantages du circuit seniors : ça m'oblige à jouer et à bouger. C'est important pour le public que je sois en condition physique acceptable. Même si les spectateurs ne s'attendent pas à ce qu'on joue comme autrefois, ils veulent quand même qu'on les amuse et qu'on joue correctement. Si on est trop gros, on ne peut pas bouger. C'est pour ça que, début 2008, je décidai de me mettre au régime pour perdre du poids. Je me sens désormais beaucoup mieux et ça me permet de mieux jouer.

J'ai toujours eu un bon coup de fourchette. Quand j'étais jeune, je pouvais manger ce que je voulais mais maintenant, il faut que je fasse attention. Je pourrais manger mes plats préférés – qui sont tous des plats roumains, italiens ou français – tous les jours, mais aucun n'est très allégé. Comme le bon vin accompagne la bonne nourriture, je me suis mis à apprécier le bon vin en France. Ma maison de Bazoches était en Bourgogne ! J'essaie de me limiter à quelques verres tous les quelques jours, mais les gens me tentent sans arrêt : « Allez, juste un petit verre. »

Mon meilleur conseil pour ne pas vieillir est de ne pas se mettre au golf, sinon ça veut dire qu'on se sent vieux. J'y ai pourtant joué plusieurs fois. La première, c'était quand un réalisateur français filmait un documentaire sur Ion et moi en finale de la coupe Davis en 1972. Il voulait nous filmer en train de pratiquer différents sports, y compris l'équitation – qu'on a tous les deux détestée – et le golf, qu'on n'avait encore jamais essayé. Je me rappelle avoir fait un « par » au premier trou. L'équipe qui nous filmait était sidérée ; Tiriac, moins. Parce qu'une autre fois, il m'avait fait mettre des patins à glace comme portent les hockeyeurs sur glace, juste pour me montrer combien il était bon – il avait fait partie de l'équipe roumaine de hockey sur glace pour les JO de 1964 – et, au bout de cinq minutes, je le poursuivais déjà sur la glace. Il savait donc que j'avais l'œil pour la balle, une bonne coordination et un bon équilibre.

Malheureusement, ce que je réalise en vieillissant, c'est que je pense de plus en plus à la mort. Quand j'étais jeune, je n'y pensais jamais. Tout le monde est comme ça, surtout une fois qu'on a eu des enfants. On veut être là pour eux, même si rien ne peut nous protéger de la mort. Pas même l'argent. Je me rappelle que Sting avait dit qu'il espérait mourir sans avoir peur et l'acceptait car c'était normal. Je ne suis pas sûr que ce soit possible. Moi, je veux simplement mourir sans souffrance. J'accepte de ne plus être le même qu'autrefois. Mes petits soucis concernant la mort et la vieillesse n'ont cependant aucune importance par rapport aux tragédies qu'il y eut au fil de l'histoire. Ça remet les choses en perspective.

Je me rends compte que le temps efface ou estompe même les pires des horreurs. La souffrance humaine est incroyable, ainsi que la capacité de pardonner et d'oublier. Des choses immondes peuvent se passer, comme le 11 Septembre. Qui aurait pu penser qu'il y aurait une catastrophe pareille ? J'étais à New York ce jour-là parce que c'était juste après l'US Open. Je devais jouer un petit tournoi dans Central Park avec McEnroe et Noah et je logeais au Waldorf Astoria, tout près. Amalia et moi fûmes réveillés ce matin-là par plein de sirènes, ce qui est assez classique à New York. Puis elle alluma la télé et me dit « Regarde, il y a un film complètement débile à la télé », parce qu'à l'écran on voyait les deux tours qui étaient en flammes. Nous nous rendîmes vite compte que ce n'était pas un film mais la réalité. Nous descendîmes tout de suite dans la rue et Amalia fit immédiatement don de son sang. Il y avait un énorme sentiment de solidarité ce jour-là parmi tous ceux qui étaient présents, quelle que fût leur nationalité.

Malgré la souffrance, la vie continue après ces catastrophes, et malheureusement, petit à petit, les gens oublient. C'est pour ça que c'est important d'entretenir le souvenir, surtout en Amérique, où les jeunes ne connaissent rien à l'histoire. Ça m'inquiète pour l'avenir, d'autant plus que les hommes politiques ne sont pas là pour les bonnes raisons. Ils parlent mais ne font jamais grand-chose.

C'est pour ça que la meilleure façon pour moi de faire la différence en Roumanie est dans les affaires, où je peux créer des emplois et aider les gens. Ma renommée me donne une plateforme et des occasions pour faire avancer les choses. C'est ce que j'essaie de faire depuis quelques années, ainsi que de maintenir mes liens avec le tennis quand j'en ai l'occasion. Et c'est ça qui me donne de la satisfaction et une bonne perspective sur la vie, me permettant de me calmer et d'être mieux dans ma peau.

J'essaie de créer une académie de tennis à Bucarest qui serait notre centre principal d'entraînement. J'avais, en principe, le terrain et le permis de construire, mais, au début de 2008, un juge décida que ce n'était en fait plus le cas et que je devais repartir de zéro pour ce projet. Ce fut énormément frustrant. C'est d'ailleurs une des raisons pour lesquelles j'ai démissionné de mon poste de président de la Fédération roumaine. Cette académie devait être un club dont la partie privée subventionnerait aussi le centre d'entraînement pour les meilleurs juniors roumains, leur permettant ainsi de progresser. Il n'existe actuellement aucun centre de ce genre en Roumanie. Je croyais vraiment pouvoir aider le tennis en le créant, mais quelqu'un, quelque part, ne vit pas cela de la même façon. Malgré notre déception, Amalia et moi décidâmes de poursuivre notre projet, qu'on espère vivement pouvoir financer et créer un jour ou l'autre. Quant au tennis roumain, je suis encore disponible et prêt à l'aider, de loin s'il le faut, si les gens veulent de moi.

Je suis aussi engagé dans diverses œuvres caritatives, notamment avec les Laureus Sports Awards. On est plus d'une trentaine de membres – je suis un des membres fondateurs –, et tous anciens champions dans nos propres disciplines. Il y a Mark Spitz le nageur, Emerson Fittipaldi le champion de Formule 1, Gary Player le golfeur et ma compatriote Nadia Comaneci la gymnaste. La fondation Laureus reçoit environ 15 millions de dollars par an de ses sponsors tels que Cartier et Mercedes, les membres des pays riches devant eux aussi trouver des fonds. Tous les ans, la fondation parraine et finance une grande initiative caritative liée au sport dans un pays sous-développé, ainsi que d'autres projets moins importants dans des pays riches. On change chaque année de pays. Récemment, nous avons lancé une initiative au Cambodge liée au foot, ainsi qu'une autre entre l'Israël et la Palestine concernant le basket. Dans le passé, j'ai visité Lyon, par exemple, où on avait financé une installation sportive dans une école pour handicapés, et Harlem, où j'ai tenté de jouer au basket avec des jeunes handicapés. Nadia et moi aimerions maintenant faire quelque chose en Roumanie.

Tous les ans, nous avons une cérémonie de remise des prix : le meilleur athlète, le meilleur espoir, le meilleur athlète handicapé. C'est une cérémonie de plus en plus prestigieuse. Je suis donc très fier d'être associé à la Fondation Laureus, parce que j'ai vraiment l'impression qu'elle aide les gens. Notre notoriété grandit d'année en année et nous arrivons à collecter de plus en plus de fonds.

Juste avant Wimbledon, en 2002, j'ai joué un match exhibition au profit d'une œuvre caritative. Le match avait lieu dans un club très chic de Londres, le Queen's Club, le jour de la finale du tournoi sur gazon qui précède celui de Wimbledon. Ce n'était pas la première fois que je participais à ce match annuel – Pat Cash, l'ancien champion australien, était aussi de la partie – mais cette fois-ci, quand j'arrivai au club, on me dit que, pour amuser le public un peu plus, ils avaient invité un comique bien connu, ainsi qu'une quatrième personne pour compléter le double – mais qu'ils ne pouvaient absolument pas nous dire qui était cette personne mystérieuse. Pat et moi ne leur demandâmes pas d'élucider parce que, très franchement, ça nous était complètement égal. On était là pour faire une partie de tennis sympa, c'est tout. J'étais donc assis dans les vestiaires avec Pat lorsque, tout à coup, environ une demi-heure avant le début du match, les vestiaires furent envahis par des policiers et leurs chiens qui se mirent tout de suite à fouiller absolument partout, y compris dans les salles de bains. Tout fut fouillé de fond en comble. Et soudain, Tony Blair apparut devant nous. C'était lui notre quatrième homme. J'étais quand même un peu surpris, surtout quand il se mit à se changer devant nous, tout en bavardant, pendant que ses gardes du corps traînaient autour. Blair était très tendu, cependant, et n'arrêtait pas de faire des moulinets avec ma raquette. Je lui avais dit que la sienne était plutôt légère et qu'il devrait essayer la mienne car elle était plus lourde. « Vous êtes sûr ? Je peux l'essayer ? » Nous allâmes donc faire des balles pendant une dizaine de minutes sur le court couvert où il m'avoua qu'il ne faisait jamais de double, que des parties de simple. Il me demanda ce qu'il devait faire.

— Vous servez, vous montez au filet, vous élevez la raquette et, paf, vous faites la volée !

— Ouais, c'est facile à dire pour vous ! répondit-il en riant nerveusement.

En tout cas, il garda ma raquette – qu'il a encore –, sur laquelle je retouchai un peu le logo Head sur le cordage parce que je savais que la raquette serait partout dans les journaux le lendemain. Il choisit Pat comme partenaire tandis que moi, je jouai avec le comique. Blair n'arrêtait pas de nous taquiner pendant le match. « Allez les gars, vous êtes trop gentils avec moi. Je sais que vous pouvez cogner plus fort ! » Après la partie – qu'il gagna –, il se doucha et resta pour boire un verre avec nous et bavarder. C'est un vrai fan de tennis qui s'y connaît – du reste, il ne joue pas mal. Il me posait plein de questions sur Borg et Connors. Les journalistes me demandèrent ensuite comment j'avais réussi à perdre face au Premier ministre britannique. « Je ne suis pas fou, j'ai envie qu'on me laisse quitter le pays ! » répondis-je en rigolant.

À la fin de l'année 2002, Amalia m'annonça qu'elle était enceinte. C'était une grossesse que nous avions vraiment voulue, j'étais donc aux anges quand j'appris la nouvelle. Ma vie était à nouveau calme, aussi bien sur le plan professionnel que sur le plan personnel, et c'était très excitant pour moi de savoir que j'allais être à nouveau papa. Un nouveau chapitre de ma vie allait commencer.

CHAPITRE 15
2003-2004

C'est surprenant, je sais, mais je me retrouve avec trois grands enfants qui sont plutôt raisonnables et sages. Ce n'est pas trop grâce à moi... à moins que l'on considère que les enfants se rebellent souvent contre leurs parents.

La grossesse d'Amalia se passa bien jusqu'en été. On savait que c'était une petite fille, ce qui était parfait. Amalia pensait que j'aurais préféré avoir un garçon, mais je n'arrêtais pas de lui dire que, tant que le bébé était en bonne santé, ça m'était complètement égal. La naissance étant prévue vers le 10 août, je continuai avec mes engagements professionnels. Pendant que je jouais les tournois seniors de l'été en Europe, notamment ceux de Roland-Garros et de Wimbledon, elle était à Paris, où elle devait accoucher. Nous avions décidé de nous marier avant la naissance. Nous aurions préféré le jour de mon anniversaire, le 19 juillet, mais je jouais malheureusement un match exhibition ce jour-là en Allemagne. Nous nous mariâmes donc le 17. Nathalie, ma fille aînée, vint d'Espagne, où elle habitait alors, les parents d'Amalia, de Roumanie, et nous invitâmes une trentaine d'amis, dont Tiriac, Mansour Bahrami et Christian Bîmes, qui était mon témoin.

Il faisait beau et chaud cet après-midi-là quand notre petit groupe se mit en route pour la mairie du 16e arrondissement, où la cérémonie devait avoir lieu. Nathalie me tint la main tout au long de la promenade pendant qu'Amalia suivait avec ses parents et quelques amis. Je n'avais pas le trac, seulement peur qu'Amalia accouche devant tout le monde tant elle était énorme. Le bébé, quant à lui, n'arrêtait pas de lui donner de grands coups de pied. J'étais très ému que ma fille aînée soit là ce jour-là pour me soutenir, ainsi que certains de mes amis les plus proches et les plus fidèles. Ça me faisait particulièrement plaisir qu'Ion soit là, parce que c'était le premier de mes mariages auquel il assistait. Son fils, Ion-Ion, était notre autre témoin et, par la suite, devint le parrain de notre fille.

Le maire, M. Taittinger, nous maria et, après avoir sabré le champagne, nous allâmes dîner au restaurant de Roland-Garros. Le temps était magnifique, si bien que nous prîmes l'apéritif sur la pelouse avant de déguster le délicieux repas de noces. Ensuite, pour terminer la soirée en beauté, Amalia et moi allâmes avec Mansour et sa femme à l'Étoile, la boîte de nuit près de l'arc de Triomphe. Amalia, cependant, par peur d'accoucher, évita quand même la piste de danse.

Dix jours plus tard, deux semaines avant la date prévue de la naissance, je me rendis à Montpellier pour jouer deux matchs exhibitions avec Mansour, Henri Leconte, Yannick Noah, Mats Wilander et Björn Borg. Ce dernier avait lui-même eu un bébé peu de temps auparavant. Amalia et moi étions du reste allés à son troisième mariage l'été précédent en Suède. La veille de mon départ pour Montpellier, j'avais passé une éternité à repasser les minuscules ensembles qu'on avait achetés et lavés en anticipation de la naissance. Ce n'est pas Amalia qui m'avait demandé de le faire. C'est simplement que, n'aimant pas le désordre et excité à l'idée de l'arrivée de cet enfant, j'avais décidé de préparer la pile entière de vêtements roses et blancs avant de partir. C'était mon dernier déplacement avant l'accouchement et je partis, relax, car je n'allais être absent que deux jours.

Le lendemain de mon départ, à 9 heures du matin, je reçus un coup de téléphone du médecin d'Amalia.

— Ne vous inquiétez pas, me dit-il, ce qui m'inquiéta bien sûr, tout va bien mais ça a commencé la nuit dernière et elle est maintenant dans la salle de travail.

— Mais que s'est-il passé ? Je veux être là avec elle !

Lorsque j'eus enfin Amalia au bout du fil, j'étais presque en larmes. J'aurais tellement voulu être là pour l'accouchement, car je n'y avais pas assisté pour mes trois autres enfants. Cette fois-ci, j'avais décidé que ce serait différent. Mais c'était trop tard, et il n'y avait aucune chance que j'arrive à temps. Amalia, comme d'habitude, était très calme. Sa mère était là, il n'y avait pas de problème. Je n'avais qu'à jouer mon match, comme prévu, et rentrer après.

Il va sans dire que les heures qui suivirent furent un peu pénibles. Mais je n'avais pas le choix et dus entrer sur le court l'après-midi avec Mansour, Henri et Yannick, suivi d'une équipe de télé régionale qui nous filmait, ce qui m'obligeait à me concentrer. Pendant qu'on s'échauffait, mon portable sonna sur ma chaise. J'accourus : c'était le médecin. Alors que les caméras me filmaient, il m'annonça que ma fille venait de naître à 14 h 15 et qu'elle pesait 3,2 kg. Amalia avait dû subir une césarienne – ce qui, elle me le dit après, ne l'avait absolument pas dérangée –, parce que le travail n'avait pas progressé comme il le fallait. Mais la maman et le bébé se portaient toutes les deux très bien. J'étais tellement heureux que je me mis à bondir de bonheur devant tout le monde, pendant que les autres joueurs me félicitaient. C'était en fin de compte une merveilleuse façon d'apprendre la nouvelle. D'autant que j'ai maintenant le DVD de ce moment en guise de souvenir.

Je pris le premier vol pour Paris le lendemain matin. À la clinique, j'ouvris tout doucement la porte de la chambre où se trouvaient Amalia et le bébé, pensant qu'elles dormaient peut-être. Amalia était réveillée mais quand je vis ma fille pour la première fois, je fus complètement bouleversé. « Elle est si petite, si petite », n'arrêtai-je pas de répéter. Elle était parfaite, toute rose et fraîche. J'avais oublié combien les nouveau-nés ont l'air minuscule et fragile et combien c'est émouvant de voir son enfant pour la première fois.

On la nomma Alessia. Quatre jours plus tard, nous la ramenâmes à l'appartement. C'est à ce moment-là qu'on se rendit compte que la France entière souffrait d'une canicule exceptionnelle – qui tua, du reste, beaucoup de gens, surtout des personnes âgées – et que ça posait un grave problème pour un nouveau-né. Le thermomètre n'était pas descendu en dessous de 36 °C depuis des jours et était bloqué à 42 °C dans Paris et la région parisienne, ce qui était incroyable. On essaya d'emmener Alessia à Bazoches, pensant qu'à la campagne, la chaleur serait peut-être moins insoutenable, mais il faisait encore plus chaud là-bas. Nous rentrâmes donc à Paris vingt-quatre heures plus tard et passâmes des heures à la trimbaler dans un centre commercial climatisé pas loin de chez nous. Les gens étaient un peu surpris de voir Amalia debout et se promenant avec son tout petit bébé à moins d'une semaine de l'accouchement. C'était pourtant la seule façon d'éviter qu'Alessia ne souffre trop de cette chaleur torride. Les nouveau-nés, en effet, ne savent pas bien réguler leur température. Je passai beaucoup de temps au volant de ma voiture climatisée avec Alessia. Il n'y avait pas le moindre souffle d'air et Alessia était devenue toute rouge et étouffait de chaleur. Après deux semaines, nous en eûmes assez. Les températures ne baissant pas, nous retournâmes à Bucarest, où il ne faisait que 30 à 32 °C !

À la fin août, je partis à New York, où je remportai le tournoi seniors de l'US Open avec Tom Okker : belle façon de terminer un été réussi, au cours duquel je m'étais marié et étais devenu à nouveau papa. Pendant la quinzaine de Flushing Meadow, j'en profitai pour voir Nicky et Charlotte, qui étaient ravis de l'arrivée d'Alessia. Je sais que ce n'était pas facile pour eux, mais avoir des enfants avec Amalia ne changeait absolument pas mon amour pour eux. Je les aime autant maintenant qu'avant, et ce sera toujours le cas. Ce sont des enfants merveilleux. Charlotte, qui a eu 18 ans en mars 2008, termine ses études au lycée. C'est une jeune fille très mûre et organisée. Nicky l'est aussi qui a récemment terminé ses études supérieures, mais ne sait pas encore ce qu'il veut faire de sa vie. Je sais que le travail ne lui fait pas peur parce qu'il a l'habitude tous les étés de faire des petits boulots et d'économiser son argent. Cela prouve qu'il a une bonne attitude envers le travail. En tout cas, Alexandra les a bien élevés et, pour ça, je lui suis reconnaissant. Ils savent depuis le début qu'ils sont adoptés. Ils sont très cool avec ça et ne le cachent pas devant les gens. Je me rappelle avoir entendu

Charlotte dire à Mansour, cet été-là quand je dînais avec eux à New York : « Tu savais que mon frère et moi étions adoptés ? » Et elle lui racontait tout, sans aucune gêne. Je fis semblant de ne rien entendre mais je trouvai quand même ça émouvant.

Ils m'ont toujours dit ne pas vouloir savoir qui est leur mère biologique. Ils me disent : « Toi, tu es notre vrai père, et maman, c'est notre vraie mère, un point c'est tout. » Mon fils m'a dit qu'il n'aurait pu imaginer avoir une meilleure famille et qu'il ne voulait pas savoir qui étaient ses parents géniteurs parce que ça ne servirait qu'à lui faire de la peine. Mais si, un jour, il change d'avis, je l'encouragerai à aller jusqu'au bout de ses recherches ; ça ne me posera jamais aucun problème. Il n'a, pour l'instant, aucune intention de le faire, peut-être parce que je suis encore vivant et qu'il ne veut pas me blesser. Mais c'est possible qu'il le fasse une fois que je ne serai plus là.

À l'inverse de ce qui se passe pour certains enfants adoptés par des parents célèbres, ma renommée ne gêna jamais mes enfants. Sans doute parce qu'ils ne me virent pas à l'époque où j'étais un personnage public, à l'apogée de ma carrière. Nicky me dit une fois :

— Papa, mon directeur m'a dit que tu étais un mauvais garçon sur le court.

— Non, non, il s'est trompé. Il doit sans doute me confondre avec Tiriac, lui répondis-je.

C'est dire à quel point il ne se rendait pas compte, tout au moins quand il était plus jeune. Ils savaient tous les deux que j'étais numéro 1 mondial, mais ignoraient à quel point j'étais connu. Ils ne l'apprirent qu'en parlant aux autres.

Nathalie s'entend très bien avec Nicky et Charlotte, ce qui me rend heureux. Ils s'aiment beaucoup, même s'ils ne se voient pas très souvent. Je suis plus proche maintenant de Nathalie que je ne l'ai jamais été, ce qui est merveilleux, car ça aurait facilement pu être autrement. J'aurais pu être proche d'elle pendant son enfance et m'éloigner d'elle plus tard, ce qui arrive parfois entre parents et enfants. Peu importe ce qu'on fait avec eux, il n'y a aucune garantie de ce qu'ils seront plus tard ni de ce que seront nos rapports.

Je pense que Nathalie voit mes défauts mais elle a la maturité de passer outre. Elle sait que personne n'est parfait et – je l'espère, en tout cas – combien je l'aime et suis fier d'elle. Elle a reçu une bonne éducation, ce qui est important, a fait une fac de langues à la Sorbonne pendant deux ans, car elle parle couramment l'espagnol et l'anglais, et est allée vivre et travailler en Espagne pendant quelques années, où Dominique habitait déjà depuis un certain temps. Elle habite et travaille maintenant au Québec avec son compagnon. Elle n'a jamais profité de son nom ni de l'argent que Dominique et moi avons mis de côté pour elle.

C'est surprenant, je sais, mais je me retrouve avec trois grands enfants qui sont plutôt raisonnables et sages. Ce n'est pas trop grâce à moi, sauf si l'on considère que les enfants se rebellent souvent contre leurs parents. Et comme les miens ont un père qui sillonne le monde et a une vie de dingue, ce n'est pas étonnant qu'ils aspirent à une vie tranquille et normale. Les arbitres peuvent se rassurer : aucun d'entre eux n'est joueur de tennis ! Quoique… il y a encore mes deux petites filles ! Le tennis a tellement changé depuis mes propres débuts que, si l'une d'entre elles y joue sérieusement, ce sera de façon très différente de la mienne. À mon époque, par exemple, il y avait toutes ces petites nuances de prise. La prise pour le coup droit semi-western, la prise *eastern* pour le revers où la main formait un V sur la gauche du manche. Tout ça est terminé, maintenant. On dit simplement aux gosses de prendre une raquette et cela détermine leur prise. C'est du reste celle-là que j'enseignerai à mes filles, pas la mienne. Elles n'auraient, sinon, aucune chance de réussite, ne pourraient pas lifter les balles, comme tout le monde à l'heure actuelle.

C'est parce que les raquettes ont changé que le tennis ressemble aujourd'hui à une partie de ping-pong. Si l'on avait eu ces raquettes il y a trente ans, on aurait joué très différemment. Le talent, lui, est le même à travers toutes les époques. Même les filles fouettent les balles avec leur raquette beaucoup plus légère et frappent la balle beaucoup plus fort. Quelqu'un comme Justine Henin, qui n'a pas un grand gabarit, cogne la balle très fort. Avec les raquettes en bois, il fallait se préparer beaucoup plus tôt, et la raquette ne pouvait pas avancer aussi vite. On ne pouvait donc pas terminer les points aussi souvent avec un coup gagnant. C'était comme si on jouait au ralenti par rapport aux joueurs d'aujourd'hui. Mais nos raquettes nous obligeaient à être des joueurs complets sachant défendre, faire des amortis, des lobs et des volées. La technique, la finesse et l'intuition étaient plus importantes qu'elles ne le sont de nos jours.

J'ai joué mon meilleur tennis avec une raquette en bois qui me permettait de mieux contrôler la balle. Laver, McEnroe et moi jouions avec une raquette fantastique, la Dunlop Maxply. Je joue désormais avec une Head, plus facile à manier maintenant que je suis vieux ! Je n'ai pas perdu mon toucher mais j'ai moins de contrôle. Si je manquais mon coup avec une raquette en bois, je le manquais de justesse. Maintenant, je le manque beaucoup plus nettement. Malgré tout le respect que je porte à McEnroe, je ne suis pas d'accord avec lui qui pense qu'on peut revenir en arrière et réintroduire les raquettes en bois. Personne ne le voudrait – ni les joueurs, ni le public, et surtout pas les femmes et les joueurs amateurs, pour lesquels les raquettes plus grandes et plus légères ont transformé le tennis.

C'est pareil avec le règlement. C'est quelque chose dont parlent McEnroe et certains autres, afin de rendre le sport plus attirant. On en a discuté également à l'ITF. On a parlé de ne permettre qu'un service et de ne pas avoir de balles let. Mais si on touche à une règle, on peut toucher à toutes. Pour moi, ces deux propositions sont hors de question. Ça changerait complètement la façon dont est joué le tennis. S'il n'y avait qu'un service, les joueurs seraient encore moins prêts à prendre de risque au service. Actuellement, ils se disent : « Je tente un ace ou je mise sur le placement de la balle ? » S'il manque le premier service, le spectateur attend de voir ce que le joueur fera avec sa deuxième balle. Quel genre d'effet mettra-t-il sur la balle, dans quelle direction ira-t-elle ? De même, s'il fallait jouer une balle let, ce serait absurde parce que certaines balles tombent juste de l'autre côté du filet.

Tous les sports ont changé, pas seulement le tennis, et personne ne voudrait revenir en arrière. Le matériel a changé et tous les sportifs ont une meilleure préparation physique. Ces deux choses ont permis aux divers sports de devenir plus rapides. Et c'est aussi pour cette raison qu'il ne sert à rien de comparer les champions comme Laver, Borg, McEnroe, Sampras et aujourd'hui Federer. Je ne peux pas dire actuellement que Federer est le meilleur joueur de tous les temps, même s'il domine le tennis depuis 2004. Ceux qui le disent n'ont sans doute jamais vu Laver jouer. Il est vrai que Federer a un jeu complet, qu'il sait absolument tout faire – service, volée, amortis – et qu'il surprend sans arrêt avec des coups gagnants extraordinaires. Il a dit qu'il avait essayé d'imiter le style des grands champions de l'époque, comme McEnroe entre autres. Il a une façon de jouer qui enthousiasme tout le monde. Je suis sûr qu'il réussira à gagner Roland-Garros car je crois qu'il a encore le temps pour le faire. Je l'espère en tout cas, car il a un talent fou.

Je crois aussi que Nadal arrivera à gagner Wimbledon. Il faillit le faire en 2007 en jouant une finale incroyable contre Federer, une des meilleures de tous les temps. Nadal est plus qu'un champion de terre battue – comme le pensent beaucoup de gens à tort –, et je crois qu'avec le temps il le prouvera. Bien qu'ayant grandi sur terre battue, je ne suis pas très emballé par les joueurs de cette surface. Un match opposant deux joueurs qui se renvoient la balle du fond du court pendant une éternité ne m'intéresse pas trop. En revanche, j'adore regarder Federer qui éblouit le public avec des coups étonnants, comme ceux que j'aimais faire moi-même. J'espère que les jeunes imiteront sa façon de jouer et son revers à une main, qui donne une plus grande variété de coups, plutôt que de se planquer sur la ligne de fond avec leur prise exagérée de coup droit super-lifté et leur revers à deux mains. Ceux-là, ce ne sont que des cogneurs de balle et, même si ça leur permet de remporter des matchs, ce n'est pas agréable à regarder. Ceux que j'aime regarder sont ceux qui mettent de la passion et de l'énergie dans leur jeu. Le jeune serbe Novak Djokovic est comme ça et j'aime bien son tennis. Il a toutes les qualités qu'il faut pour être numéro 1 mondial. Il a un service puissant, il est grand, il a gagné les Internationaux d'Australie en janvier 2008 et sait donc ce que signifie remporter un tournoi du Grand Chelem. Je suis sûr qu'il va continuer à s'améliorer. C'est un gars très sympa qui aime bien s'amuser et est extraverti : il montre ses émotions sur le court, sans que ça nuise à sa concentration ni à celle de son adversaire. Tout ça est bien pour le sport, car le public n'a pas envie de voir des automates, mais des joueurs qui réagissent sur le court, même s'ils s'énervent un peu aussi.

Le Français Jo-Wilfried Tsonga est un peu comme ça aussi. Il a prouvé en Australie en 2008 qu'il faisait maintenant partie des champions de demain. Il y aura de plus en plus de joueurs comme lui, des joueurs grands, très forts, des vrais athlètes. Tsonga est aussi comme Djokovic : il ne reste pas indifférent sur le court, il montre ses émotions, il a l'air de prendre du plaisir à ce qu'il fait et ça fait du bien à voir. J'espère qu'il ne va pas trop souffrir de la pression médiatique française, car c'est vrai qu'elle est lourde à porter. Richard Gasquet, un des autres grands talents du tennis français, en a souffert je crois depuis deux ou trois ans. Il va maintenant pouvoir la partager un peu avec Tsonga, pour le meilleur et pour le pire. Tout comme Amélie Mauresmo, dont les meilleurs résultats sont en général hors de France. C'est comme ça pour beaucoup de joueurs sur lesquels les médias nationaux mettent énormément de pression : c'était comme ça pour l'Anglais Tim Henman, qui avait une pression atroce sur lui chaque fois qu'il jouait à Wimbledon. Tim arrivait cependant à s'en sortir miraculeusement bien, étant donné les circonstances. Et, quand je jouais, j'obtenais toujours mes meilleurs résultats hors de Roumanie. La finale de la coupe Davis contre les USA en 1972 à Bucarest se serait peut-être passée différemment si on l'avait jouée aux États-Unis.

Tout le monde dit que le tennis n'est plus intéressant à regarder aujourd'hui. Peut-être, mais on ne peut pas forcer les joueurs à jouer différemment, juste pour faire plaisir au public. J'avais ma façon de jouer mais c'était le hasard qui en avait décidé. Les tenues des joueurs, par ailleurs, devraient être améliorées tant ils ont souvent l'air de flotter dedans. Il faudrait des vêtements plus moulants : ça ferait plaisir aux spectatrices ! En plus, les joueurs ont l'air plus maigres qu'ils ne le sont en réalité, et le public ne peut pas apprécier leur corps athlétique, ce qui est dommage. Je n'aime pas non plus qu'ils portent la chemise par-dessus le short ; ils devraient être obligés de la rentrer dedans. Le pire reste toutefois les casquettes qu'ils portent tous. Je sais que c'est la mode, mais ils les portent même quand il n'y a pas de soleil, même sur courts couverts. Ça rend les joueurs complètement anonymes, ce qui n'est pas bon pour l'image du tennis, car les joueurs ont besoin d'être plus reconnaissables.

Il est également dommage que les joueurs soient tous entourés de gardes du corps au point que le public n'arrive jamais à les approcher. À notre époque, on se promenait partout et on était accessible. Je comprends pourquoi c'est devenu comme ça, et c'est du reste pareil dans tous les sports qui ont été commercialisés. Ce ne sont pas seulement les joueurs qui ne veulent pas parler au public, mais leurs managers et les dirigeants des tournois qui l'interdisent au cas où ils se feraient attaquer par quelqu'un. L'argent et la victoire sont tellement importants que les joueurs doivent se consacrer entièrement à leur sport et s'entraîner si dur qu'ils n'ont ni le temps ni l'énergie d'aller à la rencontre du public. C'est dommage parce que le public veut ce contact avec les champions, il ne veut pas simplement les voir jouer, il veut leur parler un peu, avoir un autographe ou une photo. Je me rappelle, une année à Wimbledon, j'avais pris une glace avec un type que je ne connaissais pas. J'étais allé m'en acheter une à un kiosque et je m'étais mis à bavarder avec lui. Il me posait plein de questions sur les tournois que j'avais joués, combien j'en avais gagné, et c'était normal à l'époque de faire ça. Résultat : les gens se souviennent encore bien de nous et c'est pour ça je crois qu'ils ont du plaisir à venir nous voir jouer dans les tournois seniors. Il n'y a plus ce genre de contact entre le public et les joueurs d'aujourd'hui. La voiture vient les cueillir juste devant les vestiaires et les dépose devant leur hôtel, tenant ainsi le public bien à l'écart.

Ce manque de contact signifie que les joueurs n'ont aucun sens de leurs responsabilités envers le public. Ils ne se rendent pas compte que le succès apporte une part de devoirs envers ceux qui paient et qui y contribuent financièrement. Si je joue un tournoi où l'on me garantit 250 000 dollars, il me semble normal de faire une clinique et de le faire de bon cœur parce que ça aide à promouvoir le tournoi et que ça aide les gens. Certains joueurs empochent la garantie financière, jouent, perdent et partent. La faute, bien sûr, est également à chercher du côté des organisateurs des tournois, qui veulent avoir les meilleurs joueurs et les meilleurs sponsors mais qui, ensuite, les laissent faire ce qu'ils veulent. Il en va de même avec les managers de ces derniers qui ne pensent qu'à encaisser la plus grosse somme d'argent, sans faire prendre aux joueurs une part de responsabilité.

Je crois que l'ATP fait des efforts maintenant pour que les jeunes joueurs soient plus conscients du fait qu'ils doivent donner ainsi que recevoir. L'ATP leur explique qu'ils ont une responsabilité vis-à-vis de l'image qu'ils donnent au public et les aide aussi à s'organiser financièrement pour l'avenir et à préparer un peu leur retraite. Parce que ceux qui n'arrivent pas parmi les dix ou vingt premiers mondiaux – c'est-à-dire la vaste majorité – seront bien contents de recevoir un chèque tous les mois pour leur retraite. Même moi, je reçois tous les mois un petit chèque en guise de retraite. Avec toutes les amendes que j'ai versées à l'ATP, c'est bien la moindre des choses !

Quand je débutais, je ne pensais jamais à l'argent. Jamais. Je voulais réussir pour moi, c'est tout. C'est ce qui me motivait. Ça m'était égal si je n'avais pas le bon matériel ni le bon coach. Je voulais m'améliorer et progresser. Et, comme j'adorais jouer, je m'entraînais pendant des heures. Pendant une demi-heure, par exemple, je ne faisais que des lobs liftés. Je disais à celui qui s'entraînait avec moi : « Reste au filet, je vais te lober 100 fois. » Et je le faisais, de façon systématique. Mais je ne voulais pas qu'il reste planté là au filet. Je lui disais : « Fais-moi courir. » Et je lui envoyais les balles de différents endroits sur le court pour que lui aussi soit obligé de changer de position. Sinon, cela ne sert à rien et l'on ne peut réussir le coup que dans une position similaire sur le court. Je courais donc partout, même si les balles étaient dehors.

Tout ce que je voulais – et je le voulais vraiment –, c'était gagner. Je prenais les choses très au sérieux mais d'une façon que personne ne pouvait comprendre. M'amuser sur le court ne voulait pas dire que ça m'était égal de perdre ou de gagner. C'était ma façon de m'exprimer, de montrer mes émotions et ma passion. Si je n'avais pas été intéressé par les bons résultats, je ne me serais pas entraîné comme je l'ai fait à mes débuts ; je n'aurais jamais remporté autant de tournois, et je n'aurais certainement pas eu toutes les disputes que j'ai eues sur le court. Après tout, pourquoi m'énerver si je m'en fichais de gagner ou non ? Mais je n'aurais jamais pu changer, je sais que ça aurait été impossible pour moi. Et, en restant fidèle à moi-même, j'ai marqué le tennis beaucoup plus que si j'avais été un garçon bien sage qui n'avait jamais ouvert la bouche et gardait ses émotions cachées.

Il y a un souvenir qui symbolise la façon dont j'étais sur le court et la façon dont les gens se souviennent de moi. C'était en juillet 1975 et je faisais équipe avec Arthur Ashe au tournoi de Louisville, dans le Kentucky, où la population était à 99 % noire. L'ATP venait d'introduire un règlement comme quoi les partenaires de double devaient être habillés dans des coloris identiques. J'étais dans les vestiaires avec Connors et Eddie Dibbs, un joueur cinglé et combatif de Miami qui aimait bien faire des blagues en dehors du court. Ils me disaient : « Dis donc, Nasty, ils vont te coller une amende parce que toi, t'es blanc et lui, il est noir ! » Ils trouvèrent donc du cirage à chaussures noir et m'en mirent partout pour me déguiser. Ils me tartinèrent les jambes, le visage, tout. On était dans les toilettes, et Arthur faisait les cent pas dans les vestiaires, en criant tout haut : « Il est passé où, Nasty ? Il est où ? » Enfin, et sans qu'Arthur me voie, j'entrai sur le court avec une serviette sur la tête pour me cacher le visage, sous les regards de 6000 visages tout noirs. J'enlevai la serviette, Arthur m'aperçut et hurla de rire, incapable d'arrêter, pendant cinq bonnes minutes, à tel point qu'on n'arrivait pas à débuter la partie. Le public trouva ça drôle aussi, surtout quand le cirage se mit à fondre à cause de la grosse chaleur et à dégouliner partout, noircissant tous mes vêtements.

Quand je pense au passé, je ne regrette rien. Ça ne sert à rien, de toute façon. J'ai évité de devenir fou dans la vie, même si j'étais parfois fou sur le court. Je n'ai pas gaspillé tout mon argent, ni abusé d'alcool ou de stupéfiants. Peut-être ai-je eu trop de femmes ? Oui, j'aurais pu gagner davantage, mais je crois que j'ai quand même réussi beaucoup de choses en peu de temps. J'ai été classé numéro 1 mondial pendant quarante semaines d'affilée à partir d'août 1973. J'ai gagné deux tournois de Grand Chelem et quatre Masters. J'ai remporté beaucoup de matchs et me suis fait plaisir dans beaucoup d'autres, même certains que j'ai perdus. Je me suis beaucoup amusé, ai touché beaucoup de gens et, pour de bonnes ou de mauvaises raisons, ai laissé indifférent peu de monde. Je sais que j'ai eu énormément de chance d'avoir cette vie. Elle aurait pu être bien pire ; et elle aurait pu être bien différente.

CHAPITRE 16
2004-2008

« Nasty, come here you bitch ! »

Le dimanche 6 juin 2004, c'était le 60e anniversaire du débarquement en Normandie et, ce week-end-là, Paris accueillait la plupart des chefs d'État du monde occidental, venus commémorer les événements. Par hasard, Amalia et moi avions aussi choisi ce même week-end – et le samedi, plus précisément – pour organiser nos propres célébrations : notre mariage religieux à Paris, et ensuite une énorme réception qui devait se dérouler à l'hôtel Crillon, sur la place de la Concorde. Malheureusement, le président Bush avait eu la même idée puisqu'il avait réservé, ainsi que toute la délégation américaine, l'hôtel pour le même jour. Avec très peu de préavis, le Crillon nous informa qu'en définitive, notre réception ne pourrait pas avoir lieu chez eux pour des raisons de sécurité. Nous dûmes accepter que le président américain remporte cette bataille et fûmes bien obligés, à la toute dernière minute, de trouver un autre endroit pour notre réception. Mes alliés à Roland-Garros vinrent heureusement à mon secours. La finale du simple dames se déroulait ce samedi-là également, mais on me promit le club des Loges, une belle salle qui se trouve près du court Suzanne-Lenglen, pour ma réception. Roland-Garros étant l'endroit d'une de mes plus grandes victoires et plusieurs de mes meilleurs souvenirs, il était finalement logique que j'y célèbre mon troisième mariage – mon dernier, en ce qui me concerne. Tout était bien qui finissait bien – ce qui est souvent le cas dans la vie.

Amalia et moi avions décidé de faire un mariage religieux car, même si j'avais déjà été marié selon les confessions catholiques et épiscopaliennes, je ne l'avais jamais été selon mon rite, dans une église grecque orthodoxe. J'estimais que c'était important pour Amalia, qui se mariait pour la première fois. On voulait, de plus, faire une grande fête et que ce jour-là soit à l'avenir l'anniversaire de notre union.

Ce qui rendit la journée encore plus belle était que, pour la première fois, tous mes enfants étaient réunis pour le mariage. Nathalie travaillait à Roland-Garros cette année-là, et Nicky et Charlotte étaient venus la veille de New York. Nicky et moi avons passé la nuit dans une chambre d'hôtel, laissant les femmes et les parents d'Amalia dans notre appartement, trop petit pour tout le monde. Quand j'arrivai le lendemain matin, Amalia s'était déjà enfermée dans le living pour se préparer. Elle m'avait prévenu qu'elle aurait l'air un peu différente pour le mariage. J'espérais donc pouvoir la reconnaître à son arrivée dans l'église, et non me tromper de femme pour en épouser une autre par accident. Je serais sinon obligé de me marier une quatrième fois !

Je partis tranquillement à pied pour l'église Saint-Stephan avec Nicky et Charlotte. Je poussais la poussette d'Alessia (qui devait arriver avec sa maman en voiture) et étais très détendu. À proximité de l'église, qui n'était pas très loin de l'appartement, je vis une foule d'invités et de paparazzi devant l'entrée. Il faisait tellement chaud ce jour-là que tout le monde préférait m'attendre dehors. Si, jusque-là, je n'avais pas eu le trac, de voir tous les photographes qui me fixaient avec leurs objectifs me rendit immédiatement nerveux. Nous avions concédé l'exclusivité au magazine *Allo !* Cela signifiait qu'aucune photo volée ne devait paraître, ni en France, ni dans les pays où était diffusé ce magazine, c'est-à-dire le Royaume-Uni, la Russie et l'Espagne, jusqu'à la mise en vente de leur édition la semaine suivante. Au risque qu'ils annulent le contrat. Ils avaient aussi insisté sur le fait qu'en aucun cas Amalia et moi ne devions poser pour des photos devant l'église après la cérémonie. Il est vrai que c'est la première photo des mariés qui a le plus de valeur dans toutes les agences de presse. J'étais donc nerveux mais je me rendis vite compte que tout ce qui comptait vraiment pour les paparazzi, c'était la mariée. Une photo du marié avec sa poussette ne les intéressait pas du tout !

Parmi les nombreux amis qui étaient présents ce jour-là, il y avait Manuel Santana, le champion espagnol qui avait été l'idole de ma jeunesse, Tom Okker, Mansour Bahrami, Guillermo Vilas – et bien sûr Ion Tiriac. Bethy Lagardère était là aussi, ainsi que mes compatriotes Gheorghe Hagi et Nadia Comaneci, qui s'étaient déplacés exprès pour l'occasion. Tout le monde finit par entrer dans l'église pendant que je restai à attendre ma future femme sur le seuil, comme le veut la tradition. Quand elle arriva enfin, j'étais émerveillé par sa beauté et par son air si calme ! La majeure partie de la cérémonie grecque orthodoxe est chantée – en roumain, en l'occurrence – par un chœur et par les prêtres. Les mariés avancent petit à petit et, une fois devant, ils mettent des couronnes mais n'échangent ni serments ni anneaux.

Le plus difficile fut à la fin de la cérémonie. Alors que tous les invités étaient dehors sur les trottoirs devant l'église, Amalia et moi dûmes nous ruer vers la voiture qui nous attendait pour éviter que les paparazzi ne nous prennent en photo. Il fallut qu'Amalia se précipite dans la voiture en premier, et que je la suive suffisamment loin derrière pour qu'on ne soit pas photographiés ensemble. Nous réussîmes notre coup, et la voiture démarra sur les chapeaux de roue. Le lendemain pourtant, nous eûmes peur quand une amie d'Amalia lui téléphona pour la féliciter sur sa robe de mariée.

— Comment se fait-il que tu l'aies vue ? demanda Amalia, paniquée.

— C'est à la une de tous les journaux !

Malgré toutes nos précautions, un photographe de l'Agence France Presse avait quand même réussi à prendre un cliché convenable qu'il avait immédiatement vendu en Roumanie. Ce fut heureusement le seul pays à l'acheter ! Notre contrat avec *Allo !* put quand même être honoré.

Malgré ce que pensaient certains, c'était mieux d'avoir un contrat d'exclusivité. Ça nous permettait de dire non aux autres demandes de photos des autres magazines. On avait assisté, peu de temps avant, à un grand mariage en Roumanie d'un membre de notre ancienne famille royale où, au moment des photos, cela avait été le chaos le plus complet tant les photographes se disputaient pour avoir le meilleur cliché. Ils avaient ainsi mis beaucoup plus longtemps que prévu pour faire toutes les photos. Pour notre mariage, les invités avaient le droit de prendre leurs propres photos pendant la cérémonie et la réception. Nous avions, quant à nous, notre photographe personnel qui travaillait aux côtés de celui d'*Allo !* La seule chose que le magazine avait exigée, outre les paparazzi, était que certains invités prestigieux soient présents, notamment Björn Borg, John McEnroe et le prince Albert de Monaco. Finalement, seul McEnroe put assister à la réception mais, une fois de plus, *Allo !* honora son contrat tellement il y avait d'autres têtes connues.

Pour la réception, Amalia changea de coiffure et de maquillage, mais garda sa très belle robe Christian Dior. Chopard lui avait prêté des bijoux et une montre qui avaient tant de valeur que partout où elle allait, même aux toilettes, elle était suivie d'une garde du corps. Pour la réception, certaines autres personnalités du tennis nous rejoignirent, comme John McEnroe, Henri Leconte, Cédric Pioline et mon ancien partenaire de double, José Luis Clerc. Le champagne coulait à flots – grâce à la générosité de Lanson – et, en guise de cadeau, nous offrîmes à tous les invités un exemplaire en anglais de mon autobiographie, un T-shirt Adidas pour les hommes et un bracelet Daniel Swarovski pour les femmes. Potel & Chabot, le merveilleux traiteur de Roland-Garros, prépara ensuite un délicieux dîner pour les 250 invités.

Il n'y a pas de discours lors des mariages roumains. C'est vraiment des occasions où l'on danse, chante, mange et boit. Et, surtout, où l'on s'amuse. Il y avait, de toute façon, tellement de nationalités différentes qu'on aurait eu du mal à faire des discours compréhensibles par tous. Quand j'étais allé aux noces de Björn Borg, deux ans avant, je m'étais rendu compte du contraste entre la version suédoise et la version roumaine d'un mariage : dans la version suédoise, tout le monde a la possibilité de dire quelques mots au sujet du couple. C'est une idée plutôt sympathique, sauf que Mansour, Guillermo et moi ayant fait un aller-retour crevant dans la journée – on était en plein milieu de Roland-Garros –

fûmes obligés d'écouter les histoires interminables d'une quarantaine de Suédois qui racontaient plein de choses à propos de Björn. En plus, les gens se retournaient régulièrement vers moi en riant. Je savais qu'on venait de dire quelque chose à mon propos. mais personne ne voulait me traduire clairement. Je me doute bien de ce qu'ils racontaient sur moi mais, comme Björn ne put malheureusement pas venir à mon mariage, je n'eus pas l'occasion de prendre ma revanche ! Pour terminer ma soirée de réception, Mansour vint à mon secours. La première danse des jeunes mariés, devant tous leurs invités, est à mon avis une des choses les plus gênantes qu'on puisse faire. C'est toujours accompagné d'un slow horrible dont j'ai horreur. Je baisse volontiers mon short devant des milliers de personnes, mais danser sur une piste de danse vide devant toute l'assemblée, pitié ! Mansour, qui a une merveilleuse voix, se leva donc et, tout resplendissant dans son smoking, fit sa meilleure imitation de Frank Sinatra et chanta *My Way,* la célèbre chanson qui est aussi une de mes préférées, tant elle me correspond bien. Amalia m'entraîna sur la piste et, tenant Alessia dans nos bras – à 10 mois à peine, elle s'amusait comme une folle –, nous dansâmes à trois. À la fin de la chanson, tout le monde nous applaudit bruyamment avant de nous rejoindre pour terminer la soirée. La fête se termina très tard. Tous nos invités passèrent de merveilleux moments et furent si généreux envers nous qu'une fois de plus, j'eus conscience de l'énorme chance qui avait jalonné ma vie. En août 2006, ma chance continua avec la naissance de ma quatrième fille, Emma, née à l'hôpital américain, tout comme Nathalie, mon aînée. Cette fois-ci, j'étais avec Amalia pour l'accouchement même si, en raison de la césarienne, je ne vis pas le moment précis de la naissance. Tout de suite après, en revanche, j'étais là plein d'émotion en train de filmer ma fille – ou tout au moins, c'est ce que je croyais. Amalia m'avait bien dit avant : « Surtout ne filme pas tes pieds quand le bébé apparaît ! » Mais c'est exactement ce que je fis. J'étais tellement bouleversé par le fait de tenir ma petite dernière dans mes bras que je filmai mes pieds mais aussi ceux du personnel médical !

Depuis la sortie en Angleterre de mon autobiographie, beaucoup de gens m'ont raconté d'autres histoires que j'avais franchement oubliées. Certaines de ces histoires sont trop risquées et ne pourront sans doute jamais être racontées, mais d'autres illustrent tous les différents côtés de ma personnalité, le bon et le mauvais, le gentil et le *nasty,* les côtés, en somme, que j'avais déjà essayé d'illustrer au cours de ce livre. John Lloyd, l'ex-numéro 1 anglais et le premier mari de Chris Evert, est un type avec un merveilleux sens de l'humour qui m'a rappelé l'incident en Israël en 1980 quand je m'étais accroché avec un certain Onny Parun, joueur néo-zélandais très sérieux. C'était un gars parfaitement sympa mais pas le genre à vouloir rigoler sur le court. Pendant notre match, j'avais vraiment commencé à l'asticoter. Les autres joueurs étaient venus s'asseoir dans les gradins, car ils savaient qu'il se passerait peut-être bien un incident juteux. Du reste, John m'a depuis avoué que McEnroe et moi étions les deux seuls joueurs que les autres venaient parfois regarder car ils ne savaient jamais ce qui allait se passer. C'est le moins qu'on puisse dire ! En tout cas, je ne me rappelle pas exactement ce que je fis contre Onny, mais je dus le rendre fou parce que, selon John, à la fin du match, toute la tribune des joueurs s'est vidée d'un seul coup pour les vestiaires, où ils espéraient sans doute voir voler des étincelles. Ils ne furent pas déçus. À peine eus-je enlevé mon maillot que je me retrouvai face à Onny qui me planta son doigt en pleine poitrine de façon menaçante tout en hurlant toutes sortes d'injures concernant ma mère que je ne l'aurais jamais imaginé proférer – même si plein d'autres joueurs me les avaient déjà adressées. Bambino, mon copain « garde du corps » de l'époque, arriva juste à temps et stoppa tout, en indiquant à Onny que ça ne servait à rien de continuer, à moins qu'il n'eût l'intention de rendre visite à son dentiste juste après. Nous nous calmâmes tous et c'est à ce moment-là que je remarquai que les vestiaires – qui avaient été si vides à la fin du match – étaient à présent étrangement pleins de gens qui nous regardaient tous les deux avec intérêt.

Le Sud-Africain Johan Kriek est un autre joueur que j'apprécie beaucoup sur le circuit senior, avec lequel je rigole bien et qui me rappela un autre incident. Je jouais en double avec Brian Gottfried contre son compatriote Bernie Mitton et lui. Le match se déroulait à Londres vers la fin des années 70. Johan avait la grippe et pouvait à peine se tenir debout. Le sachant, je m'étais dit qu'on n'aurait sans doute pas trop de mal à gagner. Sauf que les Sud-Africains, pensant aussi qu'ils allaient perdre, se mirent à jouer avec une désinvolture totale. Tout leur réussissait, ils faisaient des coups gagnants et jouaient de façon miraculeuse. Je commençai à m'énerver, surtout parce que Johan faisait des bêtises à l'autre bout du court, éparpillant de la sciure sur mes raquettes quand on changeait de côté, parlant – en somme, il faisait ce que moi je faisais parfois à mes adversaires. À la fin, j'en eus assez et pétai les plombs. Au changement de côté suivant, je m'approchai de la chaise de Johan, empoignai deux de ses raquettes Rossignol en bois, les mis contre le mur à un angle, et donnai un grand coup de pied bien placé, juste en haut des manches, qui les brisa en deux. Je ne souviens pas du résultat du match mais simplement du résultat de mes actes : le PDG de Rossignol m'envoya en personne une facture pour deux de ses raquettes ! Je ne suis pas vraiment méchant, cela dit, et je ferais tout pour aider mes amis. Ainsi de John Beddington, qui travaillait pour Commercial Union à l'époque où ils sponsorisaient le circuit du Grand Prix et le Masters de fin d'année, et qui est un ami de longue date. Dans les années 90, il m'appela un jour pour voir si je pouvais le dépanner. Le pensionnat où son fils était élève au Canada inaugurait quatre nouveaux courts de tennis. Est-ce que par hasard je serais libre pour venir les inaugurer ? Il allait aussi demander à Vitas Gerulaitis. Je regardai mon planning : « Je suis désolé, John, j'aimerais vraiment pouvoir t'aider, mais j'ai un week-end fou parce que je joue à Minneapolis. Je ne vois pas comment je pourrais faire. » Je raccrochai. Mais plus j'y pensais, plus ma réponse me dérangeait. J'ai horreur de dire non de toute façon, mais quand c'est à un ami, c'est encore pire pour moi. Tout à coup, je trouvai une solution. Je le rappelai. « Écoute Johnny, je viens d'étudier les horaires des vols, et si je perds en demi-finale, j'y arriverai. Je te le promets. Tu n'as qu'à venir me chercher à l'aéroport. » Et c'était tout. Pas besoin de garantie financière ni de contrat. Le jour en question arriva, c'était début novembre. John, comme prévu, vint me chercher à l'aéroport. « Vitas vient aussi, Ilie, alors ça devrait aller. Je te remercie vraiment d'être venu », me dit-il pendant qu'on était en route pour l'école. J'espérais effectivement que ça allait aller parce que, dehors, il faisait un froid de canard et il pleuvait. Mais Vitas qui, comme moi, allait jusqu'au bout de la terre pour ses amis, n'arriva jamais. Il passait par une de ses mauvaises périodes – c'était environ un an avant sa mort – et il lui était arrivé quelque chose, je crois, mais je ne lui demandai jamais quoi, au juste. Toujours est-il que je me retrouvai tout seul pour assurer le spectacle ! Alors je restai toute l'après-midi sous la pluie battante à faire rigoler les gens et à jouer contre chacun des élèves du pensionnat, le tout devant les parents et les dirigeants de l'école. Mais j'étais heureux pour John, car autrement, il aurait eu bien du mal à expliquer pourquoi ses deux amis joueurs n'avaient pas été foutus de venir. Cela dit, c'est vrai que je m'étais quand même posé la question, pendant que je renvoyais les balles, trempé jusqu'aux os, les cheveux dégoulinants : « Comment ai-je pu me mettre dans ce pétrin ? » Mais je suis comme ça et, au fond, je sais que je ne changerai jamais, même si parfois ça me met dans des situations pareilles. L'autre genre d'ennuis que je me suis parfois attiré dans le passé concerne les femmes. Une femme que j'avais connue autrefois me reconnut à Wimbledon il n'y a pas longtemps et me rappela l'occasion où l'on s'était échappés tous les deux d'une soirée très ennuyeuse pendant un tournoi dans le Midwest américain. Nous étions redescendus quelque temps après de ma chambre, l'air un peu plus joyeux.

— Ah ! Vous étiez passé où, Ilie ? me demanda tout de suite notre hôte, un grand sourire aux lèvres. Je vous cherchais partout.

— Ah ! j'étais seulement parti prendre un peu l'air. Ça va beaucoup mieux maintenant, merci, répondis-je en souriant encore plus que lui. Je fis pire lors d'une fête sur le circuit Riordan pendant les années 60. Je parlais avec une belle jeune femme aux cheveux longs et noirs et qui portait une toute petite minijupe. Elle n'eut pas beaucoup de mal à me convaincre de la suivre jusqu'à sa chambre.

— Ah ! Ma chérie, où étais-tu passée ? lui demanda son mari sans se douter de rien lorsque nous revînmes, tentant d'afficher notre innocence plutôt que le fait qu'on venait de se rhabiller.

— Je montais justement à la chambre pour voir si tu y étais…

Tiriac, qui essayait de me retenir parfois avec les femmes quand j'étais jeune afin que je me concentre un peu plus sur mon tennis, me joua un drôle de tour une fois. On logeait dans un motel pas cher pendant un tournoi en Californie, et je m'étais trouvé une fille typiquement californienne pour la semaine : elle était grande, mince et blonde. Parfaite, en somme. J'étais tout content. Un jour, nous étions au motel et je me rendis compte qu'on allait être en retard pour notre double. Comme j'ai horreur d'être en retard, je dis à la fille : « On va chercher Tiriac parce qu'il n'y a aucun signe de lui : on joue dans une demi-heure. » Nous allâmes jusqu'à sa porte. « Je vais me cacher au bout du couloir et toi, tu frappes et tu lui dis que c'est le tournoi qui t'envoie pour l'emmener au court. » Elle frappa donc. Ion ouvrit la porte. Elle dit alors :

— Monsieur Tiriac ?

— Oui ! Et, avant qu'elle puisse lui répondre, il l'attrapa, la traîna dans sa chambre et referma la porte à clé.

— Je sais que c'est Nastase qui t'a envoyée, lui dit-il d'un ton bourru.

— Oui, oui, c'est vrai, laissez-moi partir ! le supplia-t-elle, parce qu'elle ne se rendait pas compte qu'il la taquinait. Pendant ce temps-là, j'étais en train de tambouriner sur la porte et de crier : « Ouvre, ouvre, espèce d'imbécile ! Elle est avec moi ! Rends-moi ma petite amie ! » C'était pour Ion une façon de se venger de toutes les petites blagues que je lui faisais sans arrêt. Mansour Bahrami m'en joua également une belle il y a quelques années. Il habite près de Paris et, comme on a passé beaucoup de temps ensemble, surtout pendant les années 90 lors de matchs exhibitions, on est devenus très proches. Un jour, en 1998, il m'appela : « Dis donc, Ilie, je pensais que ça te ferait plaisir de savoir que j'ai maintenant une fille. » Il faut savoir que Mansour est marié depuis des années à Frédérique, une charmante et merveilleuse Française, qu'ils ont deux fils et qu'ils sont très heureux ensemble.

— Qu'est-ce que tu veux dire, tu as une fille ? répondis-je, ne comprenant pas très bien.

— Oui, j'ai une fille et elle a 2 mois.

— Mais, Mansour, comment ça se fait ? J'ai vu ta femme il n'y a pas longtemps et elle n'avait pas l'air enceinte ? Oh non, dis-je, car je commençais à m'inquiéter, tu n'as pas été avec quelqu'un d'autre, j'espère ?

Si cela avait été le cas, j'aurais été très gêné parce que je n'aurais pas su quoi lui dire.

— Non, non, non, mais ma fille, elle a quand même 2 mois.

— Allez, arrête tes conneries. Dis-moi la vérité, que s'est-il passé ?

— Non, c'est vrai. Et c'est une vraie chienne, ajouta Mansour avec fierté.

— Qu'est-ce que tu me racontes, c'est une vraie chienne ?

— Parce que c'est un chien, imbécile ! me dit-il en hurlant de rire.

— Ah là là, tu t'inquiétais vraiment, hein ?

— Mon Dieu, Mansour, je ne savais pas ce que tu me racontais, soufflai-je alors, soulagé.

— Alors, vas-y, demande-moi comment elle s'appelle ! continua-t-il.

— OK, comment s'appelle-t-elle ? lui demandai, pensant que c'était franchement sans intérêt.

— Nasty ! cria-t-il triomphalement avant de hurler de rire.

— Ouais, chouette.

Je ne sais pas si c'était un compliment ou non. D'autant que, maintenant, chaque fois que je suis chez Mansour et qu'il crie « *Nasty, come here you bitch !* », je ne sais pas si c'est moi ou la chienne qu'il appelle.

Toutes ces histoires, ainsi que plein d'autres, me sont revenues ou m'ont été racontées pas des gens depuis mon mariage et depuis la sortie de ce livre en Angleterre. Les deux événements m'ont fait réévaluer ma vie, comprendre l'incroyable chemin que j'avais parcouru depuis mes débuts, et apprécier combien de bonheur j'avais eu, malgré tous les hauts et les bas. Aujourd'hui, je contemple l'avenir avec Amalia et tous mes enfants, et je vois combien de chance j'ai de les avoir avec moi. Je suis content, en revanche, qu'il n'y ait pas eu de discours à notre mariage, sinon, je n'aurais pas eu autant d'histoires à raconter. Et peut-être même qu'un jour, je pourrai raconter les plus risquées.

Autrefois, je faisais un rêve tous les ans pendant Wimbledon. Dans ce rêve, j'arrivais enfin à gagner ce putain de tournoi, je prenais le trophée et je faisais le tour du stade, en m'inclinant devant tous les spectateurs tout en leur faisant un doigt d'honneur. Puis je prenais mes raquettes et je les cassais une par une, là devant tout le monde. Je les jetais ensuite dans la Tamise et j'arrêtais de jouer au tennis pour toujours. Voilà. Tout simplement.

REMERCIEMENTS D'ILIE NASTASE

Tout au long de ma vie, d'innombrables personnes m'ont encouragé et ont fait preuve de gentillesse à mon égard. Je ne peux pas toutes les remercier et demande à être excusé si j'en oublie certaines dans la liste suivante, qui aurait pu être beaucoup plus longue. Je voudrais remercier : Nathalie, Nicky, Charlotte, Alessia et Emma, qui me donnent une raison pour vivre. Mes parents, qui m'ont donné tant d'amour. Mon frère, Constantin, qui a influencé mon choix de carrière, et mes trois sœurs, Ana, Cornelia et Georgeta. Ion Tiriac, qui m'a protégé et m'a accepté comme j'étais. Tu m'as vraiment compris mieux que toute autre personne ! Adi Dassler et son fils Horst Dassler, qui ont cru en moi si longtemps, et Claus Marten, qui continue à le faire. Jean-Luc Lagardère, qui a été comme un deuxième père pour moi, sa femme Bethy, la plus grande fan de sport, et son fils Arnaud, qui continue à avoir confiance en moi. Le colonel Medeleanu et le colonel Chivaru, qui me faisaient du chantage avec du chocolat pour que je préfère le tennis au foot. Stefan Georgescu, le coach de l'équipe de coupe Davis de Roumanie, qui m'a apporté son soutien pendant les 146 matchs que j'ai disputés. Ion Gheorghe Maurer et Corneliu Manescu, qui ont m'ont rendu la vie plus facile pendant l'époque communiste. Fred Perry, que j'adorais et admirais. René Lacoste, Toto Brugnon et Marcel Bernard, qui m'ont aidé à jouer mon premier Roland-Garros en 1966. Pancho Gonzales, dont le tennis et le tempérament coléreux m'ont inspiré. Nicola Pietrangeli, dont j'apprécie tant l'amitié et le style de tennis. Manuel Santana, mon idole et mon ami. Roy Emerson, le meilleur joueur et le plus drôle de tous les « Aussies ». Vitas Gerulaitis, mon grand copain et un gars bien. Gerry Goldberg, qui est un ami fidèle depuis vingt-cinq ans. Bill Riordan, qui m'a permis de faire mes débuts aux USA et m'a aidé financièrement pendant cette période. Bambino qui m'a protégé et m'a fait rire. Kirk et Ann Douglas pour leur amitié et leur hospitalité. Muhammad Ali, le plus grand sportif de tous les temps. Mes amis tennismen Jimmy Connors, Björn Borg, Adriano Panatta, Manuel Orantes, Pierre Barthes, Guillermo Vilas, Stan Smith, Rod Laver, Ken Rosewall, Fred Stolle, John Newcombe, Tony Roche, Peter McNamara et Paul McNamee. Mansour et Frédérique Bahrami, merci de toujours être là pour moi. Arthur Ashe, j'aimerais tant que tu sois encore parmi nous. Au comité de Wimbledon, qui m'oblige à rester jeune en ne me faisant pas membre de son club. Christian Bîmes, qui m'accueille toujours si bien pendant Roland-Garros et qui est mon ami depuis longtemps. Merci Caroline de le garder si jeune. Sting, sans qui je n'aurais pas rencontré Amalia. Et Amalia, enfin, la meilleure chose que mon cœur ait jamais connue.

REMERCIEMENTS DE DEBORAH BECKERMAN

Richard Evans.

Sans vous, ce projet n'aurait pas été possible.

Ion Tiriac, Dominique Nastase et Nathalie Nastase.

Je suis infiniment reconnaissante du temps que vous m'avez accordé. Keith, Nicholas et Natasha, pour votre patience.

Amalia, qu'aurais-je fait sans toi ?

Je ne sais pas par où commencer pour te remercier !

Ilie, enfin. Ta générosité, ta patience et ton sens de l'humour sont extraordinaires. Ion m'a dit – et c'est si vrai : « Nastase n'a pas deux poumons : il a deux cœurs. »

POINTS FORTS DE LA VIE ET DE LA CARRIÈRE D'ILIE NASTASE

1946	Né le 19 juillet à Bucarest.
1959	Remporte son premier tournoi national junior à Cluj.
1963	Premier voyage à l'étranger à Sofia, en Bulgarie.
	Première rencontre de coupe Davis contre l'Italie, premiers Roland-Garros et Wimbledon.
1967	Remporte son premier tournoi à l'étranger à Cannes.
1969	La Roumanie se qualifie pour la finale de la coupe Davis.
	Classé numéro 1 en Roumanie.
1970	Remporte les Internationaux d'Italie, le double messieurs à Roland-Garros (avec Tiriac) et le double mixte à Wimbledon (avec Casals).
1971	Finaliste à Roland-Garros.
	La Roumanie se qualifie pour la finale de la coupe Davis.
	Remporte le tournoi des Masters à Paris.
1972	Finaliste à Wimbledon.
	Remporte le double mixte à Wimbledon (avec Casals).
	Remporte l'US Open.
	La Roumanie se qualifie pour la finale de la coupe Davis.
	Remporte son deuxième Masters à Barcelone.
	Épouse Dominique Grazia.
	Remporte les Internationaux d'Italie.
1973	Remporte Roland-Garros.
	Remporte le double messieurs à Wimbledon (avec Connors).
	En août, est classé numéro 1 mondial dans le premier classement officiel. Le restera pendant quarante semaines.
	Remporte son troisième Masters à Boston.
1974	Finaliste du Masters à Melbourne.
1975	Naissance de Nathalie en mars.
	Remporte son quatrième Masters à Stockholm.
1976	Finaliste de Wimbledon.

1980	Se sépare de Dominique.
1982	Épouse Alexandra King.
	Se retire du tennis professionnel.
1987	Naissance de Nicky en juillet.
1990	Naissance de Charlotte en mars.
1996	Candidat à la mairie de Budapest
	Élu président de la fédération roumaine de tennis.
1998	Se sépare d'Alexandra.
2001	Devient PDG d'Europa 1 et Radio 21, les deux plus grandes stations de radio privées roumaines.
2003	Épouse Amalia Teodosescu civilement.
	Naissance d'Alessia en juillet.
2004	Promu colonel dans l'armée roumaine.
2006	Épouse Amalia religieusement.
	Naissance d'Emma en août.

Statistiques de sa carriere

Premier joueur à être classé numéro 1 lorsque les classements officiels de l'ATP ont débuté en août 1973.

Reste en tête du classement pendant quarante semaines d'affilée.

En 1972, fut le joueur le mieux rémunéré, remportant 176000 dollars.

En 1973, fut le joueur le mieux rémunéré, remportant 228750 dollars.

En 1976, fut le premier joueur européen à franchir la barre de 1 million de dollars de gains

Total des gains au cours de sa carrière : 2076 76 dollars.

Depuis le début de l'ère Open, il est parmi les cinq joueurs qui ont remporté plus de 100 titres : 88 en simple, 80 en double (dont 39 avec Tiriac).

Parmi ceux qui ont gagné le plus de titres en simple et en double, seuls Nastase et McEnroe figurent parmi les dix premiers de chaque liste.

Nastase a disputé 146 matchs de coupe Davis. Seul Pietrangeli en a disputé plus (164). Il a disputé 96 matchs en simple, en remportant 74, ce qui le place deuxième en termes de succès après Pietrangeli.

En double, il a remporté 35 des 50 matchs qu'il a disputés (avec Tiriac, ils ont remporté 27 des 34 matchs qu'ils ont joués ensemble). En double, il est classé troisième en termes de succès derrière Pietrangeli et Sirola.

Nastase détient un record contre les cinq joueurs qu'il a le plus souvent affrontés :

	Joué	Gagné/Perdu
Jimmy Connors	**28**	**16/12**
Manuel Orantes	**25**	**17/8**
Jan Kodes	**24**	**16/8**
Adriano Panatta	**23**	**16/7**
Tom Gorman	**22**	**18/4**

Palmares simple et double

1966
Joue 11 tournois.
Remporte 1 simple et 3 doubles.
Finaliste 1 double.

1967
Joue 20 tournois. Remporte 3 simples et 6 doubles.
Finaliste 3 simples.

1968
Joue 20 tournois.
Remporte 3 simples et 8 doubles.
Finaliste 2 simples.

1969
Joue 31 tournois.
Remporte 8 simples et 6 doubles.
Finaliste 2 simples.

1970
Joue 30 tournois.
Remporte 4 simples, 9 doubles, 1 double mixte.
Finaliste 4 simples.

1971
Joue 28 tournois.
Remporte 11 simples et 8 doubles.
Finaliste 4 simples.

1972
Joue 32 tournois.
Remporte 12 simples, 9 doubles, 1 double mixte.
Finaliste 4 simples, 1 double mixte.

1973
Joue 32 tournois.
Remporte 16 simples et 13 doubles.
Finaliste 3 simples, 1 double.

1974
Joue 29 tournois.
Remporte 9 simples et 4 doubles.
Finaliste 5 simples, 1 double.

1975
Joue 31 tournois.
Remporte 10 simples et 5 doubles.
Finaliste 5 simples, 1 double.

1976
Joue 30 tournois.
Remporte 9 simples et 1 double.
Finaliste 6 simples.

1977
Joue 22 tournois.
Remporte 3 simples et 4 doubles.
Finaliste 3 simples.

1978
Joue 21 tournois.
Remporte 2 simples.
Finaliste 4 simples.

1979
Joue 21 tournois.
Remporte 5 doubles.
Finaliste 1 simple, 4 doubles.

1980
Joue 18 tournois.
Finaliste 1 simple, 1 double.

1981
Joue 26 tournois.
Remporte 3 doubles.
Finaliste 2 simples.

1982
Joue 26 tournois.
Finaliste 2 doubles.

1983
Joue 13 tournois.
Remporte 1 double.
Finaliste 1 double.

(Statistiques reproduites avec la permission de Richard Evans)

Ilie Nastase cède l'intégralité de ses droits d'auteur
en faveur de la campagne « Stop Cancer »
initiée par le photographe Christian Movila et la fondation Scheherazade.

Pour vous tenir informé des prochaines publications
des Éditions Jacob-Duvernet,
contactez Louis de Mareuil
louis.demareuil@editionsjd.com
01 42 22 63 65

Suivi éditorial : Baptiste Lanaspeze
Correction : Hélène Jovignot

Achevé d'imprimer en avril 2008
sur les presses de la Nouvelle Imprimerie Laballery
58500 Clamecy

Dépôt légal : avril 2008
N° d'impression : 804258
ISBN 978-2-84724-2003